最高人民法院
第六巡回法庭裁判规则

ZUIGAO RENMIN FAYUAN
DILIU XUNHUI FATING CAIPAN GUIZE

杨临萍　主编
最高人民法院第六巡回法庭　编

人民法院出版社

图书在版编目（CIP）数据

最高人民法院第六巡回法庭裁判规则 / 杨临萍主编；最高人民法院第六巡回法庭编. -- 北京：人民法院出版社，2022.11
ISBN 978-7-5109-3627-2

Ⅰ.①最… Ⅱ.①杨… ②最… Ⅲ.①最高法院—民事诉讼—审判—研究—中国 Ⅳ.①D925.118.4

中国版本图书馆CIP数据核字(2022)第203450号

最高人民法院第六巡回法庭裁判规则
杨临萍　主编
最高人民法院第六巡回法庭　编

策划编辑	韦钦平
责任编辑	赵芳慧
出版发行	人民法院出版社
地　　址	北京市东城区东交民巷 27 号（100745）
电　　话	（010）67550628（责任编辑）　67550558（发行部查询）
	65223677（读者服务部）
客服 QQ	2092078039
网　　址	http://www.courtbook.com.cn
E - mail	courtpress@sohu.com
印　　刷	河北鑫兆源印刷有限公司
经　　销	新华书店

开　　本	787 毫米 ×1092 毫米　1/16
字　　数	591 千字
印　　张	38.5
版　　次	2022 年 11 月第 1 版　2022 年 11 月第 1 次印刷
书　　号	ISBN 978-7-5109-3627-2
定　　价	138.00 元

版权所有　侵权必究

最高人民法院第六巡回法庭裁判规则

编委会

主　编：杨临萍

副主编：高晓力　吴兆祥　肖利纯

编　委：宋　冰　李延忱　龙　飞　陈宏宇
　　　　徐　霖　吴　笛　徐　超　张　梅
　　　　董俊武　赵　敏

编辑部：李玉林　张伯娜　孙明娟　杜健康
　　　　林法纲　赵　静　汪自洁　孙　阳
　　　　尹　伊　赖祎婧　韦一鸣

前　言

　　公平正义是司法的灵魂和生命。党的二十大报告对严格公正司法专门作出重要部署，强调"公正司法是维护社会公平正义的最后一道防线"。司法的公平正义，具体体现在每一个司法裁判之中。一个案例胜过一沓文件。案例凝结着广大法官的司法智慧与辛勤劳动，承载着丰富的裁判规则和审判经验，蕴含着重要的法治和司法文化价值。系统梳理案例，统一裁判思路和法律适用标准是实现"努力让人民群众在每一个司法案件中感受到公平正义"这一目标的重要路径。马克思指出，法官是法律的真正解释者。将法律公正准确地解释与适用是法官的首要职责。在这种解释与适用过程中，法官要尽可能做到对法律适用中的疑难问题形成统一的司法观点和裁判规则。这种司法观点和裁判规则，是法官智慧的集中体现，对于促进类案同判、统一法律适用标准具有重要参考意义。

　　最高人民法院第六巡回法庭针对2021年审理的民商事案件中发现的问题，以及巡回区法院提出的相关疑难问题，经主审法官会议多次研究讨论，对七个方面共计55个法律适用问题提出了解答意见。同时，从第六巡回法庭2021年以来审理的案件和巡回区法院近年来审理的案件中，精心选取了69个民商事典型案例和11个行政典型案例，逐案梳理提炼出裁判规则。2022年8月，最高人民法院第六巡回法庭召开第三次巡回区民商事审判工作座谈会，对上述解答意见和裁判规则进行了讨论完善，现予汇集出版。我们期望通过这种解答法律适用疑难问题和提炼裁判规则的方式，为审判人员审理相同或相似案件时提供法律适用的参考和指引，向社会展现法官在这些典型案例中寻找法律、解释法律、适用法律的思考和论证过程。

　　本书的编撰得到了最高人民法院第六巡回法庭巡回区陕西、甘肃、青海、宁夏、新疆五省区高级人民法院和新疆维吾尔自治区高级人民法院生产建设兵团分院的大力支持。人民法院出版社对本书的编辑出版提供了诸多帮助。在此,一并表示深切谢意。由于时间仓促,书中难免存在不足之处,欢迎广大读者批评指正。

本书编写组

2022 年 11 月

凡 例

1. 法律文件名称中的"中华人民共和国"省略，其余一般不省略，例如《中华人民共和国民法典》，简称为《民法典》。

2. 《最高人民法院关于审理建设工程施工合同纠纷案件适用法律问题的解释（一）》，简称为《建工司法解释（一）》。

3. 《最高人民法院关于审理民间借贷案件适用法律若干问题的规定》，简称为《民间借贷司法解释》。

4. 《最高人民法院关于适用〈中华人民共和国民法典〉有关担保制度的解释》，简称为《民法典担保制度司法解释》。

5. 《最高人民法院关于人民法院办理执行异议和复议案件若干问题的规定》，简称为《执行异议和复议规定》。

6. 《最高人民法院关于适用〈中华人民共和国民事诉讼法〉的解释》，简称为《民事诉讼法司法解释》。

7. 《最高人民法院关于适用〈中华人民共和国公司法〉若干问题的规定（三）》，简称为《公司法规定（三）》。

8. 《最高人民法院关于适用〈中华人民共和国民法典〉时间效力的若干规定》，简称为《民法典时间效力司法解释》。

9. 《最高人民法院关于审理公司强制清算案件工作座谈会纪要》，简称为《强制清算会议纪要》。

10. 《全国法院民商事审判工作会议纪要》，简称为《民商审判会议纪要》。

11. 《最高人民法院关于审理建设工程施工合同纠纷案件适用法律问题的解释》，简称为《建工司法解释》，已于2021年1月1日起废止。

12. 《最高人民法院关于审理建设工程施工合同纠纷案件适用法律问题

的解释（二）》，简称为《建工司法解释（二）》，已于2021年1月1日起废止。

13.《最高人民法院关于适用〈中华人民共和国担保法〉若干问题的解释》，简称为《担保法司法解释》，已于2021年1月1日起废止。

目 录

民商事审判实践疑难问题解答

一、建设工程纠纷部分 / 3

二、合同纠纷部分 / 12

三、担保纠纷部分 / 17

四、公司及破产清算纠纷部分 / 21

五、执行异议之诉部分 / 26

六、民刑交叉纠纷部分 / 29

七、诉讼程序问题 / 34

民商事案例裁判规则

一、合同与担保纠纷 / 39

1. 第三人作出的债务人不能履行义务时承担债务的承诺函,是一般保证,不是债务加入
——金昌成音投资管理有限公司与上海电气风电集团股份有限公司、上海电气风电设备甘肃有限公司合同纠纷案 / 39

2. 政府协调当事人履约作出的行为属于履行政府职能的行政管理性质,不构成债务加入
——宁夏红翔林草发展有限公司与平罗县红崖子乡红翔新村村民委员会、平罗县红崖子乡人民政府土地经营权出租合同纠纷案 / 43

3. 故意妨碍办理商品房预售许可证明的人主张商品房预售合同欠缺预售许可证明而无效的，人民法院不予支持
　　——中腾西北建设集团有限公司与王×、赵×、应×、眉县中坤旅游开发有限公司案外人执行异议纠纷案 / 48

4. 以交付差额银行承兑汇票的方式对外出借款项，实质系套取银行承兑信用的，应认定为套取金融机构信贷资金
　　——中铁物资集团西北有限公司与沈阳东森房地产开发有限公司、金华市万胜建材有限公司、辽宁东宏商贸有限公司、樊××、刘×、陈×、陈××、辽宁太平洋实业有限公司民间借贷及担保纠纷案 / 58

5. 如何判断法人之间是否存在民间借贷关系
　　——平罗翔龙工贸有限公司与宁夏泰和房地产有限公司、吴××、刘××借款合同纠纷案 / 70

6. 是否具备付款条件应综合考量案件具体情况，仅以合同约定付款条件未成就为由拒绝支付货款，人民法院不应予以支持
　　——北京合锐赛尔电力科技股份有限公司与西北电力建设第一工程有限公司买卖合同纠纷案 / 77

7. 请求权人对同一诉讼请求提出多个不同的支持其主张的法律规范的，人民法院应如何审理
　　——广州市隽兴商务服务有限公司与陕西凯信电子工程有限责任公司、陕西万禾实业发展有限公司、陕西万禾投资有限公司等股权转让合同纠纷案 / 83

8. 情势变更解除合同后的法律后果
　　——万××、万×新、侯××与甘肃万源恒业商贸有限公司等股权转让合同纠纷案 / 90

9. 逾期付款违约金计算的截止时间应当至拖欠价款实际清偿之日
　　——金昌久策工业气体有限公司与甘肃丰盛环保科技股份有限公司加工合同纠纷案 / 98

10. 反担保的保证期间应受保证债务履行期和保证人履行保证责任双重约束
　　——甘肃盛德嘉业生化科技有限公司与甘肃省文化产业融资担保有限公司等追偿权纠纷案 / 104

11. 最高额保证合同项下每笔主债务保证期间的起算标准
　　——临沧西地矿业发展有限公司与西安西电国际工程有限责任公司等保证合同纠纷案 / 113

12. 为促成各职工与开发商分别建立房屋买卖关系而由单位与开发商进行磋商签订的团购协议，为预约合同，不因订立合同时未取得预售许可证明而无效
　　——陕西世华置业有限公司与陕西省中医药研究院确认合同无效纠纷案 / 119

13. 保险合同格式条款的排除适用应以格式条款与非格式条款存在实质冲突为前提
　　——诺菲博尔板业（杨凌）有限公司、诺菲博尔建材销售（北京）有限公司与中国平安财产保险股份有限公司北京分公司保险合同纠纷案 / 128

14. 以订立房屋预售合同的方式出借款项，诉争的基础法律关系应认定为民间借贷
　　——缑××与甘肃恒基嘉业房地产开发有限公司、兰州宇臻房地产开发有限公司、杨×、王×1、李××、邱××、王×2、张××民间借贷纠纷案 / 134

15. 应结合合同约定确定当事人的真实意思表示，以对合同法律关系进行定性
　　——刘××与中冶纸业集团有限公司合同纠纷案 / 146

16. 当事人是否有权以显失公平为由申请法院对合同价款进行调整
　　——西安普明房地产开发有限责任公司与陕西碧桂园置业有限公司股权转让纠纷案 / 154

17. 未及时启动强行平仓制度导致损失的认定

——中国工商银行股份有限公司天水分行与彭××金融衍生品种交易纠纷案 / 164

二、建设工程施工合同纠纷 / 178

18. 发包人对实际施工人的付款责任受发包人欠付承包工程款数额、转包人欠付实际施工人工程款数额的双重限制，发包人应当对其已付工程款数额承担举证证明责任

——固原佳和房地产开发有限公司与董××、杨××、宁夏得发建设工程有限公司建设工程施工合同纠纷案 / 178

19. 发包人与承包人均借用资质，名义承包人请求名义发包人和实际发包人支付工程款的，人民法院应予支持

——庄浪县宏达建筑安装工程有限责任公司与静宁县建筑集团房地产开发有限责任公司、李××、刘×建设工程施工合同纠纷案 / 187

20. 以出借资金支付工程款并履行了部分发包人权利的出借人，视为加入建设工程施工合同法律关系

——陕西雄风新能源有限公司、晋能控股山西电力股份有限公司与中铁十七局集团第一工程有限公司建设工程施工合同纠纷案 / 194

21. 发包方拖延审计进度的，应认定付款条件已经成就

——吴×与宁夏威翔建筑工程有限公司、灵武市卫生健康局建设工程施工合同纠纷案 / 201

22. 当事人多次变更诉讼请求的情形下对其是否主张工程价款优先受偿权的认定

——江苏省江建集团有限公司与霍尔果斯金大门房地产开发有限公司、包×建设工程施工合同纠纷案 / 208

23. 当事人关于交付已付工程款增值税发票的诉讼请求是否属于人民法院受理民事诉讼的范围

——鲁××与上海海燕建筑工程有限公司、徐×建设工程分包合同纠纷案 / 215

24. 人防设施属于建设工程的组成部分，投资者仅享有人防设施的使用权，不享有所有权
　　——西安科技大学与西安天豪实业有限责任公司合同纠纷案 / 222

三、与公司相关的纠纷 / 229

25. 全民所有制企业出资人未履行出资义务的，应当在未出资范围内对公司债务承担责任
　　——兰州市商务局、兰州市财政局与中山市盛兴投资有限公司追加被执行人异议之诉纠纷案 / 229

26. 认缴期限届满前股权转让的受让股东缴纳了出资款后，转让股东对公司债务无须再承担责任
　　——榆林市德厚矿业建设有限公司与中国化学工程集团有限公司等追加、变更被执行人执行异议之诉案 / 234

27. 被公司免除职务的法定代表人，依法可以请求公司办理法定代表人变更登记
　　——韦××与新疆宝塔房地产开发有限公司、新疆宝塔投资控股有限公司、新疆嘉鸿投资有限公司请求变更公司登记纠纷案 / 243

28. 公司监事未尽勤勉义务且实际参与损害公司利益行为的，应对公司损害承担连带赔偿责任
　　——张××、朱××与陕西丰镐置业有限责任公司损害公司利益责任纠纷案 / 249

29. 股东出资义务的履行情况不影响其提起解散公司之诉的权利
　　——陕西博鑫体育文化传播有限公司与陈×公司解散纠纷案 / 257

30. 足以影响投资者的投资决策和市场交易价格的证券虚假陈述行为，可以认定为具有"重大性"
　　——吴××与延安必康制药股份有限公司证券虚假陈述责任纠纷案 /264

31. 信息披露义务人无须因未导致证券交易价格或者交易量明显变化的虚假陈述承担民事责任

——汪××与新疆汇嘉时代百货股份有限公司证券虚假陈述责任纠纷案 / 274

32. 分公司以登记在其名下的财产对外提供担保的，应由公司股东（大）会或者董事会作出决议

——甘肃省融资担保集团股份有限公司与甘肃绿环生物科技开发有限公司、甘肃金江房地产开发集团有限责任公司借款合同纠纷案 / 280

33. 股份有限公司实际出资人显名的条件

——吕××与赵××、甘肃平商联合投资股份有限公司、平凉万美房地产开发有限公司、尚××股东资格确认纠纷案 / 286

34. 当事人投入项目公司工程的借款以债务转移方式由公司实际承担后如何认定实际出资人身份

——兰州义乌商贸有限公司、厉×、赵××与武威市义乌商贸有限责任公司、余××等股东资格确认纠纷案 / 290

35. 股东是否应在认缴范围内对公司债务承担补充赔偿责任

——大荔县皇家沙苑旅游开发有限公司、陕西佳美房地产开发有限公司、中国旅行社总社西北有限公司与中建三局集团有限公司建设工程施工合同纠纷案 / 296

36. 公司债务形成时的控股股东明知公司资产严重不足以清偿债务，未实际出资即转让股权且具有逃废出资债务的恶意，其出资期限利益不应保护

——大荔县皇家沙苑旅游开发有限公司、中国旅行社总社西北有限公司等建设工程施工合同纠纷案 / 303

37. 经法院执行公司财产不足以清偿到期债务时，股东出资义务可以加速到期

——多×与张×、青海安馨尔房地产营销策划有限公司、谢××、李××追加被执行人异议之诉纠纷案 / 313

38. 公司股东起诉要求确认其他股东不具备股东资格的，不符合确认之诉的要件
　　——燕××与唐××、胡××、郭××股东资格确认纠纷案 / 318

39. 一人公司股权代持关系的认定应当注重经营管理上的控制力及财产的实质性归属
　　——兰×与新疆采虹矿业投资有限公司、钟××股东资格确认纠纷案 / 324

四、破产清算案件 / 338

40. 其他利害关系人申请公司清算，对申请人是否属于利害关系人有争议的，应另行通过诉讼程序予以确认
　　——郭××申请公司清算案 / 338

41. 主张集资款参照职工破产债权优先受偿的，应当具有破产企业职工身份
　　——虎××与宁夏上陵实业（集团）有限公司职工破产债权确认纠纷案 / 343

42. 破产管理人是否履行忠实勤勉义务的审理原则
　　——中国邮政储蓄银行股份有限公司嘉峪关市分行与甘肃梓钊律师事务所管理人责任纠纷案 / 348

43. 不具备中立性的提存机关所进行的财产管理行为，不发生提存的法律效力
　　——中国信达资产管理股份有限公司陕西省分公司与陕西秦建房地产开发公司、陕西馨安物业发展有限责任公司西安咸宁路分公司、尔××、李××、高××、吴××、胡××、郭××返还原物纠纷案 / 357

44. 关联公司实质合并破产的运用
　　——青海省投资集团有限公司等十七家企业实质合并破产重整案 / 361

45. 因维护公共利益与债权人利益产生的费用，应当认定为共益债务
　　——青海华鑫水电开发有限公司破产重整案 / 371

46. 律所未签订书面委托代理合同并明确代理费用的，不能主张委托代理费
　　——达民律所与通用公司普通破产债权确认纠纷案 / 378

47. 原告未要求第三人承担责任的，不得以有关人民法院已经受理涉及第三人的破产案件为由将案件移送受理破产申请的人民法院管辖
　　——杭××与何××合同纠纷案 / 383

五、执行异议之诉 / 387

48. 案外人以新增建筑物不属于抵押财产为由主张排除对抵押建设用地使用权及新增建筑物的执行处分的，人民法院不予支持
　　——常×与中国农业银行股份有限公司兰州高新技术开发区支行等案外人执行异议之诉案 / 387

49. 受让人为办理所有权过户登记依法申请注销抵押权登记的，不能认定受让人放弃了抵押权
　　——李×与冯×、郭×案外人执行异议之诉案 / 395

50. 被拆迁人享有优先取得补偿安置房屋的权利，该权利能够对抗拆迁人的金钱债权人对安置房屋的执行
　　——中国信达资产管理股份有限公司甘肃省分公司与甘肃陇东鸿业商贸有限公司、甘肃省供销合作联社庆阳土特产品公司、庆阳市智霖房地产开发有限公司、庆阳智霖实业有限公司、赵××、李××申请执行人执行异议之诉案 / 404

51. 对于登记在被执行人名下但已办理预告登记房产的执行，后买受人不能以对涉案房产享有物权或者物权期待权为由排除强制执行
　　——辛×与玛纳斯县昊亮新型节能材料有限公司、余××、余×以及石河子市兴恒基房地产开发有限公司案外人执行异议之诉案 / 411

52. 在先购买并交付占有的车位购买人能否排除在后抵押权人对车位的强制执行
    ——甘肃银行股份有限公司兰州市中央广场支行诉刘××、广州华骏实业有限公司申请执行人执行异议之诉案 / 419

六、第三人撤销之诉等类型案件 / 427

53. 债权人提起第三人撤销之诉的条件审查
    ——郭×、王××与王×等第三人撤销之诉案 / 427

54. 以房抵债受让房产的债权人提起第三人撤销之诉的主体资格判断
    ——李××与兰州通安房地产开发有限公司玉门分公司、黄××、宋×第三人撤销之诉案 / 436

55. 生效判决所认定的事实及论理内容损害第三人利益但判决内容不损害第三人利益时，第三人不能提起第三人撤销之诉
    ——海通证券股份有限公司及其甘肃分公司与中国银河投资管理有限公司、甘肃太平洋律师事务所第三人撤销之诉纠纷案 / 445

56. 建设工程施工合同的识别及合同权利义务转让后诉讼主体资格的认定
    ——孙×与宁夏博大房地产开发有限公司、史×、陈×、褚×第三人撤销之诉案 / 449

57. 涉嫌伪造质押合同附件印章的犯罪事实不影响金融借款合同关系和保证合同关系的成立
    ——申银万国创新证券投资有限公司与中科建设开发总公司、中科龙轩工程项目管理海安有限公司、海安经济技术开发区管理委员会金融借款合同纠纷案 / 458

58. 分公司负责人被追究刑事责任但分公司及总公司未作为刑事犯罪主体时，权利人起诉要求总公司承担民事责任的，人民法院应当进行实体审理
    ——谭××与中铁十五局集团第二工程有限公司昆明分公司、中铁十五局集团第二工程有限公司建设工程施工合同纠纷案 / 464

59. 对已经在刑事案件中裁定以财产对受害人予以退赔的公司，虽未被列为刑事案件的被告人，但受害人另行提起民事诉讼的，人民法院是否受理

——宁夏吴忠农村商业银行股份有限公司与吴忠市卡卡都工贸有限公司等金融借款合同纠纷案 / 471

60. 民事案件与刑事案件应否分别审理的主要标准为是否属于相同主体基于同一法律事实形成的同一法律关系

——永登县农村信用合作联社安宁分社与兰州港联生态环境发展有限公司金融借款合同纠纷案 / 478

61. 判断金钱给付诉讼请求是否重复，应以请求的事项是否实质相同为审查要点

——金昌市佰亿置业有限公司与宁夏农垦前进农场有限公司、宁夏农垦集团有限公司合同纠纷案 / 483

62. 依照《最高人民法院关于执行和解若干问题的规定》第9条规定提起的诉讼，与作出执行裁判的诉讼案件不构成重复起诉

——陕西新贸物流配送连锁有限责任公司与扶风县东顺摩托车经销有限公司、陕西新贸天宝置业有限公司土地使用权转让合同纠纷案 / 490

63. 重审程序中当事人变更诉讼请求的，重审法院应当围绕当事人变更后的诉讼请求进行审理并作出新的裁判

——北京合锐赛尔电力科技股份有限公司与西北电力建设第一工程有限公司买卖合同纠纷案 / 496

64. "一房二卖"情形下不当得利的构成及返还范围的认定

——靖远第二发电有限公司与兰州银行股份有限公司不当得利纠纷案 / 501

65. 事先未形成合意的非给付型不当得利纠纷中，由获益方承担获得利益合法性的举证责任

——王××与董×不当得利纠纷案 / 508

66. 票据债务人行使返还票据请求权的，应当限定于与其有直接债权债务关系的当事人之间
　　——中国广电甘肃网络股份有限公司与上海澳润信息科技有限公司、甘肃澳广信息技术有限公司票据付款请求权纠纷案 / 513

67. 业主委员会对于业主共有事项和物业共同管理事项可以自己名义提起诉讼
　　——国电家园小区业主委员会与伊宁市宏基房地产开发有限责任公司、通州建总集团有限公司房屋买卖合同纠纷案 / 519

68. 未被人民法院判决承担民事责任的无独立请求权第三人申请再审的，是否应予受理
　　——敦煌阳光招金矿业有限公司与敦煌市西部矿业发展有限责任公司（刘××杰担任法定代表人）、敦煌市西部矿业发展有限责任公司（林××武担任法定代表人）、敦煌市钒业发展有限责任公司侵权责任纠纷案 / 528

69. 不动产登记的物权人与实际物权人不符时，物权权属的确定应从权利取得的基础事实来判断
　　——中国邮政集团公司西宁市分公司与中国电信股份有限公司西宁分公司等物权保护纠纷案 / 532

行政案例裁判规则

1. 省级人民政府根据国务院土地征收批准文件作出的土地征收实施方案批准行为不属于行政复议的受理范围
　　——崔××诉甘肃省人民政府驳回行政复议申请决定案 / 541

2. 农村土地承包经营权争议不属于人民政府权属争议处理范围
　　——赵××诉祁连县人民政府及海北藏族自治州人民政府草原行政确认及行政复议案 / 545

3. 行政机关对当事人所提信访申请是否予以答复以及如何答复不属于行政诉讼的受案范围
　　——朱××、柳××诉西安市人民政府不履行法定职责案 / 552

4. 收回国有农场农用地的土地补偿费应当支付给国有农场
　　——李×诉灵武市人民政府土地收回补偿案 / 558

5. 实质上含有收回决定和补偿方案内容的国有土地使用权收回公告具有可诉性
　　——贺兰县华康农牧场（有限公司）诉贺兰县人民政府有偿收回国有土地使用权案 / 562

6. 征收引发的赔偿案件中应准确识别造成所诉损失的行为及赔偿义务机关并遵循便宜当事人诉讼原则
　　——张××诉贵德县人民政府行政赔偿案 / 567

7. 参照执行国有土地上房屋征收补偿标准应符合一定条件
　　——刘××诉兰州市七里河区人民政府行政赔偿案 / 572

8. 2015年5月1日前订立的行政协议中对仲裁机构约定不明的仲裁条款无效
　　——永靖县兴翔生态养殖农民专业合作社诉永靖县人民政府行政协议及行政赔偿案 / 578

9. 强制拆除行为不宜以区、县政府曾开会统筹研究过征收拆迁问题、领导出现在拆迁现场等事实直接推定区、县政府为适格被告
　　——安××诉银川市西夏区人民政府强制拆除案 / 583

10. 仅告知适格复议机关的行为不属于人民法院行政诉讼受案范围
　　——李×诉西安市人民政府行政复议告知行为违法案 / 589

11. 非为维护自身合法权益而向行政机关投诉者与投诉处理结果的利害关系
　　——兰州永安贸易商行诉甘肃省司法厅行政管理案 / 593

民商事审判实践疑难问题解答

一、建设工程纠纷部分

问题1：《建工司法解释（一）》第1条规定，承包人因未取得资质、超越资质、借用资质或者转包、违法分包等与他人签订的建设工程施工合同无效。司法实践中，承包人转包、违法分包一般包括哪些情形，有关工程价款、工程质量纠纷该如何处理？

以转包或者违法分包方式签订的建设工程施工合同无效。关于转包、违法分包的认定，可以参照住房和城乡建设部印发的《建筑工程施工发包与承包违法行为认定查处管理办法》（建市规〔2019〕1号）第7条、第8条以及第11条、第12条规定的具体情形进行认定。承包人从发包人处取得建设工程后再与他人签订的转包合同、违法分包合同无效，但不影响发包人与承包人之间签订的建设工程施工合同的效力。司法实践中，要注意区分合同性质，并对合同效力作出相应的认定。

工程转包、违法分包情形下，转承包人、违法分承包人如果与发包人形成了事实上的施工合同关系，且建设工程质量合格的，转承包人、违法分承包人可以直接依据《建工司法解释（一）》第24条规定，请求折价补偿。判断是否形成了前述事实上的施工合同关系，重点是看发包人是否认可实际施工人的地位，具体可以考量发包人是否直接支付工程进度款、是否在工程施工过程中进行联系或检查、是否直接进行工程价款结算、是否指定的转（分）承包人等因素。转承包人、违法分承包人就其具体施工范围内的工程价款与发包人结算以后，转包人、违法分包人不能再就转承包人、违法分承包人具体施工范围内的工程价款向发包人主张权利。存在转包、违法分包情形，发生工程质量争议的，发包人可以依据《建工司法解释（一）》第15条主张权利。

如果无法认定实际施工人与发包人建立了事实上的施工合同关系，应当依据各方当事人各自的合同关系确定发包人欠付转包人、违法分包人的工程款数额，以及转包人、违法分包人欠付转承包人、违法分承包人的工程款数额。发包人与转包人、违法分包人之间的结算协议，转包人、违法分包人与转承包人、违法分承包人之间的结算协议均只对协议当事人发生效力，不能对抗协议之外的第三人。如果相关付款义务主体能够举证证明已经按照结算协议支付了相应工程款，则在已付工程款范围内免除付款责任。

问题 2：挂靠施工情形下，如何认定相关合同的效力，实践中如何解决有关工程欠款、工程质量纠纷？

在挂靠施工情况下，涉及发包方与施工方施工合同的外部法律关系以及被挂靠方与挂靠方借用资质的内部法律关系。对于相关合同效力的认定，应当区分内部关系和外部关系以及发包人是否善意来认定相关合同的效力。

在挂靠人与被挂靠人之间的内部关系上，挂靠行为属于借用资质行为的，因违反《建筑法》第 26 条规定，应当认定为无效行为。

在挂靠人、被挂靠人与发包人外部关系的认定上，应当根据发包人在签订建设工程施工合同时是否知道挂靠事实作出认定。如果发包人不知道挂靠的事实，有合理理由相信履行施工合同义务的就是被挂靠人，此种情况下被挂靠人以自己的名义与发包人签订施工合同的行为属于真意保留，被挂靠人的表示行为与真实意思不一致，但发包人的表示行为与真实意思是一致的。这种情况下，应当优先保护发包人的利益，该合同属于可撤销合同，并不仅因存在挂靠关系就当然无效。被挂靠人将所承包工程交由挂靠人施工的行为属于转包行为，根据《建工司法解释（一）》第 1 条第 2 款规定，该转包合同属于无效合同。如果发包人知道挂靠事实，根据《民法典》第 146 条规定，该发包人与被挂靠人之间的施工合同属于以虚假的意思表示实施的民事法律行为，应当认定无效。

发包人、被挂靠人、挂靠人之间的工程欠款纠纷，除法律和司法解释另有规定外，应按照合同相对性原则，分别按照各自之间的合同关系处理。出现工程质量问题的，发包人依据《建工司法解释（一）》第 7 条规定主张权利的，人民法院应予支持。如果发包人与挂靠人之间在工程施工中建立了事实上的施工合同关系，发包人或挂靠人直接请求对方承担相应民事责任，人民法院应予支持。

问题3：转包、违法分包、借用资质情形下，相关转包合同、违法分包合同、出借资质签订的施工合同中约定的管理费该如何认定和处理？

建设工程施工领域，相关转包合同、违法分包合同、出借资质签订的施工合同无效。相关合同中约定的管理费不能理解为转包人、违法分包人或者有资质的施工单位转包、违法分包工程或者出借资质的对价或好处。如果转包人、违法分包人或者有资质的施工单位仅仅给予工程或出借资质但没有实施具体的施工行为或管理行为，对于转包人、违法分包人或者出借资质人提出的支付管理费的请求，一般不予支持；如果转包人、违法分包人或出借资质人在给予工程或出借资质后也实施了一定的施工行为或管理行为，应当考虑转包人、违法分包人或者出借资质人的支出成本、合同各方的过错程度、实现利益平衡等因素，在各方之间合理分担该管理成本损失。

问题4：如何理解和把握《建工司法解释（一）》第1条第1款第3项规定，建设工程必须进行招标而未招标或中标无效的，建设工程施工合同应认定无效？

根据《建工司法解释（一）》第1条第1款第3项的规定，建设工程必须进行招标而未招标或中标无效的，建设工程施工合同应认定无效。准确把握该条文含义，应当区分两种情况：一是必须进行招标而未招标；二是中标无效。关于必须进行招标的工程，相关国家部委曾经先后作出有关规范性规定，应当以有关规定为准来确定必须进行招标的工程范围。2018年6月1日施行的《必须招标的工程项目规定》及2018年6月6日施行的《必须招标的基础设施和公用事业项目范围规定》规定，商品住宅项目已不属于必须招标工程范围，如果仍然以此为依据认定相关施工合同未经招投标程序因此无效就属于适用法律错误。如果签订施工合同时属于应当招标的工程项目，但诉讼中按照新的规定已不属于应当招标的工程项目，则不应以必须进行招标而未招标为由认定合同无效。

关于中标无效的把握，即使诉争的建设工程并非必须进行招标，但如果发包人主动选择采取招标方式，那么就应当遵守《招标投标法》等法律规定。如果招标程序中出现先定后标、串标、围标、行贿以及采取非法手段阻止、干预其他投标人参加投标活动等行为，该中标行为违反了《招标投标法》等法律的强制性规定，破坏了公平竞争的市场秩序这一社会公共秩序，因此也应当认定无效。

问题5：建设工程合同纠纷案件对外委托鉴定工作中，如何确定委托鉴定范围、鉴定期限？

人民法院在审理建设工程合同纠纷案件中对外委托和组织司法鉴定工作，应依照《人民法院司法鉴定工作暂行规定》（法发〔2001〕23号）、《人民法院对外委托司法鉴定管理规定》（法释〔2002〕8号）、《关于人民法院民事诉讼中委托鉴定审查工作若干问题的规定》（法〔2020〕202号）相关规定，认真审查拟鉴定事项是否属于待查明案件事实的专门性问题。有关工程价款数额的确定和工程质量等方面的问题，如果当事人不能协商一致或者通过其他方式达成解决方案，人民法院可以根据当事人的申请对外委托鉴定。对于明显不属于专门性事实问题的，依法不应委托鉴定。拟鉴定事项所涉鉴定技术和方法没有科学可靠性的，也不应委托鉴定。委托鉴定的，应根据鉴定事项的难易程度、鉴定材料准备情况等，合理确定鉴定期限；鉴定机构、鉴定人因特殊情况需要延长鉴定期限的，应提出书面申请，由人民法院根据具体情况决定是否延长。

问题6：建设工程施工合同纠纷委托鉴定工作中应注意哪些因素或事项？如何采信和认定鉴定意见？

建设工程合同纠纷案件专业性较强，诉讼标的大，且审理周期长，要注意避免以鉴代审和拒绝裁判情况的发生。在当事人未申请鉴定的情况下，对显而易见的工程质量问题或者通过其他方式能够认定工程价款的，为了避免鉴定周期过长、鉴定费用高昂给当事人造成诉累，人民法院应根据举证责任分配原则对于能够查明的案件事实及时作出裁判，不得拒绝裁判。同时，也要避免仅对无争议部分作出裁判，而对有争议部分告知当事人另行主张权利，不利于一次性解决纠纷。对于确需通过对外委托鉴定解决的争议事项，人民法院应向负有举证证明责任的一方进行充分释明。一审程序中经人民法院释明当事人明确表示不申请鉴定，二审程序中又申请鉴定的，除对方当事人同意或者有其他合理情形外，二审法院原则上不再对外委托鉴定。未经法庭组织双方当事人质证的材料（包括补充材料），不得作为鉴定材料。

对待鉴事项具有相应的合法资质的鉴定机构和鉴定人员出具的鉴定意见，属于案件的证据，是否可以作为认定案件事实的根据、哪些部分可以作为认定案件事实的根据，人民法院应组织案件当事人对该鉴定意见进行质证，并结合当事人的质证意见进行审查认定。

问题7：如何理解和把握《建工司法解释（一）》第22条"当事人签订的建设工程施工合同与招标文件、投标文件、中标通知书载明的工程范围、建设工期、工程质量、工程价款不一致，一方当事人请求将招标文件、投标文件、中标通知书作为结算工程价款的依据的，人民法院应予支持"的规定？

工程项目招标的重要文件包括招标文件、投标文件、中标通知书等，通过招标程序发包的工程项目应当依据上述文件的主要内容签订工程施工合同。实践中，当事人之间签订并实际履行的工程施工合同与上述招投标文件、中标文件在工程范围、建设工期、工程质量、工程价款等方面并不一致，有的施工合同还进行了备案，就出现所谓的"黑白合同""阴阳合同"现象。无论当事人之间签订并履行的工程施工合同是否经过备案，如果与前述招投标文件、中标文件关于工程范围、建设工期、工程质量、工程价款等方面内容不一致，当事人之间就工程价款的结算产生争议，人民法院应当以招标文件、投标文件、中标通知书作为结算工程价款的依据。

但是，不能认为违背了招投标文件、中标文件签订的工程施工合同就当然无效，只有就有关工程范围、建设工期、工程质量、工程价款等实质性内容约定不一致的，才可能导致工程施工合同无效。其他有关违约责任、争议解决条款等即使不一致的，也不必然导致工程施工合同无效。工程施工合同关于工程范围、建设工期、工程质量、工程价款等方面对招投标文件、中标文件内容进行了非实质性变更的，也不必然导致工程施工合同无效。对于非实质性变更的把握,应当考虑具体变更的内容、外部客观情况、当事人的主观意思等综合因素。另外,工程中标后,如果建设工程合同的基础条件发生了招投标活动中无法预见的、不属于商业风险的重大变化,继续按照中标通知书签订并履行合同对于当事人一方明显不公平的,受不利影响的当事人依据《民法典》第533条规定,与对方重新协商达成的建设工程合同,一般应认定为有效。

问题8:关于工程价款的结算,仅完成部分工程量能否依据建设工程合同约定的计价标准或计价方法结算工程款?

建设工程合同约定了工程价款的计价方法或者计价标准,但承包人仅完成部分工程量且已完成部分的工程质量合格,除非当事人明确约定该计价方法或标准只适用于全部工程完工的情形,承包人主张依据合同约定的计价方法或者标准计取已完工程的工程价款或者相关费用的,人民法院应当予以支持。如果当事人之间在仅完成部分工程量的情况下,无法就已完成部分工程价款的计价标准或计价方法达成一致,诉讼中可由主张权利一方通过申请委托鉴定的方式予以解决。

问题9:建设工程合同约定以审计部门出具的审计报告或者结论作为工程价款结算依据的,该如何理解和把握?

建设工程合同约定以审计部门出具的审计报告或者结论作为工程价款结算依据,发包人未按约报请审计部门对工程价款进行审计的情况下,以未经审计部门审计为由拒付工程价款的,人民法院不予支持。如果审计部门未在合理期限内进行审计或者出具审计报告或结论,或者有证据证明审计结论明显不当的,承包人有权对未经审计以及缺少审计结论的工程价款或审计结论错误的工程价款申请司法鉴定。

问题10:委托代建关系的付款责任主体如何确定?

采取委托代建模式进行工程开发建设的,工程价款的给付义务人应当根据建设工程合同的约定确定。委托人(建设单位)、代建人、使用人在代建合同中关于工程价款给付义务人的约定,除非承包人认可,该约定对承包人没有约束力。如果代建法律关系中对工程价款的给付义务人没有约定,委托人（建设单位）、代建人、使用人三方共同作为发包人与承包人签订建设工程合同的情况下，委托人（建设单位）、代建人、使用人三方应向承包人共同承担支付工程价款的义务；委托人（建设单位）或者使用人向代建人支付了部分或全部工程价款，但代建人未向承包人支付相应的工程价款的，委托人（建设单位）或者使用人并不能因此免除付款责任。

委托人（建设单位）或者使用人没有作为发包方与承包人签订建设工程合同的，如果建设工程合同履行过程中存在委托人（建设单位）或者使用人直接向承包人支付工程价款、设计变更施工方案或者增减工程量并直接对承包人进行指示、参与施工现场管理等情形，足以认定委托人（建设单位）或者使用人已经加入建设工程合同的履行中，承包人起诉要求委托人（建设单位）或者使用人与代建方共同承担支付工程款义务的，人民法院应予支持。代建人以自己的名义在委托人的授权范围内与承包人订立的施工合同，承包人在订立合同时知道代建人与委托人之间的代建关系的，根据《民法典》第925条的规定，该施工合同直接约束委托人和承包人；但是，有确切证据证明该合同只约束代建人和承包人的除外。根据委托代建合同约定，代建人享有对委托人（建设单位）或者使用人代建费用债权，承包人如果认为代建人怠于行使该债权影响其到期工程价款债权，依照《民法典》第535条规定提起代位权诉讼的，人民法院应予受理并在查明相关案件事实后作出相应的裁判。

问题11：审判实践中，如何把握建设工程价款优先受偿权的权利行使主体、权利的保护范围以及权利的行使条件和方式等？

1.关于建设工程价款优先受偿权的主体。因建设工程价款优先受偿权在性质上属于法定优先权的性质，因此不宜扩大权利主体范围，应当根据《民法典》第807条和《建工司法解释（一）》第35条规定，限制在与发包人订立建设工程施工合同的承包人范围内。转承包人、违法分承包人等实际施工人不享有建设工程价款优先受偿权。但应当注意，《建工司法解释（一）》第43条、第44条规定实际施工人可以向发包人主张支付工程价款，或者以《民法典》第535条对发包人提起代位权诉讼，代位权行使之范围为债权及其从权利,优先受偿权作为从权利即应包括在代位权范围内。承包人将建设工程价款转让他人并通知发包人的,从确保承包人债权尽快实现并合理保值的角度出发,依照《民法典》第547条规定,应认定该工程价款债权受让人有权对发包人主张工程价款优先受偿权。

2. 关于建设工程价款优先受偿权的范围。根据《建工司法解释(一)》第40条的规定,承包人的建设工程价款优先受偿范围包括直接费用以及包括企业管理费、利润、规费、税金等间接费用在内的全部建设工程价款,但不包括建设工程价款的利息以及因发包人违约产生的违约金、损害赔偿金等。依照《建工司法解释(一)》第40条第1款的规定,发包人从建设工程价款中预扣的质量保证金,属于建设工程价款的一部分,虽该保证金系为工程质量保证期内出现质量问题时保证工程及时得到修复而预留,但属于优先受偿范围。对于承包方单独另行交纳的质量保证金,因不属于工程价款,不享有优先受偿权。

3. 关于建设工程价款优先受偿权的行使条件和方式。根据《建工司法解释(一)》第41条的规定,承包人应在合理期限内行使建设工程价款优先受偿权,但最长不得超过18个月,自发包人应当给付结算工程价款之日起算。发包人应当给付结算工程价款之日,根据《建工司法解释(一)》第27条规定确定。建设工程施工合同是否有效,一般不影响工程价款优先受偿权;建设工程价款优先受偿权不因建成的房屋已经办理商品房预售合同网签而消灭,承包人仍有权依法就工程折价或者拍卖的价款优先受偿,但法律、司法解释另有规定的除外;承包人行使建设工程价款优先受偿权,不以工程竣工并交付为前提,无论工程是否完工,工程质量合格的,承包人可以主张优先受偿权;根据《民法典》第807条规定的"根据建设工程的性质不宜折价、拍卖"的建设工程一般包括:违章建筑、工程质量不合格且难以修复的建筑,法律禁止抵押的不动产,非营利法人的教育设施、医疗卫生设施和其他公益设施及不宜单独折价拍卖的分部、分项工程等。根据《民法典》第807条规定,承包人可以与发包人协议将工程折价,也可以请求人民法院将工程依法拍卖,建设工程的价款就该工程折价或者拍卖的价款优先受偿。承包人行使建设工程价款优先受偿权,既可以通过提起诉讼或者申请仲裁的方式,也可以通过直接向发包人主张权利的方式;直接向发包人主张权利的,承包人对此负有举证证明责任;以诉讼的方式行使建设工程价款优先受偿权的,人民法院可予以判决确认。

问题12:实际施工人的类型包括哪些?与实际施工人有关的建设工程施工合同纠纷案件,实践中包括哪些常见的法律适用问题?

一般来说,实际施工人包括转包合同的转承包人、违法分包合同的分承包人和外部挂靠关系中借用资质的单位或个人三种类型,实际施工人就是上述违法情形中实际完成了施工任务的单位或者个人。实际施工人与发包人之间没有直接的合同关系或者名义上的合同关系,实际施工人同与其签订转包合同、违法分包合同的承包人或者出借资质的建筑施工企业之间也不存在劳动人事关系或者劳务关系。施工企业的内部承包关系以及与施工企业通过合作、劳务分包、专业分包等方式开展施工活动的,可根据具体情况认定相应的法律关系。

审理与实际施工人有关的建设工程施工合同纠纷案件,既要准确把握法律、司法解释条文含义,也要树立保护合法、显名民事主体利益的司法价值取向。实际施工人获得法律保护的利益原则上不应超过合法施工主体的权利范围。发包人与承包人之间关于工程价款的结算,对实际施工人具有拘束力,但是各权利义务主体有明确约定或在性质上不宜适用于实际施工人、实际施工人能够举证证明发包人与承包人以结算故意损害实际施工人利益的除外。实际施工人与其相对方就施工范围内工程价款的结算仅约束协议双方,不能以此约束发包人,但是实际施工人能够举证证明该结算系依据发包人与承包人之间施工合同中关于工程价款结算办法的约定作出的除外。

《建工司法解释(一)》第43条规定,实际施工人以转包人、违法分包人为被告起诉的,人民法院应当依法受理。实际施工人以发包人为被告主张权利的,人民法院应当追加转包人或者违法分包人为本案第三人,在查明发包人欠付转包人或者违法分包人建设工程价款的数额后,判决发包人在欠付建设工程价款范围内对实际施工人承担责任。本条解释涉及三方当事人两个法律关系：一是发包人与承包人之间的建设工程施工合同关系；二是承包人与实际施工人之间的转包或者违法分包关系。原则上，当事人应当依据各自的法律关系，请求各自的债务人承担责任。本条解释为保护农民工等建筑工人的利益，突破合同相对性原则，允许实际施工人请求发包人在欠付工程款范围内承担责任。承包人已经起诉发包人支付工程款的，实际施工人可在一审法庭辩论终结前申请作为第三人参加诉讼，其另诉请求发包人在欠付工程款范围内承担责任的，人民法院不应受理。实际施工人既有权要求发包人支付欠付工程款，也有权主张欠付工程款的利息。人民法院应当查明发包人欠付承包人的工程款及承包人欠付实际施工人的工程款。实际施工人对工程款支付条件成就、欠付工程款金额等承担举证证明责任；发包人提出已支付工程款金额以及所欠工程款与其无关等抗辩的，应当承担举证证明责任。因发包人并非实际施工人的合同相对方，发包人在其欠付建设工程价款范围内对实际施工人承担的付款责任，是一种补充责任。发包人向实际施工人给付相应的工程款后，各方当事人之间相对应的债权债务关系均消灭。

层层转包或多次分包的，实际施工人不能向与其没有合同关系的承包人、分包人等中间环节主体主张工程款，但发包人已向承包人、分包人支付全部工程款的除外。未进行实际施工的转承包人、转分包人等中间环节主体不是实际施工人，不能突破合同相对性向发包方主张权利。

二、合同纠纷部分

问题1：商品房买卖合同签订时出卖人未取得商品房预售许可证明，买受人能够举证证明出卖人办理商品房预售许可证明已无现实困难和法律障碍，但出卖人怠于办理的，该商品房买卖合同是否有效？

《最高人民法院关于审理商品房买卖合同纠纷案件适用法律若干问题的解释》为了维护房地产交易市场秩序，保护购房者合法权益，在第2条规定了出卖人在签订商品房预售合同前应取得商品房预售许可证。根据该条规定，在起诉前出卖人仍未办理商品房预售许可证明的，当事人主张商品房预售合同有效，人民法院不予支持。但是，买受人能够举证证明出卖人办理商品房预售许可证明已无现实困难和法律障碍，出卖人怠于办证的，可以认定该商品房买卖合同有效。

买受人接受商品房后，又以房屋不符合约定交楼条件为由，主张出卖人构成违约要求解除合同返还已付购房款的，除买受人能够举证证明该商品房存在严重质量问题影响正常居住使用或存在权利瑕疵影响办理产权证书等情形以外，人民法院一般不予支持。买受人能够举证证明出卖人交付商品房违反合同约定或者法律、法规规定给其造成损失要求赔偿的，人民法院应予支持。

问题2：以交付银行承兑汇票为出借资金履行方式的民间借贷合同的效力应如何认定？

从金融借款法律关系看，票据贷款属于担保贷款的一种，付款人银行是否承兑、付款或者保付，取决于出票人是否向银行提供足够资金。从票据法律关系来看，出票人的出票行为对于作为付款人的银行并无拘束力。付款人银行是否承担付款义务，取决于该银行对于向其提出的承兑提示是否予以承兑。收款人向银行提示承兑或者提示付款时，如果出票人在付款人银行的存款账户内资金不足，付款人银行可以拒绝承兑，不再承担付款义务，此时应由出票人向收款人承担赔偿义务。因此，应当认定以交付银行承兑汇票的方式出借款项的民间借贷合同有效。

如果出借方以非法转贷为目的，与金融机构恶意串通以交付银行承兑汇票方式发放民间借贷出借资金，构成了《民间借贷司法解释》第13条第1项规定的"套取金融机构贷款转贷"情形的，人民法院应当认定民间借贷合同无效。

问题3：人民法院在审理合同纠纷案件中，如何判断"强制性规定"的性质？如何判断违反规章的合同效力？

《民法典》第153条第1款规定，违反法律、行政法规的强制性规定的民事法律行为无效。但是，该强制性规定不导致该民事法律行为无效的除外。

识别强制性规定是效力性强制性规定还是管理性强制性规定，应当根据该强制性规定的规范目的加以判断。《民商审判会议纪要》第30条明确，要在考量强制性规定所保护的法益类型、违法行为的法律后果及交易安全保护等因素的基础上认定其性质，并在裁判文书中充分说明理由。一般来说，涉及禁止买卖的交易标的、场外配资等违反特许经营、违反《招标投标法》等竞争性缔约方式损害公平竞争等情形，应当认定为违反效力性强制性规定。

关于违反行政规章对合同效力的影响，因规章不属于法律、行政法规，故违反规章原则上不影响合同效力。但违反规章同时构成违背公序良俗的，如破坏金融安全、市场秩序、国家宏观政策等，应认定合同无效。考察违反规章的合同是否构成违背公序良俗，可重点考量规章规范的目的、对象、行为以及规章的监管强度、违反规章的社会影响等因素。法院因此作出否定合同效力的认定的，不得援引规章条文作为裁判的依据，应以《民法典》第153条第2款作为认定合同无效的法律依据，并在裁判文书中进行充分说理，充分论证案涉合同违反了公序良俗，在说理时可以援引该规章条文进行论理。

问题4：《民法典》第533条规定了情势变更制度，如何理解不可抗力与情势变更二者之间的关系？合同纠纷案件中如何把握情势变更原则的适用？

《民法典》总则编第180条规定了不可抗力制度，合同编第533条规定了情势变更制度，与原《最高人民法院关于适用〈中华人民共和国合同法〉若干问题的解释（二）》第26条相比，有了很大变化。不可抗力作为一项法律事实时，有可能产生多项法律后果，涉及免责事由、合同法定解除、情势变更、诉讼时效、风险负担等相关制度。（1）如果因不可抗力事件导致一方出现不能履行民事义务的情形，要不要承担民事责任，需结合《民法典》第180条和第590条来理解和把握。（2）根据《民法典》第563条第1款规定，因不可抗力致使不能实现合同目的，当事人享有法定解除权。当事人以合同目的不能实现为由主张解除合同的，应结合交易背景、合同性质、合同条款的约定及实际履行情况等予以综合分析，特别需要正确判断不可抗力事实与合同履行不能之间是否存在因果关系。（3）根据《民法典》第533条规定，如果在合同成立后，因不可抗力引起合同的基础条件发生重大变化，受不利影响的当事人可以主张适用情势变更制度变更或者解除合同。在这里，不可抗力事实只是导致情势变更事实发生的原因事实，并非不可抗力事实直接影响合同义务的履行，这是正确区分适用不可抗力制度还是情势变更制度的关键。(4)根据《民法典》第188条第2款、第194条第1款第1项规定，因不可抗力导致当事人的请求权无法及时行使，适用诉讼时效期间中止和延长的规定。

不可抗力作为法律事实，一般表现为自然事件，如地震、水灾、旱灾、暴风雪、疫情等，也包括少量社会异常状态，如战争、暴乱、军事封锁等。当然，一般也允许当事人在合同中对不可抗力事实的范围作出约定。如前所述，在不可抗力制度与情势变更制度的适用关系上，不可抗力作为法律事实，在符合法律规定条件下有可能构成适用情势变更的原因事实或者条件。比如，2020年年初暴发的新冠肺炎疫情，作为突发公共卫生事件，可以认定为不可抗力事实。如果因为疫情导致合同履行的条件发生重大变化，如因防疫隔离、关停、人员限制流动等影响合同正常履行（如旅游合同、租赁合同等），若继续履行合同对于当事人一方权利而言明显不公平，或者合同目的已经无法实现，当事人主张适用情势变更的，人民法院应当根据案件的基本事实作出认定。

根据《民法典》第533条规定，"情势变更"中的"情势"应限于合同的基础条件，也就是对于实现合同目的、保证合同双方利益平衡具有重大影响的事项；"情势变更"中的"变更"应限于合同基础条件的变更达到了继续履行合同对一方当事人明显不公平的程度，如果仅是一般影响程度的变更，则不能适用情势变更制度。还要注意，合同的基础条件的重大变化应该发生在合同成立以后，如果在合同成立之前就已存在，仅是当事人不知道的，也不能适用情势变更制度，但可以适用重大误解制度由当事人申请撤销合同。依《民法典》规定，发生情势变更一方主张变更或者解除合同，双方当事人负有重新协商的义务，在程序上应当首先由受不利影响的当事人与对方进行重新协商。重新协商既可以在起诉前进行，也可以在诉讼过程中由人民法院确定合理期限进行。在合理期限内协商不成，或者另一方明确拒绝协商的，为尽快让当事人从不利的合同束缚中解脱，应当允许任何一方当事人请求人民法院变更或解除合同。

问题5：双务合同中，原告起诉请求继续履行，经法院审理查明合同已无继续履行的可能时，应如何处理？

《民法典》第580条规定，当事人一方不履行非金钱债务或者履行非金钱债务不符合约定的，对方可以请求履行，但法律上或者事实上不能履行或者债务的标的不适于强制执行或者履行费用过高的除外。合同已无继续履行的可能性，即属于上述情形。因上述情形不能实现合同目的，当事人请求继续履行的，人民法院应当向其释明，告知其变更诉讼请求，或者就合同能否继续履行以及是否请求终止（或者解除）合同征求对方当事人意见。经过人民法院释明，原告一方变更诉讼请求要求终止（或者解除）合同，或者合同对方反诉请求终止（或者解除）合同的，人民法院可以根据当事人的主张并结合案件事实确认合同终止（或者解除）。如果当事人坚持请求继续履行的，或者虽然表示合同目的不能实现但不主张终止（或者解除）的，人民法院应判决驳回其诉讼请求。但应当注意，当事人可以在被驳回诉讼请求后，另行起诉请求终止（或者解除）合同，人民法院不能认为构成重复诉讼而不予受理。

问题6：约定的解除权行使期限届满，合同陷入僵局应如何救济？

《民法典》第564条规定，法律规定或者当事人约定解除权行使期限，期限届满当事人不行使的，该权利消灭。法律没有规定或者当事人没有约定解除权行使期限，自解除权人知道或者应当知道解除事由之日起一年内不行使，或者经对方催告后在合理期限内不行使的，该权利消灭。解除权属于形成权，解除权行使期限属于除斥期间，不适用中止、中断或延长。解除权的行使方式，既包括通知的方式，也包括提起诉讼或申请仲裁的方式。如果守约方未在法定或约定的期限内行使，该解除权消灭。但守约方可以通过提起诉讼要求合同对方继续履行、采取补救措施或者赔偿损失来追究对方的违约责任。如果合同符合《民法典》第580条第1款所规定的三种不能请求履行的情形的，人民法院可以根据该条规定处理。

问题7：约定违约金过高，但在当事人未到庭等缺席判决的情况下，法院应否主动调整？违约金应当计付至判决生效之日还是实际清偿之日？

守约方提起诉讼要求支付约定违约金，违约方未出庭应诉缺席判决的，人民法院应当兼顾合同自由与合同正义，根据能够查明的案件事实，经审查认为合同约定的违约金标准过高的，可以予以适当调整。

当事人之间约定了因违约产生的损失赔偿额的计算方法，即使人民法院就当事人之间的纠纷作出生效裁判，如果违约事实仍然存在，那么按照约定方法计算的损失赔偿额就可以继续计算，因此违约金应当计付至实际清偿之日。另外，如果当事人在合同中约定了违约金条款，但在合同履行过程中以新的协议明确约定变更或者取消先前关于违约金的约定，那么应当依据新的协议约定进行裁判。

三、担保纠纷部分

问题1：合同约定反担保人提供担保的保证期间与保证人提供担保的保证期间相同的，反担保保证期间应如何计算？

《民法典》第689条规定，保证人可以要求债务人提供反担保。反担保是为保障主债务的担保人承担担保责任后追偿权的实现而设定的担保，反担保应当适用担保的相关规定。如果合同约定的反担保的保证期间与其所担保的保证人的保证期间相同，根据《民法典》第692条第2款的规定，视为对反担保的保证期间没有约定，应适用法定保证期间，为主债务即保证人保证责任履行期间届满之日起6个月。

问题2：未经反担保人同意，保证人与债权人协商对主债务及保证期限进行展期，其效力是否及于反担保人？

《民法典》第695条规定，债权人和债务人未经保证人书面同意，协商变更主债权债务合同内容，减轻债务的，保证人仍对变更后的债务承担保证责任；加重债务的，保证人对加重的部分不承担保证责任。债权人和债务人变更主债权债务合同的履行期限，未经保证人书面同意的，保证期间不受影响。根据上述规定，在未征得反担保人同意的情况下，主债务人与保证人关于主债权的履行期限和保证人的保证期限进行展期的约定，对反担保人不发生法律效力，反担保人仍应按照原约定的反担保保证期间对保证人承担保证责任。

问题3：分公司以其名下不动产对外提供担保的效力应如何认定？

为防止法定代表人随意代表公司为他人提供担保给公司造成损失，损害公司股东利益，《公司法》第16条对法定代表人的代表权进行了限制。公司对外担保行为不属于法定代表人的代表权限，法定代表人无权单独代表公司作出决定，应以公司股东（大）会、董事会等公司机关的决议作为授权的基础和来源。该条规定虽然并未直接将分公司对外担保列入限制范围，但分公司作为公司的内设机构，其对外民事行为的法律后果依法应当由公司承担，分公司以其名下财产对外担保，实为公司对外担保，应受《公司法》第16条规定的限制。因此，分公司以自己名下房产对外提供担保时需要公司的决议。如果分公司以自己名义对外设定担保未经公司股东（大）会或者董事会决议的，依照《民法典担保制度司法解释》第11条第1款规定，担保权利人请求公司或者其分支机构承担担保责任的，人民法院不予支持，但是相对人不知道且不应当知道分支机构对外提供担保未经公司决议程序的除外。

问题4：前一债权既有债务人自己提供的物的担保，又有第三人提供的担保；此后债务人又以该担保物为自己的后一债务提供担保。第三人就前一债权承担了担保责任或者赔偿责任后，能否主张优先于后一债权的担保权人就债务人提供的担保物行使担保物权？

《民法典担保制度司法解释》第18条规定了承担了担保责任或者赔偿责任的第三人的代位清偿权，承担了担保责任或者赔偿责任的担保人，在其承担责任的范围内向债务人追偿的，人民法院应予支持。同一债权既有债务人自己提供的担保，又有第三人提供的担保，承担了担保责任或者赔偿责任的第三人，主张行使债权人对债务人享有的担保物权的，人民法院应予支持。担保人就前一债权承担担保责任或者赔偿责任后，在不损害前一债权人合法权益的情况下，取得前一债权人地位，其有权就债务人提供的抵押物行使抵押权。依照《民法典》第414条等规定，成立在先的抵押权应当优先于成立在后的抵押权，故原则上担保人享有优先于后一债权的抵押权人的权利。

问题5：《民法典》实施前成立的保证合同未约定保证方式，在《民法典》生效之后起诉，应认定为一般保证还是连带责任保证？

关于保证合同未约定保证方式应如何认定的问题，原《担保法》第19条和《民法典》第686条均有规定，且规定不同。《民法典时间效力司法解释》第1条第2款规定："民法典施行前的法律事实引起的民事纠纷案件，适用当时的法律、司法解释的规定，但是法律、司法解释另有规定的除外。"第3款规定："民法典施行前的法律事实持续至民法典施行后，该法律事实引起的民事纠纷案件，适用民法典的规定，但是法律、司法解释另有规定的除外。"认定保证方式所依据的法律事实，即为保证合同的成立之事实，在保证关系确立时即已发生，不属于"民法典施行前的法律事实持续至民法典施行后"的情形。《民法典》实施前成立的保证合同，当事人在《民法典》生效之后起诉主张保证责任的，人民法院应当依据原《担保法》的规定认定保证责任方式，而不能适用《民法典》规定。如此处理，保证人按照连带责任保证承担保证责任，并未背离保证人的合理预期，也没有减损保证人的合法利益。

问题6：《民法典》施行前订立的保证合同，没有约定主债务履行期限，保证期限约定不明的，保证期间从什么时候开始起算？

《民法典时间效力司法解释》第27条规定，《民法典》施行前成立的保证合同，当事人对保证期间约定不明确，主债务履行期限届满至《民法典》施行之日不满2年，当事人主张保证期间为主债务履行期限届满之日起2年的，人民法院依法予以支持；当事人对保证期间没有约定，主债务履行期限届满至《民法典》施行之日不满6个月，当事人主张保证期间为主债务履行期限届满之日起6个月的，人民法院依法予以支持。如果《民法典》施行前订立的保证合同，在《民法典》施行后提起保证责任诉讼，保证合同既没有约定主债务的履行期限，也没有约定保证期间，债权人依法可以随时要求债务人履行，债务人也可以随时履行，主债务人履行期间一旦确定，即为届满，如果给债务人履行准备期的，则以准备期届满时届满，此时应当计算保证期间。保证合同对保证期间约定不明，依原《担保法司法解释》第32条规定保证期间为2年，依《民法典》第692条规定为6个月，对于保证期间起算在《民法典》之前，届满之日在《民法典》之后的，则有法律适用之选择必要。如果主债务履行期限届满日在《民法典》施行之前，依原《担保法司法解释》计算的保证期间为2年，则该保证期间事实会延续至《民法典》施行之后，根据《民法典时间效力司法解释》第1条第3款规定，结合该解释第27条即属"司法解释另有规定"的除外情形，保证期间的计算不适用《民法典》的规定，应继续按照原《担保法司法解释》规定的2年计算。如果主债务的履行期间跨《民法典》施行前后，保证期间的起算点在《民法典》施行之后，依《民法典时间效力司法解释》第1条第3款规定，对保证期间未约定或者约定不明的，统一应当适用《民法典》第692条规定确定为6个月。简单来说，保证期间在《民法典》施行前开始起算的，继续按照原来的规定执行，不因保证期间跨《民法典》前后而受影响。对《民法典时间效力司法解释》第27条规定，如果主债务的履行期间跨《民法典》前后的，保证期间应当适用《民法典》第692条规定，无论未约定还是约定不明，均为6个月。

问题7：主合同无效导致担保合同无效，担保人过错应该如何认定？主合同有效担保合同无效，担保人过错应该如何认定？

主合同无效导致担保合同无效，担保人过错在司法实践中主要表现在，担保人明知主合同无效仍然提供担保，或者担保人促成主合同的签订，以及担保人对主合同无效未尽必要的审查义务等。主合同有效担保合同无效，担保人过错一般体现在担保人违背了法律、司法解释关于担保合同效力的强制性规定。

问题8：公司法定代表人未经公司股东会决议，以公司名义为他人之间的债权债务关系提供承诺性文件的，应当如何判断该承诺性文件的性质？公司是否以及如何承担民事责任？

根据《民法典担保制度司法解释》第36条规定，第三人向债权人提供差额补足、流动性支持等作为增信措施，具有提供担保的意思表示，人民法院应当依照保证的有关规定处理；第三人提供的承诺性文件具有债务加入或者与债务人共同承担债务等意思表示的，应当认定为债务加入；难以确定是保证还是债务加入的，人民法院应当将其认定为保证。公司法定代表人以公司名义加入债务的，人民法院在认定该行为的效力以及公司是否以及如何承担民事责任等问题时，可以参照关于公司为他人提供担保的有关规定处理。

四、公司及破产清算纠纷部分

问题1：股权转让人隐瞒目标公司债务与受让人签订股权转让合同的，应承担何种民事责任？

根据相关司法解释规定，公司股东转让股权与他人签订的股权转让合同，应受《公司法》和《民法典》合同编的有关规定调整。股权转让合同中对于目标公司的债务情况有约定，股权转让人隐瞒目标公司债务情况与受让人签订股权转让合同的，应按照股权转让合同的约定承担违约责任。如果股权转让合同中对于目标公司的债务情况没有约定的，根据《民法典》第500条第2项规定，当事人在订立合同过程中，故意隐瞒与订立合同有关的重要事实或者提供虚假情况，造成对方损失的，应当承担赔偿责任。《民法典》该条规定的赔偿责任，即为民法理论上的缔约过失责任。股权转让合同的标的物为相关公司的股权，股权本身如无权利负担且可以依法转让，则无从谈起存在标的物瑕疵的问题。因此，上述情形符合缔约过失责任的构成要件，转让方应向受让方承担的民事责任属于缔约过失责任。

问题 2：公司股东会决议解除董事职务，被解除职务的董事可否起诉主张公司决议无效？被解除职务的董事因赔偿问题与公司发生纠纷提起诉讼的，人民法院应如何处理？

公司与董事之间为委托关系，不属于劳动关系，依据股东会的选任决议和董事的同意任职而成立委托合同，因此合同双方均有任意解除权。无论董事任期是否届满，公司可以随时解除董事职务而无须说明理由；董事在任期内也可以随时辞任。但公司只有作出有效的公司决议，才能解除董事职务。《最高人民法院关于适用〈中华人民共和国公司法〉若干问题的规定（五）》第3条第1款规定，董事任期届满前被股东会或者股东大会有效决议解除职务，其主张解除不发生法律效力的，人民法院不予支持。依据该款规定，如果董事对股东会或者股东大会作出的解除其职务的公司决议效力不持异议，但认为解除不发生法律效力的，人民法院不予支持。但是，被解除职务的董事属于解除其职务的公司决议的直接利害关系人，如果其认为该公司决议属于不成立或者无效的情形，依照公司法以及有关司法解释规定向人民法院起诉请求确认公司决议无效或者不成立的，人民法院应当受理并就公司决议是否成立或者有效作出裁判。

根据《最高人民法院关于适用〈中华人民共和国公司法〉若干问题的规定（五）》第3条第2款规定，董事职务被解除后，因补偿与公司发生纠纷提起诉讼的，人民法院应当依据法律、行政法规、公司章程的规定或者合同的约定，综合考虑解除的原因、剩余任期、董事薪酬等因素，确定是否补偿以及补偿的合理数额。

问题 3：公司决议免除法定代表人职务或者法定代表人辞任后，公司怠于办理法定代表人变更登记手续的，原法定代表人是否有权诉请公司办理变更登记？

公司法定代表人为公司机关，属于公司应当办理工商登记的事项。公司法多个条文规定了公司登记制度，其中《公司法》第13条规定，公司法定代表人变更，应当办理变更登记。公司决议免除法定代表人职务或者法定代表人辞任后，公司不能因为未确定新的法定代表人而怠于办理法定代表人变更登记手续。法定代表人起诉请求公司办理法定代表人变更登记的，人民法院应予受理，在根据查明的案件事实认定变更登记请求成立时，应当依法判决公司履行变更登记之义务。

问题4：司法实践中应如何理解和把握有关揭开公司面纱或者穿透性审查的诉讼？

公司人格独立、股东承担有限责任是公司法最为重要的基本原则，维持公司法人独立地位是公司法的主要价值取向。公司法领域的有关纠纷案件，揭开公司面纱或者穿透性审查应当作为一项例外，只有在公司独立人格和股东有限责任原则被严重滥用，并且严重损害公司债权人利益，通过其他途径不能使债权人的合法权益获得救济时，才能为保护债权人利益而例外地适用。因此，在否认公司的独立人格时，应持慎重、审慎的态度，并且该项针对同一公司人格独立的否认，不能在有关该公司的另案诉讼中作为已经被生效判决认定的事实。

问题5：破产管理人未经债权人会议决议处分破产财产是否必然违反勤勉义务？

《企业破产法》对破产管理人的勤勉义务作了明确的规定，其第23条第1款规定，管理人依照本法规定执行职务，向人民法院报告工作，并接受债权人会议和债权人委员会的监督。第27条规定，管理人应当勤勉尽责，忠实执行职务。第130条规定，管理人未依照本法规定勤勉尽责，忠实执行职务的，人民法院可以依法处以罚款；给债权人、债务人或者第三人造成损失的，依法承担赔偿责任。破产管理人未能实现担保财产的变现，经担保权人同意决定以担保物抵偿，未受偿之债权作为普通债权参与破产清算，该担保权之债权人认为破产管理人未履行忠实勤勉义务，向人民法院起诉请求破产管理人承担赔偿责任的，人民法院应把握如下审理思路：第一，勤勉义务的核心内容是合理注意义务，与管理人承担的职责紧密相连；忠实义务的核心在于破产管理人不应当利用自己作为破产财团受托人的身份获得个人利益。第二，应当充分审查破产管理人在保管、评估、拍卖、变现、移交破产财产等各环节的行为，并综合评判。例如，管理人是否谨慎接管债务人移交的担保财产，是否在符合担保财产特性的环境下保管该财产并及时对发现的仓储条件问题进行修缮和维护，是否审慎选择、委托提供审计、评估等相关服务的专业人士或机构，是否对债务人财产的评估持公允和中立的态度，是否依照法定程序拍卖、处置担保财产，是否在职责范围内尽可能实现财产变现，制订以实物优先偿还担保债权方案，是否符合债权人利益，是否谨慎行使分配权，是否依法向法院、债权人和其他利害关系人报告工作和通告信息并留存相关记录，是否及时向债权人移交担保财产、程序是否规范等。第三，参照《全国法院破产审判工作会议纪要》第25条规定，在破产清算和破产和解程序中，对债务人特定财产享有担保权的债权人可以随时向管理人主张就该特定财产变价处置行使优先受偿权，管理人应及时变价处置，不得以须经债权人会议决议等为由拒绝，破产管理人在保障债权人的优先受偿权的过程中处置担保财产，不以债权人会议作出决议为必经程序。这固然是判断破产管理人是否尽到勤勉义务的一个反向参考依据，也表明了破产管理人对特定破产事务享有一定程度的自由处置权利。

问题6：债权人对破产费用有异议的，能否向人民法院提起民事诉讼？

破产程序属于特别程序，有别于一般的民事诉讼程序。要求债权人支付评估费、审计费、管理人报酬，系受理破产案件的人民法院的确认事项，由破产管理人执行。对于人民法院在破产程序中已认定的这类事项，破产法并未赋予债权人通过提起民事诉讼获得救济的权利，债权人就此争议提起民事诉讼的，人民法院不予受理。

问题7：破产程序中债权人行使知情权被破产管理人拒绝的，能否向人民法院提起民事诉讼？

如果破产管理人未能积极配合债权人查阅相关资料、行使知情权，债权人提起知情权诉讼的，人民法院不予受理，并告知债权人可根据《最高人民法院关于适用〈中华人民共和国企业破产法〉若干问题的规定（三）》第10条第1款规定，向受理破产案件的人民法院请求作出决定。人民法院应当按照前述规定在 5 日内作出是否予以准许的决定，以此保障债权人在破产程序中依法行使知情权。

问题 8：《强制清算会议纪要》第 13 条中规定了"对上述异议事项已有生效法律文书予以确认，以及发生被吊销企业法人营业执照、责令关闭或者被撤销等解散事由有明确、充分证据的除外"的例外情形，在此情形下，是否仍需要满足申请人具备申请资格和公司发生解散事由两个条件，人民法院才能受理申请人关于公司清算的申请？能否将申请强制清算的主体扩大适用至其他利害关系人？对于利害关系人的认定是否需要生效法律文书予以确认？

《强制清算会议纪要》第 13 条规定，被申请人就申请人对其是否享有债权或者股权，或者对被申请人是否发生解散事由提出异议的，人民法院对申请人提出的强制清算申请应不予受理。申请人可就有关争议单独提起诉讼或者仲裁予以确认后，另行向人民法院提起强制清算申请。但对上述异议事项已有生效法律文书予以确认，以及发生被吊销企业法人营业执照、责令关闭或者被撤销等解散事由有明确、充分证据的除外。根据该条规定，申请公司清算应当同时满足两个条件，即申请人具备申请资格和发生公司解散事由。被申请人对上述两个条件中的任何一个提出异议的，人民法院对清算申请均不予受理。该条但书规定的"以及发生被吊销企业法人营业执照、责令关闭或者被撤销等解散事由有明确、充分证据"，应理解为仅指被申请人就是否发生解散事由提出异议的情形。《强制清算会议纪要》之所以规定对上述两个异议原则上以另诉的方式解决，在此之前不予受理其强制清算申请，主要是出于以下考量：首先，依照公司法规定，强制清算申请的提出不代表强制清算程序的启动，强制清算程序的启动以人民法院受理强制清算申请为标志。在受理强制清算申请之前，人民法院对实体纠纷进行裁判没有法律依据。同时，债权和股权的成立与否关系到债权人、股东的权利存在与否，应当慎重处理，必须通过严格的程序保障结果的公正，只有适用诉讼程序才能达到这一目标。其次，强制清算案件属于非讼案件，强制清算主要是一种程序制度，适用特别程序。依照特别程序审理的案件，不是解决民事权利义务争议，而是确认某种法律事实是否存在，确认某种权利的实际状况。因此，强制清算程序不应当具有解决实体纠纷的功能。最后，在申请人的债权或者股权尚不确定的情况下，申请人的申请资格处于存疑状态，无权行使强制清算的申请权。如果赋予存疑债权或者存疑股权的权利人完全申请权，将导致异议权落空、权利被滥用和权利保护失衡等严重后果。

2021年1月施行的《最高人民法院关于适用〈中华人民共和国公司法〉若干问题的规定（二）》第7条以及《民法典》第70条将申请强制清算的主体扩大至其他利害关系人，因这一规定更有利于敦促符合清算条件的公司及时进行清算，以免因公司未及时清算造成他人损害，故宜将《强制清算会议纪要》中的申请强制清算的主体扩大至利害关系人。然而，申请强制清算的主体扩大至利害关系人，并未改变上述《强制清算会议纪要》所确立的申请资格另案确认的原则。申请人是否属于利害关系人仍需要通过诉讼程序予以确认，即应当在提出强制清算申请之前明确其利害关系人身份，故被申请人对其利害关系人身份提出异议时，除有生效法律文书能够证明其利害关系人身份外，人民法院应当告知其另行诉讼或者通过其他途径确认其申请人身份后再行申请强制清算，其坚持申请的，应当裁定不予受理。

五、执行异议之诉部分

问题1：买受人对案涉房屋的民事权益能否对抗第三人的建设工程价款优先受偿权？

案外人执行异议之诉的关键实体问题在于比较执行标的物上存在的不同类型民事权益的效力顺位。原则上，物权优先于债权，法律规定的特殊债权优先于普通债权，登记成立在先的物权优先于在后的物权。由于民事权利体系和类型较为复杂，且可能以不同形态出现，故需要根据具体案情确定民事权利类型,并进行效力优先性比较。《执行异议和复议规定》第27条规定,申请执行人对执行标的依法享有对抗案外人的担保物权等优先受偿权,人民法院对案外人提出的排除执行异议不予支持,但法律、司法解释另有规定的除外。《执行异议和复议规定》第28条和第29条则分别规定了一般不动产买受人权益和商品房消费者买受人权益与强制执行的金钱债权的效力关系。第29条是第28条规定的特殊情形,当事人可以选择适用或者一并适用这两条规定以排除金钱债权的执行。基于保护消费者居住权益的特殊价值,就实体权利优先顺位而言,商品房消费者买受人权益最优,工程价款优先权次之;一般不动产买受人的权益虽被赋予"物权"名义,但毕竟不是既得物权,其性质上属于特殊债权请求权,故虽优先于普通债权,但应劣后于工程价款优先权。《执行异议和复议规定》第27条规定的"除外"情形,应当包括第29条规定情形,但是否包括第28条规定认识并不统一。鉴于第28条规定的条件过于宽泛,情形过于复杂,具体案件事实差异大,对符合第28条规定条件的案外人,既不能简单地一律认定可以排除担保物权,也不能"一刀切"地认为一律不能排除担保物权的执行。在当事人主张符合第28条规定条件以对抗担保物权时,还应当综合考虑权利的成立先后、在后权利人是否善意、交易风险控制成本、交易安全的维护以及各方利益平衡等其他相关因素,判断是否能够对抗担保物权的执行。

问题2:抵押人以建设用地使用权抵押的,案外人能否以其系地上建筑物所有权人为由排除人民法院的强制执行?

《民法典》第397条明确规定了房地一体抵押原则,以建筑物抵押的,该建筑物占用范围内的建设用地使用权一并抵押。以建设用地使用权抵押的,该土地上的建筑物一并抵押。抵押人未依据前款规定一并抵押的,未抵押的财产视为一并抵押。土地使用权设定抵押的,应当认定对设定抵押的土地使用权的地上建筑物一并抵押,案外人不能以其系地上建筑物所有权人为由阻却人民法院的强制执行。同时,根据《民法典》第417条规定,建设用地使用权抵押后,该土地上新增的建筑物不属于抵押财产。该建设用地使用权实现抵押权时,应当将该土地上新增的建筑物与建设用地使用权一并处分。但是，新增建筑物所得的价款，抵押权人无权优先受偿。案外人在土地使用权设定抵押权后续建造的建筑物等设施，对该部分不动产享有物权，并不属于抵押财产，根据法律规定的抵押房地一体处分原则，其仍不能以此为由排除对建筑物的执行处分，但依法可参与执行分配程序，优先取得续建建筑物的价款。

问题3：房屋买受人为办理房屋过户登记手续而注销抵押登记后，其转移房屋所有权的请求权能否排除该房屋出卖人的债权人对该房屋的执行？

房屋的买受人按照与出卖人之间的约定，代出卖人清偿了该房屋上的抵押债权后，依法取得了主债权人对案涉房屋的抵押权，且无须办理抵押权转移登记。按照法律规定，在办理案涉房屋过户登记时应先注销抵押权登记，才能办理房屋所有权变更登记。买受人为将房屋所有权登记到其名下，在办理过户登记过程中，申请将抵押权注销登记后，出卖人的普通金钱债权人申请执行法院查封了案涉房屋，导致房屋所有权无法过户到买受人名下。买受人申请抵押权注销登记，是行使抵押权的涤除权的行为，目的是取得抵押房屋的所有权，并不是放弃抵押权，因此，不能认定买受人因抵押权注销登记而丧失了抵押权利。买受人之转移案涉房屋所有权的请求权，基于其对案涉房屋的抵押权之优先效力，相较于普通金钱债权对案涉房屋的清偿请求权，应优先受到保护。因此，对买受人在抵押权之范围内排除金钱债权之强制执行的主张，人民法院应予支持。

问题4：被拆迁人对补偿房屋享有的民事权益能否排除拆迁人的普通债权人对该房屋的执行？

《国有土地上房屋征收与补偿条例》第21条第1款规定，被征收人可以选择货币补偿，也可以选择房屋产权调换。拆迁人将被拆迁人的房屋拆除，将其自行建造或购买的房屋作为对被拆迁人的补偿，同时对被拆迁房屋的评估价与所调换房屋的市场差价进行差价结算，多退少补，称为产权调换。被拆迁人以丧失原有被拆迁房屋所有权为对价，取得补偿房屋之权利，为产权调换的补偿方式，实系特定房屋的互易合同。互易合同，是互易人之间相互交换标的物，转移标的物所有权的合同。该产权调换互易合同的法律后果是，被拆迁人丧失了原有房屋，取得了补偿房屋的所有权；拆迁人获得了被拆迁房屋的权利，通过拆除再建获得权利。

产权调换的补偿方式有利于实现社会公共利益，以及拆迁人、被拆迁人的个体利益，故被拆迁人对补偿房屋的权利有加以特殊保护之必要。在拆迁法律关系中，拆迁人较之被拆迁人在经济地位、参与拆迁的主动性上均占有优势，且被拆迁人丧失房屋所有权后，取得的是期待权，期待权能否实现直接影响被拆迁人的基本居住权利。在明确约定了补偿安置房屋的位置、用途的情况下，补偿安置房屋已特定，采取房屋产权调换方式的被拆迁人所享有的债权应为特种债权，有优先效力，足以对抗一般债权人。

六、民刑交叉纠纷部分

问题1：如何把握办理民刑交叉案件的思路和原则？

民事诉讼与刑事诉讼在基本原则、程序构造、证据规则等方面均有不同之处，司法实践中民事案件与刑事案件在主体、事实等方面可能存在完全重合或者部分重合，导致案件的民事、刑事部分在程序处理、实体责任承担等方面相互交织、影响，就是所谓的民刑交叉案件。人民法院关于民刑交叉问题的司法解释或规范性文件，例如《最高人民法院关于在审理经济纠纷案件中涉及经济犯罪嫌疑若干问题的规定》《民间借贷司法解释》《民商审判会议纪要》等，对办理民刑交叉案件提供了基本裁判依据。

办理民刑交叉案件的基本思路是按照案涉事实的同一性程度，进行区分认定和处理。对于因同一事实、相同当事人同时涉及刑事、民事责任，如因刑事犯罪行为侵犯受害人人身权利、财产权利，以及受害人对刑事程序中依法应予追缴、责令退赔的财产享有合法民事权益的，为"竞合型"民刑交叉案件，一般应当遵循"先刑后民"的处理原则，在刑事程序中合并处理，民事权利救济可通过刑事附带民事诉讼或追赃、退赔等方式获得实现。当事人单独提起民事诉讼的，人民法院一般不予受理，应告知受害人或者利害关系人可在刑事诉讼程序中提起附带民事诉讼，同时将涉嫌刑事犯罪的相关材料、线索移送刑事侦查机关。

但在刑事案件中未对民事责任予以处理的，应允许当事人另行提起民事诉讼。

因不同事实、相同当事人分别涉及刑事、民事责任的，或者因同一事实、不同当事人分别涉及刑事、民事责任的，为"牵连型"民刑交叉案件，参考《民商审判会议纪要》第128条规定，一般采取并行处理的原则，即民事案件与刑事案件应分别受理，分开审理。另外，在涉及银行卡纠纷、证券虚假陈述案件中，司法解释已明确规定了"先民后刑"的审理原则。如《最高人民法院关于审理银行卡民事纠纷案件若干问题的规定》第10条规定，在符合当事人约定或法定情形下，人民法院应依法支持持卡人请求发卡行、非银行支付机构承担先行赔付责任的诉讼请求。

问题2：如何理解和把握民刑交叉案件中的"同一事实"和"关联事实"？

《最高人民法院关于在审理经济纠纷案件中涉及经济犯罪嫌疑若干问题的规定》第1条规定，同一自然人、法人或非法人组织因不同的法律事实，分别涉及经济纠纷和经济犯罪嫌疑的，经济纠纷案件和经济犯罪嫌疑案件应当分开审理。《民间借贷司法解释》第5条、第6条的规定也采取该项原则，并将"同一法律关系""同一法律事实"，表述为"同一事实"。对于同一事实，《民商审判会议纪要》提出从实施主体、法律关系、要件事实三个角度进行认定，第128条规定以是否系同一主体实施的行为来判断刑事、民事案件应否分别审理。另外，该条第1款第5项作为兜底性条款，明确规定受害人请求涉嫌刑事犯罪的行为人之外的其他主体承担民事责任的，民事案件与刑事案件应当分别审理。因此，应根据是否系同一主体实施的行为，来分析判断是否是基于同一事实产生的民事纠纷与涉嫌刑事犯罪；如果不是同一主体实施的行为，一般情况下不宜认定为"同一事实"。

民刑交叉领域所指的"关联事实"，一般是指在民事法律关系的形成过程中，当事人或他人的行为虽涉嫌犯罪，但对民事法律行为或者民事法律关系的性质、效力、责任等不产生实质性影响的相关事实。对于因关联事实分别引起的民事和刑事案件，相关司法解释采取分别受理、分别审理的原则，如《最高人民法院关于在审理经济纠纷案件中涉及经济犯罪嫌疑若干问题的规定》第10条、《最高人民法院关于审理票据纠纷案件若干问题的规定》第73条、《民间借贷司法解释》第6条等规定。

问题3：应收账款质押合同涉嫌伪造公章，出借人起诉借款人、担保人承担还款责任，人民法院应否受理？

金融借款合同关系中，担保人与债权人签订应收账款质押合同，并承诺在质权未设立或无效情形下，担保人作为出质人对债务人在主合同项下的债务承担连带保证责任。债权人起诉要求债务人及担保人承担还款责任，诉讼中担保人主张质押合同附件中的相关材料存在涉嫌伪造印章的犯罪事实，应裁定驳回起诉并将案件移送刑事侦查机关处理。因该涉嫌伪造印章的犯罪事实并不影响案涉金融借款合同关系的成立，亦不影响保证关系的成立，故人民法院应继续审理金融借款合同纠纷，同时将涉嫌伪造印章的犯罪线索移送侦查机关处理。

问题4：如何认定民刑交叉案件所涉民事法律行为的效力？

民事法律规范和刑事法律规范各有其独立的规范价值、评价体系和适用规则，民事法律规范与刑事法律规范在同一事实上的竞合适用，必然引起民事责任和刑事责任的共存。刑事法律规范将某一行为评价为犯罪行为，并不能当然代替民事法律规范的评价，对于因犯罪行为引起的民事纠纷，还需要依照民事法律规范进行评价和处理。为了保持法秩序的统一，对于构成犯罪的行为，在民法上的评价也应当保持一致性。但由于二者评价视角、评价对象的不同，涉嫌刑事犯罪的行为在刑法上的否定性评价，并不必然认定该法律行为无效。如《民间借贷司法解释》第12条第1款规定，借款人或者出借人的借贷行为涉嫌犯罪，或者已经生效的裁判认定构成犯罪的，当事人签订的民间借贷合同并不当然无效，人民法院应当依据《民法典》第144条、第146条、第153条、第154条等规定，认定民间借贷合同的效力。在骗取贷款罪中，刑法否定评价的对象只是采用虚假手段骗取贷款的行为，而当事人之间签订的金融借款合同本身并非刑事法律规范评价的对象，应当依照民事法律规范对该合同效力进行评判。再如，共同从事违法犯罪行为的合伙关系，当然应当认定为无效。但如果其中某一合伙人以犯罪所得财物投入到合伙事务中，用于正常生产经营，则该合伙关系不能因其个人犯罪行为产生无效的法律后果。

问题 5：关于涉民刑交叉金融存款、借款纠纷案件的实体责任认定应注意哪些问题？

无论受害人或者其他利害关系人提起的是合同之诉还是侵权之诉，均不能简单适用侵权责任领域用人单位的"替代责任"理论，而应充分分析和考虑用人单位与受害人各自的过错情况，合理确定各方当事人应承担的民事责任。在认定各方当事人的过错时一般应考虑以下因素：一是交易形态是否正常，是否以牟取高息或不法利益为目的，属于非正常交易的，需要判断双方过错；二是资金往来是否进入单位账户，资金未转入单位账户的，一般情形下受害人应承担主要过错责任；三是考虑交易场所、时间等因素，是否在单位公共区域、正常上班期间进行交易；四是是否妥善保管个人信息，包括身份证、存取款密码、U盾密码等信息；五是单位是否尽到必要的监督管理职责，如果能够证明已经尽到必要合理义务的，一般情形下承担次要过错责任。在银行卡盗刷纠纷中，还应综合考虑银行卡盗刷行为的构成要件、性质认定、举证责任分配、抗辩事由及过错程度等因素。

问题 6：如何解决民事判决与刑事追赃、退赔之间可能带来的受害人"重复受偿"问题？

牵连型的民刑交叉案件在并行审理情形下，民事案件的裁判无须等待刑事裁判结果，可能出现民事诉讼、执行与刑事追赃、退赔之间财产责任竞存，受害人有"双重受偿"或过度救济的情况。受害人或相关利害关系人向犯罪行为人所在单位主张权利的，无论其提起的是合同之诉还是侵权之诉，人民法院在民事纠纷案件中依法应予认定的财产损失，不应包括刑事追赃、责令退赔部分，应当限定在通过追赃、退赔不能实现部分的财产损失范围内。在刑事案件中明确进行追赃、退赔,民事判决确定责任人承担相应民事责任的情形下,应对刑事追赃、退赔与生效民事判决确定的责任在执行程序中进行协调,执行法院应结合刑事责任、民事责任的认定,确定责任人应承担的民事责任范围和赃款退还的对象,避免民事权利人(刑事受害人)双重受偿。

问题 7:如何把握涉众型民刑交叉案件的处理?

涉众型的民刑交叉案件,主要指因集资诈骗、非法吸收公众存款等非法集资犯罪活动而引起涉及受害人人数众多的民刑交叉案件。人民法院办理此类案件,应当正确理解和适用《最高人民法院、最高人民检察院、公安部关于办理非法集资刑事案件适用法律若干问题的意见》(公通字〔2014〕16 号)第 7 条第 1 款、《民间借贷司法解释》第 5 条第 1 款、《最高人民法院、最高人民检察院、公安部关于办理非法集资刑事案件若干问题的意见》(高检会〔2019〕2 号)第 8 条等规定,依法准确把握和认定案件事实性质,加强与公安机关、检察机关沟通协调、协同推进,注重采取共同处理的方式来解决受害人的权益保护问题。

关于受害人在非法集资犯罪所涉财物追赃程序中未申报债权,非法集资犯罪所涉财物已分配完毕或者处理程序终结后,又基于同一事实向人民法院提起民事诉讼,请求非法集资犯罪行为人继续履行偿还债务的,在规范性文件已经明确由公安机关统一处理的情况下,除非相关司法解释或者规范性文件有明确规定,否则人民法院对受害人单独提起的民事诉讼不应予以受理。

问题 8:公司的法定代表人、实际控制人、高级管理人员等利用公司为平台从事犯罪活动被公安机关立案侦查,受害人另行对公司提起民事诉讼,人民法院应否受理?

公司的法定代表人、实际控制人或高级管理人员利用公司为平台从事犯罪活动,公安机关对公司的法定代表人、实际控制人、高级管理人员等涉嫌刑事犯罪立案侦查。已经立案侦查的刑事案件虽未将公司列为被告,但如果刑事案件认定该公司属于上述人员的犯罪工具,并在案件办理过程中将公司的全部财产作为刑事案件追缴退赔的责任财产,或者在追缴上述人员持有的公司股份过程中,实际上已查封、扣押公司所有财产。上述情况应当认定刑事案件办理过程中,已经依法追究了公司的民事责任,当事人另行对公司提起民事诉讼的,人民法院不应予以受理。如果刑事侦查机关仅查封、扣押上述涉嫌犯罪人员与公司有关的部分财产,公司仍有未被追缴、责令退赔的剩余财产,当事人另行起诉要求公司承担相应民事责任的,人民法院应当依法受理。

七、诉讼程序问题

问题1:如何准确识别是否构成重复诉讼?

《民事诉讼法司法解释》第247条第1款规定从案件当事人、诉讼标的、诉讼请求三个要件来分析和识别前、后诉讼是否构成重复诉讼,当事人只要证明有一项与前诉不同即可获得后诉的诉权。关于当事人是否相同的要件为主体识别标准,通常情形下比较容易判断主体是否同一。另外,当事人相同,不受当事人在前诉与后诉中的诉讼地位的影响,即使前后诉原告和被告地位完全相反,仍然可以认定当事人为同一。虽然当事人相同,但是系基于两个不同的合同提起诉讼,诉讼请求亦有不同,应当认定两个诉讼的诉讼标的、诉讼请求均不相同,不符合重复起诉的构成要件。关于诉讼对象也即诉讼标的同一性的判断,我国司法实践目前采取实体法诉讼标的理论,将诉讼标的理解为当事人在实体法上的权利义务或者法律关系,人民法院审理范围的认定十分明确。关于诉讼请求是否相同的判断,应当坚持较为宽松的标准,只要达到实质性一致即可。由于诉讼请求过于具体明确,实践中存在当事人为了避免被认定为重复诉讼,通过增加请求项目、变更赔偿项目的名称、增加或者减少赔偿金额、增加承担责任的主体等方式,追求后诉的请求与前诉的请求在形式上不一致。因此,在审查时不应囿于文字表面,应当注重实质性审查,判断诉讼请求是否实质相同。特别要注意的是,判断金钱类诉讼请求是否相同,与提出请求的事项有关，与请求的金额无关，也就是说请求的事项没有变化，请求的金额发生变化，亦可以认定为诉讼请求相同。如果后诉的诉讼请求实质上否定了前诉的裁判结果，即使前、后两个诉讼的诉讼请求不同，也应当认定构成重复诉讼。

问题2：一方当事人提起诉讼，法院受理后对方提出反诉。诉讼过程中，提起诉讼的当事人申请撤回本诉，法院在准予原告撤诉申请的同时，裁定驳回本诉被告提出的反诉是否合适？

无论作为原告还是被告，当事人的诉讼权利均应得到保护。至于当事人的诉讼请求能否得到支持，是案件实体审理的问题。法院受理当事人提出的反诉请求，表明反诉符合案件受理的条件，在本诉原告撤回本诉时，反诉并不受影响，可以作为单独的案件受理。人民法院仅以本诉原告撤回本诉起诉为由，直接裁定驳回被告的反诉，违反了《民事诉讼法》的规定。

问题3：原告提出多项诉讼请求，其中一项诉讼请求构成重复诉讼，对于其他诉讼请求应否受理？

原告有多项诉讼请求，其中一项请求构成重复诉讼，对于其他诉讼请求，符合受理条件的，人民法院应予受理，不能仅因为一项诉讼请求构成重复起诉，就在案件受理阶段对其他的诉讼请求均不予受理。

问题4：一审裁判生效后，原审法院启动再审程序并作出生效裁判，当事人可否就该生效裁判申请再审？

一审生效裁判由原审法院启动再审程序，依照《民事诉讼法》规定，适用一审程序作出的判决，当事人可以上诉，对于二审作出的生效裁判，根据《民事诉讼法司法解释》第381条之规定，当事人不可以就该生效裁判申请再审。当事人坚持申请再审的，可以告知当事人向检察机关申请检察建议或抗诉。

问题5：再审裁定撤销原审驳回起诉或不予受理的裁定，指令原审法院进行实体审理。原审法院作出生效的实体判决后，当事人可否对该生效判决申请再审？

原审法院裁定驳回起诉或不予受理，案件并未进入实体审理。再审裁定撤销不予受理或者驳回起诉裁定，指令原审法院进行实体审理后作出的生效判决，并未经过再审程序审理，当事人对该生效判决可以申请再审。

问题6：上级法院再审裁定撤销原裁判、发回重审后，原审法院作出的裁判生效后，当事人可否对该裁判申请再审？

上级法院再审裁定撤销原裁判、发回重审后，原审法院重审作出的判决、裁定，不是再审判决、裁定，不属于《民事诉讼法司法解释》第381条第1款第2项之规定情形，当事人申请再审的，人民法院应予受理。

问题7：上级法院再审裁定撤销原判决、发回重审的案件，重审程序中当事人可否增加或变更诉讼请求？

再审裁定撤销原判决、裁定发回重审的案件，当事人申请变更、增加诉讼请求或者提出反诉，具备《民事诉讼法司法解释》第252条规定情形之一的，人民法院应当予以准许：（1）原审未合法传唤缺席判决，影响当事人行使诉讼权利的；（2）追加新的诉讼当事人的；（3）诉讼标的物灭失或者发生变化致使原诉讼请求无法实现的；（4）当事人申请变更、增加的诉讼请求或者提出的反诉，无法通过另诉解决的。

问题8：当事人对破产清算案件可否申请再审？

根据《民事诉讼法司法解释》第378条之规定，适用特别程序、督促程序、公示催告程序、破产程序等非讼程序审理的案件，当事人不得申请再审。但是，当事人申请公司破产，人民法院适用普通程序就破产派生诉讼作出的生效裁判，可以申请再审。同理，当事人申请强制清算程序中，人民法院适用普通程序对相关诉讼案件作出的生效裁判，也可以申请再审。

民商事案例裁判规则

一、合同与担保纠纷

1. 第三人作出的债务人不能履行义务时承担债务的承诺函，是一般保证，不是债务加入

——金昌成音投资管理有限公司与上海电气风电集团股份有限公司、上海电气风电设备甘肃有限公司合同纠纷案

◎ 案件基本信息

一、诉讼当事人

上诉人（一审原告）：金昌成音投资管理有限公司（以下简称金昌成音公司）

上诉人（一审被告）：上海电气风电集团股份有限公司（以下简称上海电气公司）

上诉人（一审被告）：上海电气风电设备甘肃有限公司（以下简称上海电气甘肃公司）

二、案件索引与裁判日期

一审：甘肃省高级人民法院（2020）甘民初23号民事判决（2020年9月15日）

二审：最高人民法院（2021）最高法民终344号民事判决（2021年4月16日）

三、案由

合同纠纷

裁判要旨

当事人在合同中约定在主债务人不能承担债务时才承担保证责任的，为一般保证。一般保证具有补充性，只有在主债务人不能履行债务之时，保证人方需承担责任；而债务加入并不具有补充性，债权人可以直接要求新债务人履行债务。

裁判依据

《中华人民共和国担保法》（2021年1月1日废止）

第十七条第一款 当事人在保证合同中约定，债务人不能履行债务时，由保证人承担保证责任的，为一般保证。

对应新法

《中华人民共和国民法典》（2020年5月28日）

第六百八十七条第一款 当事人在保证合同中约定，债务人不能履行债务时，由保证人承担保证责任的，为一般保证。

基本案情

2014年2月2日，上海电气公司与上海成音公司签订了《金昌厂房建设项目责任协议书》《甘肃金昌风电厂房租赁协议》《甘肃金昌风电厂房租赁补充协议》，约定由上海成音公司定制厂房，建成后由上海电气公司租赁。后，金昌成音公司承继了上海成音公司与上海电气公司所签协议的全部权利及义务。2015年1月1日，金昌成音公司与上海电气公司签订《厂房租赁及收购合同》，约定先租赁后收购，租期为五年，实际租期到上海电气公司付清全部收购款为止。2016年年初，上海电气公司、金昌成音公司与上海电气甘肃公司签订《甘肃公司厂房租赁及收购合同补充协议》，约定上海电气公司将合同项下全部权利义务转让给上海电气甘肃公司，并承诺上海电气甘肃公司不能承担相关义务时，该合同所有义务由上海电气公司承担。2016年12月,双方开始就厂房回购进行磋商,磋商期间,上海电气甘肃公司与金昌成音公司多次往来函件协商收购事宜,未能达成一致。后,上海电气甘肃公司未支付2018年下半年租金。金昌成音公司起诉请求判令上海电气公司、上海电气甘肃公司共同支付收购款、违约金及租赁费。上海电气公司辩称其仅应承担补充责任。甘肃省高级人民法院一审认为,上海电气公司构成一般保证,应当承担补充责任,判决上海电气甘肃公司支付违约金及欠付租金,上海电气公司在其不能清偿范围内承担补充责任。金昌成音公司认为上海电气公司构成债务加入,不服一审判决提起上诉。最高人民法院二审认为,上海电气公司之承诺不构成债务加入,属于一般保证,判决驳回上诉,维持原判。

争议焦点

上海电气公司应否承担责任。

裁判结果

一审法院判决:一、上海电气甘肃公司于判决生效之日起15日内支付金昌成音公司2018年度剩余租金2 604 362.69元及自2019年1月1日起至厂房收购款全部付清之日止的租赁费(具体金额计算方式为:38 583 150.86元×13.5%÷12×实际月份);二、上海电气甘肃公司于判决生效之日起15日内支付金昌成音公司违约金11 574 945.2元;三、上海电气公司对判决前两项确认的债务,在上海电气甘肃公司不能清偿的范围内承担补充清偿责任;四、驳回金昌成音公司的其他诉讼请求。

二审法院判决:驳回上诉,维持原判。

裁判理由及评析

本案的核心争议在于上海电气公司应否承担责任。第一,补充协议系一般保证合同。本案中,根据案涉租赁及收购合同补充协议约定,上海电气公司承诺在上海电气甘肃公司不能全部或部分承担相关义务时,合同的所有义务由其承担，该承诺构成对上海电气甘肃公司履行债务的担保，属于原《担保法》第17条第1款规定的一般保证。第二，上海电气公司属于一般保证人，应承担补充责任。根据原《担保法》第17条第1款的规定，一般保证具有补充性，只有在主债务人不能履行债务之时，保证人方需履行债务或者承担责任。金昌成音公司上诉主张上海电气公司构成债务加入，应承担连带责任，最高人民法院不予支持。

合议庭成员：宋冰、陈宏宇、徐霖

撰写人：宋冰

2. 政府协调当事人履约作出的行为属于履行政府职能的行政管理性质，不构成债务加入

——宁夏红翔林草发展有限公司与平罗县红崖子乡红翔新村村民委员会、平罗县红崖子乡人民政府土地经营权出租合同纠纷案

○ 案件基本信息

一、诉讼当事人

再审申请人（一审原告、二审上诉人）：宁夏红翔林草发展有限公司（以下简称红翔林草公司）

被申请人（一审被告、二审被上诉人）：平罗县红崖子乡红翔新村村民委员会（以下简称红翔新村村委会）

被申请人（一审被告、二审被上诉人）：平罗县红崖子乡人民政府（以下简称红崖子乡政府）

二、案件索引与裁判日期

一审：宁夏回族自治区石嘴山市中级人民法院（2020）宁02民初45号民事判决（2020年8月4日）

二审：宁夏回族自治区高级人民法院（2020）宁民终443号民事判决（2020年11月9日）

申请再审：最高人民法院（2021）最高法民申3970号民事裁定（2021年11月4日）

再审：最高人民法院（2021）最高法民再363号民事判决（2022年4月28日）

三、案由

土地经营权出租合同纠纷

○ 裁判要旨

合同当事人均有权依据合同约定向对方主张自己的民事权利，也应依约履行自己的合同义务。在当事人未就债务加入有明确约定的情况下，当地政府为了促进合同的正常履行出具政府文件、作为鉴证单位在合同上签字盖章等行为，是基于辖区内土地开发利用进行的协调工作，属于履行政府职能的行政管理行为。当地政府不能认定为签订合同的主体，政府的行为也不构成债务加入。

○ 裁判依据

《中华人民共和国民法典》（2020年5月28日）

第五百五十二条　第三人与债务人约定加入债务并通知债权人，或者第三人向债权人表示愿意加入债务，债权人未在合理期限内明确拒绝的，债权人可以请求第三人在其愿意承担的债务范围内和债务人承担连带债务。

《中华人民共和国农村土地承包法》（2018年12月29日修正）

第二十条　土地承包应当按照以下程序进行：

（一）本集体经济组织成员的村民会议选举产生承包工作小组；

（二）承包工作小组依照法律、法规的规定拟订并公布承包方案；

（三）依法召开本集体经济组织成员的村民会议，讨论通过承包方案；

（四）公开组织实施承包方案；

（五）签订承包合同。

○ 基本案情

为完成生态移民村土地改良项目，红翔新村村委会（出租方）与红翔林草公司（承租方）签订土地经营权出租合同，约定将红翔新村所涉土地出租给红翔林草公司经营，红崖子乡政府作为鉴证单位在合同中盖章签字。合同签订后，红翔林草公司在未与红翔新村村委会办理土地交付手续的情况下，对其承包的土地进行了整治、渠道修复，进行了耕种，并领取了相关专项资金。后双方就付款争议提起本案诉讼，红翔林草公司主张红崖子乡政府要求其垫资施工并向县政府申请工程资金等行为属于履行合同行为，已构成债务加入，应承担共同付款责任。

争议焦点

红崖子乡政府是否构成债务加入，应否承担民事责任的问题。

裁判结果

一审法院判决：驳回红翔林草公司的诉讼请求。一审案件受理费 110 558 元，由红翔林草公司承担。

二审法院判决：驳回上诉，维持原判。二审案件受理费 110 558 元，由红翔林草公司承担。

再审法院判决：申请人红翔林草公司的再审请求部分成立。一审、二审判决适用法律错误，本院予以纠正。依照《民事诉讼法》第 207 条第 6 款、第 177 条第 1 款第 2 项，《民事诉讼法司法解释》第 405 条第 2 款规定，判决如下：一、撤销宁夏回族自治区高级人民法院（2020）宁民终 443 号民事判决和宁夏回族自治区石嘴山市中级人民法院（2020）宁 02 民初 45 号民事判决；二、红翔新村村委会于本判决生效后 10 日内支付红翔林草公司垫付的村前 10KV 配电工程、村后储水池变压器安装工程、土地平整工程、渠道维修工程、道路整修工程的工程款共计 3 471 122.89 元；三、驳回红翔林草公司其他诉讼请求。如果未按本判决指定的期间履行给付金钱义务，应当依照《民事诉讼法》第 260 条的规定，加倍支付迟延履行期间的债务利息。一审案件受理费 110 558 元，由红翔林草公司负担 77 390.60 元，红翔新村村委会负担 33 167.40 元。二审案件受理费 110 558 元，由红翔林草公司负担 77 390.60 元，红翔新村村委会负担 33 167.40 元。

◉ 裁判理由及评析

根据民法债务承担理论，债务承担主要分为两种类型：一是免责的债务承担，即债务转移；二是并存的债务承担，即债务加入。我国原《合同法》并未规定有关并存的债务承担内容，《民法典》第552条将并存的债务承担纳入法典，从而构建起较为完整的债务承担制度体系。

根据《民法典》第552条规定，第三人与债务人约定加入债务并通知债权人，或者第三人向债权人表示愿意加入债务，债权人未在合理期限内明确拒绝的，债权人可以请求第三人在其愿意承担的债务范围内和债务人承担连带债务。债务加入的构成要件包括：（1）原债权债务关系有效存在；（2）第三人与债务人约定第三人作为新债务人加入该债的关系来承担债务；（3）原债务人债务并不减免；（4）将此债务加入的情形通知债权人，或者第三人向债权人表示愿意加入债务，债权人未在合理期限内明确拒绝。即债务加入应当以明确加入债务为意思表示。

加入债务的意思表示，应当理解为第三人有受既有的债权债务关系约束，并且在其愿意承担的债务范围内与原债务人一同向债权人承担责任的意思表示。如果第三人没有愿意接受既有债权债务关系约束的意思表示，仅是出于自身特定的目的或者职责，为合同当事人能够顺利履行合同创造条件，提供方便，这种便利合同履行的行为独立于合同当事人本身的履行行为，既不能被视为债务加入，也不能被视为一方合同当事人的辅助履行行为。第三人这种独立的行为如果造成合同当事人权益损害的，权利人可以根据具体受损情况，依照不适法的无因管理或者侵权行为规范寻求救济；第三人因其行为受有利益的，权利人也可以依照不当得利的规范寻求救济。

司法实践中还有一个容易产生混淆的法律适用问题，即如何正确区分并存的债务加入和保证之间的关系。区分二者之间的关系，可以依照《民法典担保制度司法解释》第36条的规定，第三人向债权人提供差额补足、流动性支持等类似承诺文件作为增信措施，具有提供担保的意思表示，债权人请求第三人承担保证责任的，人民法院应当依照保证的有关规定处理。

第三人向债权人提供的承诺文件，具有加入债务或者与债务人共同承担债务等意思表示的，人民法院应当认定为《民法典》第552条规定的债务加入。前两款中第三人提供的承诺文件难以确定是保证还是债务加入的，人民法院应当将其认定为保证。第三人向债权人提供的承诺文件不符合前三款规定的情形，债权人请求第三人承担保证责任或者连带责任的，人民法院不予支持，但是不影响其依据承诺文件请求第三人履行约定的义务或者承担相应的民事责任。

本案中，2013年5月21日签订的案涉土地经营权出租合同及补充协议是协议双方的真实意思表示，内容不违反法律、行政法规强制性规定，应为合法有效，对合同双方均具有法律约束力。上述合同虽由红翔新村村委会与郑××签订，协议签订后红翔林草公司成立并实际上承继了合同的权利义务，红翔新村村委会对此不持异议。因此，本案合同当事人为红翔林草公司与红翔新村村委会，合同双方均有权依据约定主张自己的民事权利，也应依约履行自己的合同义务。而红崖子乡政府出具政府文件、作为鉴证单位在案涉相关合同上签字盖章等行为，是基于生态移民村土地开发利用为当事人正常履约进行的协调工作，属于履行政府职能的行政管理行为，不构成债务加入，红翔林草公司请求红崖子乡政府承担相关民事责任缺乏事实和法律依据，本院对红翔林草公司的该项请求不予支持。

合议庭成员：李延忱、吴笛、赵敏
撰写人：李延忱、尹伊

3. 故意妨碍办理商品房预售许可证明的人主张商品房预售合同欠缺预售许可证明而无效的，人民法院不予支持

——中腾西北建设集团有限公司与王×、赵×、应×、眉县中坤旅游开发有限公司案外人执行异议纠纷案

● 案件基本信息

一、诉讼当事人

再审申请人（一审被告、二审被上诉人）：中腾西北建设集团有限公司（以下简称中腾公司）

被申请人（一审原告、二审上诉人）：应×

被申请人（一审原告、二审上诉人）：王×

被申请人（一审原告、二审上诉人）：赵×

被申请人（一审第三人）：眉县中坤旅游开发有限公司（以下简称中坤公司）

二、案件索引与裁判日期

一审：陕西省宝鸡市中级人民法院（2020）陕03民初234号民事判决及（2020）陕03民初233号民事判决（2020年12月29日）

二审：陕西省高级人民法院（2021）陕民终423号民事判决（2021年6月15日）、（2021）陕民终424号民事判决（2021年6月11日）

申请再审：最高人民法院（2021）最高法民申5417号民事裁定及（2021）最高法民申5466号民事裁定（2021年12月16日）

三、案由

案外人执行异议之诉

● 裁判要旨

《最高人民法院关于审理商品房买卖合同纠纷案件适用法律若干问题的解释》第2条的目的在于保护买受人利益。开发商与买受人签订商品房预售（买卖）合同时未取得商品房预售许可证明，在案件审理过程中办理了商品房预售许可证，或者办理商品房预售许可证已无现实困难和法律障碍，因开发商或施工方拒不履行相关办证手续导致没有办理预售许可证，开发商或者施工方主张商品房预售（买卖）合同因签订时没有预售许可证明而无效的，显属不诚信行为，人民法院不予支持。

● 裁判依据

《中华人民共和国民事诉讼法》（2017年6月27日修正）

第二百二十七条 执行过程中，案外人对执行标的提出书面异议的，人民法院应当自收到书面异议之日起十五日内审查，理由成立的，裁定中止对该标的的执行；理由不成立的，裁定驳回。案外人、当事人对裁定不服，认为原判决、裁定错误的，依照审判监督程序办理；与原判决、裁定无关的，可以自裁定送达之日起十五日内向人民法院提起诉讼。

《最高人民法院关于适用〈中华人民共和国民事诉讼法〉的解释》（2020年12月29日修正）

第三百一十一条 案外人或者申请执行人提起执行异议之诉的，案外人应当就其对执行标的享有足以排除强制执行的民事权益承担举证证明责任。

第三百一十二条 对案外人提起的执行异议之诉，人民法院经审理，按照下列情形分别处理：

（一）案外人就执行标的享有足以排除强制执行的民事权益的，判决不得执行该执行标的；

（二）案外人就执行标的不享有足以排除强制执行的民事权益的，判决驳回诉讼请求。

案外人同时提出确认其权利的诉讼请求的，人民法院可以在判决中一并作出裁判。

《最高人民法院关于人民法院办理执行异议和复议案件若干问题的规定》（2020年12月29日修正）

第二十八条　金钱债权执行中，买受人对登记在被执行人名下的不动产提出异议，符合下列情形且其权利能够排除执行的，人民法院应予支持：

（一）在人民法院查封之前已签订合法有效的书面买卖合同；

（二）在人民法院查封之前已合法占有该不动产；

（三）已支付全部价款，或者已按照合同约定支付部分价款且将剩余价款按照人民法院的要求交付执行；

（四）非因买受人自身原因未办理过户登记。

对应新法

《中华人民共和国民事诉讼法》（2021年12月24日修正）

第二百三十四条　执行过程中，案外人对执行标的提出书面异议的，人民法院应当自收到书面异议之日起十五日内审查，理由成立的，裁定中止对该标的的执行；理由不成立的，裁定驳回。案外人、当事人对裁定不服，认为原判决、裁定错误的，依照审判监督程序办理；与原判决、裁定无关的，可以自裁定送达之日起十五日内向人民法院提起诉讼。

《最高人民法院关于适用〈中华人民共和国民事诉讼法〉的解释》（2022年4月1日修正）

第三百零九条　案外人或者申请执行人提起执行异议之诉的，案外人应当就其对执行标的享有足以排除强制执行的民事权益承担举证证明责任。

第三百一十条　对案外人提起的执行异议之诉，人民法院经审理，按照下列情形分别处理：

（一）案外人就执行标的享有足以排除强制执行的民事权益的，判决不得执行该执行标的；

（二）案外人就执行标的不享有足以排除强制执行的民事权益的，判决驳回诉讼请求。

案外人同时提出确认其权利的诉讼请求的，人民法院可以在判决中一并作出裁判。

◉ 基本案情

一、基本事实

（一）执行依据相关事实

根据陕西省宝鸡市中级人民法院（2018）陕03民初73号民事判决书、（2020）陕03执异55号执行裁定书及陕西省高级人民法院（2019）陕民终565号民事判决书，认定如下事实：中腾公司原名称为陕西精腾建设有限公司，2017年6月19日变更名称为中腾公司。中坤公司未取得案涉渭水乐园、莱茵小镇项目建设用地规划许可证及建设工程规划许可证。2015年7月9日，中腾公司与中坤公司签订眉县渭水乐园、莱茵小镇1号楼至5号楼、8号楼至10号楼、20号楼施工总承包合同。2015年8月18日，中腾公司进场施工。2018年1月9日，中坤公司与中腾公司就案涉项目1号楼至5号楼、8号楼至10号楼、20号楼工程进行了结算。

2018年，中腾公司向陕西省宝鸡市中级人民法院提起建设工程施工合同纠纷一案，诉请判令中坤公司支付欠付工程款及利息等。该院作出（2018）陕03民初73号民事判决，判决中坤公司给付中腾公司工程款33 752 994.43元及利息，并驳回中腾公司的其他诉讼请求。中坤公司不服，提起上诉。陕西省高级人民法院于2019年7月18日作出（2019）陕民终565号民事判决，对一审判决中中坤公司给付中腾公司利息的计算标准进行了变更。在该案的执行过程中，2020年5月15日，陕西省宝鸡市中级人民法院作出（2020）陕03执恢26号执行裁定书，裁定冻结、扣划中坤公司在银行、其他有储蓄业务机构的存款44 981 862元或查封、扣押其价值相应的其他财产。并向眉县不动产登记中心作出协助执行通知书，请求查封中坤公司位于宝鸡市眉县首善镇凤泉路北段莱茵小镇5号楼、8号楼、9号楼、10号楼、20号楼共五栋房产，查封期限为2020年5月18日起至2023年5月17日止。应×、王×、赵×所购房产在查封范围内。

（二）应×案

2018年4月23日，中坤公司（甲方）与应×、张××（乙方）签订了《莱茵小镇认购协议（别墅）》，该协议约定乙方购买中坤公司位于宝鸡市眉县首善镇凤泉路北段莱茵小镇20号楼整栋房产，该房产按成套出售，总价218万元。2018年4月23日，应×通过工商银行向中坤公司转款18万元；2018年4月24日，应×通过工商银行向中坤公司转款100万元；2018年4月28日，应×通过工商银行向中坤公司转款50万元。中坤公司于2018年4月23日向应×出具18万元收据一张；于2018年4月24日向应×出具100万元收据一张；于2018年4月28日向应×出具60万元收据一张；于2018年10月20日向应×出具50万元收据一张。应×在庭审中自认案涉房屋并非其名下唯一住房。2020年5月18日，一审法院查封了中坤公司位于宝鸡市眉县首善镇凤泉路北段莱茵小镇5号楼、8号楼、9号楼、10号楼、20号楼共五栋房产。

（三）王×、赵×案

2018年1月10日，中坤公司（甲方）与赵×（乙方）签订了《莱茵小镇认购协议》，该协议约定赵×购买中坤公司位于宝鸡市眉县首善镇凤泉路北段莱茵小镇8号、9号楼整栋房产，面积2000平方米，总价600万元。协议约定了付款期限，乙方同意签署本认购协议，之前已向甲方支付人民币58万元整，并约定：2018年1月20日前向甲方支付人民币200万元整，2018年3月15日前向甲方支付人民币100万元整，甲方取得相关手续后及时为乙方办理房产手续。2020年3月30日前向甲方支付242万元整。甲方将为乙方保留该商铺，乙方签署商品房买卖合同后以上支付自动转为购房款。

2018年6月4日，王×与中坤公司签订《莱茵小镇认购协议（别墅）》，该协议约定王×自愿认购中坤公司位于宝鸡市眉县首善镇凤泉路北段莱茵小镇10号楼，总价140万元。同时约定，2018年6月底之前交清所有的房款。并特别约定，"甲方（中坤公司）出售房屋属于眉县政府招商引资项目，由于目前配套政策尚未全面落实，故对出售的房屋全部证件尚未办理齐全，乙方（王×）对该信息是全部知悉的，并予以理解与期待"。鉴于此，甲、乙双方签订本协议确定双方权利与义务，具体条款以《商品房买卖合同》确定，该协议还约定了其他事项。2017年4月19日，上诉人分三笔向中坤公司转款30万元，同日中坤公司向上诉人出具收到30万元的收据。2017年7月27日，上诉人分三笔向中坤公司转款28万元，同日中坤公司向上诉人出具收到28万元的收据。2017年11月30日，上诉人通过工商银行分10笔向中坤公司转款100万元，2018年6月4日，通过工商银行向中坤公司转款10万元，2018年6月4日，中坤公司向王×出具收到140万元的收据。2018年2月6日，上诉人向银行贷款200万元，并于2018年2月7日，委托该银行向中坤公司转款200万元，2018年2月7日，中坤公司向上诉人出具收到200万元的收据。2018年2月1日，上诉人分六笔向中坤公司转账60万元，2018年2月6日，上诉人分四笔向中坤公司转账40万元，2018年2月7日，中坤公司向上诉人出具收到100万元的收据。2019年8月13日，上诉人向中坤公司转款10万元，同日中坤公司向上诉人赵×出具10万元借条一张。2018年6月2日，中坤公司向赵×出具260 306.26元收据一张。2019年1月10日，中坤公司向赵×出具59 298元收据一张。2018年12月4日，上诉人向眉县坤和实业有限公司（以下简称坤和公司）转账9万元，同日坤和公司向赵×出具收到10万元的收据。2018年12月4日，坤和公司向赵×出具借款30万元借条一张。2018年9月30日，上诉人分两笔向坤和公司转账20万元，同日坤和公司向赵×出具收到20万元的收据。2020年5月18日，一审法院查封了中坤公司位于宝鸡市眉县首善镇凤泉路北段莱茵小镇5号楼、8号楼、9号楼、10号楼、20号楼共五栋房产。王×与赵×系夫妻关系，赵×购买8号、9号楼，王×购买10号楼。

二、当事人诉辩主张

中腾公司申请再审称：

针对应×案：（1）原判决未审查2018年10月20日支付50万元收据的真实性和合理性。应×是否支付案涉房屋的全部价款缺乏证据证明，本案不符合《执行异议和复议规定》第28条的适用条件。（2）原判决认定应×与中坤公司签订了合法有效的书面买卖合同没有法律依据。原判决适用《执行异议和复议规定》第28条和第29条均需以合同合法有效为前提，否则属于适用法律错误。（3）应×与中坤公司恶意串通伪造现金支付凭证，虚假陈述，涉嫌虚假诉讼，依法应予惩处。

针对王×、赵×案：（1）原判决认定事实不清和错误。第一，原判决未查清王×、赵×夫妇向中坤公司以及案外人坤和公司和牟××转款的真实用途以及与本案的关联性。第二，原判决未审查转账记录的收据、借条的真实性和合理性。坤和公司2018年12月4日出具30万元的借条以及中坤公司2018年6月2日给赵×出具的260 306.26元收据和2019年1月10日出具的59 298元收据真实性存疑。第三，王×、赵×与中坤公司、坤和公司和牟××之间的真实意思表示应该是民间借贷，发展到以租赁或购买房屋名义提供担保，再发展到后期的以房抵债的意思表示。（2）原判决对案涉协议效力的认定缺乏法律依据，适用法律错误。无论适用《执行异议和复议规定》第28条还是第29条均需要以案涉两份《莱茵小镇认购协议》是有效合同为前提。案涉两份《莱茵小镇认购协议》违反了《城市房地产管理法》第45条的强制性规定。依据《民法总则》第143条、《物权法》第15条、《合同法》第52条第2项、第5项，以及《最高人民法院关于审理商品房买卖合同纠纷案件适用法律若干问题的解释》第2条"出卖人未取得商品房预售许可证明，与买受人订立的商品房预售合同，应当认定无效，但是在起诉前取得商品房预售许可证明的，可以认定有效"之规定，应当认定为无效合同。（3）王×、赵×与中坤公司涉嫌虚假诉讼，依法应予惩处。综上，根据《民事诉讼法》第200条第2项、第6项之规定，请求再审本案。

应×提交意见称：（1）原判决关于应×和中坤公司签订的关于眉县莱茵小镇20号楼的《莱茵小镇认购协议》房屋买卖合同效力的认定，符合法律规定，应予支持。（2）应×在2020年5月18日法院查封前已经签订了有效的书面买卖合同，合法占有案涉不动产近三年时间，且支付了全部购房款，未办理过户登记手续是中坤公司造成的，非应×自身原因。根据《执行异议和复议规定》第28条等规定，应×享有足以排除强制执行的民事权益。

王×、赵×提交意见称：（1）原判决关于案涉《莱茵小镇认购协议》房屋买卖合同效力的认定，符合法律规定，应予支持。没有商品房预售许可证情况下的商品房买卖只是违反房地产交易的管理性强制规定，合同效力不应当被否定。（2）王×、赵×享有足以排除强制执行的民事权益。参照《执行异议和复议规定》的规定，应当排除中腾公司的执行。本案中，王×、赵×在2020年5月18日法院查封案涉房产前已经签订了有效的书面买卖合同；已经合法占有案涉房产近三年时间；已经支付了莱茵小镇10号楼的全部价款和8号楼、9号楼76.6%以上的价款，并在再审审查期间支付了剩余价款；未办理过户登记手续是中坤公司造成的，非王×、赵×的原因。

中坤公司提交意见称，应×、王×、赵×和中坤公司的购房协议是真实的。

争议焦点

如何理解与适用《最高人民法院关于审理商品房买卖合同纠纷案件适用法律若干问题的解释》第2条的规定。

裁判结果

一审法院判决：驳回王×、赵×、应×的诉讼请求。

二审法院判决：一、撤销陕西省宝鸡市中级人民法院（2020）陕03民初 233 号民事判决及（2020）陕 03 民初 234 号民事判决；二、不得执行眉县滨河新区莱茵小镇 8 号楼、9 号楼、10 号楼、20 号楼。

再审法院裁定：驳回中腾公司的再审申请。

◎ 裁判理由及评析

《最高人民法院关于审理商品房买卖合同纠纷案件适用法律若干问题的解释》第 2 条之所以规定商品房预售许可证明作为商品房预售条件，是因为预售合同订立时，买卖的房屋尚在建设之中，房屋所有权还未经登记设立。该条规定是为了维护交易秩序，保护购房者利益，防止损害国家利益。

应×案中，2018 年 4 月 23 日，中坤公司与应×签订的《莱茵小镇认购协议（别墅）》具备房屋买卖合同的主要内容，且应×已支付了购房款。根据《最高人民法院关于审理商品房买卖合同纠纷案件适用法律若干问题的解释》第 5 条"商品房的认购、订购、预订等协议具备《商品房销售管理办法》第十六条规定的商品房买卖合同的主要内容，并且出卖人已经按照约定收受购房款的，该协议应当认定为商品房买卖合同"的规定，应认定中坤公司与应×成立房屋买卖合同。在房屋买卖合同订立之时，涉案房屋出卖方未取得商品房预售许可证明。再审审查期间，应×提交了 2021 年 10 月 14 日（2021）眉房预售证第 MY×××5 号商品房预售许可证、眉建管补〔2021〕14 号建筑工程施工许可证以及中坤公司出具的证明等新证据，证明案涉房产所属工程的施工方补办了相关手续，案涉房产已办理了商品房预售许可证。案涉房产办理了商品房预售许可证，能够证明案涉房屋买卖并不损害国家利益，也没有破坏市场秩序，且应×对于未及时办理房屋预售相关手续并不存在过错，因此，《莱茵小镇认购协议（别墅）》作为应×与中坤公司真实的意思表示，并不违反法律法规的强制性规定，应属合法有效。

在王×、赵×案中，中坤公司与赵×于 2018 年 1 月 10 日签订的《莱茵小镇认购协议（商业）》和王×与中坤公司于 2018 年 6 月 4 日签订的《莱茵小镇认购协议（别墅）》，均具备房屋买卖合同的主要内容，且二人已支付了大部分购房款，依照《最高人民法院关于审理商品房买卖合同纠纷案件适用法律若干问题的解释》第5条规定，也应认定成立了房屋买卖合同。再审审查期间，王×、赵×提交了2021年10月14日（2021）眉房预售证第MY×××5号商品房预售许可证、眉建管补〔2021〕14号建筑工程施工许可证以及中坤公司出具的证明作为新证据，拟证明案涉房产不能办理过户手续非王×、赵×的责任。此组证据反映了案涉房产尚未办理商品房预售许可证的事实，结合各方当事人的陈述，能够证明案涉房产未办理过户手续非王×、赵×的原因所致。经查，案涉房产未办理商品房预售许可证最初系因该宗土地建设规划存在违反相关生态环境保护红线，行政机关要求进行整改。在案件诉讼中，相关主管机关对规划进行了相应调整，已经符合办理预售许可证的条件，但作为建设方的中腾公司未积极履行办理建设工程施工许可证的义务，从而致使中腾公司负责建设的部分工程（包括案涉房屋）仍未取得预售许可证，而由其他承包人施工的另一部分工程已经办理了预售许可证。由此可知，案涉工程建设并不违反国家的强制性规定，也不损害国家利益和市场秩序。同时，作为专业的建设工程施工企业，中腾公司在明知上述规划整改和房屋提前销售的事实，且案涉工程商品房预售许可证的办理应当以取得施工许可证为前提的情况下，仍拒不配合发包人办理相关手续，中腾公司也没有证据证明其提交相关施工资料办理施工许可证存在现实困难和法律障碍，其对案涉房产未及时办理商品房预售许可证负有过错。现王×、赵×虽然在购买房屋时没有审查相关预售许可，但是相对于专业的开发商和建设企业，王×、赵×即使存在过错也较轻微。王×、赵×二人在签订案涉协议后已经支付了大部分购房款，案涉房产本案诉讼前已经交付使用。故，中腾公司以房屋买卖时未办理商品房预售许可证的再审理由，不能对抗善意的买受人。

合议庭成员：吴兆祥、陈宏宇、徐霖

撰写人：吴兆祥、孙明娟

4. 以交付差额银行承兑汇票的方式对外出借款项，实质系套取银行承兑信用的，应认定为套取金融机构信贷资金

——中铁物资集团西北有限公司与沈阳东森房地产开发有限公司、金华市万胜建材有限公司、辽宁东宏商贸有限公司、樊××、刘×、陈×、陈××、辽宁太平洋实业有限公司民间借贷及担保纠纷案

○ 案件基本信息

一、诉讼当事人

上诉人（一审原告）：中铁物资集团西北有限公司（以下简称中铁物资公司）

被上诉人（一审被告）：沈阳东森房地产开发有限公司（以下简称东森公司）

被上诉人（一审被告）：金华市万胜建材有限公司（以下简称万胜公司）

被上诉人（一审被告）：辽宁东宏商贸有限公司（以下简称东宏公司）

被上诉人（一审被告）：樊××

被上诉人（一审被告）：陈×

被上诉人（一审被告）：陈××

被上诉人（一审被告）：刘×

被上诉人（一审被告）：辽宁太平洋实业有限公司（以下简称太平洋公司）

二、案件索引与裁判日期

一审：陕西省高级人民法院（2018）陕民初79号民事判决（2020年12月1日）

二审：最高人民法院（2021）最高法民终 365 号民事判决（2021 年 11 月 18 日）

三、案由

民间借贷及担保纠纷

裁判要旨

出借人以交付差额银行承兑汇票的方式对外出借款项，实质系通过套取银行承兑汇票的方式套取银行承兑信用，使其能够扩大出借时自身对外借款的本金数额，此与套取银行贷款等信贷资金本质并无不同，应认定为《民间借贷司法解释》规定的套取金融机构信贷资金之情形，该借款合同无效。因借贷关系在汇票交付时已经发生，出借人以其在承兑汇票到期前向银行补足资金为由主张合同有效的，人民法院不予支持。

裁判依据

《最高人民法院关于审理民间借贷案件适用法律若干问题的规定》（2015 年 8 月 6 日）

第十四条　具有下列情形之一，人民法院应当认定民间借贷合同无效：

（一）套取金融机构信贷资金又高利转贷给借款人，且借款人事先知道或者应当知道的；

（二）以向其他企业借贷或者向本单位职工集资取得的资金又转贷给借款人牟利，且借款人事先知道或者应当知道的；

（三）出借人事先知道或者应当知道借款人借款用于违法犯罪活动仍然提供借款的；

（四）违背社会公序良俗的；

（五）其他违反法律、行政法规效力性强制性规定的。

> **对应新法**

《最高人民法院关于审理民间借贷案件适用法律若干问题的规定》（2020年12月29日修正）

第十三条 具有下列情形之一的，人民法院应当认定民间借贷合同无效：

（一）套取金融机构贷款转贷的；

（二）以向其他营利法人借贷、向本单位职工集资，或者以向公众非法吸收存款等方式取得的资金转贷的；

（三）未依法取得放贷资格的出借人，以营利为目的向社会不特定对象提供借款的；

（四）出借人事先知道或者应当知道借款人借款用于违法犯罪活动仍然提供借款的；

（五）违反法律、行政法规强制性规定的；

（六）违背公序良俗的。

● 基本案情

2012年11月18日，中铁物资公司与东森公司、东森公司委托代理商万胜公司、担保人（东森公司指定供货商）东宏公司、樊××、刘×、陈×、陈××、姜×等在西安市碑林区签订编号为ZTWZXB-DS-WS-201211-1的《2012-2013年度建材供货合同》一份。约定了中铁物资公司向东森公司供应建材的数量及价格，质量标准，运输方式，货物交付时间、地点和条件，担保方式，货物所有权及风险转移，价款结算等内容。价款结算约定具体结算价格以东森公司指定生产厂家与中铁物资公司签订的采购合同的实际结算价格为依据，在此价格基础上向中铁物资公司支付代理费，代理费按中铁物资公司支付的银行承兑汇票期限，在发票含税单价基础上每月加价0.7%计算。2012年11月19日，中铁物资公司与万胜公司签订编号为×B-WS-XS-01的《钢材销售合同》一份，约定了中铁物资公司向万胜公司供应钢材的数量、质量、交货、担保、履约保证金、结算、违约责任等内容。价款结算约定双方结算总价款为中铁物资公司向生产厂商（供应商）东宏公司支付的货款总额×1.042，具体结算价格为结算总价款除以生产厂商（供应商）东宏公司实际发货吨数。同日，东宏公司、樊××、刘×、陈×、陈××、姜×等分别与中铁物资公司签订了《抵押合同》，樊××、刘×以其所有的沈阳市沈河区正阳街×号（二层）房权证号NO.6031×××0-1的房屋在8000万元范围内抵押担保，陈×、陈××、姜×分别在600万元范围内以其所有的沈阳市沈河区正阳街×号273甲（四层）房权证号：NO.16×××0房屋、沈阳市沈河区正阳街×号273甲（五层）房权证号：NO.16×××8房屋、沈阳市沈河区正阳街×号273甲（六层）房权证号：NO.16×××5房屋抵押担保。樊××、刘×、陈×、陈××、姜×与中铁物资公司办理了抵押登记。东宏公司、樊××、刘×、陈×、陈××、姜×与中铁物资公司还签订了承担连带责任保证的《担保合同》，保证期间自主合同生效之日起至主合同全部条款履行完毕止。姜×与中铁物资公司所签保证合同约定姜×对中铁物资公司所享有的债权承担担保责任，只以房权证号为沈房权证沈河字第16×××5号房产为限。2012年11~12月，万胜公司支付了履约保证金3200万元。中铁物资公司依约分别于2012年11月23日、2012年12月10日以银行承兑汇票方式向东宏公司支付7000万元、9000万元。

2013年1月31日，中铁物资公司与东森公司、万胜公司、东宏公司、担保人樊××、刘×等签订编号为ZTWZXB-DS-WS-201301-1的《2013年度建材供货合同》一份。条款内容与编号为ZTWZXB-DS-WS-201211-1的供货合同基本相同，同日，中铁物资公司与万胜公司签订编号为×B-WS-XS-201301的《钢材销售合同》一份，条款内容与编号为×B-WS-XS-01的《钢材销售合同》基本相同。樊××、刘×与中铁物资公司签订了针对上述两合同的《抵押合同》，樊××、刘×以其所有的沈阳市沈河区正阳街×号一层房权证号NO.6031×××7-1、NO.6031×××7-2的房屋在9000万元范围内抵押担保，并办理了抵押登记,还签订了承担连带责任保证的《担保合同》,保证期间自主合同生效之日起至主合同全部条款履行完毕止。2013年2月,万胜公司支付了履约保证金1800万元。中铁物资公司依约于2013年2月5日以信用证向东宏公司支付9000万元。

2013年6月19日,中铁物资公司与东森公司、万胜公司、东宏公司、担保人太平洋公司签订编号为ZTWZXB-DS-WS-201305-1的《2013年度建材供货合同》一份,条款内容与编号为ZTWZXB-DS-WS-201211-1的《供货合同》基本相同。同日,中铁物资公司与万胜公司签订编号为×B-WS-XS-201305的《钢材销售合同》一份,条款内容与编号为×B-WS-XS-01的《钢材销售合同》基本相同。太平洋公司还与中铁物资公司签订了针对该两份合同的《抵押合同》,太平洋公司以其所有的沈阳市沈河区北站一路×号(801层)房权证号NO.6038×××2房屋在6000万元范围内抵押担保,并办理了抵押登记,同时还签订了承担连带责任保证的《担保合同》,保证期间自主合同生效之日起至主合同全部条款履行完毕止。2013年6月,万胜公司支付了履约保证金1200万元。中铁物资公司依约于2013年6月25日以银行承兑汇票方式向东宏公司支付6000万元。

2013年6月28日,中铁物资公司与万胜公司签订编号为×B-WS-XS-20130628的《钢材销售合同》一份,樊××签署了承担连带责任保证的《个人无限连带责任保证书》,保证期间自中铁物资公司追偿之日起,直至债务人欠付的所有债务悉数清偿为止。2013年6月,万胜公司支付了履约保证金900万元。中铁物资公司依约于2013年7月3日以银行承兑汇票方式向东宏公司支付4500万元。

上述《2013年度建材供货合同》中,各方当事人明确约定:甲方中铁物资公司只负责在规定的时间内付款,付款之日起即视同甲方开始履行供货义务,银行承兑汇票解付前5个工作日视同甲方圆满完成供货;具体供货由乙方东森公司同乙方指定供货方协商,若未供货或供货不及时,甲方不负任何责任(乙方负全部责任)。在《钢材销售合同》中,甲方中铁物资公司与乙方万胜公司(东森公司委托代理单位)明确约定:如东宏公司不能交货等原因，乙方仍须全额支付货款，由此给甲方造成的一切损失由乙方承担。在东宏公司、樊××、刘×、陈×、陈××、太平洋公司与中铁物资公司签订的《抵押合同》《担保合同》中，已经明确约定为抵押权人中铁物资公司在上述《2013年度建材供货合同》《钢材销售合同》中的权利得到保障，担保人提供抵押担保和保证担保。《担保合同》约定，本合同效力独立于被保证的主合同，主合同无效并不影响本合同效力。

以上中铁物资公司以银行承兑汇票、信用证方式向东宏公司支付的款项共计3.55亿元。万胜公司向中铁物资公司以银行转账的方式支付履约保证金共计7100万元。

2013年12月14日，中铁物资公司与万胜公司、东森公司、樊××又签订编号为ZTXB-JHWS-20131214的《协议书》一份，协议针对双方以往签订的年度合同及其他各种往来合同、协议，确认中铁物资公司已经全部履行了合同义务。并确认截至2013年12月14日，万胜公司欠中铁物资公司款项总计3.8125亿元。同时还将违约责任调整为如未按约定的期限（共分为七笔偿还，其中五笔付款日期为2013年12月27日，一笔付款日期为2014年1月10日，一笔付款日期为2014年1月27日）支付上述款项，每迟延一日按未实际还款金额的银行同期贷款利率的四倍支付违约金。同日，针对该协议书，樊××还与中铁物资公司签订了《担保合同》，约定樊××对全部债权承担连带保证责任，担保期限为债务人应当履行债务之日起两年。东宏公司与中铁物资公司签订了《抵押合同》，东宏公司以其所有的沈阳市沈河区正阳街×号房权证号NO.2002×××5房屋在6400万元范围内提供抵押担保，并办理了抵押登记，同时还签订了承担连带责任的《保证合同》，担保期限为债务人应当履行债务之日起两年。

另查明，东森公司、万胜公司、东宏公司为关联公司，樊××为该三家公司的实际控制人。

本案原一审审理中，东森公司、万胜公司、东宏公司、太平洋公司均称，中铁物资公司与东森公司、东宏公司、万胜公司之间的钢材购销虚假，是名为买卖实为借贷。中铁物资公司则予以否认。太平洋公司遂委托辽宁中成会计师事务所有限责任公司就东宏公司 2012 年 12 月至 2014 年度期间企业购销业务中分别与中铁物资公司、东森公司、万胜公司销售钢材交易是否真实存在的问题对东宏公司在上述期间企业购销业务所涉及的财务账簿、会计凭证进行复核，中成会计师事务所经复核出具了《关于辽宁中南建材有限公司（东宏公司）2012 年 12 月至 2014 年度期间企业购销业务情况说明》，复核结论为：（1）东宏公司在 2012 年 12 月至 2014 年度期间向中铁物资公司销售钢材的交易账面记录是存在的，但是由于能够证明双方交易是否真实存在的其他佐证，如原材料入库单、出库单、加盖中铁物资公司印章的提货委托书，以及必要的钢材质量检测费等相关费用均没有，无法判定东宏公司向中铁物资公司销售钢材的交易真实存在。（2）东宏公司在 2012 年 12 月至 2014 年度期间向东森公司、万胜公司销售钢材的交易不存在。

本案原一审审理过程中，中铁物资公司与姜×自行和解达成协议，一审法院另行作出民事调解书。

本案重新一审过程中，各方当事人均认为本案性质为民间借贷纠纷。一审法院另查明，中铁物资公司申请银行开具银行承兑汇票及信用证所欠付银行的款项在到期日前已经清偿。

● 争议焦点

案涉借贷合同效力如何认定。

● 裁判结果

一审法院判决：一、东森公司、万胜公司应于本判决生效后 10 日内向中铁物资公司支付所欠借款本金 2.84 亿元及资金占用费［其中：以借款本金 1.28 亿元（7000 万元 +9000 万元 −3200 万元）为基数自 2012 年 12 月 10 日起至 2019 年 8 月 19 日止按照中国人民银行同期同类贷款利率计算，自 2019 年 8 月 20 日起至实际给付之日止以全国银行业间同业拆借中心公布的贷款市场报价利率计算，并扣减 713.98 万元；以借款本金 7200 万元（9000

万元 –1800万元）为基数自2013年2月5日起至2019年8月19日按照中国人民银行同期同类贷款利率计算，自2019年8月20日起至实际给付之日止以全国银行业间同业拆借中心公布的贷款市场报价利率计算；以借款本金4800万元（6000万元 –1200万元）为基数自2013年6月25日起至2019年8月19日止按照中国人民银行同期同类贷款利率计算，自2019年8月20日起至实际给付之日止以全国银行业间同业拆借中心公布的贷款市场报价利率计算；以借款本金3600万元（4500万元 –900万元）为基数自2013年7月3日起至2019年8月19日止按照中国人民银行同期同类贷款利率计算，自2019年8月20日起至实际给付之日止以全国银行业间同业拆借中心公布的贷款市场报价利率计算］。二、东宏公司对东森公司、万胜公司不能清偿本判决第一项确定的债务部分，承担三分之一的赔偿责任。三、樊××对东森公司、万胜公司不能清偿本判决第一项确定的债务部分，承担三分之一的赔偿责任。四、驳回中铁物资公司的其余诉讼请求。

二审法院判决：驳回上诉，维持原判。

裁判理由及评析

一、裁判理由

（一）关于案涉借贷合同效力的问题

根据一审查明事实，在中铁物资公司与东森公司等签订的三份年度供货合同的基础上，2012年11月19日、2013年1月31日、2013年6月19日、2013年6月28日，中铁物资公司与万胜公司等分别签订四份《钢材销售合同》，约定中铁物资公司向东森公司的关联公司即东宏公司采购钢材，然后供应给东森公司的另一个关联公司即万胜公司。基于该四份合同，中铁物资公司以银行承兑汇票或信用证的方式向东宏公司共计支付3.55亿元。万胜公司则共计向中铁物资公司支付履约保证金7100万元。同时，东宏公司、樊××、刘×、陈××、陈×、姜×、太平洋公司分别以房产抵押、承诺承担连带保证责任的方式在不同范围内为案涉款项提供担保。因案涉各方在实际交易过程中只有款项往来,不存在真实的货物交易,故本案实质为民间借贷纠纷,对此各方当事人均无异议。

(二)关于民间借贷合同效力的问题

中铁物资公司以其在银行向万胜公司兑付汇票之前,已经足额向银行支付了相关款项进行解付为由,上诉主张本案不存在套取银行资金的情形,案涉民间借贷合同应属有效,同时提交解付凭证等相关银行支付凭证予以证明。本院就此认为,《银行业监督管理法》第19条规定:"未经国务院银行业监督管理机构批准,任何单位或者个人不得设立银行业金融机构或者从事银行业金融机构的业务活动。"银行等金融机构通过授信发放信贷资金之目的在于支持生产、经营,借款人将之转贷不仅使信贷资金脱离监管,而且通过银行管制利率与市场利率的利差牟利,亦扰乱了国家对资金投向、利率管控等政策导向,其实质属于从事银行业务活动。2015年公布的《民间借贷司法解释》第14条第1项明确规定,套取金融机构信贷资金又高利转贷给借款人,且借款人事先知道或者应当知道的,该民间借贷合同无效。就本案而言,首先,中铁物资公司系在交纳一定比例保证金的基础上,通过虚构实际并不存在的钢材交易之方式,套取银行承兑汇票(信用证);万胜公司取得汇票后即与东森公司通过贴现或背书实现融资目的。汇票(信用证)票面金额与保证金之间的差额形成银行的风险敞口,即银行实际承担了相应的信用风险。可见,中铁物资公司通过虚构的交易套取银行承兑汇票即套取银行承兑信用,使得其能够扩大出借时其自身对外借款的本金基数,此与套取银行贷款等信贷资金本质并无不同。案涉借贷关系在汇票交付时已经发生,中铁物资公司是否在承兑汇票到期前向银行补足资金,并非认定借贷合同效力的考量因素,对其提交的第一份证据本院不予采纳。其次,通过案涉三份年度供货合同以及四份《钢材销售合同》,中铁物资公司与东森公司一方之间已就长期、反复地以钢材买卖形式开展借贷业务形成合意。本案所涉的3.55亿元交易即属上述协议的具体履行。中铁物资公司不具有从事金融业务的资质,却以放贷为常业,实际经营金融业务,有违相关金融法律法规之规定。综上,中铁物资公司有关案涉民间借贷合同有效的上诉主张不能成立，本院不予支持。

（三）关于利息的问题

本案中，中铁物资公司通过银行汇票的方式总计向东森公司、万胜公司支付款项3.55亿元，同时东森公司、万胜公司通过支付履约保证金的方式向中铁物资公司支付7100万元，一审判决认定该部分属于中铁物资公司预先扣除的利息，应在本金中予以扣减，本案借款本金应为2.84亿元。上诉期间各方当事人对此均无异议，本院予以确认。因案涉借贷合同无效，一审法院依据相关规定，在每笔出借款项基础上扣减相应的履约保证金，判决东森公司、万胜公司承担相应的利息，符合法律规定，并无不妥。中铁物资公司上诉认为案涉合同有效，东森公司、万胜公司应分时段以年利率24%或4倍同期贷款基准利率计算利息的理由不能成立，本院不予支持。

（四）关于担保责任的问题

原《担保法》第5条规定，担保合同是主合同的从合同，主合同无效，担保合同无效。本案中，因案涉借贷合同无效，作为从合同的《抵押合同》及各保证人承诺承担保证责任的《担保合同》《个人无限连带责任保证书》等均属无效，各担保人均不承担担保责任。同时，根据原《担保法司法解释》第8条规定，担保合同无效后，担保人仍应根据过错程度承担相应的缔约过失责任。本案中，因东森公司、万胜公司、东宏公司系樊××实际控制的关联公司，东宏公司、樊××在出具担保时，对于东森公司、万胜公司与中铁物资公司之间以承兑汇票方式套取银行款项进行民间借贷的事实应该知晓。在此情形下东宏公司、樊××仍为案涉借贷出具担保，具有一定过错。依据上述规定，一审法院判决其两方对东森公司、万胜公司就2.84亿元本金及资金占用费不能清偿部分承担三分之一的赔偿责任，事实及法律依据充分，并无不妥。同时，因无证据证明担保人刘×、陈×、陈××、太平洋公司对本案主合同无效导致担保合同无效存在过错，二审判决未判决其四方承担相应责任，亦无不妥。中铁物资公司上诉认为各担保人应承担相应担保责任的理由，以及即使合同无效，其他担保人因与樊××存在合作关系或者已经实际履行担保责任，故应承担相应责任的理由，均因缺乏相应依据，不予支持。

二、评析

本案中，东宏公司向中铁物资公司供应钢材，中铁物资公司再将钢材销售给万胜公司。根据有关会计师事务所出具的情况说明以及案件审理中当事人的自认，本案各方当事人之间实际存在以"走单、走票、不走货"为典型特征的循环贸易融资关系，案涉协议"名为买卖实为借贷"。在此需要注意的是，循环贸易中的最初出卖人以转移"货物凭证"而取得货款的形式取得融资款，在约定还款期限届满后，最终买受人通过回购"货物凭证"完成向出借方还款，最初出卖人与最终买受人通常为同一主体，亦即实际借款人。其货物流向为 A→B→C→A，A 即为借款人，C 则为出借人。但在实践中，各方当事人为增加循环贸易交易的隐蔽性，最初出卖人与最终买受人在形式上可能表现为不同的主体，但其实质系关联企业或人格混同的两个企业，其货物流向呈现为 A→B→C，其中 A、C 为关联方，在此情形下 B 为出借人。本案即属于后一种情形。

2017 年 10 月 1 日起施行的原《民法总则》增设通谋虚伪表示的相关规定后，司法实践中在查明交易各方确属循环贸易的情况下，通常根据通谋虚伪意思表示的规定，认定伪装行为亦即贸易合同无效；至于循环贸易中所隐藏的民间借贷行为的效力，则需根据规制民间借贷合同的法律及司法解释的相关规定进行认定。

2015 年《民间借贷司法解释》第 14 条第 1 项明确规定，套取金融机构信贷资金又高利转贷给借款人，且借款人事先知道或者应当知道的，该民间借贷合同无效。银行等金融机构通过授信发放信贷资金之目的在于支持生产、经营，借款人将之转贷不仅违背了民间借贷的资金来源应为自有资金的要求，而且使信贷资金脱离监管，并通过银行管制利率与市场利率的利差牟利，亦扰乱了国家对资金投向、利率管控等政策导向，其实质属于从事银行业务活动，故该转贷行为当认定为无效。出借人在交付一定比例的保证金后，从银行套取差额银行承兑汇票，并以交付汇票的方式对外出借款项，实质系通过套取银行承兑汇票的方式套取银行承兑信用，使其能够扩大出借时自身对外借款的本金数额，此与套取银行贷款等信贷资金本质并无不同，均扰乱了金融监管秩序，故应认定为《民间借贷司法解释》规定的套取金融机构信贷资金之情形。因借贷关系在汇票交付时已经发生，出借人以其在承兑汇票到期前向银行补足资金为由主张合同有效的，人民法院亦不应予以支持。

需要特别说明的是，2020年第二次修正的《民间借贷司法解释》对转贷合同效力问题作出新的规定，即"套取金融机构贷款转贷的"，民间借贷合同无效。亦即除为了规范表述，将"信贷资金"改为"贷款"外，该规定删除了"高利转贷"和"借款人事先知道或者应当知道的"的条件要求，实际上扩大了此类无效合同的范围。

合议庭成员：宋冰、陈宏宇、张梅

撰写人：陈宏宇、赵静

5. 如何判断法人之间是否存在民间借贷关系
——平罗翔龙工贸有限公司与宁夏泰和房地产有限公司、吴××、刘××借款合同纠纷案

◎ 案件基本信息

一、诉讼当事人

上诉人（一审原告）：平罗翔龙工贸有限公司（以下简称翔龙公司）

被上诉人（一审被告）：宁夏泰和房地产有限公司（以下简称泰和公司）

被上诉人（一审第三人）：吴××

被上诉人（一审第三人）：刘××

二、案件索引与裁判日期

一审：宁夏回族自治区高级人民法院（2018）宁民初67号民事判决

二审：最高人民法院（2021）最高法民终1203号民事判决（2022年3月7日）

三、案由

借款合同纠纷

◎ 裁判要旨

判断法人之间是否存在借贷关系，借贷合意和款项交付是判定两者之间借款合同关系成立与否的两项基本要件。借款人对于出借人主张借款事实及欠付金额均表示认可，两公司就案涉借款纠纷并无实质性争议。因出借人系借款人的实际控制人，不能就本案诉讼原因给出合理解释，法院应

就双方借款、还款事实根据《民间借贷司法解释》第 19 条（2020 年修正后为第 18 条）之规定严格审查。

两公司就案涉借款纠纷并无实质性争议，借款人完全可以自行偿还相关债务，双方不能就本案诉讼原因给出合理解释的，应当认定出借人主张的借款事实不能成立。

裁判依据

《最高人民法院关于审理民间借贷案件适用法律若干问题的规定》（2020 年 12 月 29 日修正）

第十八条 人民法院审理民间借贷纠纷案件时发现有下列情形之一的，应当严格审查借贷发生的原因、时间、地点、款项来源、交付方式、款项流向以及借贷双方的关系、经济状况等事实，综合判断是否属于虚假民事诉讼：

……

（六）当事人双方对借贷事实的发生没有任何争议或者诉辩明显不符合常理；

……

基本案情

泰和公司于 2008 年 10 月 29 日由翔龙公司注册成立，公司类型为（私营法人独资）一人有限责任公司，注册资本为 1000 万元。翔龙公司及泰和公司的法定代表人均由王×担任。泰和公司成立后聘任第三人吴××担任该公司总经理，负责该公司的经营管理。在泰和公司注册设立时，翔龙公司与刘××、吴××签署一份《投资合作协议》，约定："一、泰和公司 1000 万元的股权分配为翔龙公司 500 万股，占 50% 股份；刘××、吴×× 各 250 万股，各占 25% 股份。二、翔龙公司额外投入的 1000 万元属于资本公积金，所有权按照第一条中的比例分配。三、吴××借 300 万元流动资金给泰和公司，利息按银行同期利率计算，分季度支付利息，本金一次性归还。四、公司所有的债权债务均按照第一条中的比例承担和所有。"2008年11月20日，翔龙公司向泰和公司转账汇款300万元，泰和公司向吴××出具300万元借款收据一张，注明款项由翔龙公司转入。2009年1月6日，泰和公司注册资本由1000万元增加至2000万元。此后，翔龙公司与刘××、吴××又签订一份《股权比例确认协议》，确认：（1）翔龙公司、刘××、吴××三方共同投资设立泰和公司，注册资本2000万元，实际三方已投入2300万元，其中翔龙公司1150万元，吴××575万元，刘××575万元，另外吴××借给泰和公司300万元。（2）翔龙公司、刘××、吴××持有泰和公司股权比例分别为50%、25%、25%。《股权比例确认协议》约定："一、翔龙公司、刘××、吴××三方决定增加公司注册资本金3000万元至5000万元，本次增资所需要的3000万元资本金由翔龙公司一次性全部投入，工商注册后公司注册资本金为5000万元。二、三方商定泰和公司5000万元资本金中翔龙公司实际投入3000万元，持有公司股权比例50%；吴××实际投入1000万元，持有公司股权25%；刘××实际投入1000万元，持有公司股权25%。三、按照此前三方实际投资2600万元（含吴××原先借入公司的300万元）计算，本次翔龙公司实际应追加投资为1850万元，吴××应向泰和公司追加125万元投资，刘××应追加425万元投资。四、三方任何一方不按上述约定比例追加投资，将按照未追加的投资额计算缩减持有公司股权比例。"2009年4月9日，泰和公司注册资本从2000万元增加至5000万元。2009年4月9日，翔龙公司向泰和公司转账汇款2200万元，银行凭证摘要一栏注明为投资款；泰和公司随后于同日向翔龙公司转账汇款5200万元。2009年4月15日，王×向翔龙公司转账汇款1450万元。2009年9月25日，翔龙公司向泰和公司转账汇款150万元，银行凭证摘要一栏注明为土地款。2010年12月2日，翔龙公司向泰和公司转账汇款5000万元，银行凭证摘要一栏注明为投标保证金。2010年12月3日，翔龙公司向泰和公司转账汇款5000万元，银行凭证摘要一栏注明为投标保证金。2015年4月29日，翔龙公司向泰和公司转账汇款300万元，银行凭证摘要一栏注明为借款。以上七笔资金往来显示，翔龙公司（含王×）向泰和公司转款14 100万元，泰和公司向翔龙公司转款5200万元。2015年5月，翔龙公司法定代表人王×与泰和公司总经理吴××就泰和公司经营管理发生矛盾，王×组织管理团队接管泰和公司，撤销吴××的泰和公司总经理职务，泰和公司由翔龙公司实际控制。自此至2017年12月26日期间，翔龙公司与泰和公司发生多笔资金往来。翔龙公司主张双方在此期间发生的101笔往来款项属于双方的借款和还款，其中翔龙公司出借给泰和公司的款项为88笔，共计38 124 564.59元，泰和公司给翔龙公司的偿还款项为13笔，共计8 043 403.20元，双方往来记账凭证中记载为借款。另查明，因刘××、吴××与翔龙公司就泰和公司股权发生纠纷，二人于2015年5月29日分别同时以泰和公司为被告、翔龙公司为第三人，提起股东资格确认纠纷之诉。经宁夏回族自治区贺兰县人民法院和银川市中级人民法院审理，判决确认刘××、吴××系泰和公司股东。经二人申请强制执行，2017年3月23日，泰和公司股权登记由翔龙公司持股100%变更为翔龙公司持有50%股权，刘××、吴××各持有25%股权。还查明，2018年5月18日，刘××、吴××作为共同原告，将泰和公司列为被告、翔龙公司为第三人，以翔龙公司利用其派出执行董事王×实际控制泰和公司财务、印章及全部运营活动，拒不召开股东会议，并通过虚假诉讼意图恶意转移泰和公司资产，刘××、吴××已持续二年以上无法通过任何途径参与股东会和公司运营决策，股东会对于泰和公司重大运营事项无法形成有效决议，导致泰和公司陷入僵局和刘××、吴××股东权益损害为由，向宁夏回族自治区贺兰县人民法院提起解散泰和公司之诉。

翔龙公司向一审法院起诉请求：（1）判令泰和公司向翔龙公司偿还借款117 295 563.39元；（2）判令泰和公司向翔龙公司支付借款利息197 795 906.95元（2015年12月31日之前的借款按年利率12%计息，2016年1月1日之后的借款按年利率24%计息，利息计算至2021年6月7日，并支付至借款全部付清之日止的利息）。

翔龙公司上诉请求：（1）撤销宁夏回族自治区高级人民法院（2018）

宁民初 67 号民事判决并依法改判支持翔龙公司一审诉讼请求。（2）本案一审、二审的诉讼费均由吴××、刘××承担。

◎ 争议焦点

双方的往来资金是否为借贷关系，翔龙公司主张的借款本息是否成立，应否予以支持。

◎ 裁判结果

一审法院判决：驳回翔龙公司的诉讼请求。
二审法院判决：驳回上诉，维持原判。

◎ 裁判理由及评析

翔龙公司主张第一阶段（泰和公司成立至 2015 年 4 月 29 日）6 笔借款共 141 000 000 元，第二阶段（2015 年 6 月 23 日至 2017 年 12 月 26 日）88 笔借款共 38 124 564.59 元，泰和公司共偿还 61 829 001.2 元，尚欠 117 295 563.39 元。二审法院认为，对于翔龙公司主张的 94 笔借款，与泰和公司之间未就其中任何一笔签订借款合同。判断法人之间是否存在借贷关系，款项交付和借贷合意是判定两者之间借款合同关系成立与否的两项基本要件。泰和公司对于翔龙公司所主张的借款事实及欠付金额均表示认可，两公司就案涉借款纠纷并无实质性争议。因翔龙公司系泰和公司实际控制人，不能就本案诉讼原因给出合理解释，应就双方借款、还款事实根据《民间借贷司法解释》第 19 条之规定严格审查。

关于翔龙公司主张泰和公司成立至 2015 年 4 月 29 日前出借的 6 笔款项，本院认定如下：第一笔，2009 年 2 月 25 日翔龙公司向泰和公司转账汇款 150 万元，银行凭证摘要一栏注明为土地款。翔龙公司主张其与泰和公司之间成立借贷关系，应对其与泰和公司之间就借贷法律关系达成合意承担举证责任，现无证据证明该笔借款事实成立。第二笔，2009 年 4 月 9 日，翔龙公司向泰和公司转账汇款 2200 万元，银行凭证摘要一栏注明为投资款。

证据显示2009年4月8日，翔龙公司向泰和公司账户转入增资入股款3000万元，同年4月9日，泰和公司又向翔龙公司转账5200万元。翔龙公司、泰和公司均不能提供证据证明转账5200万元后又分别退回3000万元和2200万元的原因。故翔龙公司主张的该笔借款事实不能成立。第三笔，2009年6月15日，王×向泰和公司转账汇款1450万元。据《投资合作协议》《股权比例确认协议》以及宁夏回族自治区银川市中级人民法院（2016）宁01民终1877号、（2016）宁01民终1878号、（2020）宁01民终3618号民事判决认定的事实，该笔款项为翔龙公司的出资款。翔龙公司主张的该笔借款事实不能成立。第四笔，2010年12月2日，翔龙公司向泰和公司转账汇款5000万元，银行凭证摘要一栏注明为投标保证金。第五笔，2010年12月3日，翔龙公司向泰和公司转账汇款5000万元，银行凭证摘要一栏注明为投标保证金。翔龙公司主张此两笔款项并非与泰和公司的合作款，亦不能提供证据证明系借贷关系，仅凭两笔资金的转款单凭证摘要一栏注明均为投标保证金，无法认定该两笔借款事实成立。第六笔，2015年4月29日，翔龙公司向泰和公司转账汇款300万元，银行凭证摘要一栏注明为借款。泰和公司的证据不足以证明其与翔龙公司之间存在借款合同关系，现泰和公司解散之诉正在审理过程中，翔龙公司后续可另行主张权利。

关于翔龙公司主张2015年6月23日至2017年12月26日期间的88笔借款本金38 124 564.59元款项。经查，翔龙公司主张双方在此期间出借给泰和公司88笔共计38 124 564.59元的款项，双方往来记账凭证中记载为借款，用于泰和公司生产经营。但是这一期间泰和公司由翔龙公司实际控制。刘××、吴××一审提交的相关证据证明翔龙公司、泰和公司存在高管人员、财务人员、诉讼代理人员混同的情况。故对于这一阶段双方资金往来的真实性无法作出认定，对于资金的借贷性质亦无法作出认定。综合全案查明事实、双方诉辩意见及证据情况，翔龙公司作为泰和公司唯一股东时曾起诉泰和公司案涉借款，因无诉的利益，被（2016）最高法民终153号民事裁定驳回起诉。后吴××、刘××与翔龙公司就泰和公司股权发生纠纷，经生效裁判确认并经强制执行。2017年3月23日，泰和公司的股东变更为翔龙公司持有50%股权，吴××、刘××各持有25%股权。翔龙公司认为其已不再是泰和公司唯一股东，故就被驳回起诉的相关借款以及此后发生的借款提起本案诉讼，再次起诉泰和公司。但吴××、刘××未能介入公司管理，王×同时担任两公司法定代表人。翔龙公司系泰和公司实际控制人，两公司就案涉借款纠纷并无实质性争议，泰和公司完全可以自行偿还相关债务，两公司不能就本案诉讼原因给出合理解释。故翔龙公司主张的借款事实不能成立，二审法院不予支持。

合议庭成员：宋冰、徐霖、董俊武
撰写人：宋冰

6. 是否具备付款条件应综合考量案件具体情况，仅以合同约定付款条件未成就为由拒绝支付货款，人民法院不应予以支持

——北京合锐赛尔电力科技股份有限公司与西北电力建设第一工程有限公司买卖合同纠纷案

● 案件基本信息

一、诉讼当事人

上诉人（一审被告）：西北电力建设第一工程有限公司（以下简称西北电建一公司）

被上诉人（一审原告）：北京合锐赛尔电力科技股份有限公司（以下简称合锐赛尔公司）

二、案件索引与裁判日期

一审：陕西省高级人民法院（2020）陕民初14号民事判决（2021年10月15日）

二审：最高人民法院（2022）最高法民终124号民事判决（2022年4月28日）

三、案由

买卖合同纠纷

● 裁判要旨

当事人虽在采购合同中约定项目并网发电并稳定运行一个月内，且收到项目收购资金或融资资金后，才支付设备款。但认定是否具备付款条

件应综合考量未能并网发电的具体原因、设备交付情况、设备交付时间长短、设备的特性等因素。在部分设备已交付数年，且购买方与案外人已解除案涉项目，并明确函告卖方采购合同无法履行的情况下，购买方仍以合同约定的支付条件未成就为由拒绝支付设备款的，人民法院不应予以支持。

裁判依据

《中华人民共和国合同法》（2021年1月1日废止）

第六十条　当事人应当按照约定全面履行自己的义务。

当事人应当遵循诚实信用原则，根据合同的性质、目的和交易习惯履行通知、协助、保密等义务。

第一百一十九条　当事人一方违约后，对方应当采取适当措施防止损失的扩大；没有采取适当措施致使损失扩大的，不得就扩大的损失要求赔偿。

当事人因防止损失扩大而支出的合理费用，由违约方承担。

第一百三十一条　买卖合同的内容除依照本法第十二条的规定以外，还可以包括包装方式、检验标准和方法、结算方式、合同使用的文字及其效力等条款。

第一百五十九条　买受人应当按照约定的数额支付价款。对价款没有约定或者约定不明确的，适用本法第六十一条、第六十二条第二项的规定。

对应新法

《中华人民共和国民法典》（2020年5月28日）

第五百零九条　当事人应当按照约定全面履行自己的义务。

当事人应当遵循诚信原则，根据合同的性质、目的和交易习惯履行通知、协助、保密等义务。

当事人在履行合同过程中，应当避免浪费资源、污染环境和破坏生态。

第五百九十一条 当事人一方违约后，对方应当采取适当措施防止损失的扩大；没有采取适当措施致使损失扩大的，不得就扩大的损失请求赔偿。

当事人因防止损失扩大而支出的合理费用，由违约方负担。

第五百九十六条 买卖合同的内容一般包括标的物的名称、数量、质量、价款、履行期限、履行地点和方式、包装方式、检验标准和方法、结算方式、合同使用的文字及其效力等条款。

第六百二十六条 买受人应当按照约定的数额和支付方式支付价款。对价款的数额和支付方式没有约定或者约定不明确的，适用本法第五百一十条、第五百一十一条第二项和第五项的规定。

● 基本案情

西北电建一公司与合锐赛尔公司签订买卖合同，约定由合锐赛尔公司向西北电建一公司与案外人的光伏电站项目供应设备。合锐赛尔公司依约采买部分设备，一部分运送交付至项目地点，另一部分暂由合锐赛尔公司仓储尚未运至项目地点。后西北电建一公司与案外人解除合作项目合同，不再需要合锐赛尔公司采买的设备。双方因买卖合同履行及货款支付发生纠纷，合锐赛尔公司提起本案诉讼。

● 争议焦点

西北电建一公司应付货款数额问题。

● 裁判结果

一审法院判决：一、西北电建一公司于本判决生效之日起10日内支付合锐赛尔公司货款2500.9295万元；二、西北电建一公司于本判决生效之日起10日内向合锐赛尔公司支付违约金（以2500.9295万元为基数，自2018年8月16日起以每日1‰的标准计算至实际给付之日止）；三、西北电建一公司于本判决生效之日起10日内赔偿合锐赛尔公司损失132.74万元；四、驳回合锐赛尔公司的其余诉讼请求。如果未按本判决指定的期间履行给付金钱义务，应当依照《民事诉讼法》第 260 条之规定，加倍支付迟延履行期间的债务利息。一审案件受理费 531 800 元，由合锐赛尔公司承担 247 680 元，西北电建一公司承担 284 120 元；保全费 5000 元，由西北电建一公司承担。

二审法院判决：上诉人西北电建一公司的上诉理由部分成立，依照《合同法》第 114 条、第 119 条、第 135 条、第 159 条，《民事诉讼法》第 177 条第 1 款第 2 项规定，判决如下：一、维持陕西省高级人民法院（2020）陕民初 14 号民事判决第一项、第三项。二、撤销陕西省高级人民法院（2020）陕民初 14 号民事判决第四项。三、变更陕西省高级人民法院（2020）陕民初 14 号民事判决第二项"西北电建一公司于本判决生效之日起 10 日内向合锐赛尔公司支付违约金（以 2500.9295 万元为基数，自 2018 年 8 月 16 日起以每日 1‰ 的标准计算至实际给付之日止）"为"西北电建一公司于本判决生效之日起 10 日内向合锐赛尔公司支付违约金〔以 2500.9295 万元为基数，自 2018 年 8 月 16 日至 2019 年 8 月 19 日，按照中国人民银行同期同类人民币贷款基准利率的二倍计算；自 2019 年 8 月 20 日起至实际给付之日止，按照全国银行间同业拆借中心公布的一年期贷款市场报价利率（LPR）的二倍计算〕"。四、驳回合锐赛尔公司的其他诉讼请求。如果未按本判决指定的期间履行给付金钱义务，应当依照《民事诉讼法》第 260 条的规定，加倍支付迟延履行期间的债务利息。一审案件受理费 531 800 元，由合锐赛尔公司负担 265 900 元，西北电建一公司负担 265 900 元；一审保全费 5000 元，由西北电建一公司负担。二审案件受理费 278 564.67 元，由合锐赛尔公司负担 139 282.33 元，西北电建一公司负担 139 282.34 元。

◎ 裁判理由及评析

案涉《物资采购合同》第 5.3 条约定，光伏电站首批 5MW 容量正式并网发电（不晚于 2017 年 9 月 10 日），安全稳定运行一个月内，并且在收到收购方或者融资资金到西北电建一公司时，西北电建一公司才支付货款，但上述条件未成就，故西北电建一公司没有支付货款义务。但从合同履行情况来看，合锐赛尔公司已依约履行了部分设备采购的合同义务，现有证据表明其履行时间集中发生在2017年年底之前，西北电建一公司自合同签订至本案诉讼期间，未向合锐赛尔公司支付过任何货款。虽然合同约定首批货款应在光伏电站5MW容量正式并网发电运行一个月内支付，但还应当综合考量导致未能并网发电的具体原因、合锐赛尔公司的交付货物情况、货物已交付时间长短、标的物特性等因素来认定是否具备付款条件。本案自货物交付至今已长达几年时间，且西北电建一公司于2018年8月16日向合锐赛尔公司发函明确表示双方《物资采购合同》无法继续履行，并要求合锐赛尔公司及时自行处理未交货物，减少损失。另外，西北电建一公司亦与案外人望都英源光伏科技有限公司达成仲裁调解书，解除了案涉项目的总承包合同，本案合同履行的基础已不存在。在此情况下，西北电建一公司仍以付款条件未成就为由拒绝支付货款，缺乏合理性。合锐赛尔公司有权就已交付货物向西北电建一公司主张欠付货款。

本案的处理，在司法实践中还有一个有价值的问题就是，本案当事人之间的采购合同，涉及一系列产品，有的产品属于正常的市场流通的通用产品，有的产品属于应采购方所需销售方为其专门生产的专用产品。对于能够在市场上正常流通的通用产品，在采购方已经明确向销售方发出解除《物资采购合同》通知，销售方也明确知悉该合同无法继续履行的情况下，根据原《合同法》第119条规定，当事人一方违约后，对方应当采取适当措施防止损失的扩大；没有采取适当措施致使损失扩大的，不得就扩大的损失要求赔偿。当事人因防止损失扩大而支出的合理费用，由违约方承担。销售方合锐赛尔公司在西北电建一公司向其发出解除合同通知后，为了防止损失的扩大，对于通用产品进行对外减价销售，由此造成了部分损失。人民法院根据合锐赛尔公司的主张，对于其为履行案涉《物资采购合同》对外采购通用产品的采购价与其为减损对外减价销售的销售价格之间的差价损失，判令违约方西北电建一公司承担该价差损失。对于根据采购方提出的特殊性能、规格、型号而生产的专用产品，在采购方解除合同后，该专用产品已经无法在市场上继续销售，销售方合锐赛尔公司没有减损义务，该部分专用产品产生的损失，完全系因采购方西北电建一公司未能依约履行合同所致。因此，人民法院判令采购方需赔偿该部分损失，同时销售方需要按照合同约定将该部分专用产品交付给采购方西北电建一公司。

合议庭成员：李延忱、龙飞、董俊武

撰写人：李延忱、尹伊

7. 请求权人对同一诉讼请求提出多个不同的支持其主张的法律规范的，人民法院应如何审理

——广州市隽兴商务服务有限公司与陕西凯信电子工程有限责任公司、陕西万禾实业发展有限公司、陕西万禾投资有限公司等股权转让合同纠纷案

● 案件基本情况

一、诉讼当事人

再审申请人（一审原告、反诉被告，二审上诉人）：广州市隽兴商务服务有限公司（以下简称隽兴公司）

被申请人（一审被告、反诉原告，二审上诉人）：陕西凯信电子工程有限责任公司（以下简称凯信公司）

被申请人（一审被告、反诉原告，二审上诉人）：陕西万禾实业发展有限公司（以下简称万禾实业公司）

被申请人（一审被告、二审被上诉人）：陕西万禾投资有限公司（以下简称万禾投资公司）

二、案件索引与裁判日期

一审：陕西省西安市中级人民法院（2020）陕01民初144号民事判决（2020年10月9日）

二审：陕西省高级人民法院（2021）陕民终39号民事判决（2021年5月25日）

提审：最高人民法院（2021）最高法民申7487号民事裁定（2021年12月20日）

再审：最高人民法院（2022）最高法民再81号民事判决（2022年6月

30日）

三、案由

股权转让合同纠纷

裁判要旨

对解除合同的诉讼请求，合同法上有多个合同解除的法律规范，当事人一并主张多个法律规范支持其请求的，人民法院应当允许，并纳入审理范围，不能要求当事人仅选择适用其中一个法律规范或者放弃适用其他法律规范。

依据不同的法律规范支持当事人解除合同的诉讼请求，如果会产生不同的法律后果，人民法院应当尊重当事人对适用法律规范顺序的选择。当不具备前位的法律规范适用条件时，人民法院应当继续审查是否具备后一顺位的法律规范适用条件，当认定符合一项法律规范适用条件且请求权成立时，即可作出裁判，对后位的法律规范不再进行审理。当事人未选择法律规范的适用顺序时，应当按有利于请求权人的原则确定适用的法律规范顺序。

合同履行过程中，国家政策发生当事人订立合同时无法预见的重大调整，导致当事人对相关土地进行商业开发的合同目的不能实现，当事人主张适用情势变更解除合同的，人民法院应予支持。

裁判依据

《中华人民共和国合同法》（2021年1月1日废止）

第九十三条　当事人协商一致，可以解除合同。

当事人可以约定一方解除合同的条件。解除合同的条件成就时，解除权人可以解除合同。

第九十四条　有下列情形之一的，当事人可以解除合同：

（一）因不可抗力致使不能实现合同目的；

（二）在履行期限届满之前，当事人一方明确表示或者以自己的行为表明不履行主要债务；

（三）当事人一方迟延履行主要债务，经催告后在合理期限内仍未履行；

（四）当事人一方迟延履行债务或者有其他违约行为致使不能实现合同目的；

（五）法律规定的其他情形。

《最高人民法院关于适用〈中华人民共和国合同法〉若干问题的解释（二）》（2021年1月1日废止）

第二十六条　合同成立以后客观情况发生了当事人在订立合同时无法预见的、非不可抗力造成的不属于商业风险的重大变化，继续履行合同对于一方当事人明显不公平或者不能实现合同目的，当事人请求人民法院变更或者解除合同的，人民法院应当根据公平原则，并结合案件的实际情况确定是否变更或者解除。

对应新法

《中华人民共和国民法典》（2020年5月28日）

第五百六十二条　当事人协商一致，可以解除合同。

当事人可以约定一方解除合同的事由。解除合同的事由发生时，解除权人可以解除合同。

第五百六十三条　有下列情形之一的，当事人可以解除合同：

（一）因不可抗力致使不能实现合同目的；

（二）在履行期限届满前，当事人一方明确表示或者以自己的行为表明不履行主要债务；

（三）当事人一方迟延履行主要债务，经催告后在合理期限内仍未履行；

（四）当事人一方迟延履行债务或者有其他违约行为致使不能实现合同目的；

（五）法律规定的其他情形。

以持续履行的债务为内容的不定期合同，当事人可以随时解除合同，但是应当在合理期限之前通知对方。

第五百三十三条 合同成立后，合同的基础条件发生了当事人在订立合同时无法预见的、不属于商业风险的重大变化，继续履行合同对于当事人一方明显不公平的，受不利影响的当事人可以与对方重新协商；在合理期限内协商不成的，当事人可以请求人民法院或者仲裁机构变更或者解除合同。

人民法院或者仲裁机构应当结合案件的实际情况，根据公平原则变更或者解除合同。

基本案情

2018年1月16日，凯信公司（出让方、原股东）、万禾实业公司（出让方、原股东）、隽兴公司（受让方）、西安荣禾集团公司（丙方）、荣禾天瑞房产公司（目标公司）、万禾投资公司（担保方）签订了《西安太平峪项目股权收购协议》（以下简称《股权收购协议》），约定隽兴公司收购凯信公司持有的荣禾天瑞房产公司28.5%的股权及万禾实业公司持有的荣禾天瑞房产公司21.5%的股权。《股权收购协议》第2.5.8条"本次交易安排"约定，本协议签署之日起一年内，原股东应负责完成以下工作：a.负责确认经规划调整后目标土地的宗地面积。如目标地块的宗地面积有调整的，原股东应负责确认相关的补偿方案及操作流程、土地相关证照的变更调整手续，调整后的补偿方案应经受让方确认，补偿收入由目标公司享有。b.负责确认经规划调整后目标土地的土地用途，目标土地的土地用途应为住宅用地。c.负责确认经规划调整后目标土地的规划设计条件／要点；为完成上述工作，受让方、丙方和目标公司应在原股东办理相关土地、规划调整手续过程中，提供必要的配合。第2.8.5条约定，若原股东未能在本协议签署后一年内完成第2.5.8条约定工作的，则受让方有权解除本协议。

协议签订后，隽兴公司支付了第一期股权转让款4217.4万元，凯信公司、万禾实业公司完成了股权变更及公司交接义务。

2020年1月2日，隽兴公司向凯信公司、万禾实业公司邮寄了《关于解除〈西安太平峪项目股权收购协议〉事宜的通知函》，通知解除合同。2020年1月9日，凯信公司、万禾实业公司回函表示已经按照合同约定履行完毕股权收购的全部义务，不存在未能按照协议第2.5款约定的情形，不同意解除合同。

隽兴公司提起本案诉讼，请求：（1）转让方凯信公司、万禾实业公司向其退还已付款并支付利息；（2）凯信公司、万禾实业公司配合其解除2811.6万元共管账户的共管措施；（3）凯信公司、万禾实业公司向其支付违约金；（4）万禾投资公司对上述给付承担连带担保责任。

凯信公司、万禾实业公司反诉请求：判令隽兴公司继续履行《股权收购协议》，配合其解除共管账户的共管措施，支付剩余股权转让款及对应的利息。

隽兴公司基于合同解除提起本案诉讼，其主张合同解除的理由如下：（1）本案符合约定解除的条件；（2）即使不符合约定解除的条件，也因合同目的不能实现而符合法定解除的情形；（3）隽兴公司在再审庭审中又主张本案符合情势变更解除情形。

● 争议焦点

一是《股权收购协议》是否已经解除；二是凯信公司、万禾实业公司的反诉请求是否应当支持。

● 裁判结果

一审判决：驳回隽兴公司的诉讼请求，驳回凯信公司、万禾实业公司的反诉请求。

二审判决：驳回上诉，维持原判。

提审裁定：提审本案。

再审判决：撤销一审、二审判决；解除案涉《股权收购协议》；凯信公司、万禾实业公司向隽兴公司退还股权转让款4217.4万元，万禾投资公司对上述给付承担连带责任，其承担责任后，有权向凯信公司、万禾实业公司追偿；凯信公司、万禾实业公司配合隽兴公司解除2811.6万元共管账户的共管措施；隽兴公司将其受让的案涉28.5%、21.5%股权分别变更登记至凯信公司、万禾实业公司名下；驳回其他本诉及反诉请求。

● 裁判理由及评析

隽兴公司依据不同的事由主张本案符合法律规定的不同的解除合同情形，实质是就其解除合同的诉讼请求提出了不同的请求权法律规范。本院认为，首先，案件中的一个法律事实有可能产生多个请求权，当请求权竞合时，法律规定允许当事人选择行使。当事人的同一诉讼请求，也可能存在多个能支持其请求的法律规范，当事人基于不同的法律规范主张其诉讼请求成立，是对其诉讼请求所依据的法律规范和事实理由的阐述，是当事人的权利，应当允许其对同一诉讼请求提出多个不同的请求权基础。其次，法院应当将当事人所主张的不同请求权法律规范都纳入审理范围，不能要求当事人仅选择适用其中一个法律规范或者放弃适用其他法律规范。在审理时，应组织双方当事人对请求权的各法律规范充分发表意见，根据双方的诉辩意见认定适用的法律规范。再次，依据不同的法律规范支持当事人的诉讼请求，可能会产生不同的法律后果，因此，法院应当尊重当事人对适用法律规范顺序的选择。在当事人未选择法律规范的适用顺序时，应当按有利于请求权人的原则确定适用的法律规范顺序。最后，法院应依顺序对当事人所主张适用的请求权法律规范进行审理，当不具备前位的法律规范适用条件时，应当继续审查是否具备后一顺位的法律规范适用条件，当认定符合一项法律规范适用条件且请求权成立时，即可作出裁判，对后位的法律规范不再进行认定。法院裁判也可以将支持同一诉讼请求的多个请求权法律规范同时作为裁判理由，但裁判结果应当符合诉请一方当事人利益最大化的要求。本案中，应当根据隽兴公司主张适用的合同解除请求权规范，按有利于主张解除权一方的原则依次审查案涉合同符合何种解除情形,并作出裁判。在满足合同约定的解除条件时,应当首先按照约定解除权来认定合同解除;不符合约定解除的,再考虑是否符合法定解除权的情形。在约定解除权和法定解除权都不成立的情况下,再进一步审查是否符合情势变更解除合同的情形。

二审按照隽兴公司的主张,对于本案是否符合约定解除、法定解除、情势变更解除,逐一进行了审理。二审经审理认为,本案符合情势变更的情形,合同目的已无法实现,隽兴公司以情势变更为由请求解除合同,支持了隽兴公司关于情势变更解除合同的主张。

合议庭成员:吴兆祥、吴笛、张梅
撰写人:吴兆祥、赵静

8. 情势变更解除合同后的法律后果
——万××、万×新、侯××与甘肃万源恒业商贸有限公司等股权转让合同纠纷案

● 案件基本情况

一、诉讼当事人

上诉人（一审被告、反诉原告）：万××

上诉人（一审被告、反诉原告）：万×新

上诉人（一审被告、反诉原告）：侯××

上诉人（一审被告）：甘肃国鼎工矿集团有限责任公司（以下简称国鼎公司）

被上诉人（一审原告、反诉被告）：甘肃万源恒业商贸有限公司（以下简称万源公司）

二、案件索引与裁判日期

一审：甘肃省高级人民法院（2020）甘民初87号民事判决（2021年8月17日）

二审：最高人民法院（2021）最高法民终1255号民事判决（2022年6月30日）

三、案由

股权转让合同纠纷

● 裁判要旨

当事人一方请求解除合同，另一方反诉继续履行合同，人民法院以情

势变更判决解除合同时应按照公平原则对解除后果一并作出处理，不能仅就诉请解除一方的请求进行处理，应同时处理合同解除对主张履行一方的法律后果。

股权转让合同因情势变更解除后，转让方返还已收取的股权转让款的，受让方也应返还取得的标的物。当标的物价值明显减损时，就减损价值按照过错原则由当事人分担，更符合公平原则。

裁判依据

《中华人民共和国合同法》（2021年1月1日废止）

第九十三条 当事人协商一致，可以解除合同。

当事人可以约定一方解除合同的条件。解除合同的条件成就时，解除权人可以解除合同。

第九十四条 有下列情形之一的，当事人可以解除合同：

（一）因不可抗力致使不能实现合同目的；

（二）在履行期限届满之前，当事人一方明确表示或者以自己的行为表明不履行主要债务；

（三）当事人一方迟延履行主要债务，经催告后在合理期限内仍未履行；

（四）当事人一方迟延履行债务或者有其他违约行为致使不能实现合同目的；

（五）法律规定的其他情形。

第九十七条 合同解除后，尚未履行的，终止履行；已经履行的，根据履行情况和合同性质，当事人可以要求恢复原状、采取其他补救措施，并有权要求赔偿损失。

《最高人民法院关于适用〈中华人民共和国合同法〉若干问题的解释（二）》（2021年1月1日废止）

第二十六条 合同成立以后客观情况发生了当事人在订立合同时无法预见的、非不可抗力造成的不属于商业风险的重大变化，继续履行合同对于一方当事人明显不公平或者不能实现合同目的，当事人请求人民法院变更或者解除合同的，人民法院应当根据公平原则，并结合案件的实际情况确定是否变更或者解除。

对应新法

《中华人民共和国民法典》（2020年5月28日）

第五百六十二条　当事人协商一致，可以解除合同。

当事人可以约定一方解除合同的事由。解除合同的事由发生时，解除权人可以解除合同。

第五百六十三条　有下列情形之一的，当事人可以解除合同：

（一）因不可抗力致使不能实现合同目的；

（二）在履行期限届满前，当事人一方明确表示或者以自己的行为表明不履行主要债务；

（三）当事人一方迟延履行主要债务，经催告后在合理期限内仍未履行；

（四）当事人一方迟延履行债务或者有其他违约行为致使不能实现合同目的；

（五）法律规定的其他情形。

以持续履行的债务为内容的不定期合同，当事人可以随时解除合同，但是应当在合理期限之前通知对方。

第五百六十六条　合同解除后，尚未履行的，终止履行；已经履行的，根据履行情况和合同性质，当事人可以请求恢复原状或者采取其他补救措施，并有权请求赔偿损失。

合同因违约解除的，解除权人可以请求违约方承担违约责任，但是当事人另有约定的除外。

主合同解除后，担保人对债务人应当承担的民事责任仍应当承担担保责任，但是担保合同另有约定的除外。

第五百三十三条　合同成立后，合同的基础条件发生了当事人在订立合同时无法预见的、不属于商业风险的重大变化，继续履行合同对于当事人一方明显不公平的，受不利影响的当事人可以与对方重新协商；在合理期限内协商不成的，当事人可以请求人民法院或者仲裁机构变更或者解除合同。

人民法院或者仲裁机构应当结合案件的实际情况，根据公平原则变更或者解除合同。

基本案情

2013年4月1日，万××、万×新、侯××（以下将万××、万×新、侯××简称为万××方）作为甲方，万源公司作为乙方，国鼎公司作为丙方，签订《投资权转让合同》，就黑水联办煤矿的投资权及完整权益的转让达成协议。案涉黑水联办煤矿登记成立于2001年8月，经济性质登记为集体，出资人为黑水村委会，2011年7月29日，法定代表人变更为侯××。该企业取得了采矿许可证、煤炭生产许可证、安全生产许可证等，采矿许可证有效期限至2015年12月23日。

合同签订前，万源公司已支付500万元。合同签订当日，万源公司向合同指定的收款人转账5000万元。2013年4月3日至4月8日，万××等向万源公司移交黑水煤矿相关设备、印章、文件、图纸等资料。截至2013年5月27日，万源公司按约向合同指定的收款人合计付款10 720万元。

因甘肃省发生煤矿安全事故，2012年9月25日，甘肃省安全生产委员会下发《紧急通知》，要求对年生产能力30万吨及以下生产矿井实行全面停产整顿。2012年10月，甘肃省安全生产监督管理局、甘肃煤矿安全监察局分别对黑水煤矿通风系统改造设计作出了批复。2013年4月，万源公司即开始对案涉煤矿进行技术改造，2013年7月22日，安全生产监督管理局因黑水联办煤矿未按规定办理开工备案手续，作出强制措施决定书，责令停止违规建设行为；7月26日作出行政处罚决定书，责令停止建设，封填井口。

2013年10月2日,国务院办公厅印发了《关于进一步加强煤矿安全生产工作的意见》,要求加快落后小煤矿的关闭退出。2013年12月17日,白银市人民政府办公室印发了《关于白银市煤矿企业兼并重组的实施意见》,对辖区煤矿企业实施兼并重组。2014年5月12日,国家安全监管总局等十二部门下发了《关于加快落后小煤矿关闭退出工作的通知》,明确对核定生产能力在3万吨/年及以下煤矿进行关闭。2014年6月10日,白银市人民政府《关于甘肃国鼎工矿集团有限责任公司所属单井处置方案审查意见报告的批复》认为,国鼎公司所属黑水煤矿属淘汰关闭矿井,但鉴于一定情况,可申请配置,具备改造扩能条件,因此决定对该矿暂缓处置。2014年8月18日,国鼎公司向平川区人民政府申请保留白银市平川区黑水联办煤矿。2014年9月4日,白银市平川区人民政府发布关于关闭煤矿的公告,决定关闭黑水联办煤矿。2014年12月31日,甘肃省人民政府发布《关于全省76处3万吨/年及以下关闭退出煤矿名单的公告》,黑水联办煤矿关闭退出。

万源公司提起本案诉讼,请求:解除案涉《投资权转让合同》;判令万××方、国鼎公司返还万源公司已支付的煤矿转让价款107 384 095元并承担利息损失;判令万××方、国鼎公司赔偿万源公司投资损失1300万元。

万××方反诉请求:万源公司支付剩余转让款5280万元。

本案审理中,万源公司明确其主张《投资权转让合同》解除的主要依据为:一是因未办理变更登记手续案涉煤矿的所有权未转移,现煤矿因关闭而灭失,合同目的无法实现,故主张法定解除;二是万××方未按合同约定保证煤矿手续畅通,也未排除经营障碍,约定解除条件已经成就,故主张约定解除;三是万源公司已经将案涉相关手续及印章移交回万××方,故双方已经合意解除;四是退一步讲,在以上解除情形都不符合的情况下,依据情势变更也应当解除合同。

◉ 争议焦点

(1)案涉煤矿的投资权是否已经转移,经营风险是否已经转移;(2)《投资权转让合同》是否应当解除，如果应当解除各方责任如何承担。

◉ 裁判结果

一审判决：一、解除《投资权转让合同》；二、万××方、国鼎公司共同返还万源公司转让款10 720万元，并支付利息；三、驳回万源公司的其他诉请和万××方的反诉请求。

二审判决：一、解除《投资权转让合同》；二、万××方向万源公司支付65 112 415.02元（双方返还责任和赔偿责任冲抵后计算金额）；三、国鼎公司对上述给付承担补充责任，承担责任后有权向万××方追偿；四、驳回其他本诉及反诉请求。

◉ 裁判理由及评析

原《合同法》第97条规定："合同解除后，尚未履行的，终止履行；已经履行的，根据履行情况和合同性质，当事人可以要求恢复原状、采取其他补救措施，并有权要求赔偿损失。"据此，《投资权转让合同》解除后，万××方应当返还所收取的转让款并承担资金占用费，万源公司应当向万××方返还煤矿。

对于返还转让款的认定。各方对于已付转让款为107 200 000元均无异议，故合同解除后万××方应向万源公司返还107 200 000元及资金占用费，资金占用费按照一审认定的利息标准认定，计算至2020年12月8日利息为31 499 919.45元，2020年12月9日之后按照全国银行间同业拆借中心公布的贷款市场报价利率计算至判决之日即2022年6月30日为6 412 495.57元，故万××方应向万源公司返还的股权转让款及资金占用费合计145 112 415.02元。

合同解除后，万源公司应当同时向万××方返还案涉煤矿，但煤矿已经关闭，无法返还，万××方因而受有损失。对于该损失，根据原《合同法》的相关规定，应当根据当事人的过错进行分担。对此，万源公司应根据其在合同履行中的过错，承担部分赔偿责任。具体理由如下：各当事人虽对关闭小煤矿政策的出台无法预见，但在政策出台前，可通过技术改造提高产能的方式避免煤矿关闭。各方当事人在二审中亦认可如果案涉煤矿完成技术改造可以提高产能，将不在国家淘汰落后产能的范围内。但案涉煤矿未能完成技术改造，最终白银市平川区人民政府于2014年9月4日关闭案涉煤矿。《投资权转让合同》签订后，万××方已经向万源公司交接了案涉煤矿及相关资料、印章等，包括煤矿改造项目的行政批复，万源公司应当在完成交接并取得煤矿印章后积极申请开工备案手续，以保证完成技术改造提高产能，从而避免煤矿被关停风险。但万源公司却未进行开工备案，并在受到行政处罚后未积极采取措施继续完成煤矿改造，万源公司对案涉煤矿的关闭存在过错。办理开工备案手续虽不是万××方的义务，但在工商登记变更前，万××方作为出让方应当积极配合万源公司办理开工备案手续，确保合同的正常履行，故万××方对煤矿没有改造完成而被关闭亦存在过错。根据《投资权转让合同》的履行情况，各方的过错程度，案涉煤矿的补偿款180万元已由国鼎公司领取的事实，由万源公司承担50%的赔偿责任，参照《投资权转让合同》约定的价款1.6亿元，万源公司应当赔偿万××方8000万元。由上所述，万××方应向万源公司返还的股权转让款及资金占用费为145 112 415.02元，折抵后万××方应向万源公司返还65 112 415.02元（145 112 415.02元 -80 000 000元）。

关于国鼎公司是否承担合同解除的返还责任问题。国鼎公司作为案涉煤矿的管理单位，在《投资权转让合同》中作为丙方出现，该合同约定，"甲、丙双方承诺标的矿纳入丙方宏观管理以及乙方正常经营标的矿的手续畅通，否则乙方有权要求甲方、丙方承担根本违约责任（乙方有权选择是否继续履行合同，如乙方选择解除合同，甲方、丙方应当按照标的矿市值向乙方赔偿损失，赔付损失不得少于投资权及其完整权益转让总价及相应贷款利息）"。此外，该合同还约定转让方与国鼎公司应无条件保证万源公司顺利入场、顺利经营标的矿；国鼎公司需确保转让登记不存在法律障碍。国鼎公司作为合同中的义务主体，其应当与转让方共同保证合同的正常履行。国鼎公司以其于2014年8月18日向白银市平川区人民政府申请保留黑水联办煤矿为由，主张其履行了管理责任并积极避免煤矿关闭，认为其不应当承担责任。对此，本院认为国鼎公司申请保留煤矿是其履行管理职责的一部分，其并未积极申请办理开工备案手续，煤矿最终因无开工备案手续未能完成技术改造而被关停，国鼎公司作为管理方对于煤矿关停存在过错。且根据二审查明的事实，煤矿关闭后的补偿款亦由国鼎公司领取进行分配。故国鼎公司基于其过错应对万××方返还转让款承担补充责任，一审判决其承担共同返还责任适用法律错误，应予纠正。国鼎公司承担责任后有权向万××方追偿。

本案中，万源公司诉请解除合同，万××方以继续履行提出反诉请求，一审在认定合同解除后对合同解除的后果进行处理时仅按照主张解除方即万源公司的诉讼请求进行判决，未考虑合同解除对万××方的后果，导致合同解除后仅由万××方向万源公司返还的不公平结果，亦造成诉累，不利于纠纷的一次性解决，本院向万××方进行了释明，听取了万××方对于合同解除后果的意见，依法对合同解除的后果予以改判。

合议庭成员：吴兆祥、吴笛、张梅

撰写人：吴兆祥、赵静

9. 逾期付款违约金计算的截止时间应当至拖欠价款实际清偿之日

——金昌久策工业气体有限公司与甘肃丰盛环保科技股份有限公司加工合同纠纷案

○ 案件基本信息

一、诉讼当事人

再审申请人（一审原告、二审上诉人）：金昌久策工业气体有限公司（以下简称久策公司）

被申请人（一审被告、二审被上诉人）：甘肃丰盛环保科技股份有限公司（以下简称丰盛公司）

二、案件索引与裁判日期

一审：甘肃省金昌市中级人民法院（2019）甘03民初17号民事判决（2019年12月2日）

二审：甘肃省高级人民法院（2020）甘民终143号民事判决（2020年3月31日）

申请再审：最高人民法院（2021）最高法民申945号民事裁定（2021年4月30日）

再审：最高人民法院（2022）最高法民再77号民事判决（2022年3月31日）

三、案由

加工合同纠纷

裁判要旨

逾期付款违约责任系基于双方合同约定，在发生逾期付款时产生的责任。法定迟延履行责任是一种间接强制措施，兼具补偿性和惩罚性，其目的是督促被执行人及时履行生效法律文书确定的义务。逾期付款违约责任与法定迟延履行责任是两种不同的责任，法定迟延履行责任不能代替逾期付款违约责任，从执行的角度而言，两种责任亦不能互补，也不存在冲突。债务清偿前，逾期付款的状态持续存在，原判决认定违约责任的确认和承担自法院裁判生效之日即终结是错误的，无法律依据。再审判决将违约金的计算截止期限改判为拖欠价款实际清偿之日。

裁判依据

《中华人民共和国合同法》（2021年1月1日废止）

第一百一十四条第一款 当事人可以约定一方违约时应当根据违约情况向对方支付一定数额的违约金，也可以约定因违约产生的损失赔偿额的计算方法。

《中华人民共和国民事诉讼法》（2021年12月24日修正）

第二百六十条 被执行人未按判决、裁定和其他法律文书指定的期间履行给付金钱义务的，应当加倍支付迟延履行期间的债务利息。被执行人未按判决、裁定和其他法律文书指定的期间履行其他义务的，应当支付迟延履行金。

对应新法

《中华人民共和国民法典》（2020年5月28日）

第五百八十五条第一款 当事人可以约定一方违约时应当根据违约情况向对方支付一定数额的违约金，也可以约定因违约产生的损失赔偿额的计算方法。

基本案情

2010年10月1日，甘肃金昌化学工业集团有限公司（以下简称金化公司）与福建久策工业气体有限公司（以下简称福建久策公司）签订《金化公司20万吨合成氨、30万吨尿素配套空分项目氧气加工合同》，约定福建久策公司为金化公司项目提供氧气和氮气，福建久策公司新设的加气公司为金化公司加工氧气、氮气，并按金化公司要求输送。

久策公司为福建久策公司新设公司。2012年3月15日，福建久策公司、金化公司、久策公司（原告）、丰盛公司（被告）签订《金化公司20万吨合成氨、30万吨尿素配套空分项目氧气加工合同》补充协议，约定金化公司、福建久策公司不再执行原合同，由久策公司、丰盛公司执行原合同。

合同签订后，久策公司利用其生产设备为丰盛公司加工氧气。2013年10月10日至2015年2月13日期间，丰盛公司累计拖欠久策公司加工费8 652 289.71元。丰盛公司处于河西堡镇循环经济产业园循环经济链的中下游，以鑫华焦化公司生产焦炭的废气为原料生产合成氨。2015年2月12日，鑫华焦化公司函告丰盛公司不能向丰盛公司提供生产所需的原料气。丰盛公司也于2015年2月12日书面通知久策公司停止向丰盛公司供应氧气。2015年2月14日至2017年7月31日期间，久策公司再未向丰盛公司供气。

久策公司起诉请求：丰盛公司向其支付加工费（正常生产期间拖欠的加工费+停止供气期间按照最低年加工量计算的加工费）31 120 504.84元；按日利率0.05%向其支付2017年12月31日前的逾期付款违约金11 903 168.07元；按日利率0.05%向其支付自2018年1月1日至清偿加工费之日的违约金。

一审判决后，久策公司上诉请求，支持其诉请的停工期间按照最低年加工量计算的加工费及该加工费对应的逾期付款违约金。

二审判决后，久策公司再审请求：（1）对正常生产期间加工费对应的逾期付款违约金计算截止日期改判至款项清偿之日；（2）支持其诉请的停产期间的加工费 22 468 215.13 元及与之对应的逾期付款违约金。

● 争议焦点

二审判决将丰盛公司向久策公司支付的正常生产期间加工费逾期付款违约金的计算截止时间调整至判决生效之日，适用法律是否错误。

● 裁判结果

一审法院判决：一、丰盛公司向久策公司支付 2013 年 10 月 10 日至 2015 年 2 月 13 日期间的加工费 8 652 289.71 元，支付该加工费 2017 年 12 月 31 日前的逾期付款违约金 5 461 480.52 元，支付按日利率 0.05% 计算的自 2018 年 1 月 1 日至该加工费清偿之日的逾期付款违约金，限于本判决生效后 30 日内履行；二、驳回久策公司的其他诉讼请求。

二审法院判决：一、维持一审判决第二项；二、变更一审判决第一项为：丰盛公司向久策公司支付 2013 年 10 月 10 日至 2015 年 2 月 13 日期间的加工费 8 652 289.71 元，支付该加工费 2017 年 12 月 31 日前的逾期付款违约金 5 461 480.52 元，支付按日利率 0.05% 计算的自 2018 年 1 月 1 日至本判决生效之日的逾期付款违约金，限于本判决生效后 30 日内履行；三、丰盛公司于本判决生效 30 日内支付久策公司 2015 年 2 月 14 日至 2017 年 7 月 31 日停产期间的加工费 4 493 643.03 元。

再审法院判决：一、维持二审判决第三项；二、撤销二审判决第二项，维持一审判决第一项；三、变更二审判决第一项为：驳回久策公司的其他诉讼请求。

● 裁判理由及评析

审判实践中，对于逾期付款违约金计算的截止日期的认定存在不同的认识和做法。本案结合原告的诉讼请求，明确了违约金计算截止日期应计算至实际清偿之日。

本案二审判决将逾期付款违约金的计算截止时间调整至判决生效之日，适用法律错误。具体理由及评析如下：

一审判决丰盛公司向久策公司支付正常生产期间拖欠的加工费及该加工费计算至清偿之日的逾期付款违约金，在双方均未对该逾期付款违约金上诉的情况下，二审判决以《民事诉讼法司法解释》第323条"第二审人民法院应当围绕当事人的上诉请求进行审理。当事人没有提出请求的，不予审理，但一审判决违反法律禁止性规定，或者损害国家利益、社会公共利益、他人合法权益的除外"[①]的但书规定，对逾期付款违约金的截止时间进行调整。而一审判决关于逾期付款违约金的判决内容，并未违反法律禁止性规定，也没有损害国家利益、社会公共利益、他人合法权益，并不符合该条但书规定的情形，二审判决适用上述规定对逾期付款违约金的计算截止时间进行改判，适用法律错误，予以纠正。

逾期付款违约金与《民事诉讼法》规定的法定迟延履行责任是两种不同的责任。逾期付款违约责任是基于双方合同约定，在发生逾期付款事实时产生的责任。法定迟延履行责任是一种间接强制措施，兼具补偿性和惩罚性，其目的是督促被执行人及时履行生效法律文书确定的义务。法定迟延履行责任与生效判决所确定的逾期付款违约责任在法律依据、性质、适用范围等方面均存在不同。法定迟延履行责任的承担不能免除逾期付款违约责任，法定迟延履行责任不能替代逾期付款违约责任。再者，根据《最高人民法院关于执行程序中计算迟延履行期间的债务利息适用法律若干问题的解释》第1条有关"加倍计算之后的迟延履行期间的债务利息"的规定，执行中迟延履行期间的债务利息包括一般债务利息和加倍部分债务利息。迟延履行期间的一般债务利息，根据生效法律文书确定的方法计算，即生效法律文书判决至法律文书生效之日则计算至法律文书生效之日，生效法律文书判决至实际清偿之日则计算至实际清偿之日。加倍部分债务利息的计算方法为：加倍部分债务利息＝债务人尚未清偿的生效法律文书确

[①] 该解释2020年修正后，对应条文为第321条。

定的除一般债务利息之外的金钱债务×日万分之一点七五×迟延履行期间，加倍部分债务利息的计算并不包含一般债务利息。具体到本案中，违约金判决至判决生效之日，违约金只能计算至判决生效之日，之后只能按照日万分之一点七五（约年利率6.39%）以欠付的加工费为基数计算迟延履行金。而本案约定的违约金标准为日利率0.05%（年利率18.25%），将导致迟延履行生效判决的责任远低于当事人约定的违约责任，有违合同约定，亦不能对迟延履行该部分违约责任起到惩罚作用。丰盛公司在清偿加工费前，逾期付款的状态持续存在，二审判决认定违约责任的确认和承担自法院裁判生效之日即终结，此后责任的承担方式为法定迟延履行责任，对违约金计算的截止日进行改判，无法律依据，应予纠正。一审判决按照久策公司的诉讼请求，判决逾期付款违约金计算至加工费实际清偿之日，符合合同约定和法律规定。再审判决予以部分改判，撤销二审判决中将逾期付款违约金的截止日期计算至判决生效之日的判项，维持一审判决中将逾期付款违约金计算至加工费实际清偿之日的判项。

合议庭成员：吴兆祥、龙飞、张梅

撰写人：龙飞、赵静

10. 反担保的保证期间应受保证债务履行期和保证人履行保证责任双重约束

——甘肃盛德嘉业生化科技有限公司与甘肃省文化产业融资担保有限公司等追偿权纠纷案

● 案件基本信息

一、诉讼当事人

再审申请人（一审被告、二审上诉人）：甘肃盛德嘉业生化科技有限公司（以下简称盛德嘉业公司）

被申请人（一审原告、二审上诉人）：甘肃省文化产业融资担保有限公司（以下简称文化担保公司）

一审被告、二审上诉人：甘肃三军会师影视文化发展有限公司（以下简称三军公司）

一审被告、二审上诉人：李×英

一审被告、二审上诉人：李×

一审被告：李×洲

一审被告：杨×

一审被告：白银日昇房地产开发有限公司（以下简称日昇公司）

二、案件索引与裁判日期

一审：甘肃省兰州市中级人民法院（2019）甘01民初678号民事判决（2020年4月26日）

二审：甘肃省高级人民法院（2020）甘民终533号民事判决（2020年12月25日）

申请再审：最高人民法院（2021）最高法民申5421号民事裁定（2021

年 12 月 15 日）

三、案由

追偿权纠纷

○ 裁判要旨

反担保是为保障主债务的担保人承担担保责任后追偿权的实现而设定的担保，适用担保的相关规定。当事人约定的保证合同的保证期间与反担保合同的保证期间相等时，依据原《担保法司法解释》第 32 条第 1 款（《民法典》第 692 条第 2 款）的规定，应视为对反担保期间没有约定，反担保的保证期间为自保证人适当履行保证责任之日起 6 个月。

主债权人与保证人协议对主债权的履行期限和保证人的保证期间展期，未经反担保人同意的，依据原《担保法》第 24 条、原《担保法司法解释》第 30 条第 1 款（《民法典》第 695 条第 1 款）规定，展期对反担保人不发生法律效力，反担保人仍在原反担保期间内承担反担保责任。

○ 裁判依据

《中华人民共和国担保法》（2021 年 1 月 1 日废止）

第二十四条 债权人与债务人协议变更主合同的，应当取得保证人书面同意，未经保证人书面同意的，保证人不再承担保证责任。保证合同另有约定的，按照约定。

《最高人民法院关于适用〈中华人民共和国担保法〉若干问题的解释》（2021 年 1 月 1 日废止）

第三十二条 保证合同约定的保证期间早于或者等于主债务履行期限的，视为没有约定，保证期间为主债务履行期届满之日起六个月。

保证合同约定保证人承担保证责任直至主债务本息还清时为止等类似内容的，视为约定不明，保证期间为主债务履行期届满之日起二年。

对应新法

《中华人民共和国民法典》（2020年5月28日）

第六百九十二条 保证期间是确定保证人承担保证责任的期间，不发生中止、中断和延长。

债权人与保证人可以约定保证期间，但是约定的保证期间早于主债务履行期限或者与主债务履行期限同时届满的，视为没有约定；没有约定或者约定不明确的，保证期间为主债务履行期限届满之日起六个月。

债权人与债务人对主债务履行期限没有约定或者约定不明确的，保证期间自债权人请求债务人履行债务的宽限期届满之日起计算。

基本案情

一、基本事实

2016年6月27日，三军公司与上海浦东发展银行股份有限公司兰州分行（以下简称浦发银行兰州分行）签订编号为48012016280249的流动资金借款合同，该合同约定三军公司向浦发银行兰州分行借款2000万元，借款用途为经营周转，借款期限为12个月，自2016年6月27日至2017年6月27日。

同日，文化担保公司与浦发银行兰州分行签订了编号为YB4801201628024902的保证合同，约定文化担保公司为三军公司在浦发银行兰州分行的2000万元借款提供连带责任保证，保证期间为至主债务期间届满之日后两年止。

同日，文化担保公司与浦发银行兰州分行签订了保证金质押合同，就前述三军公司2000万元贷款，文化担保公司以200万元保证金向浦发银行兰州分行提供质押。

2016年6月24日，文化担保公司与三军公司签订了最高额委托保证合同，约定文化担保公司为三军公司向浦发银行兰州分行的贷款2000万元及利息等提供最高额保证，贷款年利率为6.16%，借款期限为12个月，保证方式为连带保证责任，保证期间为主合同约定的每笔主债务实际发放后且履行期限届满之日起两年。担保费按照贷款本金的2.2%收取，为人民币44万元。三军公司按照最高额委托保证合同的约定向文化担保公司支付了44万元的担保费用。

文化担保公司与日昇公司签订了编号为2016年甘文保抵字第20-1的最高额抵押反担保合同，约定日昇公司以其名下位于甘肃省白银市白银区大连路11-2、11-3、11-5、11-6幢不动产单元号620××等104套房，为三军公司的前述债务提供在建工程抵押的反担保，反抵押担保期限为自借款合同约定之借款到期（含展期）之次日起4年止。同时，双方还就上述抵押事宜在白银市国土资源局办理了甘（2016）第0005756号不动产登记证明。

文化担保公司与李×、李×英、日昇公司、李×洲、盛德嘉业公司签订了五份编号分别为2016年甘文保抵字第20-2、20-3、20-4、20-5、20-7的《最高额保证反担保合同》，约定李×、李×英、日昇公司、李×洲、盛德嘉业公司对三军公司前述债务最高额委托担保合同的委托人、最高额保证合同甲方所承担的全部债务的履行提供连带责任保证担保，包括但不限于借款本金、利息、罚息、违约金、损害赔偿金及为实现债权的费用，反担保保证期间为自《借款合同》约定的各部分债务履行期间届满之日起两年止。

2016年6月27日，浦发银行兰州分行依约向三军公司发放了贷款2000万元，履行了贷款义务。

2017年6月27日，三军公司与浦发银行兰州分行签订贷款展期协议书，原借款到期日为2017年6月27日，展期到期日为2018年6月26日。同日，三军公司、文化担保公司、李×、李×英、日昇公司、李×洲和杨×共同签订展期协议，约定借款人三军公司与浦发银行兰州分行的2000万元借款展期为12个月，展期后借款到期日为2018年6月27日，反担保人李×、李×英、日昇公司、李×洲、杨×同意为展期后借款向文化担保公司提供反担保，反担保保证期限至展期后的债务履行期限届满之日后两年止。

2018年12月12日，中国华融资产管理股份有限公司甘肃分公司（以下简称华融资产公司）和浦发银行兰州分行在甘肃经济日报发出债权转让暨催收联合公告，浦发银行兰州分行将对三军公司的债权转让给华融资产公司，截至2018年10月18日本息合计18 643 817.84元。2019年6月27日，华融资产公司与甘肃省文化旅游发展有限公司（以下简称文发公司）签订编号为甘肃Y27180068-7号的债权转让协议，约定华融资产公司将三军公司的19 653 235.34元债权转让给文发公司，并于2019年6月28日以短信的方式将本次债权转让事宜告知了三军公司的法定代表人李×。2019年6月27日，文发公司向文化担保公司发送履行债务通知书，要求文化担保公司代为履行三军公司所负债务本息19 653 235.34元。文化担保公司于2019年6月28日通过银行转账的方式向文发公司代偿了19 653 235.34元。

二、当事人诉辩主张

盛德嘉业公司申请再审请求：（1）依法撤销兰州市中级人民法院（2019）甘民01民初678号民事判决书、甘肃省高级人民法院（2020）甘民终533号民事判决书，指令再审或提审该案，并改判驳回被申请人文化担保公司对再审申请人盛德嘉业公司的诉求请求。（2）本案一审、二审诉讼费用均由被申请人承担。

事实与理由：（1）盛德嘉业公司已免除保证责任，但原审法院却随意扩大解释，严重违反、突破了盛德嘉业公司与文化担保公司所签《最高额保证反担保合同》的合同约定，加重了盛德嘉业公司的保证责任，有违双方合同约定，明显错误。本案中，文化担保公司向盛德嘉业公司主张权利的唯一证据系双方所签订的《最高额保证反担保合同》，该合同系双方真实意思表示，明确约定反担保保证期间自《借款合同》债务履行期限届满之日起两年止。本案《流动资金借款合同》的债务履行期限为2016年6月27日至2017年6月27日，保证期间为主债务期间届满之日两年，即截至

2019年6月26日,盛德嘉业公司的保证期间即已届满。其间,文化担保公司从未向盛德嘉业公司主张过保证责任,故文化担保公司于2019年11月提起本案诉讼时,盛德嘉业公司已免除保证责任。但是原审法院却脱离双方合同的约定,以法律的规定否定双方的约定,随意扩大解释,严重违反、突破双方所签《最高额保证反担保合同》的约定,违反了"约定优于法定"的基本原则,加重了盛德嘉业公司的保证责任,有违公平、公正。(2)盛德嘉业公司未同意案涉贷款展期,也未在展期协议上签字。案涉该笔贷款到期后,该笔借款进行展期,但盛德嘉业公司未同意展期,也未在展期协议上签字。《担保法》第24条规定:"债权人与债务人协议变更主合同的,应当取得保证人书面同意,未经保证人书面同意的,保证人不再承担保证责任。保证合同另有约定的,按照约定。"《担保法司法解释》第30条规定:"保证期间,债权人与债务人对主合同数量、价款、币种、利率等内容作了变动,未经保证人同意的,如果减轻债务人的债务的,保证人仍应当对变更后的合同承担保证责任;如果加重债务人的债务的,保证人对加重的部分不承担保证责任。债权人与债务人对主合同履行期限作了变动,未经保证人书面同意的,保证期间为原合同约定的或者法律规定的期间。债权人与债务人协议变动主合同内容,但并未实际履行的,保证人仍应当承担保证责任。"根据该规定,结合案件展期后本案的起诉时间,盛德嘉业公司也已免除保证责任。综上,根据《民事诉讼法》第200条第2项、第6项的规定,请求再审本案。

文化担保公司提交意见称:(1)关于盛德嘉业公司保证期间起算点认定的问题。我国法律虽未明确规定反担保人担保期间的起算点,但是根据《担保法》《民法典》关于反担保的定义可知,反担保所担保的对象并非主债权,而是主债权的担保人对债务人的追偿权,也就是担保的担保。所以,反担保责任履行的前提是保证人已享有追偿权,也就是保证人已履行了担保责任。盛德嘉业公司作为反担保人在签署《最高额保证反担保合同》时,其所担保的债权实际尚未发生,其实际是对未来可能发生的债权所提供的一种担保。因此,反担保所担保的债权(追偿权)其发生范围、履行期限、期间等都是不确定的。需要根据日后实际情况具体确定。本案中，文化担保公司于 2019 年 6 月 28 日进行代偿，承担了保证责任，从该日起文化担保公司才享有了债权（追偿权），故从该日起作为反担保人的盛德嘉业公司的担保保证责任才宣告开始，其担保的范围、期限、期间才方能确定，文化担保公司此时才能向反担保人主张要求其承担保证责任，否则无权向盛德嘉业公司主张权利。文化担保公司作为该笔贷款的保证人，其自身的保证期间为债务履行届满之日起两年，而文化担保公司承担保证责任的期间是不可控且极有可能超过债务履行之日后两年的。反担保保证人保证期间若等同或少于担保人的保证期间，反担保人则形同虚设，反担保制度也无法体现其真正的内涵。对于《最高额保证反担保合同》中关于盛德嘉业公司保证期间的约定问题。该约定明显严重违背了反担保制度的意义及逻辑。故一审、二审法院未按照该约定认定反担保的保证期间起算点，而是通过严密的法理逻辑论证确定保证期间起算点，更是遵从了反担保制度的基本内涵，保障了担保人的合法权益，符合法律规定，并无不妥。且对于反担保人保证期间起算的问题，最高人民法院已经在数起案例中明确阐明反担保人的保证期间应当从担保人实际履行担保责任之日起算。故此，根据"同案同判"的裁判原则，盛德嘉业公司亦应该承担连带清偿责任。（2）文化担保公司是否签署《展期协议》均不影响其保证责任。盛德嘉业公司的保证期间应当从文化担保公司代偿之日起算，文化担保公司 2019 年 6 月 28 日代偿，2019 年 9 月即提起诉讼，该期限期间间隔仅两个月，并未超出《担保法》规定的保证期间约定不明为两年的法律规定。故无论文化担保公司是否签署《展期协议》，均不存在保证期间届满，保证责任免除的情形。

争议焦点

主债务展期未经反担保人同意，反担保人是否免除反担保责任。

裁判结果

一审法院判决：一、由三军公司于判决生效后 10 日内偿还文化担保公司代偿的款项 19 653 235.34 元，截至 2019 年 8 月 20 日的利息 707 516.5 元，律师费 232 693 元，保函费 16 288.6 元，以上合计 20 609 733.44 元；二、三军公司向文化担保公司支付以 19 653 235.34 元为本金按照年利率 24％计算自 2019 年 8 月 21 日起至实际清偿全部债务之日止的利息；三、如三军公司未履行判决第一、二项所确定的债务，则文化担保公司有权以日昇公司提供抵押的位于白银区大连路 11-2、11-3、11-5、11-6 幢 620×× 等 104 套在建工程［甘（2016）白银市不动产证明第 0005756 号］拍卖、变卖的价款在本判决第一、二项所确定的债务范围内优先受偿；四、李×、李×英、盛德嘉业公司、日昇公司、李×洲、杨×对判决第一、二项所确定的债务承担连带清偿责任。

二审法院判决：驳回上诉，维持原判。

再审审查法院裁定：驳回盛德嘉业公司的再审申请。

○ 裁判理由及评析

原《担保法》第 4 条规定："第三人为债务人向债权人提供担保时，可以要求债务人提供反担保。反担保适用本法担保的规定。"反担保是为保障主债务担保人承担担保责任后的追偿权的实现而设定的担保，适用担保的相关规定。由于盛德嘉业公司的反担保期间与其所担保的文化担保公司的保证责任期间相同，依照原《担保法司法解释》第 32 条第 1 款"保证合同约定的保证期间早于或者等于主债务履行期限的，视为没有约定，保证期间为主债务履行期届满之日起六个月"的规定，应视为对反担保期间没有约定，盛德嘉业公司的反担保期间应为文化担保公司在保证期间内履行保证责任之日起 6 个月。

原《担保法》第 24 条规定："债权人与债务人协议变更主合同的，应当取得保证人书面同意，未经保证人书面同意的，保证人不再承担保证责任。保证合同另有约定的，按照约定。"原《担保法司法解释》第 30 条第 2 款规定："债权人与债务人对主合同履行期限作了变动，未经保证人书面同意的，保证期间为原合同约定的或者法律规定的期间。"根据上述规定，在未征得反担保人盛德嘉业公司同意的情况下，主债权的履行期限和保证人保证期限的展期，对反担保人盛德嘉业公司不发生效力，盛德嘉业公司仍应按照约定的反担保期间对担保人文化担保公司承担反担保责任。

原审法院认为反担保期间应从担保人实际履行担保责任之日起算，但未详尽考虑以下问题：（1）本案反担保期间的约定不明，应适用原《担保法司法解释》第32条第1款的规定确定；（2）主债务和担保责任期间的展期，未取得反担保人盛德嘉业公司同意，对反担保人不发生效力；（3）反担保人承担反担保责任应以担保人合法有效地履行了担保责任为基础，不应扩大反担保人的保证责任，属于适用法律不当，予以纠正。

但结合本案具体案情，盛德嘉业公司不能免除反担保责任。依照原《担保法》第18条第2款"连带责任保证的债务人在主合同规定的债务履行期届满没有履行债务的，债权人可以要求债务人履行债务，也可以要求保证人在其保证范围内承担保证责任"的规定，连带责任保证的反担保人承担反担保责任的条件是保证人在保证期间内履行了保证责任，并在反担保期间内向反担保人主张担保责任。本案中，文化担保公司的保证期间为自2017年6月28日起至2019年6月27日止，债权人于2019年6月27日向文化担保公司发送履行债务通知书，即债权人要求保证人文化担保公司承担保证责任在保证期间内。文化担保公司于2019年6月28日代偿债务，履行了2016年6月24日《最高额委托保证合同》项下的保证责任。文化担保公司在履行了保证责任后，于2019年9月4日向本案一审人民法院起诉，请求盛德嘉业公司承担反担保责任，并未超过盛德嘉业公司的反担保期间（2019年6月29日起至2019年12月28日止），因此，盛德嘉业公司应当承担其与文化担保公司签订的《最高额保证反担保合同》项下的反担保责任。原审法院裁判结果正确，予以维持。

合议庭成员：吴兆祥、陈宏宇、徐霖

撰写人：吴兆祥、孙明娟

11. 最高额保证合同项下每笔主债务保证期间的起算标准
——临沧西地矿业发展有限公司与西安西电国际工程有限责任公司等保证合同纠纷案

○ **案件基本信息**

一、诉讼当事人

再审申请人（一审被告、二审上诉人）：临沧西地矿业发展有限公司（以下简称临沧西地公司）

被申请人（一审原告、二审被上诉人）：西安西电国际工程有限责任公司（以下简称西电公司）

一审被告：范×

一审被告：双江西地澜沧江水电矿业有限公司（以下简称双江西地公司）

一审被告：榕江县文美硅业有限责任公司（以下简称文美公司）

一审被告：云南西地能源开发有限公司（以下简称云南西地公司）

一审被告：独山长盛工业硅有限责任公司（以下简称长盛公司）

一审被告：中国矿业投资有限公司（以下简称中国矿业公司）

二、案件索引与裁判日期

一审：陕西省西安市中级人民法院（2019）陕01民初1104号民事判决（2019年12月16日）

二审：陕西省高级人民法院（2020）陕民终334号民事判决（2020年12月28日）

申请再审：最高人民法院（2021）最高法民申4914号民事裁定（2021年12月16日）

三、案由

保证合同纠纷

裁判要旨

最高额保证合同约定每笔主债务的保证期间单独起算,自该笔主债务约定的履行期届满之日起算两年。由于主债务合同未约定债务履行期限,后当事人通过协议确定了主债务的履行期限以及最高额保证责任。当事人起诉主张最高额保证的保证期间自当事人确定的每笔主债务的履行之日起分别计算两年的,人民法院应予支持。

裁判依据

《最高人民法院关于适用〈中华人民共和国民法总则〉诉讼时效制度若干问题的解释》(2021年1月1日废止)

第二条 民法总则施行之日,诉讼时效期间尚未满民法通则规定的二年或者一年,当事人主张适用民法总则关于三年诉讼时效期间规定的,人民法院应予支持。

基本案情

一、基本事实

西电公司(乙方)与范×、双江西地公司、临沧西地公司、文美公司、云南西地公司、长盛公司、中国矿业公司(甲方)于2013年9月1日分别签订了《最高额担保合同》,鉴于西电公司将与双江西地公司、长盛公司、文美公司、镇康亿星硅业有限公司、西安西地国际贸易有限公司(以下简称西安西地公司)就金属硅等有色金属的买卖签订合同,上述有色金属将向美国客户ARLINGTON INTERNATIONAL INC(以下简称阿灵顿公司)出口,西电公司将与客户签订有色金属的买卖合同。为完成上述贸易,客户指定西电公司与货代——毅捷公司、天津同城国际货运代理有限责任公司签署有色金属出口代理事宜的委托合同，上述有色金属的买卖合同、有色金属出口代理事宜的委托合同及因西电公司与上述债务人进行有色金属买卖及出口产生的其他合同（包括补充协议及为清理合同而签订的协议），以下简称主合同，为确保债务人在本合同第1条约定的期间和最高债权余额内与西电公司签订主合同项下债务人的义务得到切实履行，保障西电公司提供保证担保，明确双方的权利义务签订本合同。合同中约定本合同所担保的主债权为自2012年9月1日起至2015年12月31日止，债务人在乙方处办理主合同项下约定业务所形成的债权，担保最高额债权余额为人民币5000万元；保证方式是连带责任；担保范围是主合同项下的主债权本金、利息、复利、罚息、违约金、损害赔偿金、实现债权的费用以及所有其他应付费用；保证期间是主合同担保的每笔主合同的保证期间单独计算，自每笔主合同约定的债务履行期届满之日起两年；争议解决方式明确约定为西电公司所在地人民法院。

西电公司提供了六份其与阿灵顿公司签订的金属硅销售合同，签订日期分别为2014年11月26日、2015年1月22日、2015年3月20日、2015年6月12日、2015年10月29日、2015年11月16日，六份合同均约定阿灵顿公司向西电公司购买金属硅，阿灵顿公司通过10%预付款，90%银行付款赎单方式支付货款，每批交货时间、品规和数量双方另行协商，合同签字后生效，收到预付款后执行。

2016年1月1日，西电公司分别与七被告重新签订《最高额担保合同》，本次合同中所担保的主债权为自2016年1月1日起至2020年12月31日止，债务人在乙方处办理主合同项下约定业务所形成的债权，其他约定与2013年9月1日各方之间签订的《最高额担保合同》一致。

西电公司提供证据中包含落款日期分别为2016年1月11日、2016年1月18日、2016年1月28日、2016年2月18日、2016年4月18日的五份中信银行海外费用《贷记通知》，其中均载明汇款人是阿灵顿公司，收款人是西电公司。

2016年8月2日，西电公司与双江西地公司签订《关于金属硅项目双江西地公司代阿灵顿公司先行垫付货款的协议》（以下简称协议），该协议载明：阿灵顿公司应付西电公司的货款9 309 190美元，由双江西地公司以58 182 437元人民币代阿灵顿公司先行向西电公司垫付货款。

2016年8月23日，西电公司与双江西地公司达成《关于金属硅项目的会议纪要》，载明：双江西地公司抱歉通知，西电公司2015年度出口美国客户阿灵顿公司的金属硅产品，双江西地公司已安排美国客户提了货，除已支付西电公司部分货款外，美国客户已按照双江西地公司的要求将剩余货款9 309 190美元支付给了西安西地公司，双江西地公司将这部分款项用于银行的还旧借新。

西电公司向一审法院提交了2019年5月17日西安西地公司的《企业信用信息公示报告》，证明西安西地公司的法定代表人、执行董事、总经理是本案被告范×。

2016年9月27日，阿灵顿公司签署确认函，确认截至2016年8月31日阿灵顿公司欠付西电公司9 309 190美元。

2016年9月30日，阿灵顿公司与临沧西地公司共同向西电公司出具《情况说明》，载明阿灵顿公司委托临沧西地公司向西电公司支付275万元人民币，按照汇率6.6587折算对应美元为413 000美元，用于阿灵顿公司支付欠西电公司的货款。同日临沧西地公司通过其工行云南省临沧市临翔支行向西电公司转账275万元，用途为还款。

2019年5月21日，范×、双江西地公司、长盛公司分别向西电公司出具《确认函》，载明内容为确认对西电公司有37 580 505.83元的连带担保责任。2019年5月27日，文美公司、云南西地公司、中国矿业公司同样向西电公司出具《确认函》，载明内容为确认对西电公司有37 580 505.83元的连带担保责任。

临沧西地公司的法定代表人在2017年4月20日由范×变更为洪××。

二、当事人诉辩主张

临沧西地公司申请再审请求：（1）二审判决认定的基本事实缺乏证据证明。第一，二审判决认定本案主债权已确定，但是该事实认定缺乏证据证明，本案主债权是否真实存在及主债权金额不能确定，尚存在争议。第二，二审判决认定临沧西地公司应当对 37 580 505.83 元的债权承担连带保证责任，并认定上述债权均没有超过保证期间，缺乏证据证明。(2)二审判决适用法律错误。第一，西电公司主张的本案主债权的争议解决方式为仲裁管辖，人民法院无权对主债权予以裁判。第二，在主债权是否存在及金额还未确定、尚有争议，临沧西地公司与西电公司是否存在真实、合法、有效的担保关系，即便担保关系成立，临沧西地公司承担保证责任的范围也无法确定的情况下，二审法院判令临沧西地公司承担 37 580 505.83 元的连带清偿责任，属于适用法律错误的情形。综上，依据《民事诉讼法》第 200 条第 2 项、第 6 项之规定请求再审本案。

西电公司陈述意见称：本案担保合同的主债权数额确定且经过了包括临沧西地公司在内的保证人多次确认，无须根据《销售合同》约定的仲裁条款对主债权数额作出裁决。临沧西地公司也实际向西电公司履行了部分担保人的还款义务，仅因后期更换了法定代表人便对前期公司多次确认过的担保责任不予认可，于理于法无据。临沧西地公司的再审理由不能成立，请求依法予以驳回。

● 争议焦点

最高额保证合同项下保证期间的计算问题。

● 裁判结果

一审法院判决：一、本判决生效后 15 日内，范 ×、双江西地公司、临沧西地公司、文美公司、云南西地公司、长盛公司、中国矿业公司连带支付西电公司货款 37 580 505.83 元；二、驳回西电公司的其他诉讼请求。

二审法院判决：驳回上诉，维持原判。

再审审查法院裁定：驳回临沧西地公司的再审申请。

● 裁判理由及评析

案涉《最高额担保合同》第 5 条约定："每笔主合同的保证期间单独计

算,自每笔主合同约定的债务履行期届满之日起两年。"本案主债务合同,即西电公司与阿灵顿公司签订的六份《销售合同》没有约定支付货款的期限。依照法律规定,债务人可以随时履行债务,债权人也可以随时要求债务人履行。2016年8月2日,西电公司与双江西地公司签署的《关于金属硅项目双江西地代ARLINGTON先行垫付货款的协议》约定:因阿灵顿公司欠西电公司的货款9 309 190美元逾期未能支付,由双江西地公司以人民币58 182 437元代其先行向西电公司垫付。除9 055 520元冲抵西电公司应付货款外,余款49 126 917元分两批支付给西电公司。第一批2600万元于2016年8月30日支付,第二批23 126 917元于2016年10月30日支付。双江西地公司及其关联方(范×、临沧西地公司、文美公司、云南西地公司、长盛公司、中国矿业公司等)在双江西地公司未能付清代垫货款前,担保责任仍继续有效。该约定具有以下法律意义:一是西电公司与双江西地公司确认了《最高额担保合同》项下的主债权金额及履行期间;二是双江西地公司承诺代阿灵顿公司垫付货款,应视为其作出债务承担的意思表示;三是西电公司与双江西地公司确认双江西地公司及其关联方对于前述主债权承担连带保证责任。2016年8月23日的《关于金属硅项目的会议纪要》中西电公司再次明确表示要求还款,即西电公司在保证期间内向保证人主张了保证责任。因此,临沧西地公司关于债权人要求承担担保责任已经超过保证期间的再审理由,不能成立。二审法院认定自2016年8月2日起开始计算担保债务的诉讼时效正确。《最高人民法院关于适用〈中华人民共和国民法总则〉诉讼时效制度若干问题的解释》第2条规定:"民法总则施行之日,诉讼时效期间尚未满民法通则规定的二年或者一年,当事人主张适用民法总则关于三年诉讼时效期间规定的,人民法院应予支持。"二审法院认定西电公司于2019年3月18日起诉请求临沧西地公司等承担保证责任未超过诉讼时效正确。

合议庭成员:吴兆祥、陈宏宇、吴笛

撰写人:吴兆祥、孙明娟

12. 为促成各职工与开发商分别建立房屋买卖关系而由单位与开发商进行磋商签订的团购协议，为预约合同，不因订立合同时未取得预售许可证明而无效

——陕西世华置业有限公司与陕西省中医药研究院确认合同无效纠纷案

○ 案件基本信息

一、诉讼当事人

原告：陕西世华置业有限公司（以下简称世华公司）
被告：陕西省中医药研究院（以下简称中医药研究院）

二、案件索引与裁判日期

一审：陕西省西安市中级人民法院（2020）陕01民初698号民事判决（2020年12月25日）

三、案由

确认合同无效纠纷

○ 裁判要旨

单位就职工团购房屋事宜与开发商进行磋商并就团购均价、房屋范围、付款方式等框架内容进行约定而签订合同，因双方合同目的是促成各职工与开发商分别建立房屋买卖关系，故双方所签合同为房屋买卖的预约合同。

开发商作为出卖方，负有完善所售房屋相关建审、销售手续的义务。开发商出卖房屋后，为获取房屋价格上涨的利益，以自己未取得商品房预售许可证为由，要求确认合同无效，目的是通过自己违约而获益，该行为有悖诚实信用原则，人民法院不应予以支持。

裁判依据

《最高人民法院关于审理买卖合同纠纷案件适用法律问题的解释》（2012 年 5 月 10 日）

第二条 当事人签订认购书、订购书、预订书、意向书、备忘录等预约合同，约定在将来一定期限内订立买卖合同，一方不履行订立买卖合同的义务，对方请求其承担预约合同违约责任或者要求解除预约合同并主张损害赔偿的，人民法院应予支持。

《最高人民法院关于审理商品房买卖合同纠纷案件适用法律若干问题的解释》（2003 年 4 月 28 日）

第二条 出卖人未取得商品房预售许可证明，与买受人订立的商品房预售合同，应当认定无效，但是在起诉前取得商品房预售许可证明的，可以认定有效。

第五条 商品房的认购、订购、预订等协议具备《商品房销售管理办法》第十六条规定的商品房买卖合同的主要内容，并且出卖人已经按照约定收受购房款的，该协议应当认定为商品房买卖合同。

《中华人民共和国合同法》（2021 年 1 月 1 日废止）

第五十二条 有下列情形之一的，合同无效：

（一）一方以欺诈、胁迫的手段订立合同，损害国家利益；

（二）恶意串通，损害国家、集体或者第三人利益；

（三）以合法形式掩盖非法目的；

（四）损害社会公共利益；

（五）违反法律、行政法规的强制性规定。

对应新法

《中华人民共和国民法典》（2020 年 5 月 28 日）

第四百九十五条 当事人约定在将来一定期限内订立合同的认购书、订购书、预订书等，构成预约合同。

当事人一方不履行预约合同约定的订立合同义务的，对方可以请求其承担预约合同的违约责任。

第一百四十三条 具备下列条件的民事法律行为有效：

（一）行为人具有相应的民事行为能力；

（二）意思表示真实；

（三）不违反法律、行政法规的强制性规定，不违背公序良俗。

第一百四十四条 无民事行为能力人实施的民事法律行为无效。

第一百四十六条 行为人与相对人以虚假的意思表示实施的民事法律行为无效。

以虚假的意思表示隐藏的民事法律行为的效力，依照有关法律规定处理。

第一百五十三条 违反法律、行政法规的强制性规定的民事法律行为无效。但是，该强制性规定不导致该民事法律行为无效的除外。

违背公序良俗的民事法律行为无效。

○ 基本案情

世华公司向陕西省西安市中级人民法院提出诉讼，请求判令世华公司与中医药研究院于 2009 年 4 月 23 日签署的《商品房买卖合同》无效。

事实和理由：2009 年 4 月 23 日，世华公司、中医药研究院双方就中医药研究院职工团购世华公司正在开发的位于西安市雁塔区东仪路"苹果城"项目商品房预售事宜达成一致，签署了临时性的《商品房买卖合同》，双方一致同意待项目正式销售时再签署正式《商品房买卖合同》。因"苹果城"项目至今未取得包括《建设用地规划许可证》在内的合法建设手续，也未取得商品房预售许可证，为避免双方损失进一步扩大，世华公司现依法诉至西安市中级人民法院，请求判令世华公司、中医药研究院于 2009 年 4 月 23 日签署的《商品房买卖合同》无效。

中医药研究院辩称：（1）案涉《商品房买卖合同》签署双方主体适格，意思表示真实且合法有效。不违反法律、行政法规的强制性规定，不违背公序良俗；也不存在原《合同法》第52条规定的合同无效情形，故案涉《商品房买卖合同》有效。（2）案涉合同属于预约合同，不受《最高人民法院关于审理商品房买卖合同纠纷案件适用法律若干问题的解释》调整，不因世华公司未取得商品房预售许可证而无效。①案涉合同附件四《补充协议》约定，"本合同为临时性合同，待项目正式销售时，签署正式《商品房买卖合同》"；②世华公司在起诉状中写明双方签署的是临时性《商品房买卖合同》，即世华公司自认案涉合同为预约合同；③案涉合同仅约定地上建筑规划面积（且需以最终测量成果表为准）、楼号，未约定买受人姓名、户型、面积、房号等房屋买卖合同所应确认的具体内容，买卖标的物不明确，不具备《商品房销售管理办法》第16条规定的商品房买卖合同的主要内容，故案涉合同是预约合同，本案合同标的是双方在将来签订作为本约合同的《商品房买卖合同》的承诺，不适用《最高人民法院关于审理商品房买卖合同纠纷案件适用法律若干问题的解释》第2条的规定，故案涉的《商品房买卖合同》有效。（3）世华公司的起诉违背诚实信用原则，属于恶意诉讼，应当驳回其诉讼请求。世华公司起诉的动因，并非源于权益受损寻求司法保护，而是为了逃避履行义务以及获取不法利益。世华公司在未取得相关手续的情况下与中医药研究院签订案涉合同并收取了巨额款项，又在房价大幅上涨、政府组织预购者自救后以未取得相关手续为由要求宣告合同无效，以自身违法性事由起诉成讼，以期实现更大利益的动因背离了诚实信用原则和公众认知。综上所述，案涉《商品房买卖合同》有效，请求法院驳回世华公司全部诉讼请求。

经审理查明，案涉房屋所在的"苹果城"项目系二府庄村城中村改造项目的一期。

2007年4月9日，世华公司与西安二府庄城中村改造建设开发有限公司（以下简称二府庄公司）签订《西安市雁塔区二府庄城中村改造项目合作开发协议书》，约定由二府庄公司提供土地使用权并负责办理案涉房地产项目城中村改造的各项审批手续，世华公司投资建设，项目建成后，双方按照约定对建成的房屋进行实物分配。2010年9月20日，世华公司与西安市雁塔区城中村改造办公室签订《西安市二府庄村城中村综合改造项目合作协议书》，对案涉的二府庄城中村综合改造项目合作事宜的具体内容进行了约定。2010年12月23日，西安市城中村改造办公室作出《西安市城中村改造办公室关于雁塔区二府庄村城中村改造方案的批复》，确定了世华公司为案涉项目的投资商。

2009年4月23日，世华公司与中医药研究院签订《商品房买卖合同》，约定：（1）中医药研究院代表职工团购世华公司"苹果城"住宅项目的5、6、7号住宅楼，中医药研究院承诺已接受本单位所有购房职工的委托，作为团购商品房的代表，有权处理购买团购商品房过程中所有与之相关的事项。世华公司在合同签订后12个月内提供合法的商品房土地使用证、建设用地规划许可证、建设工程规划许可证、施工许可证和商品房预售许可证。（2）买受人按选定的房屋套型建筑面积付款，每平方米均价为3240元（商品房销售单价），本次合同交易总面积54 000平方米，合同应付总款合计174 960 000元，共分六次付清：①合同签订生效后40日内买受人向出卖人支付所购房款总额的30%，即52 488 000元整；②三幢主体施工到14层时，出卖人为买受人职工办理完公积金按揭贷款或商业银行按揭贷款后10日内，买受人向出卖人支付所购房款的20%，即34 992 000元整；③出卖人完成至主体封顶，并办理完商品房预售证后买受人向出卖人支付总房款的15%，即26 244 000元整；④楼房整体工程完工，出卖人提供竣工备案表后买受人向出卖人支付总房款的20%，即34 992 000元整；⑤室外的路面、绿化停车位依照总图建设完成，电照上下水接通，天然气、电视、电话、网线、门禁系统安装到位后买受人向出卖人支付总房款的10%，即17 496 000元整；⑥剩余5%合同应付款，由购房者个人在领取房产证时，按产权证上的证载建筑面积及合同单价多退少补结清房款；⑦公积金按揭贷款或商业银行按揭贷款发放后的支付方式由买受人按照以上付款比例向出卖人进行支付。具体方式为经双方与经办按揭银行协商一致，在买受人向按揭经办理银行提供书面支付证明后方可向出卖人支付。同时合同还对交房期限、交房标准、办理权属登记的时间、保修责任、违约责任等内容进行了约定。

合同签订后，中医药研究院按合同约定向世华公司付款，2009年5月26日付款5000万元，2009年6月9日付款248.8万元，2011年1月17日付款1900万元，2011年1月27日付款100万元，2011年5月18日付款500万元，2011年5月20日付款700万元，2011年5月25日付款400万元，2011年12月5日付款1800万元，2011年12月26日付款700万元，2012年12月31日付款2300万元，共计支付136 488 000元，占总房款的78%。世华公司认可中医药研究院的付款并未违反合同约定。世华公司在建设案涉项目过程中，因在未办理相关土地、规划等建设手续的情况下就开工建设，被相关规划、土地等部门认定为违法建设，案涉的"苹果城"项目5、6、7号楼在主体建成后就一直停工。

2012年年底，世华公司与中医药研究院的购房职工分别签订了《苹果城项目团购选房房号确认单》，确定了各个购房职工所购房屋的房号、面积、单价，确认单所确定的房屋单价为一房一价，不同房屋的单价各有不同，有的房屋单价高于3240元，有的房屋单价低于3240元。

2020年6月1日，西安市雁塔区城中村和棚户区改造事务中心出具《授权委托书》，以二府庄村城中村改造"苹果城"项目的改造主体名义，授权西安雁塔科技创新基地建设开发有限公司组织、实施"苹果城"项目自救资金归集等相关遗留问题处置工作。

西安雁塔科技创新基地建设开发有限公司于2020年6月1日、2020年7月9日先后发布苹果城（2020）第1号通告和第2号通告，向"苹果城"项目全体购房人及相关单位按所购房面积收取相应的"自救专项金"，以完成"苹果城"项目的相关建审手续及后期的建设。

2020年6月20日，世华公司向中医药研究院发送了《关于宣告〈商品房买卖合同〉无效的通知函》，以案涉项目其公司至今未取得商品房预售许可证为由，认为双方签订的商品房预售合同无效，要求中医药研究院尽快安排人员与世华公司联系处理善后退款事宜。

2020年7月1日，世华公司向中医药研究院发函称，如中医药研究院在本函签收之日起 3 日内仍不回应，世华公司将视为中医药研究院同意退款并将单方面根据情况采取相应处置措施，由此所产生的相关后果及责任均由中医药研究院自行承担。

2020 年 7 月 8 日，中医药研究院向世华公司发送《陕西省中医药研究院关于对世华公司"6.20""7.1"两次来函的复函》，不认可双方签订的《商品房团购合同》系无效合同。

西安市人民政府于 2018 年 12 月 29 日作出市国土发〔2018〕476 号《关于雁塔区原二府庄村城中村改造涉及集体土地转为国家所有的确权决定》，决定将原雁塔区二府庄村所有的 2 宗共 144.761 亩地集体建设用地所有权确定为国家所有。上述 144.761 亩地集体建设用地所有权包含案涉"苹果城"项目所使用的土地使用权。

争议焦点

《商品房买卖合同》是商品房买卖的预约合同还是本约合同。

裁判结果

一审法院判决：驳回世华公司的全部诉讼请求。

裁判理由及评析

在房地产交易市场，单个购房人因购房数量较少无法在房屋价格上获得较大的议价权利。单位为解决职工住房问题，组织职工进行团购房屋，因购房数量大，从而可获得房屋价格上的较大优惠。在此过程中，购房人虽为各个职工，但往往是先由单位代表团购职工与开发商进行协商，并达成团购房屋的框架协议。在此过程中，如产生纠纷，往往涉及开发商、单位、职工三方之间的权利义务和法律关系的认定，在此类问题的处理上，应遵循以下原则。

一、当事人之间的法律关系性质，应根据双方法律关系的内容和特点进行衡量和判断，而非当事人所签订的合同名称或双方认可的法律关系

世华公司、中医药研究院之间签订的合同虽名为《商品房买卖合同》，但合同的内容并非双方之间转让案涉房屋的所有权，双方之间并无买卖案涉房屋的真实意思。根据合同中约定的内容可知，双方的合同目的是促成中医药研究院职工购买世华公司开发建设的房屋，真正建立房屋买卖合同关系的是中医药研究院的职工与世华公司。

因中医药研究院参与团购房屋的职工人数众多，所以由中医药研究院代表其职工就团购房屋的基本情况与世华公司进行磋商确定，对此，世华公司、中医药研究院均是明知的。且双方签订的《商品房买卖合同》只是约定了中医药研究院职工团购世华公司"苹果城"项目的5、6、7号楼，但对具体的哪个职工购买该三栋楼中的哪套房屋并未约定，具体到各个职工所购买的具体房屋需要具体购房人与世华公司再另行协商确定。同时，案涉的《商品房买卖合同》关于房屋价格只约定了均价为3240元，并未约定每个房屋的具体价格，根据2012年年底世华公司与中医药研究院各职工分别签订的《苹果城项目团购选房房号确认单》，可知案涉5、6、7号楼各个房屋的具体价格并不相同，该价格并非中医药研究院与世华公司约定的价格，而是各购房人与世华公司根据所购房屋的具体户型、面积及楼层确定的交易价格。

综上，案涉《商品房买卖合同》仅是中医药研究院就职工团购房屋事宜与世华公司进行磋商并就团购均价、房屋范围、付款方式等框架内容进行约定而签订的合同，因双方合同目的是促成各职工与开发商分别建立房屋买卖关系，故双方所签合同并非房屋买卖的本约合同。该合同不适用《最高人民法院关于审理商品房买卖合同纠纷案件适用法律若干问题的解释》第2条的规定，且案涉《商品房买卖合同》不存在原《合同法》第52条规定的合同无效情形，故案涉《商品房买卖合同》应为有效合同。世华公司的诉讼请求不成立，应予驳回。

二、开发商作为出卖方，负有完善所售房屋相关建审、销售手续的义务

开发商出卖房屋后，为获取房屋价格上涨的利益，以自己未取得商品房预售许可证为由，要求确认合同无效，目的是通过自己违约而获益，该行为有悖诚实信用原则，人民法院不应予以支持。世华公司作为房屋的出卖方，其负有完善案涉房屋相关建审手续后，向购房人交付符合法律规定的房屋的义务。但世华公司在收取购房职工的大部分购房款后，不积极建设房屋、完善手续，反而在房价市场价格大幅上涨后主张合同无效，以获取房屋价格上涨的利益。世华公司的诉讼目的是意图通过自己的不履约行为而获益，违背诚实信用原则，人民法院不应予以支持。

合议庭成员：王宏、张伟、辛永福

撰写人：张伟

13. 保险合同格式条款的排除适用应以格式条款与非格式条款存在实质冲突为前提

——诺菲博尔板业（杨凌）有限公司、诺菲博尔建材销售（北京）有限公司与中国平安财产保险股份有限公司北京分公司保险合同纠纷案

○ 案件基本信息

一、诉讼当事人

上诉人（一审原告、反诉被告）：诺菲博尔板业（杨凌）有限公司（以下简称诺菲博尔杨凌公司）

上诉人（一审原告、反诉被告）：诺菲博尔建材销售（北京）有限公司（以下简称诺菲博尔北京公司）

被上诉人（一审被告、反诉原告）：中国平安财产保险股份有限公司北京分公司（以下简称平安保险北京分公司）

二、案件索引与裁判日期

一审：陕西省高级人民法院（2017）陕民初27号民事判决（2021年6月26日）

二审：最高人民法院（2021）最高法民终1256号民事判决（2022年4月28日）

三、案由

保险合同纠纷

○ 裁判要旨

《保险法》及司法解释规定保险合同中非格式条款与格式条款不一致的

以非格式条款为准。但只有当格式条款与非格式条款存在实质冲突、必须作出取舍时，才绝对排除格式条款的适用。如果非格式条款的具体含义难以确定，违背了一方当事人签订合同时可以合理期待的真实意思，或者超出了法律定义的解释范围的，就需要结合其他格式条款的约定来准确理解和认定双方当事人的真实意思表示。

裁判依据

《中华人民共和国保险法》(2015年4月24日修正)

第二十条　投保人和保险人可以协商变更合同内容。

变更保险合同的，应当由保险人在保险单或者其他保险凭证上批注或者附贴批单，或者由投保人和保险人订立变更的书面协议。

《最高人民法院关于适用〈中华人民共和国保险法〉若干问题的解释（二）》(2020年12月29日修正)

第十四条　保险合同中记载的内容不一致的，按照下列规则认定：

（一）投保单与保险单或者其他保险凭证不一致的，以投保单为准。但不一致的情形系经保险人说明并经投保人同意的，以投保人签收的保险单或者其他保险凭证载明的内容为准；

（二）非格式条款与格式条款不一致的，以非格式条款为准；

（三）保险凭证记载的时间不同的，以形成时间在后的为准；

（四）保险凭证存在手写和打印两种方式的，以双方签字、盖章的手写部分的内容为准。

基本案情

诺菲博尔杨凌公司与诺菲博尔北京公司自2011年起每年均在平安保险北京分公司投保，平安保险北京分公司为诺菲博尔杨凌公司和诺菲博尔北京公司承保财产一切险及财产一切险项下营业中断险等险种。2015年12月31日，诺菲博尔杨凌公司、诺菲博尔北京公司与平安保险北京分公司签订了财产一切险保险合同和财产一切险项下营业中断险保险合同，两份保险合同均由保险条款及保险明细表等组成。保险期限为12个月（2016年1月1日0时至2016年12月31日24时）。2016年6月20日，诺菲博尔杨凌公司生产车间发生保险火灾事故。当地公安消防支队出具火灾事故认定书，认定起火原因："1. 排除人为放火的可能；2. 排除电气原因引发火灾的可能；3. 起火原因无法查清。"

后保险合同双方就理赔事项中如何理解营业中断险保险条款第3条、第24条以及营业中断险保险明细表第13条存在分歧，故对中断险保险金数额的计算发生争议，投保人认为保险条款第3条、第24条为格式条款，保险明细表第13条为非格式条款，因此应当排除格式条款，仅适用非格式条款。

争议焦点

一切险项下营业中断险的保险金数额如何认定。

裁判结果

一审法院判决：根据鉴定意见认定营业中断险保险金数额，支持诺菲博尔杨凌公司与诺菲博尔北京公司的部分诉讼请求。

二审法院判决：驳回上诉，维持原判。

裁判理由及评析

一、裁判理由

关于案涉一切险项下营业中断险的保险金数额如何认定的问题。本案所涉营业中断险为财产一切险的附加险，上述主险及附加险的保险合同均由投保单、保险单、保险条款、保险明细表以及其他保险凭证和批单组成，保险合同系当事人真实意思表示，且不存在合同无效的法定情形，案涉保险合同合法有效，对合同当事人均具有约束力，当事人之间诉争的财产一切险项下营业中断险的保险金数额应依据合同约定的计算方式进行认定。

依照《保险法》第 20 条以及《最高人民法院关于适用〈中华人民共和国保险法〉若干问题的解释（二）》第 14 条的规定，保险合同可以采用格式条款作出约定，当事人可以协商并以书面形式对合同内容进行变更，保险合同中非格式条款与格式条款不一致的以非格式条款为准。本案中，双方当事人均认可营业中断险保险条款为格式条款，营业中断险保险明细表为合同当事人协商签订的非格式条款。因此从法律适用的一般原则出发，营业中断险保险明细表的特别约定应当优先适用。但是，如果非格式条款的具体含义难以确定，违背了一方当事人签订合同时可以合理期待的真实意思，或者超出了法律定义的解释范围的，就需要借用其他格式条款的约定来准确理解和认定双方当事人的真实意思表示。

诺菲博尔杨凌公司与诺菲博尔北京公司主张 1031 号鉴定意见书依据特别约定第 13 条作出，故应以该鉴定意见作为依据认定营业中断险保险金的数额。但营业中断险作为财产一切险的附加险，主要用于赔偿因保险事故导致被保险人营业中断所产生的间接损失，而该间接损失应当与因保险事故导致被保险人营业中断具有直接的因果关系。如果完全依据 1031 号鉴定意见书认定本案营业中断险保险金数额，则意味着该营业中断险属于定值保险。显然，该种计算标准已经超出了作为附加险的营业中断险的涵义范畴。无论是从该 1031 号鉴定意见书中还是从火灾事故发生后诺菲博尔杨凌公司实际营业状况来看，该公司在火灾事故发生后并非完全停止全部的营业活动。1031 号鉴定意见书所列费用项目和具体的明细等，难以合理区分哪些部分的维持费用和工资等与损失具有相当的关联性和直接的因果关系，也即无法准确认定因火灾事故的发生而产生的为恢复到原有水平仍在支出的维持费用和工资。因此，虽然双方当事人在营业中断险保险明细表第 13 条约定了营业中断险保险金额的计算标准，但因该计算标准不具有可操作性，无法依据该条约定认定本案营业中断险的保险金数额。根据对营业中断险保险明细表第 13 条的理解，营业中断险赔偿的显然并非全部"维持费用"，而是与损失相关且仍在支出的部分。但该部分如何确定，该条未作明确约定，还需结合保险合同其他条款作进一步解释。在格式条款营业中断险保险条款第3条中，双方约定"维持费用"是指被保险人为维持正常的营业活动而发生的、不随被保险人营业收入的减少而成正比例减少的成本或费用，其所包含的具体费用，可参照双方当事人均予认可的营业中断保险毛利润计算表中列明的相关项目。因此对营业中断险保险明细表第13条"与损失相关"的理解，有必要结合营业中断险保险条款第3条和第24条格式条款的计算方法进一步明确，1044号鉴定意见书依据营业中断险保险条款第3条和第24条所列公式进行计算更能反映被保险人诺菲博尔杨凌公司和诺菲博尔北京公司与损失相关的维持费用，相关鉴定意见可以作为本案认定营业中断险损失的依据。综上，一审法院对营业中断险保险金数额的认定合理有据，二审法院予以维持。

二、评析

当事人对合同条款的理解分歧在合同纠纷案件中较为常见，一般处理原则是依据《民法典》第142条、第498条规定，对于有相对人的意思表示的解释，应当按照法律行为所使用的词句，结合相关条款、行为的性质和目的、交易习惯及诚信原则等确定意思表示的含义。对格式条款的理解发生争议的，应当按照通常理解予以解释。格式条款与非格式条款不一致的，非格式条款的适用优先于格式条款的适用。但本案的特别之处在于，当事人发生争议的并非一般的合同而是保险合同，对保险合同中有关格式条款与非格式条款的理解不仅应考虑上述一般原则，更应当结合保险合同的特性，以作出既合乎一般情理又不违背保险目的与行业规则的判断。

第一，保险合同中非格式条款的优先适用并不意味着完全排除格式条款及合同其他条款的适用。虽然《保险法》及保险法司法解释规定，保险合同中非格式条款与格式条款不一致的以非格式条款为准，但只有当格式条款与非格式条款存在实质冲突、必须作出取舍时，才绝对排除格式条款的适用。如果非格式条款的具体含义难以确定，违背了一方当事人签订合同时可以合理期待的真实意思，或者超出了法律定义的解释范围的，就需要借用其他格式条款的约定来准确理解和认定双方当事人的真实意思表示。

第二，当事人对保险金数额计算相关条款的理解发生争议时，若单独适用某一条款缺乏具体可操作性，应综合考量合同条款所使用的词句，结合合同其他相关条款内容、保险种类与性质、合同目的以及被保险人的实际情况等因素进行具体分析，根据保险合同整体所揭示出的当事人意思表示，来理解具体条款的含义以合理确定某一具体险种的保险金数额。

第三，对保险条款的解读应限于具体险种的涵义范畴内。以本案为例，营业中断险作为财产一切险的附加险，主要用于赔偿因保险事故导致被保险人营业中断所产生的间接损失，而该间接损失应当与因保险事故导致被保险人营业中断具有直接的因果关系。结合我国现行保险行业实践，营业中断险不属于定值险，若按照对保险条款的某种解读计算保险金数额意味着该保险属于定值保险，则相关理解显然已超出营业中断险的涵义范畴，不应被采纳。

第四，保险合同中的格式条款不宜一概而论。相较免除保险人责任而加重被保险人、投保人责任的一般免责类格式条款，与保险金数额、保险费率相关的格式条款应作区别对待。该类格式条款之所以将条款标准化，更主要的原因在于保险本身的专业性与复杂性，有关保险条款、保险金额及保险费率需科学精算，保险行业的相关规则也要求条款需经保险监督机构批准或备案，不得随意变更，条款中的计算方式通常为行业内大多数保险公司所采用，有其科学合理性和普遍适用性。因此在具体适用时，不能仅凭其属于格式条款就简单作出否定性判断。

合议庭成员：李延忱、张梅、董俊武

撰写人：李延忱、高玥

14. 以订立房屋预售合同的方式出借款项，诉争的基础法律关系应认定为民间借贷

——缑××与甘肃恒基嘉业房地产开发有限公司、兰州宇臻房地产开发有限公司、杨×、王×1、李××、邱××、王×2、张××民间借贷纠纷案

● 案件基本信息

一、诉讼当事人

上诉人（原审原告）：缑××

被上诉人（原审被告）：甘肃恒基嘉业房地产开发有限公司（以下简称恒基嘉业公司）

被上诉人（原审被告）：兰州宇臻房地产开发有限公司（以下简称宇臻公司）

被上诉人（原审被告）：杨×

被上诉人（原审被告）：王×1

被上诉人（原审被告）：李××

被上诉人（原审被告）：邱××

被上诉人（原审被告）：王×2

被上诉人（原审被告）：张××

二、案件索引与裁判日期

一审：甘肃省兰州市中级人民法院（2020）甘01民初742号民事判决（2021年3月18日）

二审：甘肃省高级人民法院（2021）甘民终481号民事判决（2021年9月15日）

三、案由

民间借贷纠纷

○ 裁判要旨

当事人为避免借款人无力偿还借款而订立房屋买卖（预售）合同设定担保以增加债权实现的可能的，应当确定为担保关系，当事人之间诉争的基础法律关系为民间借贷关系。出借人在一定的时间内，分多次以民间借贷、债权转让、申请强制执行等流程实现权利，谋取相应资金利息，具有出借对象不特定性，出借行为反复性、经常性，出借资金数额大、利率高、部分借款约定高额的逾期利息和违约金，合同具有格式化等特点，构成职业放贷行为。房屋买卖（预售）合同无效后，应根据担保人的过错确定其依法承担的民事责任。

○ 裁判依据

《中华人民共和国合同法》（2021年1月1日废止）

第五十八条 合同无效或者被撤销后，因该合同取得的财产，应当予以返还；不能返还或者没有必要返还的，应当折价补偿。有过错的一方应当赔偿对方因此所受到的损失，双方都有过错的，应当各自承担相应的责任。

对应新法

《中华人民共和国民法典》（2020年5月28日）

第一百五十七条 民事法律行为无效、被撤销或者确定不发生效力后，行为人因该行为取得的财产，应当予以返还；不能返还或者没有必要返还的，应当折价补偿。有过错的一方应当赔偿对方由此所受到的损失；各方都有过错的，应当各自承担相应的责任。法律另有规定的，依照其规定。

基本案情

原告缑××诉称：2013年4月，恒基嘉业公司因房地产开发项目资金需要，向其借款500万元，借款期限为6个月，借款利息为月利率3%。双方商定以签订房屋买卖（预售）合同的方式作为恒基嘉业公司对缑××借款本息等款项的担保。2013年4月17日，缑××与恒基嘉业公司签订了《房屋预售合同》，约定：缑××购买恒基嘉业公司开发的位于古浪县城民生路南侧、昌松路东侧的"古浪恒基嘉苑小区"的建筑面积5131.57平方米的整栋办公楼，总购房款1000万元，付款方式采取分期付款，即缑××于2013年4月17日支付房款500万元，剩余房款在恒基嘉业公司交付房屋后支付，恒基嘉业公司须于2013年7月10日前交付房屋，否则按合同约定承担相应的违约责任。同时，宇臻公司、杨×、王×1、李××、邱××、王×2、张××作为担保人，对上述借款本息等款项承担连带保证责任。该合同签订当天，缑××即通过银行转账方式将500万元借款转入恒基嘉业公司指定的账户内，借款期间恒基嘉业公司陆续向缑××偿还了部分利息，但剩余借款本息尚未还清，缑××遂诉至法院。

被告恒基嘉业公司未出庭答辩，亦未提交相关书面答辩意见。

被告宇臻公司、张××共同辩称，在缑××与恒基嘉业公司签订《房屋预售合同》时其并不在场，在该预售合同中加盖的宇臻公司及张××的印章系伪造，宇臻公司从未对该预售合同提供过担保，亦未授权他人在该预售合同中加盖印章，不存在表见代理的情形，故涉案《房屋预售合同》对宇臻公司、张××不具有法律约束力。

被告杨×辩称，涉案合同中担保人处所盖杨×私章系他人所盖，其在签订涉案合同时虽系被告恒基嘉业公司的法定代表人，但并未参与公司的实际经营管理，亦不构成表见代理情形，缑××与杨×之间的担保合同关系不能成立。涉案款项的实际出借人为案外人兰州市七里河星火小额贷款股份有限公司（以下简称星火小贷公司）而非缑××。本案系典型的职业放贷人借款合同纠纷，星火小贷公司未经国务院银行监督管理机构批准，通过其自身及缑××等人向社会不特定对象提供资金以赚取高额利息，其行为符合职业放贷人特征，故本案借款合同应属无效合同，涉案担保合同作为从合同亦属无效。

被告王×1辩称，本案签订涉案担保协议时，是在星火小贷公司签订的，是按照王×2的指令所签，且担保协议有三份，金额共计800万元，协议内容是对购买房屋进行的担保，而不是对借款进行的担保。

被告李××辩称，其在涉案房屋预售合同上以担保人身份签字时，并不知晓涉案合同实为民间借贷合同，到2015年缑××以商品房预售合同纠纷提起诉讼后，其才知晓涉案合同的实际性质。涉案合同中虽有李××签字，但其仅就商品房买卖提供了担保，而非对民间借贷提供担保，故不应为本案民间借贷承担连带责任。本案适格的主体应该是张××和星火小贷公司。缑××符合职业放贷人特性，其与恒基嘉业公司之间的民间借贷行为应认定无效。

被告邱××的答辩意见与被告李××一致。

被告王×2答辩意见与被告王×1一致。

审理查明事实：2013年4月，恒基嘉业公司与缑××口头协议，由缑××向恒基嘉业公司提供借款500万元，双方并未签订书面借款合同。2013年4月17日，缑××与恒基嘉业公司签订《房屋预售合同》，合同约定：缑××购买恒基嘉业公司开发的整栋办公楼，总购房款1000万元，合同还约定了其他事宜。上述合同签订当天，缑××即通过银行转账方式将500万元转入恒基嘉业公司指定的邱××（恒基嘉业公司的股东之一）的账户内，邱××又按照恒基嘉业公司的指示将款项打入相应账户。借款期间，邱××按照恒基嘉业公司的指示分别于2013年4月17日、2013年5月3日、2017年3月10日向缑××的账户或其指定账户打款共计63万元。缑××以恒基嘉业公司未偿还借款本息为由诉至一审法院。

至本案起诉时，双方当事人对上述《房屋预售合同》并未继续履行。

缑××作为出借人多次对不特定的民事主体以民间借贷、借款合同、债权转让纠纷等为由提起相关民事诉讼案件，缑××在一定期限内向上述主体提供了有偿借贷服务，从中获取高额利息收入。

本案缑××于2015年4月以商品房预售合同纠纷将恒基嘉业公司、宇臻公司、杨×、王×1、李××、邱××、王×2、张××起诉至一审法院，该院于2015年10月27日作出（2015）兰民一初字第70号民事判决，判决：一、解除缑××与恒基嘉业公司签订的《房屋预售合同》；二、恒基嘉业公司于判决生效后30日内返还缑××购房款500万元；三、恒基嘉业公司于判决生效后30日内赔偿缑××因违约造成的损失240万元；四、杨×、王×1、李××、邱××、王×2、宇臻公司对上述第二、三项承担连带责任；五、驳回缑××的其他诉讼请求。宇臻公司、杨×、李××不服该判上诉至甘肃省高级人民法院，甘肃省高级人民法院于2016年5月30日作出（2016）甘民终86号民事裁定，裁定：一、撤销甘肃省兰州市中级人民法院（2015）兰民一初字第70号民事判决；二、发回甘肃省兰州市中级人民法院重审。缑××于2019年4月4日提出撤诉申请，一审法院于2019年4月4日作出（2016）甘01民初585号民事裁定，准许缑××撤回起诉。

争议焦点

（1）一审判决认定缑××为职业放贷人是否正确；（2）宇臻公司、张××、杨×、王×1、李××、邱××、王×2担保责任如何承担；（3）一审判决对利息的计算是否正确。

裁判结果

一审法院判决：一、恒基嘉业公司于本判决生效之日起15日内偿还缑××借款本金4 411 096元，利息1 654 144元（利息计算至2021年2月16日，自2021年2月17日至实际款项付清之日止的利息以本金4 411 096元为基数，按照中国人民银行公布的同期银行贷款利率计算），以上合计6 065 240元；二、驳回缑××的其他诉讼请求。

二审法院判决：一、撤销甘肃省兰州市中级人民法院（2020）甘01民初742号民事判决第二项。二、变更甘肃省兰州市中级人民法院（2020）甘01民初742号民事判决第一项为恒基嘉业公司于本判决生效之日起15日内偿还缑××借款本金4 411 096元及利息（按中国人民银行公布的同期同类贷款基准利率，自2013年5月4日起计算至2019年8月19日止，利息计算后扣除30 000元；按全国银行间同业拆借中心公布的贷款市场报价利率，自2019年8月20日计算至欠款实际付清之日止）。三、邱××、王×1、王×2、李××四人在恒基嘉业公司不能清偿债务部分的1/3内承担清偿责任；邱××、王×1、王×2、李××承担责任后，有权向恒基嘉业公司追偿。四、驳回缑××的其他诉讼请求。

○ 裁判理由及评析

一、裁判理由

关于一审判决认定缑××为职业放贷人是否正确的问题。从本案缑××与恒基嘉业公司口头约定借款，之后签订《房屋预售合同》但并未履行，缑××两次起诉的诉讼请求及理由的变更、各方当事人陈述以及庭审查明的整体情况来看，案涉《房屋预售合同》约定的本身是当事人之间的虚伪意思表示，缑××与恒基嘉业公司之间形成的实际法律关系为民间借贷关系。缑××多次以民间借贷、债权转让、申请强制执行等流程实现权利，谋取相应资金利息，足以印证缑××于2013年至2015年之间分多次出借资金，其出借对象具有不特定性，出借行为具有反复性、经常性，出借资金数额大、利率高且部分借款约定高额的逾期利息和违约金，合同具有格式化特点等符合职业放贷的法律特征。

关于宇臻公司、张××、杨×、王×1、李××、邱××、王×2担保责任如何承担的问题。案涉划款主体及《房屋预售合同》的签订主体均系缑××个人，根据合同相对性原则，案涉借款的出借人应当认定为缑××。对于宇臻公司、张××、杨×、王×1、李××、邱××、王×2如何承担担保责任，应根据各自在签订《房屋预售合同》时的真实意思表示以及是否具有过错进行综合判断。宇臻公司、张××、杨×只有盖章，但主张盖章行为并非其所为，担保人处所签印章并非其真实意思表示。在本案中宇臻公司、张××、杨×没有参加案涉合同的签订，《房屋预售合同》担保人处宇臻公司公章、张××印章、"杨×之印"由他人代为加盖。缑××未能提供宇臻公司、张××、杨×委托他人代为盖章的任何证据，不能证明宇臻公司、张××、杨×有为涉案借款合同承担保证责任的意思表示，应当承担举证不能的后果。宇臻公司、张××、杨×不承担担保责任。关于邱××、王×1、王×2、李××的担保责任。以上四人对本人印章及签字真实性没有提出异议，四人均认可案涉合同名为房屋买卖合同实为借款的法律关系。案涉借款资金在《房屋预售合同》签订当天即由出借人缑××转账至邱××名下账户，之后由其转至恒基嘉业公司指定的相应账户。邱××是借款行为的具体参与者，其促成了主合同的成立，对《房屋预售合同》担保人处的盖章及签名行为应当认定为其对缑××与恒基嘉业公司借款的担保，邱××对导致担保合同无效存在过错。王×1和王×2对该合同名为房屋买卖实为民间借贷且存在高利放贷业务行为明知，仍为其提供担保，存在过错。李××认可合同的真实性质为民间借贷，认为房屋买卖不需要其他人提供担保，合同签订地点是在星火小贷公司。李××在签订《房屋预售合同》时明知该合同名为房屋买卖实为民间借贷且存在高利放贷行为，仍为其提供担保，存在过错。

关于一审判决对利息的计算是否正确的问题。原《合同法》第58条规定："合同无效或者被撤销后，因该合同取得的财产，应当予以返还；不能返还或者没有必要返还的，应当折价补偿。有过错的一方应当赔偿对方因此所受到的损失，双方都有过错的，应当各自承担相应的责任。"本案中缑××与恒基嘉业公司之间的借款行为无效，恒基嘉业公司应当返还借款。经二审庭审中缑××当庭确认对一审判决认定恒基嘉业公司欠付本金4 411 096元无异议，二审法院予以确认。借款合同无效，一审判决由恒基嘉业公司向缑××支付资金占用期间的利息损失正确，但中国人民银行于2019年8月20日起已取消中国人民银行贷款基准利率的标准，并自该日后实行全国银行同业拆借中心公布的贷款市场报价利率,故一审判决对于2019年8月20日之后的利息损失以中国人民银行公布的同期银行贷款利率计算没有依据,二审法院予以纠正。

二、评析

本案入选了2021年度甘肃法院十大典型案例。本案的审理具有以下三个方面的典型意义:一是明确了民间借贷基础法律关系审理原则;二是明确了职业放贷人的认定标准;三是明确了民间借贷合同被认定无效后的担保责任如何认定。

(一)房屋买卖合同与民间借贷合同并存时基础法律关系的认定

《民间借贷司法解释》第23条第1款规定:"当事人以订立买卖合同作为民间借贷合同的担保,借款到期后借款人不能还款,出借人请求履行买卖合同的,人民法院应当按照民间借贷法律关系审理。当事人根据法庭审理情况变更诉讼请求的,人民法院应当准许。"民间借贷案件的司法实践中,经常会出现借贷双方在订立借款合同之外还订立一份房屋买卖合同的情况,处理此类纠纷的基础应当首先审查双方订立房屋买卖合同的真实意思表示,根据双方之间真实目的不同从而明确基础法律关系,进而厘清审理思路。

双方之间的房屋买卖合同与民间借贷合同是并存的两个法律关系,若订立房屋买卖合同的真实意思表示以及所要实现的行为目的是通过支付对价获得房屋的所有权,则房屋买卖合同与民间借贷合同分属不同案由,应当分别审理。

若双方订立房屋买卖合同的真实目的是避免借款人无力偿还借款,设定担保以增加债权实现的可能,应当确定担保关系,当事人之间诉争的基础法律关系为民间借贷关系。本案中,双方先后进行了两次诉讼,案件当事人以及事实均没有变化,第一次以房屋买卖合同纠纷提起诉讼,被二审发回重审撤诉后,又以民间借贷法律关系提起诉讼。虽然当事人之间订立了房屋买卖合同但该合同并没有实际履行,合同签订当天,缑××即将500万元借款转入恒基嘉业公司指定的其他公司账户内。从缑××两次起诉的诉讼请求及理由的变更、各方当事人陈述以及庭审查明的整体情况来看，案涉《房屋预售合同》本身是当事人之间的虚伪意思表示，隐藏的真实意思表示是缑××与恒基嘉业公司之间的民间借贷关系，相关担保人虽在《房屋预售合同》上签字或盖章担保房屋的交付，但其真实目的是为民间借贷合同做担保，应当视为类似于担保合同。

若双方订立房屋买卖合同的真实目的并非提供担保，而是清偿债务增加的一种履行方式，应当认定为以物抵债，当事人之间讼争的基础法律关系为民间借贷。比如，在借款期限届满前，借款人无力偿还借款，签订的房屋买卖合同以房屋抵偿借款。

（二）关于职业放贷人的认定标准

民间借贷是指自然人、法人、其他组织之间及其相互之间进行的资金融通行为。《银行业监督管理法》第19条规定："未经国务院银行业监督管理机构批准，任何单位或者个人不得设立银行业金融机构或者从事银行业金融机构的业务活动。"该规定直接关系国家金融管理秩序和社会资金安全，事关社会公共利益，应当属于效力性强制性规定。《民间借贷司法解释》第13条规定："具有下列情形之一的，人民法院应当认定民间借贷合同无效：……（三）未依法取得放贷资格的出借人，以营利为目的向社会不特定对象提供借款的……（五）违反法律、行政法规强制性规定的……"《民法典》第153条规定，违反法律、行政法规的强制性规定的民事法律行为无效。职业放贷行为严重扰乱了国家金融秩序，损害了社会公共利益，违反了法律的禁止性规定，对于职业放贷后发生的出借资金行为不能认定为合法的民间借贷。认定是否为职业放贷人，《民商审判会议纪要》（法〔2019〕254号）第53条规定："……同一出借人在一定期间内多次反复从事有偿民间借贷行为的，一般可以认定为是职业放贷人……"《最高人民法院、最高人民检察院、公安部、司法部关于办理非法放贷刑事案件若干问题的意见》第1条规定："经常性地向社会不特定对象发放贷款"，是指2年内向不特定多人（包括单位和个人）以借款或其他名义出借资金10次以上。对于出借资金的次数如何把握，不应当拘泥于该意见规定的2年10次的标准。认定职业放贷人应当根据同一出借人在一段时间内所涉的民间借贷案件数量、利率、合同格式化程度、出借金额、资金来源等特征来综合认定民间借贷是否为职业放贷行为。本案中，依据缑××多次以民间借贷、债权转让、申请强制执行等流程实现权利，谋取相应资金利息，足以印证缑××于2013年至2015年分多次出借资金的行为符合职业放贷的法律特征。

（三）民间借贷合同被认定无效后的担保责任的认定

根据原《担保法》第5条"担保合同是主合同的从合同，主合同无效，担保合同无效"的规定，本案中的担保亦应认定为无效。原《担保法司法解释》第8条规定："主合同无效而导致担保合同无效，担保人无过错的，担保人不承担民事责任；担保人有过错的，担保人承担民事责任的部分，不应超过债务人不能清偿部分的三分之一。"司法实践中，对于以保证形式承担担保责任的保证人，由于债权人很难就其存在过错进行举证，将民间借贷合同认定为无效事实上会使大量担保人免予承担保证责任，债权人旨在降低贷款风险的努力没有产生任何效果，造成事实上的不公。本案结合担保人的真实意思表示，对担保责任进行了认定。本案当事人两次变更诉讼请求，先后经历5次审理，已经没有新的证据可提供，审理中对于法庭调查询问的问题当事人已经有了非常强的"应对能力"，相对于普通案件审理中保证责任的认定，更具有一定难度，因此需要结合案件主体情况，进行综合判断。另外，邱××和王×1、王×2、李××在之前作为房屋买卖合同审理的过程中，均认可合同实为借款合同，但在第二次诉讼以民间借贷为案由进行审理的过程中，均仅认可其签字盖章行为仅是对买卖房屋作担保。鉴于此，在本案二审法庭调查中，法庭首先明确征得各方当事人同意以其在之前审理过程中的陈述、举证质证意见以及表态发言作为本案的定案依据。本案保证人的情况总体上可分为两种，亦能够涵盖此类案件的基本类型。

第一，关于仅有盖章行为是否为担保人的真实意思表示。在合同上签字或盖章是当事人成立合同之意思表示的外在表现，但公章之于合同的效力，关键在于盖章之人有无代表权或代理权，对此审查主要在于结合案情如何分配举证责任。本案中，宇臻公司、张××、杨×在服务预售合同中均有盖章，但均否认其盖章行为，就本质而言是否认其与缑××之间成立担保合同关系。在此情况下，缑××主张宇臻公司、张××、杨×承担连带担保责任，实质上是主张其与宇臻公司、张××、杨×之间成立担保合同关系。《民事诉讼法》第64条第1款（现为第67条第1款）规定："当事人对自己提出的主张，有责任提供证据。"《民事诉讼法司法解释》第91条规定："人民法院应当依照下列原则确定举证证明责任的承担，但法律另有规定的除外：（一）主张法律关系存在的当事人，应当对产生该法律关系的基本事实承担举证证明责任；（二）主张法律关系变更、消灭或者权利受到妨害的当事人，应当对该法律关系变更、消灭或者权利受到妨害的基本事实承担举证证明责任。"据此，在双方当事人就担保合同关系是否成立存在争议的情况下，应由主张合同关系成立的一方当事人承担举证责任。本案中缑××应承担主张担保合同关系成立的举证责任，证明涉案《房屋预售合同》担保人处所签宇臻公司公章、张××印章、"杨×之印"为三者本人真实意思表示，即签章为宇臻公司、张××、杨×所为或委托他人所为。根据案件证据及庭审查明，在本案中宇臻公司、张××、杨×没有参加案涉合同的签订，《房屋预售合同》担保人处宇臻公司公章、张××印章、"杨×之印"由他人代为加盖。缑××未能提供宇臻公司、张××、杨×委托他人代为盖章的任何证据，不能证明宇臻公司、张××、杨×有为涉案借款合同承担保证责任的意思表示，应当承担举证不能的后果。故《房屋预售合同》担保人处所签宇臻公司公章、张××印章、"杨×之印"不能表达三名当事人承担担保责任的真实意思。

第二，既有签章又有本人亲笔签名的担保责任认定。担保人是否存在过错，应当从是否存在知道或应当知道主合同无效而为之提供担保，或促成主合同的成立等方面来进行评判。根据查明的事实，案涉借款资金在《房屋预售合同》签订当天即由出借人缑××转账至邱××名下账户，之后由其转至恒基嘉业公司指定的相应账户。缑××提供2014年邱××和王×1出具的承诺书，承诺拍卖商铺所得优先偿还缑××等人的借款本金及利息。可见邱××认可是借款行为的具体参与者，其促成了主合同的成立，在签订《房屋预售合同》时对名为房屋买卖实为民间借贷且存在高利放贷业务是明知的，对《房屋预售合同》担保人处的盖章及签名行为应当认定为其对缑××与恒基嘉业公司借款的担保，邱××对导致担保合同无效存在过错。李××认可买卖合同按道理是不需要担保的，案涉合同在未交付房屋的情况下就约定违约金显然不符合常理，并自称任职案涉项目工程师，对于房屋销售了解，根据查明的事实其曾经担任恒基嘉业公司股东从事房地产开发，在案件审理过程中亦对于房屋买卖合同的价格、担保、利息约定提出质疑，并认可不是预售房屋合同，对合同实为借款合同且约定了非常高的利息予以认可，认为房屋买卖不需要其他人提供担保，合同签订地点是在星火小贷公司。李××在二审中极力主张其在签订合同时并不知晓该合同实为民间借贷，不具有为案涉合同承担连带保证责任的意思表示，只对房屋买卖按期交付承担担保责任的陈述与其之前在本案审理中的主张存在矛盾。最终认定李××在签订《房屋预售合同》时明知该合同名为房屋买卖实为民间借贷且存在高利放贷行为，仍为其提供担保，存在过错。

合议庭成员：刘建军、马巧玲、李元博

撰写人：刘建军

15. 应结合合同约定确定当事人的真实意思表示，以对合同法律关系进行定性
——刘××与中冶纸业集团有限公司合同纠纷案

案件基本信息

一、诉讼当事人

上诉人（原审原告）：刘××

被上诉人（原审被告）：中冶纸业集团有限公司（以下简称中冶集团）

二、案件索引与裁判日期

一审：宁夏回族自治区高级人民法院（2019）宁民初24号民事判决（2021年6月20日）

二审：最高人民法院（2021）最高法民终1201号民事判决（2022年6月30日）

三、案由

合同纠纷

裁判要旨

双方当事人签订《承包协议》，约定承包案涉煤矿采矿区的露头探槽采剥工程给另一方当事人，但该《承包协议》并未对工程承包事项的具体内容以及工程劳务费给付等进行约定，反而约定承包方具有经营自主权，并可通过销售原煤获得经营收益，且承包方需要支付承包费等，故案涉《承包协议》不具备承揽合同的基本特征，实质为采矿权承包经营合同。因当事人承揽工程的意思表示虚假，承揽法律关系不能成立，合同效力应根据

被隐藏的实质法律关系认定。

○ 裁判依据

《中华人民共和国民法总则》（2021年1月1日废止）

第一百四十六条 行为人与相对人以虚假的意思表示实施的民事法律行为无效。

以虚假的意思表示隐藏的民事法律行为的效力，依照有关法律规定处理。

《中华人民共和国矿产资源法》（2009年8月27日修正）

第三条 矿产资源属于国家所有，由国务院行使国家对矿产资源的所有权。地表或者地下的矿产资源的国家所有权，不因其所依附的土地的所有权或者使用权的不同而改变。

国家保障矿产资源的合理开发利用。禁止任何组织或者个人用任何手段侵占或者破坏矿产资源。各级人民政府必须加强矿产资源的保护工作。

勘查、开采矿产资源，必须依法分别申请、经批准取得探矿权、采矿权，并办理登记；但是，已经依法申请取得采矿权的矿山企业在划定的矿区范围内为本企业的生产而进行的勘查除外。国家保护探矿权和采矿权不受侵犯，保障矿区和勘查作业区的生产秩序、工作秩序不受影响和破坏。

从事矿产资源勘查和开采的，必须符合规定的资质条件。

《最高人民法院关于审理矿业权纠纷案件适用法律若干问题的解释》（2017年6月24日）

第五条 未取得矿产资源勘查许可证、采矿许可证，签订合同将矿产资源交由他人勘查开采的，人民法院应依法认定合同无效。

对应新法

《中华人民共和国民法典》（2020年5月28日）

第一百四十六条 行为人与相对人以虚假的意思表示实施的民事法律行为无效。

以虚假的意思表示隐藏的民事法律行为的效力，依照有关法律规定处理。

● 基本案情

中冶集团对外发包已取得勘查许可证煤矿区的露头探槽采剥工程，与承包人刘××签订《承包协议》。《承包协议》约定刘××向中冶集团支付承包费，其具有经营自主权并通过销售原煤获得经营收益，刘××应"严格按照安全操作规程和开采设计方案进行开采"等内容。后因中冶集团的勘查许可证被撤销，双方无法继续履行《承包协议》，刘××诉请中冶集团承担违约责任，赔偿其工程投入损失及经营损失等。一审法院认为，《承包协议》实质上就是采矿权承包经营合同，中冶集团在未取得采矿许可证的情况下，"以探代采"与刘××签订的《承包协议》违反国家的禁止性法律规定应归于无效，当事人所承担的缔约过失责任不应超过合同履行利益。中冶集团在案涉协议履行过程中，除了获得承包费外再无其他可获利益，因此中冶集团承担的缔约过失责任不应超过必要的限额，故判令中冶集团应当返还刘××承包费750万元以及承担自2009年4月撤场后占用承包费期间所产生的银行同期贷款利息。

刘××不服一审判决，认为《承包协议》有效，中冶集团应赔偿其工程投入损失及经营损失等。最高人民法院认定《承包协议》不具备承揽合同的特征实为采矿权承包经营合同，中冶集团在未取得采矿许可证的情况下与刘××签订《承包协议》，违反国家的禁止性法律规定，合同无效，对于刘××因合同无效所遭受的损失应由双方按照过错承担相应责任。

● 争议焦点

案涉《承包协议》是否有效，中冶集团是否应赔偿刘××相应损失。

● 裁判结果

一审判决：一、中冶集团于一审判决生效之日起15日内偿还返还刘

××承包费750万元，利息自2009年4月1日至2019年8月19日以750万元为基数按照银行同期贷款利息计算；2019年8月20日起至本判决确定的履行之日止的利息以750万元为基数按同期全国银行间同业拆借中心公布的贷款市场报价利率计算。二、中冶集团于一审判决生效之日起15日内偿还返还刘××代缴罚款110万元，利息自2008年9月9日至2019年8月19日以110万元为基数按照银行同期贷款利息计算；2019年8月20日起至本判决确定的履行之日止的利息以110万元为基数按同期全国银行间同业拆借中心公布的贷款市场报价利率计算。三、驳回刘××的其他诉讼请求。

二审判决：一、维持宁夏回族自治区高级人民法院（2019）宁民初24号民事判决第一项、第二项；二、撤销宁夏回族自治区高级人民法院（2019）宁民初24号民事判决第三项；三、中冶集团于本判决生效之日起15日内赔偿刘××损失2000万元；四、驳回刘××的其他诉讼请求。

○ 裁判理由及评析

一、裁判理由

（一）关于一审判决认定案涉《承包协议》实为采矿权承包经营合同，且认定该合同无效是否有误

首先，关于《承包协议》合同性质的问题。根据《承包协议》合同条款，双方虽约定矿业公司将梁水园煤矿风氧化带部分残采矿区的露头探槽采剥工程承包给刘××，但合同并未体现出工程承包事项的具体内容。《承包协议》约定，刘××应向中冶集团支付承包费，刘××具有经营自主权，并通过销售原煤获得经营收益，刘××应"严格按照安全操作规程和开采设计方案进行开采"，"注意合理开采，避免乱开滥挖，浪费资源，在矿山建设和采矿过程中，应注意维护自然环境"，"在合同期内由于开采资源枯竭，甲方可适当给予乙方其他的可开采区以供开采"，结合刘××需要向中冶集团支付承包费，而非中冶集团向刘××支付工程劳务费的约

定，一审判决认定《承包协议》不具备承揽合同的特征，《承包协议》实质上是采矿权承包经营合同并无不当。刘××关于案涉合同的履行并非"以探代采"，而是"探采结合"的主张亦不符合合同约定，不能成立。

其次，关于《承包协议》效力的问题。《矿产资源法》第3条第3款规定："勘查、开采矿产资源，必须依法分别申请、经批准取得探矿权、采矿权，并办理登记……"《最高人民法院关于审理矿业权纠纷案件适用法律若干问题的解释》第5条规定："未取得矿产资源勘查许可证、采矿许可证，签订合同将矿产资源交由他人勘查开采的，人民法院应依法认定合同无效。"因此，中冶集团在未取得采矿许可证的情况下，与刘××签订《承包协议》违反国家的禁止性法律规定，《承包协议》无效。

（二）关于一审判决对于刘××缴纳的承包费金额的认定是否有误

刘××于2008年3月、4月向中冶集团指定的公司或个人转款承包费共计750万元，双方当事人对此均无异议。刘××认为，一审法院未将其于2008年9月9日代中冶集团缴纳的110万元罚款和向中冶集团员工马×账户现金存款30万元认定为承包费有误。本院认为，关于刘××于2008年9月9日代中冶集团缴纳的110万元罚款，因刘××未举证证明双方就该罚款抵顶承包费事宜达成一致，故刘××关于其代中冶集团缴纳的110万罚款属于承包费的主张不能成立。关于刘××向马×账户现金存款30万元，因刘××不能举证证明马×具有代表中冶集团收取上述款项的权利，且无证据证明该笔款项系承包费，故刘××该项主张亦不能成立。因此，一审判决对于刘××缴纳承包费金额的认定并无不当。

（三）关于一审判决认定中冶集团承担的缔约过失责任不应超过必要限额，未予支持刘××要求中冶集团赔偿其损失的请求是否有误

因案涉《承包协议》无效，对于无效合同的处理应依据原《合同法》第58条的规定进行。原《合同法》第58条规定："合同无效或者被撤销后，因该合同取得的财产，应当予以返还；不能返还或者没有必要返还的，应当折价补偿。有过错的一方应当赔偿对方因此所受到的损失，双方都有过错的，应当各自承担相应的责任。"

本案中，刘××与中冶集团签署《承包协议》时明知中冶集团尚未获得采矿许可证，双方对于合同无效均有过错，合同当事人应承担财产返还、折价补偿及过错损失赔偿责任。《承包协议》签订后，刘××向中冶集团支付了750万元承包费，中冶集团收取的750万元承包费应返还给刘××，刘××将案涉煤矿返还给中冶集团。现《承包协议》无效，该合同项下的违约条款亦无效，故对于刘××依据《承包协议》约定，要求中冶集团双倍返还承包费的主张，本院不予支持。关于刘××要求中冶集团赔偿其损失的主张，因本案双方当事人对于《承包协议》无效均有过错，故对于刘××因合同无效所遭受的损失应由双方按照过错程度承担相应责任。

首先，关于刘××主张的露天探槽采剥施工工程损失187 195 014元。本案一审中，中冶集团委托甘肃省地质调查院出具了《宁夏中卫市梁水园煤矿区中东部勘探区卫星遥感解译和测绘成果报告》，该报告对案涉矿区挖填土石方进行了测算。本院认为，根据《宁夏中卫市梁水园煤矿区中东部勘探区卫星遥感解译和测绘成果报告》，结合本案实际情况，可以认定刘××在案涉矿区存在施工投入。因双方当事人对于合同无效均存在过错，故刘××施工投入损失应由双方分担。刘××主张该项损失的依据为宁夏矿调院出具的《测绘报告》和惠建公司出具的《鉴定意见书》。但《测绘报告》中地貌变化测算时间段与刘××作业时间不符，故该《测绘报告》测算结论与刘××实际作业量缺乏关联性，不能作为证明刘××实际作业量的证据使用。《鉴定意见书》系在《测绘报告》的基础上出具，在刘××未提供其他佐证文件证明其实际投入的情况下，该证据亦不能直接作为证明刘××实际投入损失的依据，但可以作为计算刘××实际损失的参考。本院参考中冶集团提交的《宁夏中卫市梁水园煤矿区中东部勘探区卫星遥感解译和测绘成果报告》中关于案涉矿区挖填土石方总量及《鉴定意见书》中关于相应挖填土石方总量对应的损失金额，酌定中冶集团应向刘××支付施工工程损失2000万元。

其次，关于刘××主张的停工损失85 842 000元。刘××提出该项主张的依据为宁惠建（鉴）字〔2019〕09号《补充鉴定意见书》，因《补充鉴定意见书》为刘××自行单方委托惠建公司出具，中冶集团不予认可，刘××未提交其他证据予以佐证，本院对刘××主张的该项损失不予支持。

最后，关于刘××主张的利息损失155 399 896.36元及经营损失5000万元。关于利息损失155 399 896.36元，因刘××未举证证明利息损失来源，故本院对其主张的该项损失不予支持。刘××主张的经营损失5000万元亦缺乏事实及法律依据，本院亦不予支持。

因此，一审判决认定中冶集团承担的缔约过失责任不应超过必要限额，未予支持刘××要求中冶集团赔偿其损失的请求有误，应予纠正。

二、评析

原《民法总则》第146条规定："行为人与相对人以虚假的意思表示实施的民事法律行为无效。以虚假的意思表示隐藏的民事法律行为的效力，依照有关法律规定处理。"该条规定为《民法典》第146条所吸收。

虚伪意思表示是指行为人与相对人都知道自己所表示的意思并非真意，通谋作出与真意不一致的意思表示。虚伪意思表示的特征在于，行为人与相对人都清楚自己所表示的意思并非真实意思表示，民事法律行为本身欠缺效果意思，双方均不希望此行为能够真正发生法律上的效力。法律对虚伪意思表示进行否定评价，并对虚伪意思表示所隐藏的行为，按照有关法律规定处理其效力问题和法律后果。所谓隐藏行为，是指被虚伪的意思表示所隐藏，双方当事人真心所欲达成的民事法律行为。对于隐藏法律行为的效力，应当依据有关法律的规定处理。换言之，在同时存在虚假意思表示和隐藏行为的情况下，虚假意思表示无效，如果隐藏法律行为本身有效，那么按照有效处理。如果隐藏法律行为本身无效，那么按照无效处理。如果隐藏法律行为本身为可撤销的民事法律行为，那么按照可撤销的民事法律行为处理。

以本案为例，本案的双方当事人签订《承包协议》，约定一方当事人将案涉煤矿采矿区的露头探槽采剥工程承包给另一方当事人，但该《承包协议》约定承包方要支付承包费，承包方具有经营自主权并通过销售原煤获得经营收益等内容。从约定内容来看,《承包协议》不具备承揽合同的特征,实质上是采矿权承包经营合同。因此,因当事人承揽工程的意思表示虚假,承揽法律关系不能成立,双方实际建立的系采矿权承包经营法律关系。

矿产资源勘查开采涉及环境保护、国家资源战略和社会公共利益,实行市场机制和国家管制相结合,并受国家政策的调整。《矿产资源法》第3条规定:"矿产资源属于国家所有,由国务院行使国家对矿产资源的所有权……禁止任何组织或者个人用任何手段侵占或者破坏矿产资源……勘查、开采矿产资源,必须依法分别申请、经批准取得探矿权、采矿权,并办理登记……"《矿产资源法实施细则》第5条第1款规定:"国家对矿产资源的勘查、开采实行许可证制度。勘查矿产资源,必须依法申请登记,领取勘查许可证,取得探矿权;开采矿产资源,必须依法申请登记,领取采矿许可证,取得采矿权。"可见,国家对矿产资源勘查、开采实行严格的许可管理制度,勘查、开采自然资源,必须依法分别申请登记,领取勘查许可证、采矿许可证,获得探矿权、采矿权。对于没有取得矿产资源勘查许可证、采矿许可证,将矿产资源交由他人勘查开采所签订的合同,虽然可能是当事人的真实意思表示,但由于违反国家对矿产资源的上述强制性规定,人民法院应依法认定合同无效。

合议庭成员:吴兆祥、吴笛、张梅
撰写人:张梅、林法纲

16. 当事人是否有权以显失公平为由申请法院对合同价款进行调整

——西安普明房地产开发有限责任公司与陕西碧桂园置业有限公司股权转让纠纷案

○ 案件基本信息

一、诉讼当事人

上诉人（原审原告、反诉被告）：西安普明房地产开发有限责任公司（以下简称普明公司）

上诉人（原审被告、反诉原告）：陕西碧桂园置业有限公司（以下简称碧桂园公司）

二、案件索引与裁判日期

一审：陕西省高级人民法院（2020）陕民初16号民事判决（2021年9月30日）

二审：最高人民法院（2022）最高法民终125号民事判决（2022年6月30日）

三、案由

股权转让纠纷

○ 裁判要旨

在当事人互负债务，合同约定先履行一方履行完毕其合同义务后，后履行一方向其支付合同价款的情况下，因发生不能归责于任一方的客观情况，先履行一方无法完全履行合同义务，后履行一方接受不完全履行的，其有权以按照合同约定价款付款对其显失公平为由，申请人民法院对合同价款进行调整。

◎ 裁判依据

《中华人民共和国合同法》（2021年1月1日废止）

第五条　当事人应当遵循公平原则确定各方的权利和义务。

对应新法

《中华人民共和国民法典》（2020年5月28日）

第六条　民事主体从事民事活动，应当遵循公平原则，合理确定各方的权利和义务。

◎ 基本案情

普明公司、碧桂园公司及圣米兰公司签订《股权转让合同》，约定普明公司向碧桂园公司转让所持圣米兰公司股权，碧桂园公司分期向普明公司支付合作价款。按照合同约定，碧桂园公司支付第三期合作价款的条件是案涉土地性质由商业用地转性成住宅用地，合作价款金额为2亿元扣除需补缴的土地出让金（如有）；案涉土地未能在约定日期前完成转性的，碧桂园公司有权按一定对价将该土地转让给普明公司。在案涉土地完成转性前，当地政府出台政策性文件，规定原则上非住宅类房地产项目用地不得变更为住宅用地，普明公司无法继续履行土地转性义务。碧桂园公司认为普明公司应继续履行土地转性义务，否则其有权不予支付相应合作价款。

普明公司向一审法院起诉，请求判令碧桂园公司向普明公司支付第二期合作价款53 442 863元、第三期合作价款2亿元，并承担逾期支付上述合作款的违约金、资金占用费等款项。一审法院支持了普明公司部分诉讼请求。碧桂园公司不服一审判决提起上诉，认为普明公司具有履行将案涉土地转性为住宅用地的义务，在案涉土地地块未实现转性前，第三期合作价款2亿元付款条件尚未成就。因第三期股权转让款包括案涉土地变更用途所需补缴的土地出让金,即使判令碧桂园公司在案涉土地为商业用地的情况下支付第三期合作价款,也应核减商业用地与住宅用地的差异以及第三期合作价款中包含的土地出让金,即其支付第三期合作价款金额不应为2亿元,更不应该承担逾期支付第三期合作价款的违约金。

最高人民法院二审认为,一审判决认定第三期合作价款付款条件已经成就并无不当,但综合考虑案涉不同土地地块补缴土地出让金的金额差异及容积率的差异,酌定在2亿元基础上扣减3000万元作为碧桂园公司应当支付的第三期合作价款,即碧桂园公司需向普明公司支付的第三期合作价款为1.7亿元。

争议焦点

碧桂园公司应否支付普明公司第三期合作价款2亿元及逾期付款违约金,相应违约金的起算时间如何确定。

裁判结果

一审法院判决:一、碧桂园公司于一审判决生效后15日内支付普明公司二、三期股权转让合作价款243 177 870.29元;二、碧桂园公司于一审判决生效后15日内支付普明公司逾期支付第三期合作价款的违约金,违约金金额以20 000万元为基数,按照日万分之二的标准,自2018年6月11日起计算至实际支付之日;三、普明公司于一审判决生效后15日内赔偿碧桂园公司损失费55 617 850元及违约金,违约金金额以55 617 850元为基数,按照日万分之二的标准,自2019年10月10日起计算至普明公司向碧桂园公司实际支付之日;四、普明公司于一审判决生效后15日内支付碧桂园公司违约金,以1.4亿元为基数,按照日万分之二的标准,自2018年9月13日起计算至普明公司实际支付之日;五、普明公司于一审判决生效后15日内支付碧桂园公司律师费150万元;六、普明公司于一审判决生效后15日内支付因逾期签署新的出让合同而向碧桂园公司承担的违约金1 304 964元;七、驳回普明公司其余诉讼请求;八、驳回碧桂园公司其余诉讼请求。

二审法院判决：一、维持陕西省高级人民法院（2020）陕民初 16 号民事判决第三项、第四项、第五项、第六项、第八项；二、撤销陕西省高级人民法院（2020）陕民初 16 号民事判决第七项；三、变更陕西省高级人民法院（2020）陕民初 16 号民事判决第一项"碧桂园公司于本判决生效后 15 日内支付普明公司二、三期股权转让合作价款 243 177 870.29 元"为"碧桂园公司于本判决生效后 15 日内支付普明公司二、三期股权转让合作价款 213 177 870.29 元"；四、变更陕西省高级人民法院（2020）陕民初 16 号民事判决第二项"碧桂园公司于本判决生效后 15 日内支付普明公司逾期支付第三期合作价款的违约金，违约金金额以 20 000 万元为基数，按照日万分之二的标准，自 2018 年 6 月 11 日起计算至实际支付之日"为"碧桂园公司于本判决生效后 15 日内支付普明公司逾期支付第三期合作价款的违约金，违约金金额以 17 000 万元为基数，按照日万分之二的标准，自 2018 年 9 月 11 日起计算至实际支付之日"；五、驳回普明公司的其他诉讼请求。

裁判理由及评析

一、裁判理由

（一）一审判决未予支持碧桂园公司要求普明公司协调政府将地块 DK1 转性为住宅用地及承担逾期履行义务资金占用费的主张是否有误

首先，关于普明公司应否继续履行协调政府将地块 DK1 转性为住宅用地的义务。根据 46 号文第 2 条的规定："对于经过公开招拍挂的土地，严格按照《国有土地使用权出让合同》约定的规划用地性质及其他规划条件执行；所有非住宅类房地产项目均不得变更为住宅用地。原通过划拨或协议出让方式取得的城市低效存量土地项目，原则上按规划执行，需要变更土地性质的，按程序报市政府研究"，西安市政府原则上限制非住宅类房地产项目变更为住宅用地，例外情形需报西安市政府研究决定。46 号文作为针对加强陕西省西安市用地规划管理工作、规划用地性质变更出台的文件，碧桂园公司主张将地块 DK1 变更为住宅用地不适用 46 号文缺乏依据。碧碧桂园公司举例证明西安市政府并未完全禁止商服用地变更为住宅用地，但其并未证明所涉地块完成转性具有普遍适用性。普明公司与碧桂园公司于2017年7月8日签订《股权转让合同》后，即向碧桂园公司移交了圣米兰公司的资产，并办理了股权变更登记，碧桂园公司完全接管了圣米兰公司，对案涉土地进行管理，至今长达4年之久，其亦未提交证据证明曾就该地块转性问题向主管部门提交过申请。因此，一审判决认定普明公司的该项义务实际上已履行不能，未予支持碧桂园公司要求普明公司协调政府将地块DK1转性为住宅用地的主张并无不当。

其次，关于普明公司应否承担逾期履行义务的资金占用费。案涉《股权转让合同》第10条第3款约定："乙方在目标公司签订本条第2款约定的新的土地出让合同后180天内，负责协调政府将项目地块中的DK1变更为住宅用地并取得新的国土证，在此期间甲方应全力配合积极协助完成。甲方将剩余合同价款2亿元在扣除需补缴（如有）的出让金后5个工作日内支付给乙方。"第4款约定："乙方未按照约定的规划设计完成本条第2款、第3款土地用途变更事宜，则甲方有权延迟支付未支付款项，且要求乙方承担违约责任。"第19条第4款约定："如乙方未能按照本合同第10条第3款约定时间完成商业用地转住宅用地手续的，乙方享有3个月免责期，超过免责期的，乙方应按照甲方已付的该商业用地合作价款（1051.5万元/亩×46.84亩-20 000万元）承担相应资金占用利息成本（按照年利率15%计算），计息周期从甲方支付完对应的出让金次日起至完成商业用地转性手续之日止……"圣米兰公司于2017年9月12日与西安市国土局签订新的土地出让合同，根据《股权转让合同》约定，普明公司应于2018年3月11日前协调政府将地块DK1变更为住宅用地，同时普明公司享有3个月的免责期，即在2018年6月11日之前，普明公司不承担支付资金占用费的责任。因46号文发布于2018年5月14日，早于普明公司应当承担违约责任的时间，而46号文的发布使得普明公司协调政府将地块DK1转性为住宅用地的义务履行不能，普明公司对于不能履行该项义务不存在过错，故普明公司无需承担资金占用费，一审判决对碧桂园公司该项主张未予支持并无不当。

（二）一审判决判令碧桂园公司支付普明公司第三期合作价款2亿元及逾期付款违约金是否有误，违约金的起算时间是否妥当

首先，关于第三期合作价款付款条件是否成就的问题。如前所述，46号文原则上限制非住宅类房地产项目变更为住宅用地，地块DK1转性成住宅用地客观上存在障碍，碧桂园公司可根据《股权转让合同补充协议》的约定将地块DK1转让给普明公司，但碧桂园公司至今未行使该权利，应认定碧桂园公司在地块DK1不能变更用途为住宅用地的情况下仍愿意受让该块土地，一审判决认定第三期合作价款付款条件已经成就并无不当。碧桂园公司主张其与普明公司之间存在圣米兰公司被西安中院扣划1.4亿元、8.3亩宗地存在纠纷、普明公司隐瞒其向案外人转让圣米兰公司股权事实等情况，其享有抗辩权，可暂不支付第三期合作价款及逾期支付违约金。本院认为，圣米兰公司被西安中院扣划1.4亿元的损失已另案处理且本案一审法院支持了碧桂园公司要求普明公司支付违约金的请求，8.3亩宗地纠纷亦在本案中进行了处理，普明公司向案外人转让圣米兰公司股权纠纷案件尚在审理过程中，故不足以证明圣米兰公司确需履行赔偿义务，碧桂园公司的上述抗辩主张均不能成立，其应当支付第三期合作价款。

其次，关于第三期合作价款付款应否调整的问题。本院认为，虽然双方当事人未就地块DK1不能转性后继续履行合同情况下的合同价款是否调整作出约定，但案涉《股权转让合同补充协议》第1条约定："甲乙双方一致同意将原合同第10条第3款修改为：3.乙方在目标公司签订本条第2款约定的新的土地出让合同后180天内，负责协调政府将项目地块中的DK1转性成住宅用地并签订相应的土地出让合同，在此期间甲方应全力配合积极协助完成。在DK1变更为住宅用地并签订相应的土地出让合同后5个工作日内，甲方将剩余合作价款20 000万元在扣除需补缴（如有）的出让金后支付给乙方。如乙方未能在目标公司签订原合同第10条第2款约定的新的土地出让合同后270天内协调政府将地块DK1转性成住宅用地，则甲方有权按原合同约定的合作单价将地块DK1转让给乙方（因土地转让涉及的所有税费均由乙方承担）。"即第三期合作价款支付的前提是地块DK1转性

成住宅用地并签订新的土地出让合同,且2亿元的合作价款扣除需补缴的出让金(如有)后再行支付给普明公司。现地块DK1无法实现转性,如要求碧桂园公司继续按照合同约定向普明公司支付2亿元的合作价款,则碧桂园公司需支付的合作价款反而高于地块DK1能够转性为住宅用地需支付的价款,对碧桂园公司将显失公平。本院综合考虑地块DK1、地块DK2补缴土地出让金的金额差异及容积率的差异,酌定在2亿元基础上扣减3000万元作为碧桂园公司应当支付的第三期合作价款,即碧桂园公司需向普明公司支付的第三期合作价款为1.7亿元。

最后,关于碧桂园应否承担逾期支付第三期合作价款违约金及违约金起算时间应如何确定的问题。案涉《股权转让合同补充协议》第1条约定,普明公司2018年3月11日之前应协调政府将地块DK1变更为住宅用地,案涉地块DK1未能在2018年6月11日前完成土地转性的,碧桂园公司有权按《股权转让合同》约定的合作单价将地块DK1转让给普明公司。虽然案涉合同并未约定碧桂园公司行使转让权利的期限,但碧桂园公司应在一定期限内行使该权利,以避免其与普明公司之间的股权转让法律关系长期处于不确定状态。鉴于46号文系公开性政府文件,碧桂园公司对此应明知,且普明公司于2018年7月即向一审法院提起本案之诉,故碧桂园公司应在2018年6月11日起3个月内,即2018年9月11日之前决定是否行使转让权利较为妥当,在碧桂园并未行使转让权利的情形下,应视为碧桂园公司支付第三期合作价款的条件已经成就,应从2018年9月11日起计算逾期支付第三期合作价款的违约金。因此,一审判决未予考虑碧桂园公司享有行使转让权的合理期间,判令自2018年6月11日起算碧桂园公司逾期支付第三期合作价款的违约金不当,本院予以纠正。

(三)因普明公司隐瞒1.4亿元债务,一审判决判令普明公司支付碧桂园公司违约金是否有误,计算标准是否妥当

案涉《股权转让合同》第19条第2款约定:"目标公司股权转让完成后如出现因股权转让前事由产生的本合同未披露的债务(包括或有债务或税务等费用)或诉讼、仲裁、行政处罚等纠纷的,乙方应当承担所有经

济、法律责任及由此给甲方造成的损失（包括但不限于案件受理费、诉讼代理费、鉴定费、保全费等相关费用），并按债务金额的30%向甲方支付违约金。"本案中，普明公司隐瞒圣米兰公司对外担保的事实，圣米兰公司于2018年9月13日被人民法院强制执行1.4亿元，普明公司构成《股权转让合同》项下的违约。在违约金计算标准方面，一审法院考虑实际损失情况，参照案涉《股权转让合同》中碧桂园公司逾期支付股权合作款的违约责任约定，判令以1.4亿元为基数，按照日万分之二的利率，自2018年9月13日计算至普明公司实际支付之日支付违约金并无明显不当。同时，该项违约责任系因普明公司违反了案涉《股权转让合同》约定的如实告知标的公司对外担保情况义务而需向碧桂园公司承担的责任，与其在西安中院（2018）陕01民初2068号民事判决中向圣米兰公司支付资金占用费所依据的事实及法律基础均不同，故本院对普明公司不应支付该项违约金的主张不予支持。

（四）因普明公司未如实披露项目用地存在纠纷，一审判决调低普明公司承担违约金的金额是否有误

本案中，普明公司在《股权转让合同》第3条"项目土地现状"及第4条"乙方声明与保证"等条款中承诺案涉地块权属明确、不存在任何纠纷及负担等，该合同第19条第1款约定："乙方在本合同作出的披露、承诺、保证不属实，或不披露，或披露不完全，由此给甲方及目标公司造成损失的，甲方除可要求乙方全额赔偿外，还有权要求乙方按甲方损失金额的50%支付违约金。"碧桂园公司除向雁塔区城改事务中心支付村民安置费55 617 850元外，未举证证明其存在其他损失，一审法院考虑到由普明公司按照碧桂园公司损失金额的50%支付违约金明显过高，在55 617 850元损失基础上，参照《股权转让合同》中碧桂园公司逾期支付股权合作款的违约条款约定，判令普明公司按照日万分之二的利率自2019年10月10日起计算至普明公司向碧桂园公司实际支付之日止支付违约金并无不当。碧桂园公司主张普明公司在诉讼中未申请调低该项违约金与事实不符，本院不予支持。

（五）一审判决未予支持碧桂园公司主张的由普明公司履行债务清偿义务并承担逾期清理债务违约金的请求是否有误

本案中，因碧桂园公司未提交证据证明其或圣米兰公司具有向紫薇大卖场公司支付该笔款项的义务或者实际支付了该笔款项，故紫薇大卖场公司主张债权不足以证明普明公司违反了相关债务清理义务。碧桂园公司亦未提交证据证明自《股权转让合同》签订以来，普明公司怠于履行债务清理义务及圣米兰公司偿付或碧桂园公司代为偿付《股权转让合同》附录所述债务，故一审法院对碧桂园公司主张由普明公司继续承担债务清理义务并承担逾期清理债务违约金的请求未予支持并无不当。

（六）一审判决对碧桂园公司主张的律师费500万元未予全额支持是否有误

一审法院对碧桂园公司支付律师费500万元的事实予以认定，但认为碧桂园公司的诉请大部分未得到支持，故判令按照碧桂园公司胜诉金额的比例由普明公司承担律师费150万元并无不当。

二、评析

公平原则是民事活动的一项基本原则，是民事主体从事民事活动应当遵守的基本行为准则，原《民法通则》、原《合同法》及现《民法典》对该原则均有明确规定。公平原则要求民事主体从事民事活动时要秉持公平理念，公正、平允、合理地确定各方的权利和义务，并依法承担相应的民事责任。公平原则体现了民法促进社会公平正义的基本价值，对规范民事主体的行为发挥着重要作用。

民法中的公平原则对民事法律关系的确立、民事活动的进行以及民事责任的认定均具有规范意义，具体体现在：确立民事法律关系时，民事主体要秉持公平理念，公平、平允、合理地确定各方的权利和义务；进行民事活动时，要按照公平观念行使权利、履行义务，一方的权利和义务应当相适应，双方之间的权利和义务应当对等；追究、承担民事责任时，应当按照民事责任构成要件，客观确定损失，公平界定法律责任。公平原则作为民法的基本原则，不仅仅是民事主体从事民事活动应当遵守的基本行为准则，也是人民法院审理民事纠纷应当遵守的基本裁判准则。人民法院在民商事案件裁判过程中，应注意以公平为尺度，协调处理当事人间的利益关系。

本案关于第三期合作款价款金额调整的裁判结果亦可适用情势变更制度进行解释。本案裁判所应适用的《最高人民法院关于适用〈中华人民共和国合同法〉若干问题的解释（二）》第26条规定："合同成立以后客观情况发生了当事人在订立合同时无法预见的、非不可抗力造成的不属于商业风险的重大变化，继续履行合同对于一方当事人明显不公平或者不能实现合同目的，当事人请求人民法院变更或者解除合同的，人民法院应当根据公平原则，并结合案件的实际情况确定是否变更或者解除。"《民法典》在总结司法实践经验的基础上增加规定了情势变更制度，吸收了上述司法解释的规定，并对情势变更制度进行了完善。具体到本案而言，政策、法律规范变化也是一种情势变更事由，当地政府出台土地转性问题的新政策，导致合同履行的基础条件发生了当事人在订立合同时无法预见的、不属于商业风险的重大变化，若继续履行原合同约定的义务，将导致当事人之间的权利义务关系明显失衡，对受损方显失公平，如不依法进行调整，将违背公平原则。因此，受损方请求对合同进行变更的，人民法院应予以支持。

合议庭成员：吴兆祥、龙飞、张梅

撰写人：张梅、林法纲

17. 未及时启动强行平仓制度导致损失的认定
——中国工商银行股份有限公司天水分行与彭××金融衍生品种交易纠纷案

◉ 案件基本信息

一、诉讼当事人

上诉人（原审被告、反诉原告）：中国工商银行股份有限公司天水分行（以下简称天水分行）

被上诉人（原审原告、反诉被告）：彭××

二、案件索引与裁判日期

再审一审：甘肃省天水市秦州区人民法院（2020）甘0502民初471号民事判决（2020年9月18日）

再审二审：甘肃省天水市中级人民法院（2020）甘05民终816号民事判决（2021年1月19日）

三、案由

金融衍生品种交易纠纷

◉ 裁判要旨

银行接受客户委托，采用保证金制度，以金属交易所会员身份代理客户在金属交易所内进行贵金属交易，交易结果由客户承担。该业务系衍生金融工具，是一种金融合约。银行与客户签订的交易代理协议中银行有权从客户交易资金账户中划转资金支付费用，且银行在与客户之间没有明确约定的情况下，不得擅自从客户账户中扣划资金。银行对客户账户未尽到防控义务，由此造成的损失由银行承担相应的违约责任；但客户在银行未采取强行平仓后，未对市场行情、交易风险作出合理预判，未采取自行平仓等措施避免损失进一步扩大，由此扩大的损失应由客户个人承担，根据双方的过错程度对损失承担进行合理分配。

裁判依据

《中华人民共和国合同法》（2021年1月1日废止）

第八条 依法成立的合同，对当事人具有法律约束力。当事人应当按照约定履行自己的义务，不得擅自变更或者解除合同。

依法成立的合同，受法律保护。

第一百零七条 当事人一方不履行合同义务或者履行合同义务不符合约定的，应当承担继续履行、采取补救措施或者赔偿损失等违约责任。

第一百二十条 当事人双方都违反合同的，应当各自承担相应的责任。

对应新法

《中华人民共和国民法典》（2020年5月28日）

第一百一十九条 依法成立的合同，对当事人具有法律约束力。

第四百六十五条第一款 依法成立的合同，受法律保护。

第五百零九条第一款 当事人应当按照约定全面履行自己的义务。

第五百七十七条 当事人一方不履行合同义务或者履行合同义务不符合约定的，应当承担继续履行、采取补救措施或者赔偿损失等违约责任。

第五百九十二条第一款 当事人都违反合同的，应当各自承担相应的责任。

基本案情

一、当事人的诉辩陈述

彭××诉称：2014年11月，彭××与天水分行签订《代理个人客户现货延期交收交易业务协议书》，约定日终资金清算时彭××账户保证金比例低于强平保证金比例，且彭××未在规定时限内补足时，天水分行应在下一个交易日 9 时 30 分之后对彭××所持现货延期交收合约执行强行平仓。但天水分行在履行协议过程中，不仅未按协议约定及时启动强行平仓，而且系统自动从彭××账户扣划资金充抵保证金，提高了保证金比例，天水分行的违约行为致使彭××共计损失 844 389 元，天水分行应承担该损失及相应利息。故请求法院判令：天水分行赔偿因违约给彭××造成的损失 844 389 元。诉讼过程中，彭××增加诉讼请求为要求天水分行按照中国人民银行同期贷款利率支付自 2016 年 11 月 8 日起至损失付清时止的利息。

天水分行辩称：彭××保证金比例未低于强平保证金比例 9%，天水分行未对彭××的账户进行强行平仓未违反协议约定；并且在 2016 年 7 月 4 日出现涨停，按照协议约定，天水分行于 7 月 4 日 20 时 34 分对彭××账户进行强行平仓，且强行平仓选择的价位属合理的范围，彭××不能以天水分行选择的价位不是最佳主张权益。因此，天水分行并未违约，请求驳回彭××的诉讼请求。

天水分行反诉称：2016 年 7 月 4 日 20 时 34 分，天水分行虽对彭××的账户进行了强行平仓，但因彭××对涉案交易行情把握不准，又未及时补足保证金，强行平仓后仍不足以弥补交易亏损，7 月 5 日结算时造成保证金负损失 137 803.77 元，导致上海黄金交易所直接从天水分行的账户中划扣 137 803.77 元。根据双方协议约定，该损失应由彭××承担，故提出反诉请求由彭××赔偿天水分行损失 137 803.77 元。

彭××辩称：上海黄金交易所划扣天水分行 137 803.77 元以冲抵彭××保证金不足的情形属实，但该损失实际计算在彭××账户 7 月 5 日结算时亏损的 403 189 元之内，造成该损失的原因是天水分行在应当平仓时未平仓，从而未能及时终结合约，使彭××的保证金比例远低于该日强行平仓线，且当日又遭遇极端市场行情。如天水分行在前两次的交易中的任何一次能及时平仓，就不会有 7 月 5 日的负亏损。该损失实际由天水分行违约造成，且天水分行在该日强行平仓时未选择合理价位，故该损失应由其自行承担。

二、查明事实

2014年11月，天水分行作为甲方，为彭××（乙方）提供代理个人贵金属现货延期交收业务有关事项，双方签订了《代理个人客户现货延期交收交易业务协议书》。协议签订后，彭××即通过天水分行代理在上海黄金交易所开展Ag（T+D）即白银现货延期交收业务。双方协议中约定的保证金比例计算方式为保证金比例=已付保证金÷合约总金额（手数×结算价），强平保证金比例为恒定9%。

2016年6月30日，日终资金清算时，彭××持仓1600手，已付保证金532 488.17元，结算价为3958元，保证金比例为8.4%，低于9%的强平线，且彭××未在下一个交易日开市前，即2016年6月30日19时45分之前补足保证金。7月1日9时，彭××自行减仓300手，银行系统于9时30分从彭××账户上自动扣款2万元，此时彭××的保证金比例从6月30日日终结算时的8.4%提高到10.73%，不符合"低于9%"的约定，银行系统未启动强行平仓。

2016年7月1日日终结算时，彭××持仓1300手，已付保证金为384 132.62元，结算价为4069元，已付保证金比例为7.26%，低于9%的强平线，且彭××未在下一个交易日开市前，即2016年7月1日（7月2日、7月3日为周六、周日，不产生交易）19时45分之前补足保证金。7月4日9时31分，因银行系统对彭××活期账户自动扣款155 800元，此时彭××的保证金比例再次提高至10.20%，不符合"低于9%"的约定，银行系统仍未启动强行平仓。

2016年7月4日日终结算时，彭××持仓1300手，已付保证金为270 505.65元，结算价为4277元，已付保证金比例为4.86%。因7月4日14时出现涨停，强平保证金比例调整为13%，天水分行按照协议约定可于下一个交易日即7月4日19时45分至7月5日15时30分的3个交易时间段内的任何时间点对彭××的账户进行强行平仓。7月4日20时34分，银行系统对彭××的账户进行了强行平仓，以4664元/手的价格卖出881手，于20时39分以4530元/手的价格卖出41手、以4528元/手的价格卖出1手、以4529元/手的价格卖出1手。上海黄金交易所7月5日交易行情为：Ag（T+D）的开盘价为4375元、最高价为4747元、最低价为4230元、收盘价为4333元。7月5日日终结算时，账户亏损403 189元，其中包括因彭××已缴保证金不足以弥补当日亏损，已缴保证金出现137 803.77元的负亏损，上海黄金交易所从工行账户上划扣137 803.77元以弥补彭××不足以支付的损失。（在彭××于2015年至2016年进行的700多笔交易中也曾出现过从彭××账户自动扣划补足保证金后未启动强行平仓的情形。）

根据上海黄金交易所日终结算单显示，彭××的账户2016年7月1日保证金亏损170 162元、7月4日保证金亏损270 400元、7月5日保证金亏损403 189元（含保证金负损失137 803.77元），以上共计亏损843 751元。

在2016年6月29日至7月4日期间，天水分行通过短信的方式14次告知彭××其"保证金不足，要求予以补缴""保证金余额预计低于强平保证金比例，请予以关注，防范风险""近日Ag（T+D）合约市场价格盘中出现涨停，近期贵金属市场波动加剧。请关注交易账户余额变动情况，合理控制仓位，有效控制交易风险，谨慎投资"等内容。

天水分行进行现货延期交收合约交易的上海黄金交易所交易时间为：每天开市时间为19时45分，夜市连续交易时段为20时至下一个自然日凌晨2时30分，上午时段连续交易时间为9时至11时30分，下午时段连续交易时间为13时30分至15时30分，收市时间为15时45分，日终资金清算时间为15时30分至16时。

● 争议焦点

天水分行是否有权从彭××绑定的银行账户中自动扣划资金追加交

易保证金？天水分行在2016年7月1日、7月4日未对彭××账户启动强行平仓是否违反双方协议约定？对于彭××2016年7月1日保证金亏损170 162元、7月4日保证金亏损270 400元，天水分行是否应承担赔偿责任？

天水分行在2016年7月4日20时34分起对彭××账户进行强行平仓是否违反协议约定？对于彭××因此造成的损失403 189元（包括给天水分行造成的穿仓损失137 803.77元），天水分行是否应承担责任？

裁判结果

一审法院判决：一、被告（反诉原告）天水分行于本判决生效之日起10日内赔偿原告（反诉被告）彭××交易账户2016年7月1日亏损170 162元、7月4日亏损270 400元、7月5日亏损265 385.23元（不含保证金负损失），共计705 947.23元的40%即282 379元；二、原告（反诉被告）彭××于本判决生效之日起10日内赔偿被告（反诉原告）天水分行穿仓损失137 803.77元的60%即82 682元；三、驳回原告（反诉被告）彭××和被告（反诉原告）天水分行的其他诉讼请求。

二审法院判决：驳回上诉，维持原判。

裁判理由及评析

一、裁判理由

本案双方签订的《代理个人客户现货延期交收交易业务协议书》系双方真实意思表示，天水分行作为上海黄金交易所会员，代理彭××在上海黄金交易所内进行递延业务及相关的资金清算、实物交割活动。该合约业务的交易模式采用保证金制度，具有资金杠杆放大效应，采用当日无负债结算制度和强行平仓制度，可以当日随时开仓、随时平仓，投资者可以做多和做空。我国关于贵金属递延交易目前无对应的法律规则予以规范，但《上海黄金交易所现货交易规则》《上海黄金交易所延期交收交易规则》中对于会员单位对客户交易账户执行强行平仓的标准、条件等均有明确具体规定，故双方签订的交易代理协议在不违反上述规则的情况下，依法成立有效，双方均应依约履行。

本案的争议焦点有两个，具体分析如下。

（一）关于第一个争议焦点涉及的相关问题认定

1. 天水分行是否有权从彭××绑定的银行账户中自动扣划资金追加交易保证金

彭××与天水分行签订的交易代理协议第8条约定，当彭××的保证金比例低于天水分行规定的强平保证金比例时，天水分行将发送待强平短信提醒追加交易保证金，彭××可通过现货延期交收合约平仓、卖出现货实盘合约交易等方式在下一个交易日开市前补足保证金的不足部分。第9条约定，客户应对其交易资金账户进行积极管理，在交易账户出现保证金不足等情况时，有义务及时采取措施（包括但不仅限于自行平仓、补充资金等）补足保证金。故当彭××的交易账户出现保证金余额不足时，根据上述协议约定，彭××有义务关注延期交收合约交易中保证金和持仓状况，及时采取措施主动补足保证金。除非双方对从彭××在办理递延业务时绑定的银行账户中自动扣划资金追加交易保证金有明确约定，否则天水分行无权从彭××的银行卡中自动扣划资金进入贵金属延期交易账户补足保证金。

天水分行上诉认为彭××自2015年2月16日至2016年6月期间进行的多笔交易中存在银行系统采用自动扣款以补充交易保证金，从而使保证金比例高于9%，银行系统未启动强行平仓的情况，因此，应视为彭××对于银行系统自动扣款补充交易保证金的行为认可并同意，且符合协议约定，不存在违约行为的主张。本院认为，双方在交易代理协议第11条中规定了天水分行（甲方）有权从彭××（乙方）交易资金账户中划转资金或彭××在中国工商银行系统内各营业机构开立的账户中划转资金，用于支付的费用包括：（1）依照乙方指令成交的货款和由此产生的交易亏损；（2）为乙方支付的开户费、溢短差、仓储费、延期费、超期费、出入库费和运保费；(3) 乙方应支付的代理手续费和交易手续费；(4) 因乙方的交易行为产生的其他费用；(5) 甲方与乙方双方同意的其他划款事项。首先，从该条第(1)项至第(4)项内容来看，天水分行有权自动划转资金支付的费用范围包括因依照客户指令成交的货款和交易亏损以及交易过程中产生的各种开支及费用，并不包括交易保证金。其次，根据上海黄金交易所现货交易规则及延期交收交易规则和双方的协议约定，天水分行的责任是严格根据客户的指令进行交易操作，一般情形下无权处分客户财产。在天水分行无证据证明其与彭××对银行系统有权划转的资金范围中包括交易保证金进行过明确约定，亦无证据证明在银行系统自动扣款前曾明确告知并征得彭××同意的情况下，不能认定彭××向其绑定的银行账户转账、汇款的目的就是补足保证金，企求交易的正常进行，也不能根据彭××对之前交易中存在上述情形未提出异议，就认定双方对系统自动从绑定账户中扣款追加保证金的行为达成了一致意见。如果只要彭××绑定的资金账户中有剩余资金，且彭××保证金比例不足时就允许天水分行可以自动扣款，无形中增加了交易产生的风险，将直接导致客户账户内资金存在无限透支的风险。最后，鉴于保证金在现货延期交收交易中的重要作用，不能仅依据个别交易中存在银行系统自动扣款追加交易保证金，以提高保证金比例，系统未启动强行平仓的情形，就当然推定双方对此达成了一致意见。因此，天水分行有权划转资金的范围中不包括交易保证金，天水分行系统直接从彭××账户自动扣划资金追加交易保证金的行为不当，天水分行以此主张免责的理由不能成立。

2.天水分行在2016年7月1日、7月4日未对彭××账户启动强行平仓是否违反双方协议约定

保证金交易中的强行平仓，是指当客户账户内交存的保证金比例低于双方约定或交易所规定的保证金比例时，经金融机构通知客户，但客户未能在指定期限内追加足额保证金时，金融机构按照双方协议约定直接将客户账户内持有的头寸全部或部分卖出的行为。从本质上看，强行平仓是上海黄金交易所以及会员单位为维护自身资金安全所依法享有的一项权利，

根本目的在于避免透支交易。在客户保证金低于强行保证金比例的情况下，客户又未能在约定的时间内追加或自行减仓，金融机构为避免客户及金融机构的账户风险，应当及时行使强行平仓的权利。故只要强行平仓的实体条件及程序条件具备，天水分行就应采取强行平仓。

其一，关于强行平仓的实体条件。第一个条件是客户账户内资金低于强平保证金；第二个条件是客户未能在合理时间内补仓。2016年6月30日、7月1日日终资金结算时，彭××交易保证金比例已低于9%的强平线，并且彭××均未在下一个交易日开市前，即2016年6月30日、7月1日的19时45分前按照协议约定的措施及时补足保证金不足部分，故应当认定已满足双方约定的强行平仓实体条件。

其二，关于强行平仓的程序条件。根据双方协议约定，彭××应亲自办理买卖活动，天水分行应及时发送通知短信，在彭××保证金比例低于规定的强平保证金比例时，天水分行应当向彭××发送风险预警和补仓通知。本案现有证据显示，天水分行已履行了上述义务，彭××对此未持有异议。天水分行于2016年6月30日18时54分10秒及2016年7月1日18时45分36秒给彭××发出短信通知到下一个交易日开市（每天开市时间为19时45分），中间有近1个小时的时间，这期间均属银行开放转账的时间，且强行平仓的时间为下一个交易上午时段开市半小时后，故留给彭××实际追加保证金的时间应属合理，天水分行已完成了通知义务。

因此，2016年6月30日、7月1日日终资金清算时，彭××账户内保证金比例已低于强平线，天水分行履行了相应的通知义务，彭××在约定的时间内未主动采取措施补足保证金，故在2016年7月1日、7月4日上午时段开盘半小时后强行平仓的实体条件、程序条件均已具备，故天水分行应当启动强行平仓。

关于天水分行上诉认为由于2016年7月1日9时，彭××自行减仓300手，银行系统9时30分从彭××账户自动扣款2万元；2016年7月4日9时31分，银行系统从彭××账户自动扣款155 800元，使彭××账户内保证金比例高于9%的强平保证金比例，强行平仓条件未成就的问题。

本院认为，因天水分行有权划转资金的范围不包括交易保证金，故天水分行系统违反协议约定直接从彭××账户自动扣划资金追加交易保证金，导致彭××账户保证金比例提高到强平线以上，天水分行未采取强行平仓不当。此外，虽然强行平仓从本质上看是金融公司为维护自身资金安全所享有的一项权利，但其根本目的在于避免透支交易，具有降低现货延期交收交易风险的重要作用，这其中风险的主要承担者不仅仅是投资者，更是金融机构本身。关于天水分行上诉认为因强行平仓系天水分行的权利，即使因彭××保证金不足触发强行平仓条件，其也可以不对彭××持仓实施强行平仓的主张，与上海黄金交易所的规则以及强行平仓目的相悖，该主张不能成立。因此，天水分行未在2016年7月1日、7月4日上午时段开盘半小时后启动强行平仓不当，违反协议约定。

3. 彭××2016年7月1日保证金亏损170 162元、7月4日保证金亏损270 400元，天水分行是否应承担赔偿责任

现货延期交收合约交易中，天水分行并非交易的民事主体，是否交易及如何进行交易均由客户决定，彭××作为交易客户，对自己账户及所持合约的风险具有积极管理及注意义务。故虽然天水分行在强行平仓条件成就时，为了避免透支交易享有强行平仓的权利，但并不排除彭××为了保护自身财产安全与利益采取平仓措施的权利。本案中，天水分行在彭××交易保证金比例低于9%时，给其发送了补仓通知和预警短信，根据协议第8条第（3）项、第9条的约定，彭××未主动通过现货延期交收合约平仓、卖出现货实盘合约交易、补足资金等方式有效控制交易风险，构成先行违约。天水分行在彭××未主动采取措施提高交易保证金的情况下，系统自动从彭××账户扣款用来追加交易保证金的行为显属不当，天水分行对彭××交易账户未尽到相应的防控义务，对彭××账户内损失应承担相应的违约责任。但彭××在天水分行未采取强行平仓后，未对市场行情、交易风险作出合理预判，亦未采取平仓等措施避免损失进一步扩大，因此扩大的损失应由彭××个人承担。但一审中，双方均明确表示无法区分彭××未补足交易保证金的损失、天水分行未强行平仓的损失以及

彭××应当自行平仓而未平仓造成的扩大损失。故一审法院根据双方过错程度，判决由天水分行承担彭××2016年7月1日保证金亏损170 162元、7月4日保证金亏损270 400元，共计440 562元的40%即176 224.8元并无不当。

（二）关于第二个争议焦点的认定

根据双方交易代理协议第13条约定，前一个交易日出现涨（跌）停板，天水分行有权在下一个交易日开市后交易时段内的任何时点对乙方持有的部分或全部现货延期交收合约持仓进行强行平仓处理。因2016年7月4日14时出现涨停，强平保证金比例调整为13%，该日日终结算时，彭××持仓1300手，已付保证金为270 505.65元，结算价为4277元，已付保证金比例为4.86%，低于强平保证金比例。故天水分行可以于下一个交易日的三个交易时段内任何时间点对彭××账户进行强行平仓。由于现货延期交易市场价格瞬息万变，彭××未举证证明平仓价位在当时市场条件下不属于合理范围。故天水分行于2016年7月4日20时34分对彭××账户进行强行平仓未违反协议约定。

但是，关于彭××7月5日保证金亏损403 189元（其中包括给天水分行造成的穿仓损失137 803.77元）是否应由天水分行承担的问题。本院认为，虽然双方协议中约定，天水分行依据协议对彭××持仓进行强行平仓，只要成交的平仓价位、平仓数量在当时的市场条件下属于合理范围，对强行平仓后造成的彭××账户内资金损失以及天水分行的穿仓损失均应由彭××承担。但本案中，因天水分行在2016年7月1日、7月4日上午时段，银行系统从彭××的银行账户中自动扣款追加保证金的行为不当，导致天水分行在强行平仓条件成就时，未及时对彭××交易账户进行强行平仓，天水分行存在一定过错。之后，彭××自己亦未采取平仓等措施保护自身财产安全，也未对天水分行未强行平仓提出异议，反而在7月4日市场波动剧烈、行情上涨的情况下，仍然进行做空交易，也存在导致损失进一步扩大的责任。因此，对于7月4日日终结算时，彭××账户保证金比例仅为4.86%，双方均有一定责任。故天水分行于7月4日20时34分对彭

××账户启动强行平仓后造成的损失结果，与天水分行在7月1日、7月4日强平条件成就时，系统自动从彭××账户扣款追加保证金，导致彭××账户保证金比例高于强平线，未进行强行平仓的原因之间具有不可分性，二者之间存在一定的因果关系。一审法院认为由天水分行承担因强行平仓给彭××账户资金造成损失265 385.23元的40%，由彭××承担天水分行因强行平仓造成的穿仓损失137 803.77元的60%，与天水分行、彭××在履行协议过程中各自的过错程度相符，并无不当。

二、评析

（一）贵金属现货延期交收合约业务纠纷案件的规则适用问题

天水分行作为上海黄金交易所会员，代理彭××在上海黄金交易所内进行递延业务及相关的资金清算、实物交割活动。该合约业务的交易模式采用保证金制度，具有资金杠杆放大效应，采用当日无负债结算制度和强行平仓制度，可以当日随时开仓、随时平仓，投资者可以"做多"和"做空"。我国关于贵金属现货延期交易目前无对应的法律规则予以规范，但《上海黄金交易所现货交易规则》《上海黄金交易所延期交收交易规则》中对于会员单位对客户交易账户执行强行平仓的标准、条件等均有明确具体规定。金融机构与客户在意思表示一致的情况下签订的交易代理协议在不违反上述规则的情况下，依法成立并有效，双方均应依约履行。因此，审理此类纠纷应严格对合同内容的审查，并对双方是否按照合同约定履行了各自的义务进行调查核实，最后根据履约情况判定双方各自应承担的责任。

（二）对贵金属交易案件中强行平仓行为性质的认定

强行平仓制度，是指当客户账户内交存的保证金比例低于双方约定或交易所规定的保证金比例时，经金融机构通知客户，但客户未能在指定期限内追加足额保证金时，金融机构按照双方协议约定直接将客户账户内持有的头寸全部或部分卖出的行为。强行平仓的根本目的在于避免透支交易，这其中风险的主要承担者不仅仅是投资者，也是金融机构本身。本案中，天水分行主张因强行平仓系金融机构的权利，在客户保证金不足以触发强行平仓条件时，可以不对彭××持仓实施强行平仓的主张，与上海黄金交易所的规则以及强行平仓目的相悖。在客户保证金低于强行保证金比例，客户又未能在约定的时间内追加或自行减仓的情况下，金融机构为避免客户及金融机构的账户风险，应当及时行使强行平仓的权利。

（三）金融机构从客户交易保证金账户中直接扣划的资金范围问题

根据上海黄金交易所现货交易规则、延期交收交易规则和双方的协议约定，金融机构的责任是严格根据客户的指令进行交易操作，一般情形下无权处分客户财产。金融机构与客户之间应当对银行系统有权划转的资金范围进行明确约定，如无证据证明银行系统可以自动对客户账户内的资金进行扣款，用以充抵交易保证金时，银行系统不能擅自从客户账户中进行扣划，此时法院须严格审查合同中关于银行系统有权划转资金范围的约定。因保证金制度具有资金杠杆放大效应，本案中天水分行不能因客户对之前交易中存在扣划资金以充抵保证金的情形未提出异议，就当然推定双方对系统自动从绑定账户中扣款追加保证金的行为达成了一致意见。

（四）因未及时启动强行平仓或强行平仓不当造成损失后，金融机构与客户的责任认定问题

只要强行平仓的实体条件及程序条件具备，金融机构就应当行使强行平仓的权利。强行平仓的实体条件为客户账户内资金低于强平保证金和客户未能在合理时间内补仓；程序条件为金融机构在客户交易保证金比例低于强平线时，应当及时履行通知和预警义务，如客户未能在约定的时间内追加或自行减仓，金融机构为避免客户及金融机构的账户风险，应当及时行使强行平仓的权利。作为客户，在收到金融机构的通知和预警后，应当主动通过现货延期交收合约平仓、卖出现货实盘合约交易、补足资金等方式有效控制交易风险，在客户未采取相应措施的情况下，金融机构应及时行使强行平仓的权利，否则对未及时启动强行平仓造成客户账户资金的损失，金融机构亦应承担相应的违约责任。本案中，天水分行违反协议约定直接从彭××账户自动扣划资金追加交易保证金，导致彭××账户保证金比例提高到强平线以上，天水分行未启动强行平仓不当。天水分行对彭

××交易账户未尽到相应的防控义务，对彭××账户内损失应承担相应的违约责任。但彭××在天水分行未采取强行平仓后，未对市场行情、交易风险作出合理预判，亦未采取平仓等措施避免损失进一步扩大，对于扩大部分的损失应由彭××个人承担。本案的特殊之处在于双方庭审中均明确表示无法区分彭××未补足交易保证金的损失、天水分行未启动强行平仓的损失以及彭××应当自行平仓而未平仓造成的扩大损失，故法院最终判决天水分行承担全部损失的40%，彭××承担全部损失的60%，是在对双方违约责任进行分析认定的基础上作出的认定，符合案件事实，彰显了公平正义。

合议庭成员：丁建文、石岚、张碧霞

撰写人：石岚

二、建设工程施工合同纠纷

18. 发包人对实际施工人的付款责任受发包人欠付承包工程款数额、转包人欠付实际施工人工程款数额的双重限制，发包人应当对其已付工程款数额承担举证证明责任

——固原佳和房地产开发有限公司与董××、杨××、宁夏得发建设工程有限公司建设工程施工合同纠纷案

○ 案件基本信息

一、诉讼当事人

再审申请人（一审被告）：固原佳和房地产开发有限公司（以下简称佳和房地产公司）

被申请人（一审原告、二审被上诉人）：董××

被申请人（一审被告、二审上诉人）：杨××

被申请人（一审被告）：宁夏得发建设工程有限公司（以下简称得发建设公司）

二、案件索引与裁判日期

一审：宁夏回族自治区固原市中级人民法院（2019）宁04民初30号民事判决（2019年11月1日）

二审：宁夏回族自治区高级人民法院（2020）宁民终1号民事判决（2020年6月15日）

申请再审：最高人民法院（2020）最高法民申5123号民事裁定（2020

年 10 月 28 日）

再审：最高人民法院（2021）最高法民再 147 号民事判决（2021 年 9 月 29 日）

三、案由

建设工程施工合同纠纷

裁判要旨

实际施工人以发包人为被告请求支付工程款的，人民法院应查明发包人欠付承包人工程款的数额。发包人对实际施工人的付款责任，受发包人欠付承包人工程款数额、转包人欠付实际施工人工程款数额的双重限制。实际施工人应就转包人欠付其工程款的数额承担举证证明责任，发包人应当对其已付工程款数额承担举证证明责任。

裁判依据

《最高人民法院关于审理建设工程施工合同纠纷案件适用法律问题的解释（二）》（2021 年 1 月 1 日废止）

第二十四条 实际施工人以发包人为被告主张权利的，人民法院应当追加转包人或者违法分包人为本案第三人，在查明发包人欠付转包人或者违法分包人建设工程价款的数额后，判决发包人在欠付建设工程价款范围内对实际施工人承担责任。

对应新法

《最高人民法院关于审理建设工程施工合同纠纷案件适用法律问题的解释（一）》（2020 年 12 月 29 日）

第四十三条 实际施工人以转包人、违法分包人为被告起诉的，人民法院应当依法受理。

实际施工人以发包人为被告主张权利的，人民法院应当追加转包人或者违法分包人为本案第三人，在查明发包人欠付转包人或者违法分包人建设工程价款的数额后，判决发包人在欠付建设工程价款范围内对实际施工人承担责任。

● 基本案情

2013年6月，得发建设公司中标固原市西南新区祥和苑安置房建设项目，与佳和房地产公司签订《建设工程施工合同》，约定合同价款以审计后的工程结算价为准。2013年8月，得发建设公司与董××签订《施工协议书》，由董××施工上述项目中的四栋住宅楼，施工方式为包工包料。得发建设公司于2014年5月21日出具付款明细，并记载此款项同意转入杨××账户内，由杨××统一支付。该工程已经竣工验收并备案。

经固原市审计局委托审计，该工程审定金额98 371 600.04元，得发建设公司、佳和房地产公司对此均无异议；其中董××施工的四栋住宅楼审定价共计25 340 378元。

董××向一审法院起诉请求：判令杨××、得发建设公司、佳和房地产公司支付董××工程款11 349 856.53元及利息等。

得发建设公司辩称，本案与得发建设公司没有任何关系，得发建设公司不应成为本案被告。如果董××认为欠付工程款，也应向施工队负责人杨××主张。得发建设公司已经向杨××支付工程款4000余万元，远大于董××所主张的工程款。

佳和房地产公司辩称，请求驳回董××对佳和房地产公司的诉请。案涉工程系由得发建设公司承包建设，董××与佳和房地产公司没有关系。即使董××为实际施工人，发包人承担的责任仅为在未付工程款范围内承担责任，因佳和房地产公司已按照合同约定履行了全部付款义务，故不应再承担付款责任。

杨××辩称，请求驳回董××的诉请。董××并非本案实际施工人，且对工程总价款、得发建设公司已付款项、代付材料款情况均不清楚。

争议焦点

佳和房地产公司是否对董××主张的工程款承担付款责任；如果承担，佳和房地产公司欠付的工程款数额为多少。

裁判结果

一审法院判决：一、由得发建设公司、杨××于判决生效后10日内向董××支付工程款6 979 525.50元，并按中国人民银行同期同类贷款利率支付自2019年2月25日至实际给付工程款之日止利息；二、驳回董××其他诉讼请求。

二审法院判决：一、撤销宁夏回族自治区固原市中级人民法院（2019）宁04民初30号民事判决；二、得发建设公司、杨××于判决生效后10日内向董××支付工程款6 027 725.50元，并以6 027 725.50元为基数支付利息；三、佳和房地产公司在得发建设公司、杨××欠付董××工程款6 027 725.50元范围内承担付款责任；四、驳回董××其他诉讼请求。

再审法院判决：一、维持宁夏回族自治区高级人民法院（2020）宁民终1号民事判决第一项、第二项；二、撤销宁夏回族自治区高级人民法院（2020）宁民终1号民事判决第四项；三、变更宁夏回族自治区高级人民法院（2020）宁民终1号民事判决第三项为：佳和房地产公司在欠付得发建设公司工程款4 942 904.32元范围内对董××承担付款责任；四、驳回董××其他诉讼请求。

裁判理由及评析

佳和房地产公司在原审中提供了相关证据证明已付得发建设公司的工程款数额，二审判决以其双方对佳和房地产公司欠付数额的主张差距大为由，在未审理查明佳和房地产公司已付及欠付工程款数额等事实的情况下，径行认定佳和房地产公司举证不能，并以得发建设公司等欠付董××的工程款数额作为佳和房地产公司承担付款责任的数额，其认定事实及适用法律均存在错误。本案再审中，认定了佳和房地产公司就祥和苑安置房工程应向得发建设公司支付的工程款数额，根据发包人佳和房地产公司的举证认定了其已付款数额。因董××仅对祥和苑安置房工程中的部分工程进行了施工，佳和房地产公司所提交的已付工程款证据无法区分其对董××施工工程所支付的工程款数额，故认定佳和房地产公司在整体欠付得发建设公司工程款范围内对董××承担付款责任。

  本案争议的主要问题是实际施工人以发包人为被告主张工程款，发包人对实际施工人承担责任数额的认定问题。对此问题，原《建工司法解释（二）》第24条①进行了规定，即"发包人在欠付建设工程价款范围内对实际施工人承担责任"。但司法实践中发现有多种错误认识：有的直接表述为发包人在欠付承包人工程款范围内对实际施工人承担付款责任，对于具体数额未查明也未体现；有的以发包人欠付承包人的数额作为发包人对实际施工人承担的付款数额。前类因发包人向实际施工人承担的数额不明，导致判决难以执行，甚至需要另行起诉确定该数额，徒增诉累；后类可能造成实际施工人取得的工程款超出其应得数额，而承包人却少取得工程款的错误。本案对于适用该规定时，应查明哪几方之间的工程款数额、各方的举证责任如何分配等进行了详细的分析，以期统一该类问题的裁判。同时，从实际施工人权利救济角度，对实际施工人适用该条规定向发包人主张权利与实际施工人行使承包人的代位权向发包人主张权利，进行了利弊分析，以便实际施工人根据实际情况自行选择救济途径。

一、实际施工人以发包人为被告主张工程款的具体认定问题

  《建工司法解释（一）》第43条第2款规定："实际施工人以发包人为被告主张权利的，人民法院应当追加转包人或者违法分包人为本案第三人，在查明发包人欠付转包人或者违法分包人建设工程价款的数额后，判决发包人在欠付建设工程价款范围内对实际施工人承担责任。"据此，认定发

---

① 该司法解释已被废止，相关规定对应现《建工司法解释（一）》第43条。

人对实际施工人承担支付工程款责任，涉及以下几个问题。

（一）人民法院应查明发包人欠付承包人工程款的具体数额

发包人在欠付工程价款范围内对实际施工人承担责任，在保护实际施工人利益的同时，也在防止加重发包人的责任，明确发包人仅在欠付承包人的工程价款数额内承担责任。如上所述，发包人系在其欠付承包人工程款的范围内对实际施工人承担付款责任，故查明发包人欠付工程款的数额对其责任的认定至关重要。就此问题，原《建工司法解释（二）》第24条专门对原《建工司法解释》第26条作出修改，增加人民法院应"在查明发包人欠付转包人或者违法分包人建设工程价款的数额后"作出判决的规定。《建工司法解释（一）》第43条亦保留了该表述。

（二）发包人在欠付工程款范围内对实际施工人承担责任

根据合同的相对性原则，对于发包人欠付承包人的工程款数额、转包人欠付实际施工人的工程款数额，应当根据各自的合同分别认定。发包人承担的支付范围，应受发包人欠付承包人工程款数额、转包人欠付实际施工人工程款数额的双重限制，即以其中较小的数额为限。否则，就可能出现损害发包人权益的情况。具体来说，如果发包人欠付数额大于转包人欠付的数额，发包人所承担的范围为转包人欠付实际施工人的工程款数额；如果发包人欠付数额小于转包人欠付的数额，发包人所承担的范围仅为其欠付承包人工程款数额。发包人在欠付工程款范围内对实际施工人承担责任，不仅是对实际施工人权益的保护（实际施工人可突破合同相对性向发包人主张欠付工程款），亦是对发包人权益的保护（发包人承担责任的范围仅限于其应向承包人支付的工程款），也能督促发包人及时履行工程款义务。

（三）关于证据责任问题

根据"谁主张、谁举证"的原则，实际施工人就转包人欠付其工程款数额承担举证责任自无争议。就发包人欠付承包人工程款数额的举证责任问题，实践中发包人付款的证据通常由其自身及承包人持有，实际施工人往往并不介入发包人与承包人之间的结算及付款，在实际施工人难以接触并掌握该类证据的情况下，要求其对发包人的付款情况承担举证责任，不仅不切实际，亦与司法解释所规定的保护实际施工人的意旨相违背，故发包人应当对其已付工程款数额承担举证责任。发包人如果不积极举证或者不能证明其已付工程款数额的，应当承担举证不能的后果，即按照转包人欠付实际施工人的工程款数额承担付款责任。

二、实际施工人以发包人为被告主张工程款，与其行使承包人对发包人代位权的关系

《民法典》第535条规定："因债务人怠于行使其债权或者与该债权有关的从权利，影响债权人的到期债权实现的，债权人可以向人民法院请求以自己的名义代位行使债务人对相对人的权利，但是该权利专属于债务人自身的除外。代位权的行使范围以债权人的到期债权为限。债权人行使代位权的必要费用，由债务人负担。相对人对债务人的抗辩，可以向债权人主张。"《建工司法解释（一）》第44条规定："实际施工人依据民法典第五百三十五条规定，以转包人或者违法分包人怠于向发包人行使到期债权或者与该债权有关的从权利，影响其到期债权实现，提起代位权诉讼的，人民法院应予支持。"

代位权是法律规定的债权人享有的一项权利，符合法定条件的债权人均享有，实际施工人作为承包人的债权人，承包人作为发包人的债权人，在符合法律规定的条件下，实际施工人可以代承包人之位向发包人主张权利。代位权的行使与实际施工人向发包人主张工程款，作为不同的制度安排，均能实现实际施工人的工程款债权。

（一）实际施工人无论是直接向发包人主张工程款，还是通过行使代位权的方式主张工程款，均不能主张工程价款优先受偿权

《民法典》第535条第1款规定："因债务人怠于行使其债权或者与该债权有关的从权利，影响债权人的到期债权实现的，债权人可以向人民法院请求以自己的名义代位行使债务人对相对人的权利，但是该权利专属于债务人自身的除外。"建设工程价款优先受偿权是否属于该款所规定的从权

利，影响到实际施工人以代位权向发包人行使的权利范围。对此问题，实践中有争议。我们认为，该款规定的从权利主要是指担保物权和保证，不包含建设工程价款优先受偿权。理由如下：首先，建设工程价款优先受偿权源于原《合同法》第286条①的规定，根据该条规定，享有建设工程价款优先受偿权的主体是与发包人订立建设工程施工合同的承包人。权利源于法定或者约定，该权利属于承包人，法律并未赋予实际施工人建设工程价款优先受偿权。其次，实际施工人在行使承包人对发包人的代位权时，并不能行使建设工程价款优先受偿权。实际施工人不享有建设工程价款优先受偿权，不能因其选择了不同的救济方式而改变其享有权利的范围。如果实际施工人可通过代位权的行使取得建设工程价款优先受偿权，与《民法典》第807条的立法目的不符。最后，实际施工人系因转包、违法分包、挂靠等违法行为而产生的特殊主体，如实际施工人可通过代位权制度享有工程价款优先受偿权，实则享有了同承包人相同的权利，将导致变相鼓励违法行为。

（二）以代位权主张的工程款债权范围大于实际施工人直接向发包人主张工程款债权的范围

代位权的债权范围仅要求系承包人的债权即可，并不限于工程款，故还可以包含工程款利息，可以是双方基于其他工程产生的债权，也可以是因其他合同关系产生的债权。而实际施工人直接向发包人主张权利，实践中多数观点认为仅限于发包人欠付承包人的工程款，不包含利息。就债权范围而言，实际施工人选择行使代位权更有利于债权的充分实现。

（三）实际施工人向承包人和发包人一并主张权利，更有利于实际施工人权利的充分实现

实际施工人以代位权主张工程款债权仍要受限于发包人对承包人的债权数额，这就导致当承包人欠付实际施工人的工程款数额大于发包人欠付承包人的债权数额时，实际施工人对于行使代位权后未受偿部分仍需向承

---

① 现对应《民法典》第807条。

包人主张，需要再行救济。而实际施工人向发包人主张工程款债权的同时亦可以将承包人作为被告，在同一诉讼中由承包人承担支付工程款责任，更有利于实际施工人权利的充分实现。

综上，实际施工人向发包人行使代位权或是直接向发包人主张工程款，是其工程款债权行使的不同方式，各有利弊。实际施工人可根据实际情况，自行选择救济途径。

合议庭成员：吴兆祥、何波、陈宏宇
撰写人：陈宏宇、赵静

19. 发包人与承包人均借用资质，名义承包人请求名义发包人和实际发包人支付工程款的，人民法院应予支持

——庄浪县宏达建筑安装工程有限责任公司与静宁县建筑集团房地产开发有限责任公司、李××、刘×建设工程施工合同纠纷案

○ 案件基本信息

一、诉讼当事人

再审申请人（一审原告、二审上诉人）：庄浪县宏达建筑安装工程有限责任公司（以下简称宏达公司）

被申请人（一审被告、二审被上诉人）：静宁县建筑集团房地产开发有限责任公司（以下简称静建公司）

被申请人（一审被告、二审被上诉人）：李××

被申请人（一审被告、二审被上诉人）：刘×

二、案件索引与裁判日期

一审：甘肃省平凉市中级人民法院（2018）甘08民初122号民事判决（2019年12月30日）

二审：甘肃省高级人民法院（2020）甘民终301号民事判决（2020年6月18日）

申请再审：最高人民法院（2021）最高法民申123号民事裁定（2021年3月19日）

再审：最高人民法院（2021）最高法民再178号民事判决（2021年12月16日）

三、案由

建设工程施工合同纠纷

裁判要旨

建设工程施工合同的发包人与承包人均为借用资质,除名义发包人与名义承包人之间签订了建设工程施工合同外,实际发包人与实际承包人亦签订了建设工程施工合同的,名义承包人有权起诉请求名义发包人和实际发包人支付工程款,名义发包人与实际发包人均应承担支付工程款的责任。

裁判依据

《最高人民法院关于审理建设工程施工合同纠纷案件适用法律问题的解释（二）》（2021年1月1日废止）

第四条 缺乏资质的单位或者个人借用有资质的建筑施工企业名义签订建设工程施工合同，发包人请求出借方与借用方对建设工程质量不合格等因出借资质造成的损失承担连带赔偿责任的，人民法院应予支持。

对应新法

《最高人民法院关于审理建设工程施工合同纠纷案件适用法律问题的解释（一）》（2020年12月29日）

第七条 缺乏资质的单位或者个人借用有资质的建筑施工企业名义签订建设工程施工合同，发包人请求出借方与借用方对建设工程质量不合格等因出借资质造成的损失承担连带赔偿责任的，人民法院应予支持。

基本案情

本案中的被告李××、刘×借用静建公司的资质开发房产项目，二人以静建公司名义，经过招投标与宏达公司分别签订鼎邦名都2号楼、1号楼《建设工程施工合同》，并进行备案。两份合同约定的工程价款均为固定价款。

《建设工程施工合同》签订后相隔几天，李××针对2号楼、1号楼工程分别又与李×1、李×2签订《施工合同书》，均约定为固定单价。李×2系宏达公司设立的项目部负责人，经工商登记备案。李×1系李×2之子，代其父签订。

鼎邦名都1号楼、2号楼1~4单元工程已经完成，其中部分工程项目甩项给第三方完成。2号楼5~6单元由案外人施工，李××向案外人支付了部分工程款。

静建公司曾就案涉工程起诉宏达公司，请求宏达公司向其移交工程竣工验收所需的完整施工资料，配合其办理工程验收备案手续。对此，甘肃省平凉市中级人民法院于2018年12月26日作出（2018）甘08民终855号民事判决，支持了静建公司的诉讼请求。该判决认定事实部分查明，"施工完成后，宏达公司于2015年2月3日向静建公司提交了鼎邦名都商住楼的竣工验收报告"。

李×2向法院出具的说明记载，李×2系静建公司鼎邦名都项目的实际施工人，其同意宏达公司向静建公司、李××、刘×主张工程款。法院向李×2和李×1核实，李×2称其借用资质承包案涉工程，其同意宏达公司主张工程款；李×1称因李×2不识字，其代李×2签订了《施工合同书》，除此之外其与案涉工程无关。

宏达公司向一审法院起诉请求：判令静建公司、李××、刘×共同偿还宏达公司工程款1304万余元，违约金417万余元。

争议焦点

宏达公司是否有权主张案涉工程款；如宏达公司有权主张案涉工程款，支付工程款责任的主体如何认定。

裁判结果

一审法院判决：一、李××、刘×向宏达公司支付工程款3 726 633.15元；二、李××、刘×向宏达公司支付利息1 082 459.31元；

三、驳回宏达公司其他诉讼请求。

二审法院判决：一、撤销甘肃省平凉市中级人民法院（2018）甘08民初122号民事判决；二、驳回宏达公司诉讼请求。

再审法院判决：一、撤销甘肃省高级人民法院（2020）甘民终301号民事判决及甘肃省平凉市中级人民法院（2018）甘08民初122号民事判决；二、静建公司、李××、刘×于本判决生效后15日内向宏达公司支付工程款3 984 679.58元及利息；三、驳回宏达公司其他诉讼请求。

裁判理由及评析

一、关于宏达公司是否有权主张案涉工程款问题

根据原审查明的事实，李××、刘×借用静建公司开发资质开发案涉项目。李×2借用宏达公司的名义承包案涉工程，经过招投标程序，宏达公司与静建公司就案涉工程签订了《建设工程施工合同》并进行备案。在《建设工程施工合同》签订后，李××与李×2以及李×1分别就案涉工程签订了《施工合同书》。虽《施工合同书》《建设工程施工合同》签订的主体不同，但基于以下几点理由，宏达公司是案涉工程的承包人，其有权主张案涉工程款。

首先，李×2借用宏达公司的名义承包案涉工程，李×2、李×1签订的《施工合同书》系基于《建设工程施工合同》的签订，李×1系代其父李×2签订《施工合同书》，《施工合同书》与《建设工程施工合同》密切相关。

其次，工程报验单等施工资料均加盖了宏达公司的印章，宏达公司办理了竣工验收事宜。由此可见，被挂靠方宏达公司参与了建设工程施工合同的履行，实际施工人李×2亦认可宏达公司的承包人地位，故宏达公司系案涉工程的承包人。静建公司于2018年6月以宏达公司为被告，起诉请求宏达公司向其移交工程竣工验收资料，配合办理工程验收备案手续，生效判决支持了静建公司的诉讼请求，静建公司的诉讼行为亦表明其认可宏达公司为案涉工程的承包人。

最后，原《建工司法解释（二）》规定实际施工人以发包人为被告主张权利，突破合同相对性，系基于保护实际施工人权益的目的，该规定并不排除承包人以建设工程施工合同主张工程款的权利。

综上，原判决以各方实际履行的是《施工合同书》，将各方签订《建设工程施工合同》的事实与其他事实割裂，错误认定宏达公司未履行合同，从而否定宏达公司的承包人地位，导致承包主体认定错误，再审予以纠正。宏达公司作为案涉工程的承包人，其有权主张案涉工程款债权。

二、关于工程款支付责任主体的认定问题

静建公司出借资质与宏达公司签订《建设工程施工合同》，李××、刘×借用静建公司开发资质，静建公司作为名义上的发包人基于其签订合同的事实，应当承担支付工程款的责任。李××、刘×与实际施工人就案涉工程签订了《施工合同书》，李××、刘×作为合同的实际履行主体，亦应当承担支付工程款的责任。

三、评析

在建设工程施工合同案件的审理中，经常出现借用资质的行为，在认定法律关系主体时，应当结合合同的实际履行情况、法律效果等来判断真正的法律关系主体，避免当事人借用名实不符的合同，逃避责任。本案中，承包人和发包人均存在借用资质的事实，原判决以备案的《建设工程施工合同》未实际履行为由，否认宏达公司、静建公司在案涉工程施工合同法律关系中的主体地位，将存在以下几方面问题。

（一）难以追究承包人宏达公司、发包人静建公司的工程质量责任

《建筑法》第58条第1款规定，"建筑施工企业对工程的施工质量负责"；《城市房地产开发经营管理条例》第16条第2款规定，"房地产开发企业应当对其开发建设的房地产开发项目的质量承担责任"；原《建工司法解释（二）》第4条规定，"缺乏资质的单位或者个人借用有资质的建筑施工企业名义签订建设工程施工合同，发包人请求出借方与借用方对建设工

程质量不合格等因出借资质造成的损失承担连带赔偿责任的,人民法院应予支持"。根据以上规定,房地产开发企业、建筑施工企业依法应对工程质量承担责任;出借施工资质的情况下,借用方和出借方应对工程质量承担连带责任。本案如果认定《建设工程施工合同》未履行,将导致认定宏达公司、静建公司对工程质量的责任承担没有合同依据,明显与法律规定不符,造成建设项目质量管理等均可能失去保障。

(二)与房地产开发企业资质管理规定及建筑行业资质管理规定相悖,亦导致权利义务不对等

《建筑法》《城市房地产管理法》分别规定了进行房地产开发、工程承包均需要相关资质。为了规避法律、行政法规关于资质管理的强制性规定,实践中出现大量借用资质开发、承包工程的行为。本案中,李××、刘×借用静建公司的开发资质对外从事房地产开发,无论宏达公司在履行合同中的具体施工人为何主体,是否与发包人签订合同,实际施工人均是基于宏达公司与静建公司的施工合同关系进行施工。本案中,如果剥离《建设工程施工合同》,单从《施工合同书》认定实际施工人与李××、刘×的关系,会出现生效判决判令宏达公司履行承包人义务向静建公司移交工程竣工验收资料等,宏达公司却不享有主张工程款的权利;导致发包方静建公司出借资质获利并享有发包人权利,但不承担任何民事义务,造成权利义务不对等;亦将纵容出借资质的不法行为,导致国家失去对建筑市场管理和监督的基础。

(三)导致实际施工人难以依法向宏达公司主张工程价款,影响实际施工人的权利

原判决一方面认定李×2、李×1为实际施工人,另一方面认定宏达公司不是建设工程施工合同法律关系的主体,导致实际施工人难以依法向宏达公司主张工程价款。此外,原《合同法》第286条(现对应《民法典》第807条)规定,"发包人未按照约定支付价款的,承包人可以催告发包人在合理期限内支付价款。发包人逾期不支付的,除按照建设工程的性质不宜折价、拍卖的以外,承包人可以与发包人协议将该工程折价,也可以申请人民法院将

该工程依法拍卖。建设工程的价款就该工程折价或者拍卖的价款优先受偿",该规定赋予了承包人工程价款优先受偿权。原判决否定宏达公司的承包人地位,宏达公司无法享有法律赋予的工程价款优先受偿权,最终影响实际施工人的权利。原审在判决结果对实际施工人权利产生实质影响的情况下,未通知与本案有利害关系的实际施工人参加诉讼,影响实际施工人的权利。

(四)与处理名实不符法律关系的其他相关规定精神不协调

本案中,宏达公司虽然是名义上的承包人,但法律及行政法规关于资质的要求对于保障建设工程的质量具有重要意义,保障建筑工程质量的利益应当高于合同自由的利益。出于公共利益考虑、外观信赖利益的保护,根据前述建筑行业的管理规定和法律对承包企业工程质量责任的规定,应当肯定宏达公司在本案建设工程施工法律关系中的承包人地位,受其所规避的法律规定的约束。这也与其他规定精神相一致,例如,《公司法规定(三)》第27条规定了名义股东和实际出资人之间的股权代持协议只能在协议双方之间发生法律效力,不能对抗第三人。该条规定:"股权转让后尚未向公司登记机关办理变更登记,原股东将仍登记于其名下的股权转让、质押或者以其他方式处分,受让股东以其对于股权享有实际权利为由,请求认定处分股权行为无效的,人民法院可以参照民法典第三百一十一条的规定处理。原股东处分股权造成受让股东损失,受让股东请求原股东承担赔偿责任、对于未及时办理变更登记有过错的董事、高级管理人员或者实际控制人承担相应责任的,人民法院应予支持;受让股东对于未及时办理变更登记也有过错的,可以适当减轻上述董事、高级管理人员或者实际控制人的责任。"

合议庭成员:陈宏宇、吴笛、张梅
撰写人:陈宏宇、赵静

20. 以出借资金支付工程款并履行了部分发包人权利的出借人，视为加入建设工程施工合同法律关系

——陕西雄风新能源有限公司、晋能控股山西电力股份有限公司与中铁十七局集团第一工程有限公司建设工程施工合同纠纷案

◉ 案件基本信息

一、诉讼当事人

上诉人（一审被告）：陕西雄风新能源有限公司（以下简称雄风公司）

上诉人（一审被告、反诉原告）：晋能控股山西电力股份有限公司（原名称山西漳泽电力股份有限公司，以下简称晋能电力）

被上诉人（一审原告、反诉被告）：中铁十七局集团第一工程有限公司（以下简称十七局一公司）

二、案件索引与裁判日期

一审：榆林市中级人民法院（2020）陕08民初8号民事判决（2020年12月9日）

二审：陕西省高级人民法院（2021）陕民终67号民事判决（2021年5月19日）

三、案由

建设工程施工合同纠纷

◉ 裁判要旨

一方当事人出借资金是以支付工程款形式完成，同时约定出借人享有确认设备材料、审查变更设计方案等发包人权利，故出借人实际加入了案

涉建设工程施工合同关系，应在其加入该建设工程施工合同范围内承担相应的法律责任。

◎ 裁判依据

《中华人民共和国民法典》（2020年5月28日）

第五百五十二条　第三人与债务人约定加入债务并通知债权人，或者第三人向债权人表示愿意加入债务，债权人未在合理期限内明确拒绝的，债权人可以请求第三人在其愿意承担的债务范围内和债务人承担连带债务。

◎ 基本案情

2016年5月12日，十七局一公司（乙方）与雄风公司（甲方）签订《陕西雄风新能源有限公司定边30MWp光伏发电项目工程总承包合同》（以下简称总承包合同），合同约定由十七局一公司承包完成雄风公司定边30兆瓦光伏发电项目。2016年12月18日，十七局一公司作为合同丙方、山西漳泽电力股份有限公司（以下简称漳泽电力）作为合同甲方、雄风公司作为合同乙方、案外人白××、张××作为合同丁方签订《陕西雄风新能源有限公司定边30MWp光伏电站项目合作协议》（以下简称合作协议）。协议约定由漳泽电力为案涉项目提供资金支持，案外人白××、张××将持有的雄风公司100%的股权质押给漳泽电力。项目建成全站并网发电，并取得发电许可证后10个工作日内，案外人白××、张××及雄风公司不能按中国人民银行同期贷款利率的4倍偿还漳泽电力支付的EPC总承包合同价款及资金占用费，案外人白××、张××同意将持有雄风公司100%股权转让给漳泽电力。协议同时约定各方在尊重已经签订的总承包协议的基础上，就总承包所涉及的具体事宜在合作协议中列明丁方与丙方连带负责办理项目备案、并网所需的全部文件，并承担相关全部费用，包括但不限于：项目光伏并网项目电站的勘察，前期审批手续，出让或划拨用地土地证办理，建设规划许可审批手续，建设开工许可手续，发电业务许可证，购售电协议，并网调度协议，电力质检中心的验收，电网公司组织的入网发电前验收、安评、环评、水保、消防等验收或者批复文件，取得上网电价及补贴电价的批复等文件，后期水保恢复费用、安全评估、环评后期评估等文件，费用包含在总承包价款内，由丁方与丙方承担。进度款及质保金支付条件与总承包协议一致。协议还约定甲方未按照协议约定支付价款，每延迟一天，甲方应承担期末支付金额万分之一的违约金，如甲方超过约定付款期限，乙方有权解除合同。丁方未按照协议约定期限将所持项目公司 100% 股权过户给甲方的，每延迟一日按日向甲方支付已付总承包价格万分之一的违约金。超过 30 日未过户的，甲方有权解除协议，乙方、丙方、丁方应在甲方通知后 30 日内退还甲方所支付的全部款项及银行同期贷款利率的四倍计算的利息，同时支付违约金，并承担由此产生的其他损失，乙方、丙方、丁方对此应承担连带责任。项目未按照节点完成全站并网发电（含宽限期），每延迟一日，丙方、丁方按日向甲方支付总承包价格万分之一的违约金，并赔偿由此给甲方造成的损失。延迟超过 20 日仍然未完成全站并网发电，甲方有权解除本协议，乙方、丙方、丁方应在甲方通知后 30 日内退还甲方所支付的全部款项及银行同期贷款利率的 4 倍计算的利息，同时支付违约金，并承担由此产生的其他损失，乙方、丙方、丁方对此应承担连带责任。协议中还约定，项目应当在 2017 年 2 月 28 日之前 10MW 光伏阵列并网发电，2017 年 4 月 30 日前全站并网发电，并落实 0.88 元/度电价。项目如在 2017 年 4 月 30 日后全站并网发电，并落实 0.88 元/度电价，丁方、丙方除按上述条款承担相应利息外，还应支付甲方违约金 100 万元，同时赔偿因此给甲方造成的损失。甲方按照约定按时付款，项目如未能获得 0.88 元/度的电价，根据保持甲方投资收益率不变的原则，电价每下降 0.01 元/度，甲方相应在付丙方的总承包价格内扣除 0.08 元/度。如甲方未能按照本协议约定按时付款，导致工期延误，项目未能获得 0.88 元/度的电价，责任由甲方自行承担。合作协议还约定，项目建设用设备、材料须经甲方确认，甲方有权对主要设备监造、检测，有权对设计方案进行审查优化并要求实施，甲方认可项目监理单位等。

2017 年 4 月 14 日十七局一公司与雄风公司签订《陕西雄风 30MWp 光

伏发电项目进度补充协定》，约定"施工现场已具备10MW并网条件，5月15日前保障28MW并网，6月30日前保障33MW并网"等。

2017年5月12日，十七局一公司与雄风公司形成《陕西雄风新能源定边30MWp项目沟通协调会会议纪要》，就项目几个关键节点和相关事宜达成一致意见。2017年1月10日，漳泽电力通过同煤漳泽（上海）融资租赁有限责任公司向十七局一公司支付预付款4830万元，2017年1月22日，通过同煤漳泽（上海）融资租赁有限责任公司向十七局一公司支付进度款3622.5万元，2017年4月4日，通过同煤漳泽（上海）融资租赁有限责任公司向十七局一公司支付进度款3622.5万元，2017年7月6日，通过同煤漳泽（上海）融资租赁有限责任公司向十七局一公司支付进度款3622.5万元，2018年7月，雄风公司代十七局一公司向定边县佳益能源开发有限公司支付225万元、向陕西绿泰建设监理有限责任公司支付6万元、向陕西浩德管理顾问有限公司支付26万元。2018年8月17日，雄风公司向十七局一公司支付工程款20万元，2018年12月，雄风公司向十七局一公司支付380万元，2019年2月，雄风公司向十七局一公司支付工程款400万元，2019年3月，十七局一公司委托雄风公司向石××支付150万元。漳泽电力、雄风公司共计支付工程款16 904.5万元。案涉项目已于2017年6月13日并网发电，项目26MW获得电价为0.72元/度，4MW暂未获得核准电价。

2017年9月15日，十七局一公司将案涉项目全容量并网移交雄风公司管理。案外人白××、张××2018年12月18日将持有雄风公司100%的股权转让给漳泽电力，漳泽电力持有雄风公司100%的股权。一审判决后，漳泽电力于2020年12月21日变更名称为晋能电力。

按照合作协议1.2项下的约定，在不能按期如约归还晋能电力所支付承包款的情况下，雄风公司股东应将所持公司全部股权转让给晋能电力。股权现已实际转让，就晋能电力已支付承包款的性质问题，晋能电力认为股权转让前为债权，股权转让后系债转股。雄风公司认为，合作协议合同目的就是股权转让，不存在借款问题，已支付承包款的性质是股权转让款。

十七局一公司同意晋能电力债转股的陈述意见。各方当事人均认可依据合作协议的约定，股权应于2018年1月30日转让，实际转让时间为2018年12月18日。对于迟延转让的原因，十七局一公司认为由股权转让双方处分决定，与十七局一公司无关；晋能电力称不清楚原因。

本案诉讼中2020年4月30日十七局一公司与雄风公司签订《关于推进雄风项目手续办理进度补充协议》，约定项目手续仍由十七局一公司办理，所需费用包含在总工程款中，项目结算时从总包款中扣除。

晋能电力二审提交已付款明细，列明案涉项目已付十七局一公司款项数额。二审法院组织双方进行了核对。

合作协议2.3项下各条款关于付款条件、时间、金额的约定与总承包合同工程款支付相关约定内容一致。

争议焦点

晋能电力应否承担责任以及承担责任的范围。

裁判结果

一审法院判决：一、判决生效后10日内雄风公司向十七局一公司支付工程款72 450 000元（利息按中国人民银行同期同类资金贷款利率计付，从2017年6月13日计算至2019年8月20日，之后利息按中国人民银行授权全国银行间同业拆借中心公布的贷款市场报价利率计算至本判决书生效之日止）。漳泽电力对上述款项中的21 719 000元及利息承担共同支付义务。二、驳回十七局一公司的其他诉讼请求。三、驳回漳泽电力的反诉请求。

二审法院判决：一、维持榆林市中级人民法院（2020）陕08民初8号民事判决第三项；二、撤销榆林市中级人民法院（2020）陕08民初8号民事判决第二项；三、变更榆林市中级人民法院（2020）陕08民初8号民事判决第一项为，判决生效后10日内雄风公司向十七局一公司支付工程款58 292 788.58元（利息按中国人民银行同期同类资金贷款利率计付，从2017年6月13日计算至2019年8月19日，从2019年8月20日起利息按中国人民银行授权全国银行间同业拆借中心公布的贷款市场报价利率计算至本判决书生效之日止），晋能电力对上述款项中的 7 556 788.58 元及利息承担共同支付义务；四、驳回十七局一公司的其他诉讼请求。

○ 裁判理由及评析

关于案涉各方当事人之间法律关系及责任主体的问题。雄风公司与十七局一公司签订总承包合同，将案涉工程发包给十七局一公司施工，诉讼中各方当事人均认可，案涉工程至今尚未办理建设工程规划许可，依据《民法典时间效力司法解释》第1条第2款，原《建工司法解释（二）》第2条第1款、第26条的规定，案涉总承包合同依法应认定为无效。

晋能电力（甲方）、雄风公司（乙方）、十七局一公司（丙方）、雄风公司股东白××和张××（丁方）四方签订合作协议，主要约定内容为，甲方为案涉项目提供资金支持，项目建成并全站并网发电后，乙方、丁方按银行贷款利率4倍偿还，如不能偿还，丁方将持有的乙方全部股权转让给甲方，丁方将股权全部质押给甲方并办理登记，甲方通过乙方账户向丙方支付总承包价款，支付款项为乙方、丁方对甲方的负债，项目建设用设备、材料须经甲方确认，甲方有权对主要设备监造、检测，有权对设计方案进行审查优化并要求实施，甲方认可项目监理单位，乙方、丙方、丁方承诺项目手续真实有效完整合规，共同履行协议义务，向甲方承担连带责任。合作协议中约定甲方支付的总承包价款数额与总承包合同约定相同，付款比例金额、时间、条件也与总承包合同约定相同。前述约定内容表明，通过合作协议各方建立如下法律关系：一是晋能电力与雄风公司及其股东建立借款合同关系，出借资金为案涉工程总承包价款，出借方式为晋能电力通过雄风公司账户支付给十七局一公司，即以代付工程款的方式完成资金出借，借款期限在项目建成并全站并网发电后届满，期限届满后雄风公司及其股东按银行贷款利率4倍偿还。二是晋能电力与雄风公司股东建立股权质押合同关系及附条件的股权转让合同关系，均具有为借款合同提供担保的性质，属于借款合同的从合同。上述法律关系的建立，均为当事人真实意思表示，不违反法律强制性规定，合作协议中涉及借款合同、质押合同、股权转让合同相关内容的约定为有效约定，对当事人具有法律拘束力。三是合作协议约定晋能电力出借资金是以支付工程款形式完成，同时约定晋能电力享有确认设备材料、审查变更设计方案等发包人权利，故晋能电力加入了雄风公司与十七局一公司的施工合同关系，施工合同虽为无效，但不免除晋能电力加入该合同所体现的债务承担的法律责任，晋能电力应依据施工合同无效的法律后果规定，在其加入范围内承担相应的法律责任。至于雄风股东与本案当事人之间存在的其他法律关系，因本案未予涉及，故不再予以评判。

晋能电力、雄风公司均上诉认为，合作协议变更了总承包合同，雄风公司不再是工程款的支付主体。经查，依据合作协议"鉴于部分"第2条 EPC 总承包 2.3 总承包付款方式及时间、第3条"特别约定"3.2 的约定内容可知，晋能电力向十七局一公司支付工程款，是基于晋能电力与雄风公司及其原股东之间的借款合同法律关系，将出借资金按合同约定交付十七局一公司的行为，晋能电力通过履行支付工程款义务，完成其向雄风公司及其原股东的资金出借义务，该代付行为也表明晋能电力加入了雄风公司对十七局一公司的工程款债务，构成债务承担。因合作协议中未明确约定免除雄风公司的工程款付款义务，反而在 2.4.2 中明确各方均确认总承包合同，现也无证据表明，在合作协议之后雄风公司与十七局一公司之间曾达成合意消灭双方施工合同关系、雄风公司不再向十七局一公司支付工程款，故晋能电力与雄风公司构成并存的债务承担，而非债务转移。施工合同虽应认定为无效，但雄风公司现已实际使用案涉项目，依据法律规定其仍负有参照合同约定向十七局一公司支付工程价款的义务，故晋能电力应在合作协议约定范围内承担共同支付工程款的义务。

合议庭成员：王小平、李勇杰、赵敏

撰写人：李勇杰

21. 发包方拖延审计进度的，应认定付款条件已经成就
——吴×与宁夏威翔建筑工程有限公司、灵武市卫生健康局建设工程施工合同纠纷案

○ 案件基本信息

一、诉讼当事人

上诉人（一审原告）：吴×

上诉人（一审被告）：灵武市卫生健康局（以下简称灵武市卫健局）

被上诉人（一审被告）：宁夏威翔建筑工程有限公司（以下简称威翔公司）

二、案件索引与裁判日期

一审：灵武市人民法院（2019）宁0181民初3974号民事判决（2020年12月19日）

二审：银川市中级人民法院（2021）宁01民终925号民事判决（2021年6月24日）

三、案由

建设工程施工合同纠纷

○ 裁判要旨

发包人与承包人约定以审计结论为结算依据，如果作为行政机关的发包单位拖延审计、怠于履行结算义务，阻碍付款条件成就的，应视为工程款的付款条件已经成就，人民法院可通过鉴定程序确定工程价款，进而支持实际施工人关于支付工程款的诉讼请求。

裁判依据

《中华人民共和国合同法》（2021年1月1日废止）

第二百七十二条 发包人可以与总承包人订立建设工程合同，也可以分别与勘察人、设计人、施工人订立勘察、设计、施工承包合同。发包人不得将应当由一个承包人完成的建设工程肢解成若干部分发包给几个承包人。

总承包人或者勘察、设计、施工承包人经发包人同意，可以将自己承包的部分工作交由第三人完成。第三人就其完成的工作成果与总承包人或者勘察、设计、施工承包人向发包人承担连带责任。承包人不得将其承包的全部建设工程转包给第三人或者将其承包的全部建设工程肢解以后以分包的名义分别转包给第三人。

禁止承包人将工程分包给不具备相应资质条件的单位。禁止分包单位将其承包的工程再分包。建设工程主体结构的施工必须由承包人自行完成。

《中华人民共和国建筑法》（2019年4月23日修正）

第二十九条 建筑工程总承包单位可以将承包工程中的部分工程发包给具有相应资质条件的分包单位；但是，除总承包合同中约定的分包外，必须经建设单位认可。施工总承包的，建筑工程主体结构的施工必须由总承包单位自行完成。

建筑工程总承包单位按照总承包合同的约定对建设单位负责；分包单位按照分包合同的约定对总承包单位负责。总承包单位和分包单位就分包工程对建设单位承担连带责任。

禁止总承包单位将工程分包给不具备相应资质条件的单位。禁止分包单位将其承包的工程再分包。

《最高人民法院关于审理建设工程施工合同纠纷案件适用法律问题的解释》（2021年1月1日废止）

第二条 建设工程施工合同无效，但建设工程经竣工验收合格，承包人请求参照合同约定支付工程价款的，应予支持。

第四条　承包人非法转包、违法分包建设工程或者没有资质的实际施工人借用有资质的建筑施工企业名义与他人签订建设工程施工合同的行为无效。人民法院可以根据民法通则第一百三十四条规定，收缴当事人已经取得的非法所得。

第二十六条　实际施工人以转包人、违法分包人为被告起诉的，人民法院应当依法受理。

实际施工人以发包人为被告主张权利的，人民法院可以追加转包人或者违法分包人为本案当事人。发包人只在欠付工程价款范围内对实际施工人承担责任。

《最高人民法院关于审理建设工程施工合同纠纷案件适用法律问题的解释（二）》（2021年1月1日废止）

第十九条　建设工程质量合格，承包人请求其承建工程的价款就工程折价或者拍卖的价款优先受偿的，人民法院应予支持。

对应新法

《中华人民共和国民法典》（2020年5月28日）

第七百九十一条　发包人可以与总承包人订立建设工程合同，也可以分别与勘察人、设计人、施工人订立勘察、设计、施工承包合同。发包人不得将应当由一个承包人完成的建设工程支解成若干部分发包给数个承包人。

总承包人或者勘察、设计、施工承包人经发包人同意，可以将自己承包的部分工作交由第三人完成。第三人就其完成的工作成果与总承包人或者勘察、设计、施工承包人向发包人承担连带责任。承包人不得将其承包的全部建设工程转包给第三人或者将其承包的全部建设工程支解以后以分包的名义分别转包给第三人。

禁止承包人将工程分包给不具备相应资质条件的单位。禁止分包单位将其承包的工程再分包。建设工程主体结构的施工必须由承包人自行完成。

《最高人民法院关于审理建设工程施工合同纠纷案件适用法律问题的解释（一）》（2020年12月29日）

第三十八条　建设工程质量合格，承包人请求其承建工程的价款就工程折价或者拍卖的价款优先受偿的，人民法院应予支持。

第四十三条　实际施工人以转包人、违法分包人为被告起诉的，人民法院应当依法受理。

实际施工人以发包人为被告主张权利的，人民法院应当追加转包人或者违法分包人为本案第三人，在查明发包人欠付转包人或者违法分包人建设工程价款的数额后，判决发包人在欠付建设工程价款范围内对实际施工人承担责任。

基本案情

2016年7月16日，威翔公司中标了灵武市卫健局招标建设的灵武市医院扩建项目综合服务楼建设工程，同日，双方就该工程签订《建设工程施工合同》，约定：合同价款为11 672 998.53元；合同价款采用可调价格合同，合同价款调整方式为：以招标发报价与变更部分工程量审计局审定价综合计算，变更部分工程量以实际发生量计，以审计部门审定价为准；工程款支付方式为：本工程完工后付至合同价款的50%，竣工验收备案后拨付至合同价总额的75%，结算审计局审定并通过项目审批单位项目验收后，拨付至审定价总额的95%，质保期满后付清所剩的工程款项。质量保修期从工程实际竣工之日起计算，分单项竣工验收的工程，按单项工程分别计算质量保修期；工程缺陷责任期为12个月，缺陷责任期自工程竣工验收合格之日起计算，单位工程先于全部工程进行验收，单位工程缺陷责任期自单位工程验收合格之日起算；发包人在质量缺陷期满后14天内，将剩余保修金和利息返还承包人。合同还对双方其他权利义务进行了约定。2016年8月18日，威翔公司作为甲方与乙方吴×签订《工程施工合作协议书》，约定：甲方将其中标的灵武市人民医院迁扩建项目综合服务楼工程承包给乙方管理及施工，乙方包工包料、包税金；甲方向乙方拨款时扣除以下资金：(1) 根据税务局规定的正常税费；(2) 总承包单位管理费，甲方按结算金额 2% 收取管理费；(3) 根据税务局的要求，交纳工程合同价 0.03% 的印花税；(4) 税金及个人所得税由乙方代缴，总承包单位管理费税金由乙方承担。同时吴×向威翔公司承诺：业主工程款不到位时，其本人不得用法律手段向甲方索要工程款，否则本人同意以工程总价款的 20% 赔偿由此给甲方造成的经济损失。协议书另对双方其他权利义务进行了约定。后吴×对上述工程进行了实际施工，施工过程中，灵武市卫健局将楼基原设计的承台基础变更为筏板基础。2018 年 11 月 19 日工程经灵武市卫健局进行竣工验收合格。灵武市卫健局已向威翔公司支付工程款 9 353 600 元，扣除管理费及税金后，威翔公司向吴×支付工程款 9 116 845 元。

本案诉讼过程中，法院以制作询问笔录的方式书面告知灵武市卫健局推进案涉工程的审计工作，但最终未能形成审计结论。截至 2020 年 8 月 10 日，灵武市卫健局明确表示：按照灵武市人民政府的要求，对送审价格超出中标价 10% 的工程，审计局无法审计，案涉工程不符合审计的条件。灵武市卫健局单方委托陕西万隆金创工程管理咨询有限公司对案涉工程作出的造价结论，吴×不予认可。应吴×申请，法院委托圣方建设项目管理有限公司对案涉工程造价进行司法鉴定，该鉴定机构作出的工程造价评估鉴定意见书中的分析说明：税金为 11%。鉴定说明：鉴定材料中未提供实际付款发票，无法确定实际开票税率，故税率按招标控制价的 11% 计入。若已付款开票税率为 10%，则应按发票金额的总价扣回 1% 税金，若已付款开票税率为 9%，则应按发票金额的总价扣回 2% 的税金，剩余未付款金额按法院裁定金额扣除 2% 的税金为最终支付金额。鉴定意见为：无争议部分鉴定工程造价总金额为 12 750 019.28 元；争议部分的筏板基础按原告提出设计变更图计算工程造价金额为 924 108.08 元，按被告提出的会议纪要计算工程造价金额为 382 957.05 元。吴×预交鉴定费 91 994 元。

○ 争议焦点

案涉工程款的付款条件是否已经成就。

裁判结果

一审法院判决：一、被告宁夏威翔建筑工程有限公司于本判决生效后15日内向原告吴×支付工程款3 758 858.82元；二、被告灵武市卫生健康局在欠付被告宁夏威翔建筑工程有限公司工程款3 845 269.36元范围内承担付款责任。

二审法院判决：驳回上诉，维持原判。

裁判理由及评析

一、裁判理由

灵武市卫健局将灵武市医院扩建项目综合服务楼建设工程发包于威翔公司，威翔公司又将该工程转包于没有施工资质的吴×施工，属于非法转包，故吴×与威翔公司签订的《工程施工合作协议书》无效。该协议书虽无效，但原告吴×对工程进行了实际施工，且工程已经竣工验收合格，依据原《建工司法解释》第2条"建设工程施工合同无效，但建设工程经竣工验收合格，承包人请求参照合同约定支付工程价款的，应予支持"的规定，威翔公司应参照合同约定向原告结算工程款，灵武市卫健局作为发包方应在未付威翔公司工程款范围内承担付款责任。

关于灵武市卫健局未付威翔公司的工程款金额及付款条件是否成就的问题。根据鉴定意见，扣除灵武市卫健局已支付的工程款及威翔公司应承担11%的税金后，灵武市卫健局欠付威翔公司工程款3 845 269.36元。关于付款条件是否成就的问题，灵武市卫健局与威翔公司签订的《建设工程施工合同》虽然约定结算审计局审定并通过项目审批单位项目验收后，拨付至审定价总额的95%，但经法院多次告知灵武市卫健局推进审计工作进度后，灵武市卫健局明确表示案涉工程因不符合审计条件无法审计；而案涉工程也早已于2018年11月19日经灵武市卫健局竣工验收合格，虽然灵武市卫健局不是案涉项目的审批单位，但截至目前，工程竣工已两年多，灵武市卫健局也未提供证据证明其单位积极推进了该项工作。据此，灵武市卫健局应当支付95%的工程款。关于5%的工程质保金，依据威翔公司与灵武市卫健局签订的《建设工程施工合同》约定："工程缺陷责任期为12个月，缺陷责任期自工程竣工验收合格之日起计算发包人在质量缺陷期满后14天内，将剩余保修金和利息返还承包人。"案涉工程于2018年11月19日已经竣工验收合格，质保金的返还条件也已成就，质保金应与95%的工程款一并支付。

二、评析

本案中，发包方灵武市卫健局虽与承包方威翔公司约定最后工程款的付款条件为审计局审定并通过项目审批单位验收，但工程在竣工验收后的两年多内，灵武市卫健局并未积极推进审计及项目审批工作，承包单位未能及时取得工程价款，导致实际施工人的债权不能及时实现，最终法院通过司法鉴定确定了工程造价，并判决由发包方灵武市卫健局在欠付工程款范围内承担付款责任，更好地维护了实际施工人员的合法权益，也实现了案件的法律效果和社会效果。

合议庭成员：马燕、李艳红、马自香
撰写人：马燕

22. 当事人多次变更诉讼请求的情形下对其是否主张工程价款优先受偿权的认定
——江苏省江建集团有限公司与霍尔果斯金大门房地产开发有限公司、包×建设工程施工合同纠纷案

● 案件基本信息

一、诉讼当事人

上诉人（一审原告）：江苏省江建集团有限公司（以下简称江建公司）

被上诉人（一审被告）：霍尔果斯金大门房地产开发有限公司（以下简称金大门房产公司）

一审第三人：包×

二、案件索引与裁判日期

一审：新疆维吾尔自治区高级人民法院（2018）新民初92号民事判决（2020年4月20日）

二审：最高人民法院（2020）最高法民终840号民事判决（2021年11月16日）

三、案由

建设工程施工合同纠纷

● 裁判要旨

增加确认建设工程价款优先受偿权的诉讼请求，并不需要补交诉讼费，若原告在本案一审中变更的诉讼请求中包括建设工程价款优先受偿权主张，因未补交诉讼费，庭审中确认以第一次的诉讼请求为准，对于不需要补交

诉讼费的建设工程价款优先受偿权的诉讼请求，人民法院应当向其释明是否继续主张，未释明的应当视为原告主张了建设工程价款优先受偿权，属于人民法院的审理范围。

○ 裁判依据

《中华人民共和国合同法》(2021年1月1日废止)

第二百八十六条 发包人未按照约定支付价款的，承包人可以催告发包人在合理期限内支付价款。发包人逾期不支付的，除按照建设工程的性质不宜折价、拍卖的以外，承包人可以与发包人协议将该工程折价，也可以申请人民法院将该工程依法拍卖。建设工程的价款就该工程折价或者拍卖的价款优先受偿。

《最高人民法院关于审理建设工程施工合同纠纷案件适用法律问题的解释》(2021年1月1日废止)

第十八条 利息从应付工程价款之日计付。当事人对付款时间没有约定或者约定不明的，下列时间视为应付款时间：

（一）建设工程已实际交付的，为交付之日；

（二）建设工程没有交付的，为提交竣工结算文件之日；

（三）建设工程未交付，工程价款也未结算的，为当事人起诉之日。

《最高人民法院关于审理建设工程施工合同纠纷案件适用法律问题的解释（二）》(2021年1月1日废止)

第二十二条 承包人行使建设工程价款优先受偿权的期限为六个月，自发包人应当给付建设工程价款之日起算。

对应新法

《中华人民共和国民法典》(2020年5月28日)

第八百零七条 发包人未按照约定支付价款的，承包人可以催告发包人在合理期限内支付价款。发包人逾期不支付的，除根据建设工程的性质不宜折价、拍卖外，承包人可以与发包人协议将该工程折价，也可以请求人民法院将该工程依法拍卖。建设工程的价款就该工程折价或者拍卖的价款优先受偿。

《最高人民法院关于审理建设工程施工合同纠纷案件适用法律问题的解释（一）》（2020年12月29日）

第二十七条　利息从应付工程价款之日开始计付。当事人对付款时间没有约定或者约定不明的，下列时间视为应付款时间：

（一）建设工程已实际交付的，为交付之日；

（二）建设工程没有交付的，为提交竣工结算文件之日；

（三）建设工程未交付，工程价款也未结算的，为当事人起诉之日。

第四十一条　承包人应当在合理期限内行使建设工程价款优先受偿权，但最长不得超过十八个月，自发包人应当给付建设工程价款之日起算。

○ 基本案情

2015年8月20日，江建公司因案涉工程向伊犁州分院起诉金大门房产公司、包×等，在该案中江建公司于2015年10月14日变更诉讼请求时主张金大门房产公司支付工程款，但其在该案中并未主张工程价款优先受偿权。该案的审理中，江建公司于2018年6月23日申请撤回起诉，伊犁州分院裁定准许江建公司撤回起诉。江建公司又于2018年11月16日提起本案诉讼，其在立案时递交的起诉状中并未主张建设工程价款优先受偿权，之后其在2019年4月15日增加了确认其建设工程价款优先受偿权并增加了利息、损失等赔偿数额的诉讼请求，因江建公司未补交诉讼费，江建公司在一审法院2020年4月14日的笔录中，明确称以第一次的诉讼请求为准。江建公司不服一审判决向最高人民法院提起上诉，并在二审审理过程中增加上诉请求，请求确认江建公司享有案涉工程优先受偿权。

关于二审中是否应对工程价款优先受偿权进行审理，最高人民法院认为，考虑到增加确认建设工程价款优先受偿权的诉讼请求，并不需要补交诉讼费，江建公司在本案一审中主张了建设工程价款优先受偿权，二审中江建公司上诉请求确认其建设工程价款优先受偿权，故应对其是否享有优先受偿权予以审理。

争议焦点

二审是否应对上诉人提出的工程价款优先受偿权问题进行审理。

裁判结果

一审法院判决：一、金大门房产公司于本判决生效之日起15日内向江建公司支付工程款18 078 823.86元及利息（自2015年8月20日开始按照中国人民银行同期同类贷款基准利率计算至2019年8月19日，自2019年8月20日起按照全国银行间同业拆借中心公布的贷款市场报价利率计算利息至实际清偿之日）；二、金大门房产公司于本判决生效之日起15日内向江建公司返还履约担保费1000万元及利息（自2015年10月20日开始按照中国人民银行同期同类贷款基准利率计算至2019年8月19日，自2019年8月20日起按照全国银行间同业拆借中心公布的贷款市场报价利率计算利息至实际清偿之日）；三、金大门房产公司于本判决生效之日起15日内向江建公司支付鉴定费272 283.55元；四、驳回江建公司其他诉讼请求。

二审法院判决：驳回上诉，维持原判。

裁判理由及评析

一、裁判理由

关于江建公司主张的工程价款优先受偿权问题，二审法院认为：

第一，二审中是否应对工程价款优先受偿权进行审理。2015年8月20日，江建公司因案涉工程向伊犁州分院起诉金大门房产公司、包×等，在该案中江建公司于2015年10月14日变更诉讼请求时主张金大门房产公司支付工程款，但其在该案中并未主张工程价款优先受偿权。该案的审理中，江建公司于2018年6月23日申请撤回起诉，伊犁州分院裁定准许江建公司撤回起诉。江建公司又于2018年11月16日提起本案诉讼，其在立案时递交的起诉状中并未主张建设工程价款优先受偿权，之后其在2019年4月15日增加了确认其建设工程价款优先受偿权并增加了利息、损失等赔偿数额的诉讼请求，因江建公司未补交诉讼费，江建公司在2020年4月14日一审法院的笔录中，明确称以第一次的诉讼请求为准。考虑到增加确认建设工程价款优先受偿权的诉讼请求，并不需要补交诉讼费，江建公司在本案一审中主张了建设工程价款优先受偿权，二审中江建公司上诉请求确认其建设工程价款优先受偿权，故本院对其是否享有优先受偿权予以审理。

第二，江建公司上诉所主张的建设工程价款优先受偿权是否应当支持。首先，江建公司主张建设工程价款优先受偿权已经超过行使期限。原《建工司法解释（二）》第22条规定："承包人行使建设工程价款优先受偿权的期限为六个月，自发包人应当给付建设工程价款之日起算。"原《建工司法解释》第18条规定："利息从应付工程价款之日计付。当事人对付款时间没有约定或者约定不明的，下列时间视为应付款时间：（一）建设工程已实际交付的，为交付之日；（二）建设工程没有交付的，为提交竣工结算文件之日；（三）建设工程未交付，工程价款也未结算的，为当事人起诉之日。"根据上述规定，工程价款优先受偿权期限的起算点应为"应付工程价款之日"，而当事人对"付款时间"有约定的应当依照当事人的约定。本案中，双方签订的《建设工程施工合同》虽对工程进度款的支付进行了约定，但因案涉工程为未完工工程，根据合同约定应付款的时间并不明确，双方当事人亦未进行结算，工程因中途停工一直未能复工。按照上述规定应当以江建公司起诉主张工程价款之日作为"应付工程价款之日"。如前所述，江建公司在伊犁州分院起诉金大门房产公司时，已经主张案涉工程款，故应从其在该案中提出支付工程款的主张即2015年10月14日起计算建设工程价款优先受偿权的行使期间，江建公司在本案诉讼中于2019年4月15日提出了建设工程价款优先受偿权的主张，已经超过6个月期限。其次，案涉工程目前并未取得相关手续，属于不宜折价、拍卖的工程。霍尔果斯经济开发区规划建设环保局于2015年4月14日向金大门房产公司发出的停止施工通知中记载，案涉工程未办理任何前期手续，具体包括土地、规划、施工许可等手续。根据二审查明的事实,案涉工程仍未取得相关手续,故不能进行转让。现工程属于未完工程,仅完成地下一层、地上二层主体等施工,亦不具备出租等获得收益的条件,不符合行使工程价款优先受偿权的基础条件,属于原《合同法》第286条规定的"不宜折价、拍卖"的情形。因此,对于江建公司所主张的建设工程价款优先受偿权,本院不予支持。

二、评析

原《合同法》第286条规定:"发包人未按照约定支付价款的,承包人可以催告发包人在合理期限内支付价款。发包人逾期不支付的,除按照建设工程的性质不宜折价、拍卖的以外,承包人可以与发包人协议将该工程折价,也可以申请人民法院将该工程依法拍卖。建设工程的价款就该工程折价或者拍卖的价款优先受偿。"《民法典》第807条基本保留了原《合同法》的规定,只作个别字词调整。原《合同法》和《民法典》的上述规定即为工程价款优先受偿权制度。工程价款优先受偿权制度赋予建设工程价款债权就该工程折价或者拍卖的价款优先受偿的权利,目的是对农民工等建筑工人的工资权益予以优先保护,但此项保护并非直接指向建筑工人的工资权益,而是以保护承包人的建设工程价款债权为媒介,间接保护建筑工人的权益。工程价款优先受偿权制度的设立,有利于贯彻优先保护劳动报酬的立法目的,促进建筑业的健康持续发展和社会稳定。

尽管承包人因履行建设工程施工合同而享有优先受偿权,但该项权利不是依据合同取得,而是直接依据法律规定而享有。根据相关司法解释的规定,建设工程价款优先受偿权优于抵押权和其他债权,此处的"其他债权"包括发包人对外借款、货款或者设备款以及其他需要以建设工程折价或者拍卖、变卖的价款清偿的债务。承包人行使工程价款优先受偿权,以其承建的工程质量合格、发包人未依约支付工程价款、建设工程的性质适宜折价或者拍卖为前提。同时,考虑到建设工程价款优先受偿权的生效无须登记,不具有公示的形式,其行使对抵押权人及其他债权人的影响巨大,为了促使承包人积极行使权利,保护其他权利人的合法权益及时得到实现,稳定社会经济秩序，承包人应当在合理期限内行使优先权。以本案而言，江建公司提出了建设工程价款优先受偿权的主张已经超过当时司法解释规定的6个月期限，且案涉工程属于未完工程，目前并未取得相关手续，属于不宜折价、拍卖的工程，不能进行转让，亦不具备出租等获得收益的条件，不符合行使工程价款优先受偿权的基础条件。

从程序角度看，当事人在案件审理过程中变更诉讼请求比较常见，人民法院在处理该类案件过程中，应综合当事人变更诉讼请求类型、是否需要补交诉讼费等情形认定当事人最后的诉讼请求，必要时应向当事人释明相关情况，以免影响当事人实体和程序权益。当事人因未补交诉讼费放弃变更诉讼请求的，因工程价款优先受偿权以工程价款债权成立为基础，并不需要交纳诉讼费，工程价款优先受偿权诉讼请求不宜当然视为一并放弃。且工程价款优先受偿权具有附随性和优先性。附随性体现在，工程价款优先受偿权附随于工程价款债权，以工程价款债权成立为前提，具有一定的担保物权性质。其优先性体现在，工程价款优先受偿权是法律为维护社会公平与正义，维护弱者生存权利和社会秩序而赋予特种债权的债权人的一项民事权利，其功能是对特殊种类的债权加以特殊保护，是法律直接规定而非当事人约定的权利。因此，在建设工程施工合同纠纷案件中，对债权人提出的工程价款优先受偿权诉讼请求应予以重视。如当事人在诉讼过程中主张过工程价款优先受偿权，在其未明确放弃该项诉求的情况下，人民法院应当向当事人释明是否继续主张。

合议庭成员：吴兆祥、陈宏宇、张梅
撰写人：张梅、林法纲

23. 当事人关于交付已付工程款增值税发票的诉讼请求是否属于人民法院受理民事诉讼的范围

——鲁××与上海海燕建筑工程有限公司、徐×建设工程分包合同纠纷案

○ 案件基本信息

一、诉讼当事人

上诉人（一审被告、反诉原告）：上海海燕建筑工程有限公司（以下简称海燕公司）

被上诉人（一审原告、反诉被告）：鲁××

一审被告：徐×

二、案件索引与裁判日期

一审：新疆维吾尔自治区石河子市人民法院（2020）兵9001民初743号民事判决（2020年11月27日）

二审：新疆生产建设兵团第八师中级人民法院（2021）兵08民终875号民事判决（2021年9月13日）

三、案由

建设工程分包合同纠纷

○ 裁判要旨

分包工程的施工人在收取工程款后，理应按照税法规定向支付方开具工程款发票，人民法院不应以当事人关于交付已付工程款增值税发票的诉讼请求属行政法律关系为由予以驳回。

裁判依据

《中华人民共和国建筑法》(2019年4月23日修正)

第二十八条 禁止承包单位将其承包的全部建筑工程转包给他人,禁止承包单位将其承包的全部建筑工程肢解以后以分包的名义分别转包给他人。

《最高人民法院关于审理建设工程施工合同纠纷案件适用法律问题的解释》(2021年1月1日废止)

第二条 建设工程施工合同无效,但建设工程经竣工验收合格,承包人请求参照合同约定支付工程价款的,应予支持。

第四条 承包人非法转包、违法分包建设工程或者没有资质的实际施工人借用有资质的建筑施工企业名义与他人签订建设工程施工合同的行为无效。人民法院可以根据民法通则第一百三十四条规定,收缴当事人已经取得的非法所得。

对应新法

《最高人民法院关于审理建设工程施工合同纠纷案件适用法律问题的解释(一)》(2020年12月29日)

第一条 建设工程施工合同具有下列情形之一的,应当依据民法典第一百五十三条第一款的规定,认定无效:

(一)承包人未取得建筑业企业资质或者超越资质等级的;

(二)没有资质的实际施工人借用有资质的建筑施工企业名义的;

(三)建设工程必须进行招标而未招标或者中标无效的。

承包人因转包、违法分包建设工程与他人签订的建设工程施工合同,应当依据民法典第一百五十三条第一款及第七百九十一条第二款、第三款的规定,认定无效。

第十九条 当事人对建设工程的计价标准或者计价方法有约定的,按照约定结算工程价款。

因设计变更导致建设工程的工程量或者质量标准发生变化，当事人对该部分工程价款不能协商一致的，可以参照签订建设工程施工合同时当地建设行政主管部门发布的计价方法或者计价标准结算工程价款。

建设工程施工合同有效，但建设工程经竣工验收不合格的，依照民法典第五百七十七条规定处理。

● 基本案情

一、诉辩主张

1. 鲁××诉称：2014年9月26日，鲁××与海燕公司、徐×签订了防水防腐工程承包合同书。合同签订后，鲁××依约履行了合同义务，经双方对账结算，鲁××完成工程量共计1 960 460元。截至2016年12月28日，经双方对账确认，海燕公司、徐×尚欠鲁××工程款787 460元，之后海燕公司、徐×陆续给付鲁××390 000元，截至起诉时仍欠鲁××397 460元未给付。为维护自身合法权益，现鲁××诉至法院，请求：判令海燕公司、徐×给付鲁××欠款397 460元；判令海燕公司、徐×赔偿鲁××利息损失55 064.77元（55 064.77元=397 460元×4.75%÷12个月×35个月，2016年12月29日至2019年11月28日）且利息计算至本金偿清为止；判令海燕公司、徐×承担本案诉讼费、送达费等。

2. 海燕公司辩称：双方对工程未进行结算，鲁××要求海燕公司、徐×支付欠款397 460元和利息损失55 064.77元没有依据。海燕公司未授权徐×对工程进行结算，徐×本身也没有权利对该工程的结算进行签字，因此徐×无权代表海燕公司在结算表上签字，其签字的行为不应认定为职务行为，鲁××也没有理由认为徐×有权代表公司进行结算，由此可见，本案争议的工程并未进行结算，工程款支付的前提是结算完成，鲁××在未进行结算的情况下要求海燕公司支付欠款397 460元和利息55 064.77元没有依据。2018年9月22日，案外人罗××代表海燕公司又给鲁××支付了20 000元，目前海燕公司共支付了工程款1 540 000元。综上所述，鲁

××的诉讼请求没有依据，请求法院依法驳回鲁××对海燕公司的诉讼请求。

3. 徐×未作答辩。

4. 海燕公司反诉称：2014年9月26日，海燕公司与鲁××签订了防水防腐工程承包合同书，鲁××施工期间海燕公司已经支付工程款1 540 000元，鲁××至今未给海燕公司开具增值税发票，海燕公司请求法院在查明事实的基础上依法判决支持海燕公司的请求，即：判令鲁××给付海燕公司已付工程价款1 540 000元的增值税发票；反诉诉讼费用由鲁××承担。

5. 鲁××针对海燕公司的反诉请求辩称：海燕公司与自己签订的防水防腐工程承包合同书中，并未约定发票事宜，海燕公司付款期间也未向鲁××索要过发票，依法纳税是公民的法定义务，如果海燕公司需要发票，鲁××可以提供，但是鲁××作为个体只能提供劳务发票，双方签订合同书时，协商为不含税价，如果海燕公司需要发票应承担相应的税金。本案是合同纠纷，在本案当中，合同未约定鲁××有向海燕公司提供发票的义务，海燕公司应当按照合同约定在施工完毕后向鲁××支付足额工程价款。鲁××认为海燕公司的反诉请求没有事实及法律依据，完全可以待其向鲁××支付完毕工程款后，双方协商解决。海燕公司更不能以不出具发票为由拒不支付应付的工程款，故请求法庭依法驳回海燕公司的反诉请求。

二、事实和证据

法院经审理查明：2014年9月26日，海燕公司作为甲方与作为乙方的鲁××签订了《防水、防腐工程承包合同书》一份，合同约定：工程名称为新疆大全新能源有限公司多晶硅改、扩建项目工程，工程地点为新疆大全新能源有限公司厂区，施工面积按实际发生面积计算；材料进入现场必须有出厂检验报告、合格证，经项目技术员或监理验收合格后方可使用；工程期限按甲方要求的开工及竣工日期执行；在保修期内若有质量问题费用全部由乙方自负；耐酸砖235元／平方米，屋面防水43元／平方米；付款方式为工程完工后一次性付清工程款。合同还对其他事项进行了约定，合同下方，徐×作为甲方代理人签字。

2016年12月20日，徐×作为经办人在"新疆大全土建工程劳务结算表"上签字确认鲁××施工工程款为626 460元，2016年12月28日，徐×作为经办人在"新疆大全土建工程防水防腐结算表"上签字确认鲁××施工工程款为1 334 000元。庭审时，鲁××自认在2016年12月28日徐×向其出具结算表时海燕公司已付工程款1 173 000元，同时鲁××还自认海燕公司此后又陆续支付工程款390 000元，海燕公司则提交中国建设银行客户交易详细信息一份，欲证实其于2018年9月22日还向鲁××支付了工程款20 000元，鲁××对此予以认可。

此外，海燕公司提交其自行制作的结算表两份，欲证实鲁××仅提供劳务、材料均为甲供材料，鲁××对此不予认可。

上述事实有下列证据证明：（1）《建设工程施工专业分包合同》《新疆大全新能源股份有限公司年产13 000吨多晶硅建安工项目施工专业分包合同》《防水、防腐工程承包合同书》、工程交工证书、分包工程竣工验收单，上述证据证明海燕公司分包中国化学工程第三建设有限公司石河子项目部关于新疆大全新能源有限公司多晶硅改扩建项目，又将该项目中的防水、防腐工程分包给原告鲁××，承包合同书中明确约定工程完工后一次性付清工程款。（2）新疆大全土建工程防水防腐结算表、新疆大全土建工程劳务结算表、建设银行银行流水，上述证据证明一审原告、被告于2016年12月对工程量进行对账，工程总量1 960 460元，已支付1 173 000元，徐×于2016年12月28日书写欠条"尚欠鲁××防水防腐工程款787 460元"，此后，陆续向鲁××支付工程款390 000元，截至目前尚欠付工程款397 460元。（3）一审原告、被告陈述，证明就海燕公司已付的1 540 000元工程款，鲁××未开具相应的工程款发票。

○ 争议焦点

一是海燕公司是否应给付鲁××工程款377 460元；二是海燕公司

要求鲁××开具已付工程价款1 540 000元的增值税发票有无事实和法律依据。

裁判结果

一审法院判决：一、海燕公司于判决生效之日起10日内给付原告鲁××工程款377 460元；二、驳回鲁××要求被告徐×承担本案民事责任的诉讼请求；三、驳回鲁××的其他诉讼请求；四、驳回海燕公司的反诉请求。

二审法院判决：一、维持石河子市人民法院（2020）兵9001民初743号民事判决第一、二、三项；二、撤销石河子市人民法院（2020）兵9001民初743号民事判决第四项；三、鲁××于判决生效后10日内向海燕公司交付1 540 000元工程款的税务专用发票。

裁判理由及评析

一、裁判理由

关于焦点一，根据查明的事实，徐×作为海燕公司的代理人在海燕公司与鲁××签订的合同上签字，并对鲁××施工的工程作为经办人在结算表上签字，一审据此并结合已付款数额认定海燕公司欠付工程款377 460元并无不当。海燕公司提出其仅授权徐×签订合同，并未授权徐×管理工地和对工程进行结算的上诉理由与事实不符，法院不予采信。

关于焦点二，收取工程款，开具工程款发票是鲁××税法上的义务，海燕公司支付工程款后，鲁××应当依据税法的相关规定向海燕公司开具发票。海燕公司要求鲁××收取工程款后开具相应数额的工程款发票的请求应予支持。一审法院认为该请求属于行政法律关系，而非民事案件审理范围并不予支持不当，应予以纠正。鲁××提出双方签订的合同价格是不含税价格及材料供应商已经向海燕公司出具材料费发票的抗辩意见未提供证据证明，不予采信。

二、评析

依法纳税,是每个公民的义务。在建设工程领域,分包工程的施工人在收取工程款后,向支付方开具工程款发票是其税法上的义务。工程分包方支付工程款后,分包工程的施工人理应依照税法相关规定向工程分包方开具工程款发票。本案中,鲁××作为分包工程的施工人主张作为工程分包方的海燕公司支付工程款,海燕公司提出反诉,主张鲁××交付已付工程款的增值税发票,一审法院认为,海燕公司提出反诉要求鲁××交付已付工程款的增值税发票,属于行政法律关系问题,而非民事案件审理范围,故对于反诉原告海燕公司的该项反诉请求未予支持,但二审法院认为,不宜以该反诉请求属行政法律关系为由予以驳回,而应在证据充分的条件下,予以支持。一审和二审法院对于收取工程款应当交付工程款发票的意见是一致的,只是对于该项反诉请求是否属于民事案件受理范围的问题存在分歧,二审法院就交付工程款发票的反诉请求一并处理,能够更好地解决双方之间的纠纷,也便于减轻当事人的诉累,显然具有更好的法律效果和社会效果。

合议庭成员:刘巧贞、杨书钢、管仁石

撰写人:田丽丽

24. 人防设施属于建设工程的组成部分，投资者仅享有人防设施的使用权，不享有所有权

——西安科技大学与西安天豪实业有限责任公司合同纠纷案

● 案件基本信息

一、诉讼当事人

再审申请人（一审被告、反诉原告，二审上诉人）：西安天豪实业有限责任公司（以下简称天豪公司）

被申请人（一审原告、反诉被告，二审上诉人）：西安科技大学

二、案件索引与裁判日期

一审：陕西省西安市中级人民法院（2012）西民二初字第00013号民事判决（2018年7月25日）

二审：陕西省高级人民法院（2018）陕民终795号民事判决（2021年9月29日）

申请再审：（2022）最高法民申451号民事裁定（2022年6月30日）

三、案由

合同纠纷

● 裁判要旨

案涉协议既有定向开发的属性，亦有委托销售及房屋买卖的合同属性，属于复合型合同。原审法院并未否定案涉协议具有定向开发房地产属性，但认为案涉协议同时兼具委托销售及房屋买卖的合同属性。

《人民防空法》第5条规定："国家对人民防空设施建设按照有关规定

给予优惠。国家鼓励、支持企业事业组织、社会团体和个人，通过多种途径，投资进行人民防空工程建设；人民防空工程平时由投资者使用管理，收益归投资者所有。"本案人防设施系天豪花园整体组成部分，双方签订的《补充协议二》确认"天豪花园"建设工程现竣工并通过验收交付使用，应当包含人防设施在内。原审法院依据天豪公司和西安科技大学的协议约定，判令天豪公司向西安科技大学交付 1# 楼人防设施，系交付人防设施的使用权，并不涉及产权归属问题，不违反合同约定和法律规定。

● 裁判依据

《中华人民共和国合同法》（2021 年 1 月 1 日废止）

第一百二十条 当事人双方都违反合同的，应当各自承担相应的责任。

《中华人民共和国人民防空法》（2009 年 8 月 27 日修正）

第五条 国家对人民防空设施建设按照有关规定给予优惠。

国家鼓励、支持企业事业组织、社会团体和个人，通过多种途径，投资进行人民防空工程建设；人民防空工程平时由投资者使用管理，收益归投资者所有。

对应新法

《中华人民共和国民法典》（2020 年 5 月 28 日）

第五百九十二条第一款 当事人都违反合同的，应当各自承担相应的责任。

● 基本案情

西安科技大学与天豪公司于 2001 年 12 月 28 日签订《协议》，2003 年 5 月 29 日签订《补充协议》，2005 年 11 月 19 日签订《补充协议二》，双方约定由天豪公司开发建设天豪花园、西安科技大学全部购买天豪花园相关事宜。2005 年 10 月 26 日，双方签订《西安科技大学购"天豪花园"1#、2# 楼结算清单》，认可西安科技大学已付 112 049 562.90 元，尚欠天豪公司

56 311 190.6元。

西安科技大学向一审法院起诉请求：（1）由天豪公司将协议内未向其大学职工及其他校外业主出售的剩余房产（包括部分人防工程）交付其大学。（2）由天豪公司按协议履行为其大学办理房屋过户手续义务，将房屋产权过户到其大学名下。（3）由天豪公司按协议约定履行为已购房业主办理房屋过户登记的义务。按合同约定将小区过户到其大学名下，向其大学移交配电室。（4）由天豪公司承担违约责任，向其大学支付违约金4000万元。

天豪公司反诉请求：（1）西安科技大学支付拖欠的合同价款453.366 59万元；（2）西安科技大学承担逾期支付合同价款的违约责任，支付其公司违约金5941.355 993万元（暂计至2012年5月30日）及至西安科技大学实际支付完之日的违约金；（3）判令解除双方合作合同，终止合同继续履行；（4）反诉费用由西安科技大学承担。2012年8月29日，天豪公司撤回第三项反诉请求，坚持第一、二、四项反诉请求。

一审法院支持西安科技大学、天豪公司部分诉讼请求。

西安科技大学上诉请求：（1）撤销一审判决第二、三、四项；（2）支持上诉人重审一审全部诉讼请求；（3）驳回被上诉人重审全部诉讼请求；（4）本案一、二审诉讼费全部由被上诉人承担。

天豪公司上诉请求：（1）撤销一审判决第一项，改判确认天豪公司于2012年5月21日向西安科技大学发出《解除关于"天豪花园"小区合作开发〈协议〉及所有〈补充协议〉的函（通知）》（以下简称《解除函》）有效；（2）撤销一审判决第二项天豪公司向西安科技大学交付住宅面积4868.99平方米（合同价1409.572 6万元），改判驳回西安科技大学的该项诉讼请求；（3）撤销一审判决第五项，改判西安科技大学承担逾期支付合同价款的违约责任，支付天豪公司违约金5941.355 993万元（暂时计算至2012年5月30日）及至西安科技大学实际支付完之日的违约金；（4）本案一审（本诉及反诉）、二审案件受理费由被上诉人西安科技大学承担。

二审法院支持西安科技大学的部分上诉请求，驳回天豪公司的上诉请求。

天豪公司不服原审判决，申请再审。

争议焦点

二审判决天豪公司向西安科技大学交付房产并过户至西安科技大学名下是否有事实依据、本案法律关系性质问题、天豪公司出具《解除函》的效力、天豪公司是否违约。

裁判结果

一审法院依照《合同法》第6条、第8条、第60条、第120条，判决：一、确认天豪公司于2012年5月21日向西安科技大学发出《解除关于"天豪花园"小区合作开发〈协议〉及所有相关〈补充协议〉的函（通知）》无效；二、天豪公司应当于本判决生效后30日内履行向西安科技大学交付住宅建筑面积4868.99m^2之合同义务［已扣除（2017）陕民终1150号案件所涉《商品房买卖合同》中包括的住宅1890.46m^2、商铺9062.50m^2］；三、西安科技大学应当于本判决生效后30日内向天豪公司支付453.366 59万元（税款）；四、驳回西安科技大学其余诉讼请求；五、驳回天豪公司其余反诉请求。如未按本判决指定的期间履行给付金钱义务，应当依据《民事诉讼法》第253条之规定，加倍支付迟延履行期间的债务利息。案件受理费1 477 681元（本诉案件受理费452 312+141 800+883 569元，西安科技大学已预交），西安科技大学负担1 400 000元，天豪公司负担77 681元。反诉案件受理费180 768元（112 815+67 953，天豪公司已预交），由西安科技大学负担67 953元，天豪公司负担112 815元。

二审法院依照《民事诉讼法》第170条第1款第2项规定，判决：一、维持西安市中级人民法院（2012）西民二初字第00013号民事判决第一、三、五项。二、撤销西安市中级人民法院（2012）西民二初字第00013号民事判决第四项。三、变更西安市中级人民法院（2012）西民二初字第00013号民事判决第二项为：天豪公司于本判决生效后30日内履行向西安科技大学交付住宅建筑面积 $4868.99m^2$（房号 2#10501、建筑面积 $152.42m^2$，房号 2#20904、建筑面积 $131 m^2$，房号 2#31104、建筑面积 $152.42m^2$，房号 2#11501、建筑面积 $284.93m^2$，房号 2#11502、建筑面积 $280.77m^2$，房号 2#11503、建筑面积 $295.73m^2$，房号 2#11504、建筑面积 $277.64m^2$，房号 2#11505、建筑面积 $365.3m^2$，房号 2#21501、建筑面积 $297.23m^2$，房号 2#21502、建筑面积 $287.54m^2$，房号 2#21503、建筑面积 $302.49m^2$，房号 2#21504、建筑面积 $284.58m^2$，房号 2#21505、建筑面积 $277.83m^2$，房号 2#21506、建筑面积 $327.73m^2$，房号 2#21507、建筑面积 $289.95m^2$，房号 2#31502、建筑面积 $295.73m^2$，房号 2#31503、建筑面积 $280.77m^2$，房号 2#31504、建筑面积 $284.93m^2$）。1# 楼人防面积 $870.74m^2$ 之合同义务[已扣除（2019）陕民再 52 号案件所涉《商品房买卖合同》中包括的住宅 $1890.46m^2$、商铺 $9062.50m^2$]，并将住宅建筑面积 $4868.99m^2$ 的房产及天豪公司已交付给西安科技大学的 3 套房产（房号分别为：2#30201、建筑面积 $131m^2$，2#30202、建筑面积 $131m^2$，2#31501、建筑面积 $285.28m^2$，合计建筑面积 $547.28m^2$）的房屋产权过户至西安科技大学。四、驳回西安科技大学其余诉讼请求。如果未按本判决指定的期间履行给付金钱义务，应当依照《民事诉讼法》第 253 条之规定，加倍支付迟延履行期间的债务利息。一审案件受理费、反诉费按一审判决执行。二审案件受理费 844 962 元（西安科技大学预交 435 616 元，天豪公司预交 409 346 元），由西安科技大学负担 435 616 元，天豪公司负担 409 346 元。诉讼财产保全费 5000 元，由西安科技大学负担。

再审审查裁定：驳回天豪公司的再审申请。

裁判理由及评析

一、关于本案法律关系性质问题

本案天豪公司与西安科技大学就案涉项目于 2001 年 12 月 28 日、2003 年 5 月 29 日以及 2005 年 11 月 19 日签订《协议》《补充协议》《补充协议二》三份协议书,就三份协议书的内容来看,既约定"西安科技大学分期支付购楼款、委派监理单位、指定三材品牌……天豪公司负责办理工程建设前期所有手续、负责工程建设、确保工程质量优良,向西安科技大学提交完整的竣工图和质量保证资料,按约交付房屋"等合作开发的意思表示,又约定"西安科技大学以协议约定的单价购买天豪公司开发建设的天豪花园"等兼顾商品房买卖功能的条款。天豪公司主张的另案陕西省高级人民法院(2019)陕民再52号判决载明"西安科技大学欲证明其与天豪公司是商品房买卖关系,天豪公司则认为其与西安科技大学是联建合同关系",然该判决并未对本案法律关系作定性评判。而本案合同法律关系的定性,并不影响法院依据合同约定和查明的案件事实作出裁判。本案原审法院结合三份协议约定和本案基本事实,综合判定"涉案协议既有定向开发的属性,亦有委托销售及房屋买卖的合同属性,属于复合型合同"并无不当。天豪公司申请再审主张原审判决西安科技大学支付453.36659万元(税款)是根据国家税收法律规定的房地产开发企业应缴税费、税种和税率计算得出,因而主张本案系合作开发房地产法律关系。再审法院认为,原审法院并未否定案涉协议具有定向开发房地产属性,但认为案涉协议同时兼具委托销售及房屋买卖的合同属性。天豪公司关于税费承担的主张与原审法院认定本案案涉协议属于复合型合同的判断并不矛盾。因双方在本案中并无共享利润、共担风险的约定,故本案系列协议不符合合作开发房地产合同的构成要件,天豪公司主张双方为合作开发房地产合同法律关系的再审申请理由不能成立。

二、关于开发商应否交付人防设施

《人民防空法》第5条规定:"国家对人民防空设施建设按照有关规定给予优惠。国家鼓励、支持企业事业组织、社会团体和个人,通过多种途径,投资进行人民防空工程建设;人民防空工程平时由投资者使用管理,收益归投资者所有。"从该条法律来看,其对于人防工程的所有权归属并没有作出规定。从各地的地方性法规、地方政府规章和规范性文件来看,人防工程的所有权归属也各不相同。如《北京市人民防空工程建设与使用管理规定》第6条规定："本市鼓励支持企业事业组织、社会团体、个人建设和使用人防工程。人防工程平时由投资者使用管理，收益归投资者所有……"由此可见，投资者对人防工程只有"使用"与"收益"的权利，但不享有所有权。但《上海市民防工程建设和使用管理办法》则明确规定："民防工程的投资者可以按照房地产管理的有关规定取得民防工程的所有权。民防工程的所有权登记，按照本市房地产登记的有关规定执行。"但是，人防设施所有权归属的争议不应作为开发商不将人防工程交付投资者使用的抗辩理由。人防设施虽然属于建设工程的组成部分，但是投资者平时仅享有人防设施的使用权，不涉及产权归属问题。本案中，天豪公司申请再审称原审判决第三项判令"天豪公司向西安科技大学交付1#楼人防面积870.74m^2"无事实及法律依据。天豪公司认为，案涉人防设施属于国家所有，天豪公司作为开发商仅享有管理权和使用权，无处分权，原判决没有合同和法律依据。再审法院认为，本案人防设施系天豪花园整体组成部分，《补充协议二》确认"天豪花园"建设工程现竣工并通过验收交付使用，应当包含人防设施在内，且根据原审查明的事实，（2009）西民二初字第00009号案件审理期间，天豪公司已将地下车库、人防设施部分交付于西安科技大学。原审法院依据天豪公司和西安科技大学的协议约定，判令天豪公司向西安科技大学交付1#楼人防设施，系交付人防设施的使用权，并不涉及产权归属问题，不违反合同约定和法律规定。天豪公司以其无处分权拒绝交付的理由，法院不予支持。

合议庭成员：吴兆祥、龙飞、张梅

撰写人：龙飞、汪自洁

三、与公司相关的纠纷

25. 全民所有制企业出资人未履行出资义务的,应当在未出资范围内对公司债务承担责任

——兰州市商务局、兰州市财政局与中山市盛兴投资有限公司追加被执行人异议之诉纠纷案

○ 案件基本信息

一、诉讼当事人

上诉人(一审被告):兰州市商务局

上诉人(一审被告):兰州市财政局

被上诉人(一审原告、申请执行人):中山市盛兴投资有限公司(以下简称盛兴公司)

二、案件索引与裁判日期

一审:甘肃省高级人民法院(2021)甘民初12号民事判决(2021年6月18日)

二审:最高人民法院(2021)最高法民终1048号民事判决(2021年12月19日)

三、案由

追加被执行人异议之诉

裁判要旨

被执行人为全民所有制企业,因无财产可供执行,人民法院裁定终结执行后,债权人申请追加全民所有制企业的出资人为被执行人的,人民法院可以参照《公司法规定(三)》第 20 条的规定进行处理。

裁判依据

《最高人民法院关于适用〈中华人民共和国公司法〉若干问题的规定(三)》(2020 年 12 月 29 日修正)

第二十条　当事人之间对是否已履行出资义务发生争议,原告提供对股东履行出资义务产生合理怀疑证据的,被告股东应当就其已履行出资义务承担举证责任。

基本案情

盛兴公司诉兰州国际贸易中心(以下简称国贸中心)建设工程施工合同纠纷一案,甘肃省高级人民法院作出(2007)甘民一初字第 16 号民事调解书,确认国贸中心应支付盛兴公司工程款 7 407 120 元及利息 180 万元。因被执行人国贸中心无财产可供执行,甘肃省高级人民法院裁定终结本次执行程序,盛兴公司申请追加国贸中心出资人兰州市商务局和兰州市财政局为被执行人。

1996 年 4 月 7 日,兰州市第一商业局向兰州市工商局出具《企业注册资本信用证明书》,载明:国贸中心实有资金 1120 万元,资金来源确属(出资人名称)市财政局 200 万元,市三产办 920 万元投入……我单位愿承担因该企业资金落空或来源不实而产生的经济、法律责任。该企业章程亦对注册资金来源作了类似表述。1996 年 5 月 7 日兰州市第一商业局向兰州市工商局出具《关于成立兰州国际贸易中心的报告》,表明该局拟成立"兰州国际贸易中心",为其下属的全民所有制县级企业,资金为 1120 万元(其中财政局 200 万元,三产办 920 万元)。1996 年 5 月 15 日国贸中心核准成立，企业类型为全民所有制，注册资本1120万元，主管部门为兰州市第一商业局。因机构改革，兰州市第一商业局演变为兰州市商务局，原三产办职能亦并入商务局。

2008年7月8日，国贸中心内资（企业法人）企业变更通知书显示，出资人（股权）由财政局200万元，占17.86%；三产办920万元，占82.14%，变更为兰州市商务局1120万元，占100%。

国贸中心法定代表人傅××在（2007）甘民一初字第16号案件及执行程序中出具《情况说明》和《情况汇报》，并在该案件的庭审中及此次案件询问中，均确认国贸中心注册资金未到位。

争议焦点

全民所有制企业出资人责任认定能否参照适用公司法相关规定。

裁判结果

一审法院判决：一、追加兰州市商务局、兰州市财政局为（2010）甘执字第03号执行案件被执行人，并在1120万元范围内（财政局只在1120万元中的200万元内）承担（2010）甘执字第03号执行裁定书确定的付款义务；二、驳回盛兴公司其他诉讼请求。

二审法院判决：驳回上诉，维持原判。

裁判理由及评析

一、全民所有制企业出资人应以其出资为限承担责任

根据《全民所有制工业企业法》的规定，企业的财产属于全民所有，国家依照所有权和经营权分离的原则授予企业经营管理。企业对国家授予其经营管理的财产享有占有、使用和依法处分的权利。企业依法取得法人资格，以国家授予其经营管理的财产承担民事责任。根据原《企业法人登记管理条例》第15条的规定，全民所有制企业法人开业登记，应提供资金

信用证明、验资证明或者资金担保，即全民所有制企业可以采用类似《公司法》的认缴而非实缴出资进行注册。但《全民所有制工业企业法》未规定全民所有制企业出资人承担责任的范围。

法工委复字〔2004〕1号《全国人民代表大会常务委员会法制工作委员会〈关于请予明确全民所有制企业承担民事责任和刑事责任有关问题的函〉的复函》对上述问题进行了明确，即全民所有制企业依法取得法人资格，应当以国家授予其经营管理的财产承担法律责任，全民所有制企业的出资人应以其出资为限承担有限责任，全民所有制企业清偿债务应以其经营管理的全部财产承担责任。

二、全民所有制企业出资人的举证责任参照适用公司法规定

根据"谁主张、谁举证"原则，债权人若主张出资人未履行出资义务，应提供证据予以证实。但未履行出资义务本身为消极事实，举证困难，而且出资人是否履行出资义务，除出资人外，企业高管、企业债权人等可能均不知情，主张权利一方很难提供达到高度盖然性的证据。并且对于国有企业投资人的举证责任，法律也未明确规定举证责任范围和标准。

《公司法规定（三）》第20条规定："当事人之间对是否已履行出资义务发生争议，原告提供对股东履行出资义务产生合理怀疑证据的，被告股东应当就其已履行出资义务承担举证责任。"上述公司法司法解释规定的举证责任规范，全民所有制企业是否可以予以参照适用？

国办发〔2017〕69号《国务院办公厅关于印发中央企业公司制改制工作实施方案的通知》载明，公司制是现代企业制度的有效组织形式，是建立中国特色现代国有企业制度的必要条件。经过多年改革，全国国有企业公司制改制面已达到90%以上，有力推动了国有企业政企分开，公司法人治理结构日趋完善，企业经营管理水平逐渐提高，并明确提出要按照《全民所有制工业企业法》登记、国务院国有资产监督管理委员会监管的中央企业（不含中央金融、文化企业），全部改制为按照《公司法》登记的有限责任公司或股份有限公司的目标。从国家政策分析，全民所有制企业会逐

渐改制为公司。但实践中，仍有部分企业因各种因素没有完成公司制改革。对于没有改制的企业，如本案中的国贸中心，参照公司法的规定处理其出资事宜，是符合全民所有制企业改革方向的。《最高人民法院关于适用〈中华人民共和国公司法〉若干问题的规定（一）》第2条规定："因公司法实施前有关民事行为或者事件发生纠纷起诉到人民法院的，如当时的法律法规和司法解释没有明确规定时，可参照适用公司法的有关规定。"该条规定也确立了公司法可以参照适用的原则。本案虽然与该条规定的条件不同，但法官在审理民商事案件时，经常会遇到对调整事项法律没有明确规定的情况，可以对调整事项适用法律问题进行法理分析，并同时比照最相类似的法律规定，在充分论证的基础上作出裁判。综合以上情形，全民所有制企业出资人出资认定事宜，借鉴参考公司法上的规定有法理依据，也符合股东或出资人权责一致的原则。

因此，全民所有制企业出资人出资问题，依法也应由原告提供相关证据对出资人出资义务产生合理怀疑后，由出资人承担证明责任。

合议庭成员：陈宏宇、张梅、赵敏
撰写人：赵敏

26. 认缴期限届满前股权转让的受让股东缴纳了出资款后，转让股东对公司债务无须再承担责任

——榆林市德厚矿业建设有限公司与中国化学工程集团有限公司等追加、变更被执行人执行异议之诉案

案件基本信息

一、诉讼当事人

再审申请人（一审被告、二审被上诉人）：榆林市德厚矿业建设有限公司（以下简称德厚公司）

被申请人（一审原告、二审上诉人）：中国化学工程集团有限公司（以下简称中化工程公司）

一审第三人：陕西中化益业能源投资有限公司（以下简称益业能源投资公司）

一审第三人：陕西太兴置业有限公司（以下简称太兴置业公司）

一审第三人：陕西益业投资有限公司（以下简称益业投资公司）

一审第三人：陕西中化益业能源有限公司（以下简称益业能源公司）

一审第三人：刘×

一审第三人：刘××

二、案件索引与裁判日期

一审：陕西省榆林市中级人民法院（2020）陕08民初72号民事判决（2020年12月15日）

二审：陕西省高级人民法院（2021）陕民终648号民事判决（2021年7月20日）

申请再审：最高人民法院（2021）最高法民申6421号民事裁定（2021

年11月19日)

三、案由

追加、变更被执行人执行异议之诉

◎ 裁判要旨

在缴纳出资期限届满前,股东将其股份转让给新股东,公司的债权人以原股东转让股权时未缴纳出资为由,申请追加其为被执行人,要求其在未出资的本金及利息的范围内对公司不能清偿的债务承担连带责任,因股东在认缴期限届满前享有期限利益,故不能认定股东在认缴期限内未缴纳或未全部缴纳出资属于未履行或不完全履行出资义务。例如,在认缴期限届满前受让股东已经实际缴纳了出资款的,人民法院对债权人的请求不予支持。

◎ 裁判依据

《中华人民共和国公司法》(2018年10月26日修正)

第二十八条 股东应当按期足额缴纳公司章程中规定的各自所认缴的出资额。股东以货币出资的,应当将货币出资足额存入有限责任公司在银行开设的账户;以非货币财产出资的,应当依法办理其财产权的转移手续。

股东不按照前款规定缴纳出资的,除应当向公司足额缴纳外,还应当向已按期足额缴纳出资的股东承担违约责任。

◎ 基本案情

2006年11月3日,益业能源公司设立,在工商部门登记注册资本2亿元。益业投资公司认缴出资额15 000万元,占比75%,实缴4500万元;益业能源投资公司认缴出资额5000万元,占比25%,实缴1500万元。其余出资额缴付期限为2008年10月30日。

2006年11月20日,益业投资公司向中化工程公司转让5200万元认缴出资额，向太兴置业公司转让 4800 万元认缴出资额。同时，益业能源公司注册资本由 2 亿元增加至 3 亿元，股东同比增资，中化工程公司认购其中 2600 万元增资额。股权结构变更为：中化工程公司认缴出资额为 7800 万元，占比 26%，实缴 0 元；益业投资公司认缴出资额为 7500 万元，占比 25%，实缴 4500 万元；益业能源投资公司认缴出资额为 7500 万元，占比 25%，实缴 1500 万元；太兴置业公司认缴出资额为 7200 万元，占比 24%，实缴 4320 万元。中化工程公司第一期出资 4680 万元应在 2006 年 12 月 31 日前缴付，第二期出资 3120 万元应在 2007 年 9 月 30 日缴付。其他股东的出资余额应当在 2007 年 9 月 30 日缴付。

2007 年 6 月 20 日，益业能源公司实缴注册资本由 10 320 万元增加至 13 320 万元，益业投资公司增加实缴出资 3000 万元，至此，益业投资公司实缴出资 7500 万元。股权结构如下：中化工程公司认缴出资额为 7800 万元，占比 26%，实缴 0 元；益业投资公司认缴出资额为 7500 万元，占比 25%，实缴 7500 万元；益业能源投资公司认缴出资额为 7500 万元，占比 25%，实缴 1500 万元；太兴置业公司认缴出资额为 7200 万元，占比 24%，实缴 4320 万元。

2007 年 6 月 29 日，中化工程公司受让太兴置业公司 1200 万元认缴出资额，中化工程公司认缴出资额变为 9000 万元。股权结构如下：中化工程公司认缴出资额为 9000 万元，占比 30%，实缴 0 元；益业投资公司认缴出资额为 7500 万元，占比 25%，实缴 7500 万元；益业能源投资公司认缴出资额为 7500 万元，占比 25%，实缴 1500 万元；太兴置业公司认缴出资额为 6000 万元，占比 20%，实缴 4320 万元。中化工程公司认缴出资额 9000 万元，第一期出资 4680 万元在 2007 年 7 月 31 日前缴付，第二期出资额 4320 万元在 2008 年 9 月 30 日前完成。其他股东尚未缴付出资的缴付期限为 2008 年 9 月 30 日前。

2008 年 3 月 25 日，益业能源公司作出第四次股东决议，同意中化工程公司将其持有的 30% 公司股权 3996 万元全部转让给益业投资公司，转让后中化工程公司退出股东会。益业能源公司作出第五次股东会决议并作出章程修正案，章程修正案载明：经2008年3月25日第五次股东会决议同意修正公司章程，原章程第五章第八条股东出资情况表载明中化工程公司认缴出资额9000万元的缴付期限变更为2008年9月30日；同时将9000万元认缴出资额全部转让给益业投资公司。股权结构如下：益业投资公司认缴出资额为16 500万元，占比55%，实缴7500万元；益业能源投资公司认缴出资额为7500万元，占比25%，实缴1500万元；太兴置业公司认缴出资额为6000万元，占比20%，实缴4320万元。三股东剩余尚未缴付出资额的缴付期限为2008年9月30日前。同日，中化工程公司与益业投资公司签订股权转让协议，约定中化公司将其持有的益业能源公司30%的股权依据公司章程的规定转让给益业投资公司，在协议签字后30日内完成工商变更登记手续等。同年4月3日，益业能源公司申请工商变更登记，同年5月12日完成工商变更登记。

2008年6月25日，益业能源投资公司将3900万元出资额（含1500万元实缴出资）转让给益业投资公司，将3600万元出资额转让给太兴置业公司。股权结构为：益业投资公司认缴出资额为20 400万元，占比68%，实缴9000万元；太兴置业公司认缴出资额为9600万元，占比32%，实缴4320万元。二股东尚未缴付出资的缴付期限变更为公司成立之日起五年。

2012年11月12日，益业能源公司注册资本由30 000万元减至13 320万元，益业投资公司、太兴置业公司尚未缴付的出资全部予以减资，减资后的股权结构为：益业投资公司认缴出资额为9000万元，占比68%，实缴9000万元；太兴置业公司认缴出资额为4320万元，占比32%，实缴4320万元。

2007年，德厚公司与益业能源公司签订合同，益业能源公司将工程承包给德厚公司，合同中约定工程款待工程竣工后进行结算。2014年，德厚公司以《波罗矿副斜井及土方建设施工合同》中的仲裁条款，向西安仲裁委员会申请仲裁，请求解除双方签订的建设施工合同，由益业能源公司支付所拖欠的工程款。西安仲裁委员会于2015年8月11日作出西仲裁字（2014）第654号裁决书，裁决：解除双方签订的建设施工合同；由益业能源公司支付工程款 3 248 795 元及利息 194 828 元（利息结算至 2015 年 8 月 10 日）；驳回其他仲裁请求。

2015 年 9 月，德厚公司向西安市中级人民法院（以下简称西安中院）申请强制执行仲裁裁决，在执行过程中，益业能源公司认为本案有不予执行的情形，提出不予执行申请。西安中院于 2016 年 12 月 26 日作出（2016）陕 01 执异 314 号执行裁定书，认定德厚公司在仲裁时故意隐瞒了该部分工程已经转包施工这一足以影响公正裁决的证据，案涉工程造价存在多方争议等，故裁定对西仲裁字（2014）第 654 号裁决书不予执行。

西安中院（2015）西中执仲子第 00284-2 执行裁定书中记载：被执行人益业能源公司无可供执行的财产和财产线索。陕西省横山县人民法院（2015）横法执字第 00002-1 号执行裁定书中记载：因被执行人的法定代表人下落不明又暂无可供执行财产，本案终结。

陕西省榆林市中级人民法院（以下简称榆林中院）就折××、益业能源公司与德厚公司等建设工程施工合同纠纷一案于 2010 年 12 月 10 日作出的（2010）榆中法民三终字第 269 号民事判决，认定：2007 年 10 月 15 日发包方益业能源公司与承包方德厚公司签订《波罗矿副斜井及土方建设施工合同》。2007 年 11 月 13 日，德厚公司将该工程整体转包给王××等，后再次转包给折××和王××……发包人益业能源公司分别于 2008 年 5 月 9 日、6 月 19 日、8 月 12 日向德厚公司支付工程进度款 170 万元……后因发包方没有取得矿业权，2008 年 7 月 17 日，有关单位向德厚公司下发工程暂停令。

2017 年，榆林中院受理了德厚公司与益业能源公司、益业能源投资公司、太兴置业公司、益业投资公司建设工程施工合同纠纷一案，并于 2017 年 11 月 24 日作出（2017）陕 08 民初 49 号民事判决：一、德厚公司与益业能源公司签订的《波罗矿副斜井及土石方建设施工合同》有效，依法予以解除；二、判决生效后 10 日内，由益业能源公司向德厚公司支付工程款 3 490 127 元及利息（按照中国人民银行同期同类贷款利率，从德厚公司起诉之日即 2017 年 1 月 4 日起至工程款付清之日止计算）；三、由益业能源公司赔偿德厚公司的停工损失 200 000 元；四、驳回德厚公司的其他诉讼请求。德厚公司、益业能源公司均不服，向陕西省高级人民法院提出上诉，该院于 2018 年 9 月 27 日作出（2018）陕民终 397 号民事判决，判决：一、维持榆林中院（2017）陕 08 民初 49 号民事判决第一、三项；二、撤销榆林中院（2017）陕 08 民初 49 号民事判决第二、四项；三、益业能源公司于判决生效后 10 日内向德厚公司支付工程款 74 314 894 元及利息（自 2014 年 5 月 10 日起按照中国人民银行同期贷款利率计算至付清之日止）；四、驳回德厚公司的其他诉讼请求。

榆林中院在执行申请执行人德厚公司与被执行人益业能源公司建设工程施工合同纠纷一案中，德厚公司向该院申请追加中化工程公司、益业能源投资公司、太兴置业公司、益业投资公司、刘×、刘××为（2019）08 执 15 号执行案件的被执行人。该院作出（2019）陕 08 执异 200 号执行裁定书，裁定：追加中化工程公司、益业能源投资公司、太兴置业公司、益业投资公司为（2019）陕 08 执 15 号案件的被执行人。中化工程公司不服该裁定，提起本案诉讼，请求：撤销榆林中院（2019）陕 08 执异 200 号执行裁定书，不予追加中化工程公司为榆林中院（2019）陕 08 执 15 号案件的被执行人。

争议焦点

中化工程公司在认缴期限届满前转让股权，其应否在未出资本息范围内对益业能源公司不能清偿德厚公司的债务承担连带责任。

裁判结果

一审法院判决：驳回中化工程公司的诉讼请求。

二审法院判决：一、撤销陕西省榆林市中级人民法院（2020）陕 08 民初 72 号民事判决；二、不得追加、变更中化工程公司为（2019）陕 08 执 15 号案件的被执行人。

再审审查法院裁定：驳回德厚公司的再审申请。

裁判理由及评析

一、裁判理由

首先，中化工程公司于2008年3月25日转让股权至益业投资公司时，益业能源公司已通过第五次股东会议决议同意将中化工程公司认缴9000万元股权的出资期限延至2008年9月30日。因此，原判决认定中化工程公司转让全部股权时所认缴出资额的出资期限尚未届满，不构成《公司法规定（三）》第13条第2款、第18条以及《最高人民法院关于民事执行中变更、追加当事人若干问题的规定》第19条规定的"未依法履行出资义务即转让股权"情形，并无不当。

其次，修订后的《公司法》规定公司资本由股东在公司章程中自主约定。根据该规定，股东可以通过修改公司章程的方式重新安排认缴资本和实缴资本的问题。中化工程公司延长其出资期限并转让股权已经益业能源公司2008年3月25日第五次股东会议决议同意，并修订了公司章程，益业能源公司于同年5月12日完成工商变更登记；且中化工程公司两次延长出资期限均在2006年1月1日起施行的《公司法》第26条规定的公司成立之日起两年之内，亦未超出益业能源公司设立时确定的股东最后出资期限，即2008年9月30日。原判决认定中化工程公司展期出资行为依法实施、未随意延长出资缴纳期限、滥用股东期限利益，并无不当。

再次，中化工程公司于2008年3月25日转让股权时，益业能源公司尚在正常经营，德厚公司与益业能源公司签订的建设施工合同亦处于正常履行过程中。直至2014年，德厚公司方向西安仲裁委员会提起仲裁，向益业能源公司主张支付拖欠的工程款。原判决认定中化工程公司无逃避债务的主观故意，不存在恶意规避公司债务清偿的情形，并无不当。在与德厚公司签订建设施工合同以及中化工程公司转让股权时，益业能源公司1.332亿元注册资本已经实缴到位，陕西省高级人民法院（2018）陕民终397号生效民事判决最终认定益业能源公司应向德厚公司支付工程款7 431 489.4元及其利息，就益业能源公司当时的实缴注册资本而言，德厚公司主张其对益业能源公司的信赖利益因中化工程公司未缴纳出资并转让股权而受到损害，明显依据不足。此外，《民商审判会议纪要》第6条系关于股东出资应否加速到期的规定，不适用于本案股东已经转让股权的情形。德厚公司据此提出中化工程公司在实际缴纳0元出资的情况下转让股权违反了公司资本充实原则，并对德厚公司的合法权益造成损害的理由不能成立。

最后，中化工程公司已于2008年3月转让其股权至益业投资公司，不再担任益业能源公司的股东。2012年1月，益业能源公司股东会决议将公司注册资本由3亿元减至1.332亿元，该减资事项与中化工程公司无关。原判决关于"即便2012年益业能源公司的减资存在瑕疵，也不应向中化工程公司追究责任"的认定，并无不当。

二、评析

关于法律规定的"未履行或者未全面履行出资义务即转让股权"的股东责任如何理解的问题。《公司法规定（三）》第13条第2款规定："公司债权人请求未履行或者未全面履行出资义务的股东在未出资本息范围内对公司债务不能清偿的部分承担补充赔偿责任的，人民法院应予支持；未履行或者未全面履行出资义务的股东已经承担上述责任，其他债权人提出相同请求的，人民法院不予支持。"第18条第1款规定："有限责任公司的股东未履行或者未全面履行出资义务即转让股权，受让人对此知道或者应当知道，公司请求该股东履行出资义务、受让人对此承担连带责任的，人民法院应予支持；公司债权人依照本规定第十三条第二款向该股东提起诉讼，同时请求前述受让人对此承担连带责任的，人民法院应予支持。"根据《公司法》及上述司法解释的规定，未履行或未全面履行出资义务的股东，在未出资本息范围内对公司负有补足出资的义务、对公司债务不能清偿部分负有补充赔偿责任。但法律、司法解释并未进一步明确规定，在认缴期限届满前已经转让股权的股东，是否应在未出资本息范围内对公司不能清偿的债务承担的连带责任。《民商审判会议纪要》第6条系关于股东出资应否加速到期的规定，不适用于股东已经转让股权的情形。

对此，本案观点认为，《公司法》在2013年修正时确立了注册资本认缴制度，其目的在于减轻投资者一次性投资的压力，从而有利于公司经营，激发市场活力。根据《公司法》第28条第1款"股东应当按期足额缴纳公司章程中规定的各自所认缴的出资额"之规定，在认缴期限届满前，股东享有期限利益，故股东在认缴期限内未缴纳或未全部缴纳出资不属于未履行或未完全履行出资义务。认缴的股份实质上是股东对公司承担的负有期限利益的债务，当股权转让得到作为债权人的公司认可的情况下，视为公司同意债务转移，出让人退出出资关系，不再承担出资义务。该观点亦为司法案例所遵循。

然而，在注册资本认缴制下，应防止投资者滥用期限利益损害公司权益及公司债权人利益。因此，应当对股东在认缴期限届满前转让股权的情形进行具体分析，适当考虑例外情形。依据法律规定及当前司法实践，当股东具有转让股权以逃废出资义务的恶意，或在注册资本不高的情况下零实缴出资并设定超长认缴期等情形时，通常认为股东有滥用自治权利之嫌。

合议庭成员：高晓力、吴笛、张梅

撰写人：高晓力、张伯娜

27. 被公司免除职务的法定代表人，依法可以请求公司办理法定代表人变更登记

——韦××与新疆宝塔房地产开发有限公司、新疆宝塔投资控股有限公司、新疆嘉鸿投资有限公司请求变更公司登记纠纷案

◎ 案件基本信息

一、诉讼当事人

再审申请人（一审原告、二审上诉人）：韦××

被申请人（一审被告、二审被上诉人）：新疆宝塔房地产开发有限公司（以下简称宝塔房地产公司）

被申请人（一审被告、二审被上诉人）：新疆宝塔投资控股有限公司（以下简称宝塔投资公司）

被申请人（一审被告、二审被上诉人）：新疆嘉鸿投资有限公司（以下简称嘉鸿公司）

二、案件索引与裁判日期

一审：宁夏回族自治区银川市中级人民法院（2019）宁01民初3717号民事判决（2020年8月25日）

二审：宁夏回族自治区高级人民法院（2021）宁民终82号民事判决（2021年6月1日）

再审：最高人民法院（2022）最高法民再94号民事判决（2022年5月17日）

三、案由

请求变更公司登记纠纷

裁判要旨

法定代表人是对外代表公司从事民事活动的公司负责人，登记的法定代表人依法具有公示效力。就公司内部而言，公司与法定代表人之间为委托法律关系，法定代表人代表权的基础是公司的授权，自公司任命时取得至免除任命时终止。公司权力机关依公司章程规定免去法定代表人的职务后，法定代表人的代表权即为终止。

有限责任公司股东会依据章程规定免除公司法定代表人职务的，公司执行机关应当执行公司决议，公司执行机关对外代表公司，因此，公司负有办理法定代表人工商变更登记的义务。

公司办理工商变更登记中依法提交股东会决议、选任新的法定代表人等均是公司对登记机关的义务，公司不履行该义务，不能成为法定代表人请求公司履行法定义务之权利行使的条件。

裁判依据

《中华人民共和国公司法》（2018年10月26日修正）

第十三条　公司法定代表人依照公司章程的规定，由董事长、执行董事或者经理担任，并依法登记。公司法定代表人变更，应当办理变更登记。

基本案情

宝塔房地产公司于2013年3月26日成立，宝塔投资公司持股95%，嘉鸿公司持股5%，宝塔投资公司系宝塔石化集团下属公司。韦××受宝塔石化集团委派担任宝塔房地产公司的董事长及法定代表人。2017年7月18日，宝塔投资公司根据宝塔石化集团下发的《关于干部免职的决定》，向韦××发出免职通知书，免除韦××宝塔房地产公司董事长、法定代表人职务。但宝塔房地产公司一直未变更公司工商登记，致使韦××因宝塔房地产公司的相关诉讼而被限制高消费，韦××向宁夏回族自治区银川市中级人民法院提起诉讼。

争议焦点

公司应否为已免职的法定代表人办理工商变更登记。

裁判结果

一审法院判决：驳回韦××的诉讼请求。

二审法院判决：驳回上诉，维持原判。

再审法院判决：一、撤销宁夏回族自治区高级人民法院（2021）宁民终82号民事判决、宁夏回族自治区银川市中级人民法院（2019）宁01民初3717号民事判决；二、新疆宝塔房地产开发有限公司于本判决生效之日起30日内为韦××办理公司法定代表人变更登记；三、驳回韦××的其他诉讼请求。

裁判理由及评析

一、裁判理由

法院生效裁判认为，法定代表人是对外代表公司意志的机关之一，登记的法定代表人依法具有公示效力，但就公司内部而言，公司和法定代表人之间为委托法律关系，法定代表人行使代表人职权的基础为公司权力机关的授权，公司权力机关终止授权则法定代表人对外代表公司从事民事活动的职权终止，公司依法应当及时办理工商变更登记。

本案中，《新疆宝塔房地产开发有限公司章程》第13条规定，宝塔房地产公司股东会是公司的权力机构，有权选举和更换董事。第19条规定，董事会董事由股东委派，董事会对股东会负责，执行股东会决议，董事长由董事会选举产生。第26条规定，董事长为公司法定代表人。2013年3月26日，宝塔房地产公司成立，韦××是宝塔房地产公司股东宝塔投资公司委派的董事，依据公司章程经董事会选举为董事长，依据章程担任公司法定代表人，并办理了工商登记。因此，韦××系受公司权力机关委托担任公司法定代表人。

2017年7月18日，宝塔石化集团下发《关于干部免职的决定》，免除韦××宝塔房地产公司董事长、法定代表人职务。2017年7月20日，宝塔投资公司依据宝塔石化集团上述干部免职决定，向韦××发出《免职通知书》，免去韦××公司董事长、法定代表人职务。《免职通知书》还载明："本公司作为新疆宝塔房地产开发有限公司的控股股东，有权决定该公司董事长、法定代表人任免。本公司已将对你的免职决定通知另一股东新疆嘉鸿投资有限公司，该公司未提出异议。本通知自发出之日生效。"韦××被免职后，未在该公司工作，也未从公司领取报酬。本案诉讼中，嘉鸿公司明确其知晓并同意公司决定，因此，可以认定宝塔房地产公司两股东已经就韦××免职作出股东会决议并通知了韦××，该决议符合宝塔房地产公司章程规定，不违反法律规定，依法产生法律效力，双方的委托关系终止，韦××已经不享有公司法定代表人的职责。《公司法》第13条规定："公司法定代表人依照公司章程的规定，由董事长、执行董事或者经理担任，并依法登记。公司法定代表人变更，应当办理变更登记"，宝塔房地产公司应当依法办理法定代表人变更登记。

按照原国家工商行政管理局制定的《企业法人法定代表人登记管理规定》①（1999年修订）第6条"企业法人申请办理法定代表人变更登记，应当向原企业登记机关提交下列文件：（一）对企业原法定代表人的免职文件；（二）对企业新任法定代表人的任职文件；（三）由原法定代表人或者拟任法定代表人签署的变更登记申请书"以及第7条"有限责任公司或者股份有限公司更换法定代表人需要由股东会、股东大会或者董事会召开会议作出决议……"之规定，宝塔房地产公司只需提交申请书以及对原法定代表人的免职文件、新法定代表人的任职文件，以及股东会、股东大会或者董事会召开会议作出决议即可自行办理工商变更登记。本案中，韦××被免职后，其个人不具有办理法定代表人变更登记的主体资格，宝塔房地产公

---

① 该行政法规已于2022年3月1日起被《市场主体登记管理条例》废止。

司亦不依法向公司注册地工商局提交变更申请以及相关文件，导致韦××在被免职后仍然对外登记公示为公司法定代表人，在宝塔房地产公司相关诉讼中被限制高消费等，已经给韦××的生活造成实际影响，侵害了其合法权益。除提起本案诉讼外，韦××已无其他救济途径，故韦××请求宝塔房地产公司办理工商变更登记，依法有据，应予支持。至于本案判决作出后，宝塔房地产公司是否再选任新的法定代表人，属于公司自治范畴，本案不予处理。

综上，再审法院认为，原一审、二审判决以宝塔房地产公司未形成决议等为由驳回韦××的诉讼请求有误，依法予以纠正，韦××请求宝塔房地产公司办理工商变更登记的请求成立，应予支持。宝塔投资公司、嘉鸿公司仅是宝塔房地产公司的股东，且其已经就免除韦××法定代表人作出决议，依法也非办理变更登记的义务主体，韦××请求该两公司办理或协助办理法定代表人工商变更登记，依据不足，不予支持。

二、评析

随着个人征信制度的实施，实践中自然人被冒名担任公司法定代表人或公司员工被企业借名担任公司法定代表人但公司又拒绝办理变更登记，以及公司陷入内部治理僵局或已成为僵尸企业时，已经被免职的法定代表人仍然长期被公司占用名义担任法定代表人而无法通过正常程序办理工商变更登记，给这些主体的权益造成损害的现象日益增加，因此有必要赋予此类主体必要的救济途径以解决其所面临的难题。这主要是基于以下几点考虑：第一，劳动者有权终止劳动关系，拒绝担任法定代表人。公司董事、监事、高级管理人员等公司员工拒绝法定代表人的任命，公司不能依据公司章程强迫他人担任法定代表人。如公司法定代表人不是股东也不是投资人等，与公司解除劳动关系，不收取来自公司的报酬，与公司已无实际关联，此时如其已明确表示不愿继续担任法定代表人时，应平衡当事人的意思自治和公司的意思自治，不应仅以公司自治作为考虑是否进行变更的因素。第二，根据《最高人民法院关于限制被执行人高消费的若干规定》，如公司被列为失信被执行人，则法定代表人会被采取限制消费措施，即限高措施。限高措施是为了避免公司出现消极履行、规避执行或者抗拒执行的行为，督促公司尽快履行义务，而非针对法定代表人个人的惩罚性措施，不具有人身专属性，当其不再是法定代表人时，则应由新的法定代表人承担相应的义务。如新的法定代表人已实际代表公司行使权利，但始终未进行变更，限高措施仍实施在已不代表公司行使职权的原法定代表人时，并不利于保护债权人利益。第三，根据《市场主体登记管理条例》第19条的规定，登记机关应当对申请材料进行形式审查。对申请材料齐全、符合法定形式的予以确认并当场登记，申请材料不齐全或者不符合法定形式的，登记机关应当一次性告知申请人需要补正的材料。当公司法定代表人因客观情况无法取得全部登记材料时，如公司决议、任免文件等，行政机关并不能确定变更法定代表人是按照公司章程依法作出的决定，无法直接进行变更。即便当事人提起行政诉讼，也会面临无法取得全部相关材料而无法胜诉的窘境。如不给予当事人必要的民事救济途径，难以解决当事人所面临的困境。因此，对于此类请求公司变更登记纠纷，人民法院应予受理并审理。最高人民法院（2020）最高法民再88号王××请求变更公司登记纠纷案即表明了此类案件应作为民事案件受理的观点，为法定代表人权利救济开辟了新的途径。该案中，最高人民法院认为，赛瑞公司并无自行办理法定代表人变更登记的意愿。因王××并非赛瑞公司股东，其亦无法通过召集股东会等公司自治途径，就法定代表人的变更事项进行协商后作出决议。若人民法院不予受理王××的起诉，则王××因此所承受的法律风险将持续存在，而无任何救济途径。王××对赛瑞公司办理法定代表人变更登记的诉讼请求具有诉的利益，该纠纷系平等主体之间的民事争议，属于人民法院受理民事诉讼的范围。

合议庭成员：吴兆祥、张梅、赵敏

撰写人：赵敏、尹伊

28. 公司监事未尽勤勉义务且实际参与损害公司利益行为的，应对公司损害承担连带赔偿责任

——张××、朱××与陕西丰镐置业有限责任公司损害公司利益责任纠纷案

案件基本信息

一、诉讼当事人

再审申请人（一审被告、二审上诉人）：张××

再审申请人（一审被告、二审上诉人）：朱××

被申请人（一审原告、二审上诉人）：陕西丰镐置业有限责任公司（以下简称丰镐公司）

二、案件索引与裁判日期

一审：陕西省西安市中级人民法院（2020）陕01民初255号民事判决（2020年11月10日）

二审：陕西省高级人民法院（2021）陕民终25号民事判决（2021年4月26日）

申请再审：最高人民法院（2021）最高法民申6621号民事裁定（2021年12月20日）

三、案由

损害公司利益责任纠纷

裁判要旨

根据《公司法》第53条的规定，监事负有检查公司财务及对董事、高

级管理人员执行公司职务的行为进行监督的职权,当董事、高级管理人员的行为损害公司的利益时,监事应当要求董事、高级管理人员予以纠正等。在明知公司法定代表人实施损害公司利益的行为时,同时作为公司的财务人员的监事,不仅未予制止,还按照法定代表人的要求执行了损害公司利益行为的,应当认定其未尽到监事的勤勉义务,与该法定代表人对公司的损失承担连带赔偿责任。

裁判依据

《中华人民共和国公司法》(2018年10月26日修正)

第五十三条 监事会、不设监事会的公司的监事行使下列职权:

(一)检查公司财务;

(二)对董事、高级管理人员执行公司职务的行为进行监督,对违反法律、行政法规、公司章程或者股东会决议的董事、高级管理人员提出罢免的建议;

(三)当董事、高级管理人员的行为损害公司的利益时,要求董事、高级管理人员予以纠正;

(四)提议召开临时股东会会议,在董事会不履行本法规定的召集和主持股东会会议职责时召集和主持股东会会议;

(五)向股东会会议提出提案;

(六)依照本法第一百五十一条的规定,对董事、高级管理人员提起诉讼;

(七)公司章程规定的其他职权。

第一百四十九条 董事、监事、高级管理人员执行公司职务时违反法律、行政法规或者公司章程的规定,给公司造成损失的,应当承担赔偿责任。

基本案情

丰镐公司成立于2002年8月2日。2007年孙××与张××共同收购利×持有的丰镐公司53.3%股权,并就孙××代持张××的部分股权及股权对价款支付方式等事项分别进行了约定。2007年11月23日,股东变更为孙××、张××,法定代表人孙××。2009年4月16日,股东孙××名下的丰镐公司股权被变更至张××之妻名下,丰镐公司法定代表人、董事长亦变更为张××。2012年6月,孙××发现2009年4月16日丰镐公司登记信息变更后,随即向陕西省工商行政管理局举报。2012年8月13日,陕西省工商行政管理局委托西北政法大学司法鉴定中心进行了笔迹鉴定,鉴定结果是2009年4月8日《丰镐公司股东会决议-关于变更股权、法定代表人的决议》《丰镐公司董事会决议》《丰镐公司股权转让协议书》中的孙××签名笔迹与孙××本人笔迹不一致。2012年12月17日,陕西省工商行政管理局作出陕工商处字(2012)47号行政处罚决定书,该处罚决定书认定2009年4月16日丰镐公司的工商变更登记系提交虚假资料取得工商登记的违法行为,并作出撤销2009年4月16日变更登记的处罚决定。陕西省工商行政管理局根据该处罚决定于2013年5月31日恢复丰镐公司的工商登记。股东恢复登记为孙××(持股53.3%)、张××(持股46.7%),法定代表人恢复登记为孙××。

2009年4月至2013年1月,在张××实际控制丰镐公司期间,丰镐公司账面出现大额货币资金支出的情形。

丰镐公司向一审法院提起诉讼,请求判令张××向丰镐公司返还756万元,朱××承担连带责任。一审法院认为,张××需对其中650万元承担返还责任,朱××作为丰镐公司的监事和财务人员,对张××实施的损害公司利益行为,不仅不予制止,反而对明知属于无任何支付依据的转出款项,仍应张××的要求,分多次转出,朱××的行为严重背离了丰镐公司的公司章程以及法律要求监事和高级管理人员负有的忠实勤勉义务。张××与朱××共同实施了损害丰镐公司利益的侵权行为,丰镐公司请求朱××承担连带责任符合法律规定。丰镐公司、张××、朱××均不服一审判决,提起上诉。二审法院维持了一审判决。

张××、朱××均不服二审判决,向最高人民法院申请再审。

争议焦点

朱××对丰镐公司的损失是否应当承担连带责任。

裁判结果

一审法院判决：一、张××自本判决生效之日起10日内返还丰镐公司650万元并承担利息损失（以650万元为本金，自2010年7月8日起按中国人民银行同期贷款利率计算至2019年8月19日止，从2019年8月20日起按全国银行间同业拆借中心公布的贷款市场报价利率计算至实际清偿之日止）；二、朱××对本判决第一项确定的给付内容承担连带责任；三、驳回丰镐公司的其余诉讼请求。

二审法院判决：驳回上诉，维持原判。

再审审查法院裁定：驳回张××、朱××的再审申请。

裁判理由及评析

一、裁判理由

本案争议的焦点问题为二审判决认定朱××对丰镐公司的损失承担连带责任是否有误。

本案中，朱××作为公司监事，应当根据《公司法》第53条的规定，行使下列职权：（1）检查公司财务；（2）对董事、高级管理人员执行公司职务的行为进行监督，对违反法律、行政法规、公司章程或者股东会决议的董事、高级管理人员提出罢免的建议；（3）当董事、高级管理人员的行为损害公司的利益时，要求董事、高级管理人员予以纠正等。

朱××与张××系朋友关系，于2007年经张××介绍进入丰镐公司工作。2009年4月16日，张××通过提交虚假资料将另一股东孙××名下的公司股权变更至其妻子名下，将公司法定代表人、董事长由孙××变更为自己，朱××作为公司监事，应该注意到上述变更行为未经公司股东会决议。2013年5月31日，经孙××举报，陕西省工商行政管理局撤销了2009年的变更登记，将丰镐公司的工商登记恢复至变更前的状态（孙××持股53.3%、张××持股46.7%、法定代表人为孙××）。在此期间（2009年4月至2013年1月），张××实际控制丰镐公司，共实施了如下损害丰镐公司利益的行为：（1）向其女儿担任法定代表人的公司借款100万元，借款期限2个月，约定利息50万元，原审法院认定其中的6万元利息属于正常的民间借贷的利息，超出的44万元利息应由张××承担。朱××作为监事和财务人员，经手了该笔资金的转出，应该注意到关于如此高额利息的约定损害了公司利益，却未予制止。（2）以"劳务费""工程款""还款"等名义共计支出款项326万元（其中100万元用于偿还金澳公司对丰镐公司的其他应收款，而张××原系金澳公司法定代表人），对于以上支出，张××给出的解释与会计记账凭证记载的用途不吻合，且张××不能提供付款的合理依据。朱××作为监事，有权检查公司财务，作为财务人员，经手了上述资金的转出，只要稍尽审查义务，就应当发现上述付款的不合理性。（3）丰镐公司以还款的名义转给朱××300万元，由朱××分别转给他人。关于此笔款项，朱××作为独立主体与张××共同实施了侵害公司利益的行为，无论是否存在领导指示，朱××作为公司监事均应承担侵害公司利益的责任。

朱××作为丰镐公司的监事和财务人员，对张××实施的损害公司利益行为，不仅不予制止，反而对明知属于无任何支付依据的转出款项，仍应张××的要求，分多次转出，其行为严重背离了丰镐公司的公司章程以及法律要求监事和高级管理人员负有的忠实勤勉义务。故二审法院判决朱××对丰镐公司的损失承担连带责任并无不当。

二、评析

董事、监事、高级管理人员对公司负有忠实和勤勉义务是国际通例。董事、监事、高级管理人员在享有法律规定的权利的同时，也应履行法律规定的义务。董事、监事、高级管理人员的忠实和勤勉义务的规定包含以下内容：(1) 董事、监事、高级管理人员负有遵守法律、行政法规和公司章程的义务，在守法和遵守公司章程的前提下，履行忠实和勤勉义务，不得采取非法手段为公司牟取不正当利益，不得从事违法经营活动。(2) 董事、监事、高级管理人员的忠实和勤勉义务是对公司承担的法定义务，而不是对单个或者部分股东所承担的义务。董事、监事、高级管理人员作为公司财产的监督管理者，应当为公司的利益，而不是为单个或者部分股东的利益，经营管理公司财产，监督公司财产的运营，保证公司财产的安全，实现公司的经济利益。

公司的董事是股东选出管理公司的，公司的经理及其他高级管理人员是公司董事会聘来从事公司日常生产经营活动的。公司的董事、经理及其他高级管理人员与公司的关系是基于信任而产生的一种委托关系，他们应按公司股东会、股东大会或董事会决议，从公司的最高利益出发，尽最大的努力，以一个称职的公司管理人应有的谨慎从事公司的经营管理行为。公司的监事是由公司的股东会或者股东大会等基于对他们的信任选出来对公司业务活动进行监督的，他们也应从公司的最高利益出发，依法忠实勤勉地履行自己的监督职责。根据这一要求，董事、监事、高级管理人员在公司管理工作中要不失职、不越权。忠实义务和勤勉义务作为公司法中董事、监事、高级管理人员问责机制的法律依据和司法审查标准，其运行之价值在于约束董事、监事、高级管理人员的决策和经营管理行为，在履行职责时像普通谨慎人或善良管理人一样对公司利益给予合理的注意，机智慎重、勤勉尽责地管理公司事务，不得有所懈怠，其核心是"勤"和"慎"。如董事、监事、高级管理人员违反勤勉义务，则其需要承担赔偿因此给公司带来的损失的责任。

具体而言，忠实义务指董事、监事、高级管理人员必须竭尽忠诚地为公司工作并诚实履行职责，通常应用于公司董事、监事、高级管理人员与公司利益发生冲突的情形之下，所以又称为公平交易的义务。忠实义务最重要的原则是董事负有竭尽忠诚地为公司工作并诚实地履行职责的义务，以对公司绝对、无条件的忠诚为内容。忠实义务的核心内容是董事、监事、高级管理人员不得为了个人的利益而牺牲公司利益或者放弃公司的最佳利益而追求私利。本质上，忠实义务是道德义务的法律化，考察的主要是职业操守问题，属于基本职业道德范畴。忠实义务主要包括上述人员不得利用职权收受贿赂或者取得其他非法收入，不得有侵占公司财产的行为；公司董事、监事、高管人员及其利害关系人不得与本公司进行自我交易；不得利用自身职务篡夺商机；应当保守公司商业机密；不得违反竞业禁止义务；禁止滥用公司财产，挪用公司资金；禁止将公司资金以其个人名义或他人名义开立账户储存；禁止违反公司章程的规定、未经股东会或股东大会或董事会同意，将公司资金借贷给他人或以公司财产为他人提供担保的行为；禁止接受他人与本公司交易的佣金归自己所有等。以上行为是公司对经营权主体董事等人员设置的道德标准线和忠诚线，若其违反标准界线，则违反了对公司的忠实义务，公司可以向其行使归入权甚至提起损害赔偿诉讼。

勤勉义务也称注意义务，是董事、监事与高级管理人员对公司所负的一项基本义务。它要求董事、监事与高级管理人员像普通谨慎人或善良管理人在相似的情况下给予合理的注意一样，勤勉尽责，即公司的董事、监事与高级管理人员应像其他任何代理人或受托人一样，在管理公司事务时，应承担合理注意的义务。董事、监事与高级管理人员的注意义务分为制定法上的注意义务和非制定法上的注意义务。前者是指《公司法》或公司法以外的其他法律对董事、监事与高级管理人员的义务所作的规定，后者是指基于公司章程，基于董事、监事与高级管理人员的身份及公司的特殊商业性质所产生的注意义务。具体来说，董事、监事与高级管理人员注意义务的内容主要包括：负有遵守《公司法》和其他制定法规定的注意义务；负有遵守章程规定的注意义务；负有在自己权限内行为的注意义务；负有勤勉的义务以及谨慎行事的义务。董事、监事与高级管理人员如果没有对公司尽到此种合理的注意，并因此而导致公司利益受损的，董事、监事与高级管理人员应对公司的损害承担赔偿责任。虽然董事、监事与高级管理人员的注意义务是一种专家义务，但与董事、监事、高级管理人员的忠实义务相比，董事、监事与高级管理人员的注意义务是一种轻度注意义务。因为如果强加给董事、监事与高级管理人员过于严苛的注意义务和法律责任，则可能会使他们因惮于出现失误，而缩手缩脚，无法激发董事、监事与高级管理人员的积极性，反有害于公司的发展。所以，在其他国家司法实践中，还有商业判断规则的运用，即董事、监事与高级管理人员基于正常的商业判断，即便给公司造成损失，也不能因董事、监事与高级管理人员的行为给公司造成了损害，而要求董事、监事与高级管理人员承担法律责任。

本案的情形比较特殊，朱××作为公司监事，同时又是公司的财务工作人员，经手了股东张××损害公司利益的所有行为，甚至其中有一笔款项系由公司账户打到朱××的账户后转出，系朱××与张××共同实施的侵害公司利益的行为，故本案中判决朱××承担了较重的法律责任，即其与股东张××承担连带赔偿责任。

合议庭成员：陈宏宇、吴笛、张梅
撰写人：张梅、张义敏

29. 股东出资义务的履行情况不影响其提起解散公司之诉的权利

——陕西博鑫体育文化传播有限公司与陈×公司解散纠纷案

◎ 案件基本信息

一、诉讼当事人

再审申请人（一审被告、二审上诉人）：陕西博鑫体育文化传播有限公司（以下简称博鑫公司）

被申请人（一审原告、二审被上诉人）：陈×

一审第三人：任××

二、案件索引与裁判日期

一审：陕西省西安市中级人民法院（2020）陕01民初722号民事判决（2020年11月23日）

二审：陕西省高级人民法院（2021）陕民终206号民事判决（2021年4月23日）

申请再审：最高人民法院（2021）最高法民申6453号民事裁定（2021年11月30日）

三、案由

公司解散纠纷

◎ 裁判要旨

根据《公司法规定（三）》第16条的规定，股东因未履行或者未全面履行出资义务而受限的股东权利，并不包括其提起解散公司之诉的权利。

《公司法》第182条规定的"严重困难"包括对外的生产经营困难、对内的管理困难。

○ **裁判依据**

《中华人民共和国公司法》（2018年10月26日修正）

第一百八十二条　公司经营管理发生严重困难，继续存续会使股东利益受到重大损失，通过其他途径不能解决的，持有公司全部股东表决权百分之十以上的股东，可以请求人民法院解散公司。

《最高人民法院关于适用〈中华人民共和国公司法〉若干问题的规定（二）》（2020年12月29日修正）

第一条　单独或者合计持有公司全部股东表决权百分之十以上的股东，以下列事由之一提起解散公司诉讼，并符合公司法第一百八十二条规定的，人民法院应予受理：

（一）公司持续两年以上无法召开股东会或者股东大会，公司经营管理发生严重困难的；

（二）股东表决时无法达到法定或者公司章程规定的比例，持续两年以上不能做出有效的股东会或者股东大会决议，公司经营管理发生严重困难的；

（三）公司董事长期冲突，且无法通过股东会或者股东大会解决，公司经营管理发生严重困难的；

（四）经营管理发生其他严重困难，公司继续存续会使股东利益受到重大损失的情形。

股东以知情权、利润分配请求权等权益受到损害，或者公司亏损、财产不足以偿还全部债务，以及公司被吊销企业法人营业执照未进行清算等为由，提起解散公司诉讼的，人民法院不予受理。

《最高人民法院关于适用〈中华人民共和国公司法〉若干问题的规定（三）》（2020年12月29日修正）

第十六条　股东未履行或者未全面履行出资义务或者抽逃出资，公司根据公司章程或者股东会决议对其利润分配请求权、新股优先认购权、剩余财产分配请求权等股东权利作出相应的合理限制，该股东请求认定该限制无效的，人民法院不予支持。

《中华人民共和国民事诉讼法》（2017年6月27日修正）

第二百零四条第一款　人民法院应当自收到再审申请书之日起三个月内审查，符合本法规定的，裁定再审；不符合本法规定的，裁定驳回申请。有特殊情况需要延长的，由本院院长批准。

《最高人民法院关于适用〈中华人民共和国民事诉讼法〉的解释》（2020年12月29日修正）

第三百九十五条第二款　当事人主张的再审事由不成立，或者当事人申请再审超过法定申请再审期限、超出法定再审事由范围等不符合民事诉讼法和本解释规定的申请再审条件的，人民法院应当裁定驳回再审申请。

对应新法

《中华人民共和国民事诉讼法》（2021年12月24日修正）

第二百零八条　当事人对已经发生法律效力的调解书，提出证据证明调解违反自愿原则或者调解协议的内容违反法律的，可以申请再审。经人民法院审查属实的，应当再审。

《最高人民法院关于适用〈中华人民共和国民事诉讼法〉的解释》（2022年4月1日修正）

第三百九十三条第二款　当事人主张的再审事由不成立，或者当事人申请再审超过法定申请再审期限、超出法定再审事由范围等不符合民事诉讼法和本解释规定的申请再审条件的，人民法院应当裁定驳回再审申请。

○ 基本案情

陈×提起本案诉讼请求依法判令解散博鑫公司。博鑫公司股东陈×、任××，分别占股为49%及51%，任××担任博鑫公司法定代表人、执行董事兼总经理，陈×担任博鑫公司监事。博鑫公司提交了2015年度至

2018年度企业工商年报及2018年度、2019年度企业所得税纳税申报表以其证明博鑫公司现经营状况正常，未向法庭提交该公司于2016年之后召开过股东会的有效证据。2017年11月9日陈×发现其持有博鑫公司股权的工商登记发生了变更，其不再具有博鑫公司股东身份，其即以对该变更并不知情为由另案诉至陕西省西安市雁塔区人民法院，请求判令确认其具有博鑫公司的股东资格，该另案一审判决确认陈×具备博鑫公司的股东资格，二审判决驳回上诉，维持原判。陈×遂依据该民事判决将其在博鑫公司的股东资格及股权在工商机关予以恢复登记。之后，博鑫公司向陕西省西安市雁塔区人民法院提起诉讼，以陈×拒绝按照博鑫公司通过的已生效的解除陈×股东资格的股东会决议要求配合办理股东、股权变更手续为由，另案起诉请求判令陈×配合博鑫公司办理股东、股权变更登记。该另案一审判决驳回了博鑫公司的诉讼请求，二审判决驳回上诉，维持原判。此外，任××与陈×都曾举报对方涉嫌违法犯罪。

争议焦点

陈×是否有提起解散公司之诉的权利以及博鑫公司是否具备法定解散事由。

裁判结果

一审法院判决：解散博鑫公司。
二审法院判决：驳回上诉，维持原判。
再审审查法院裁定：驳回博鑫公司的再审申请。

裁判理由及评析

一、裁判理由

本案系当事人申请再审案件，应当围绕博鑫公司的再审事由能否成立进行审查，相应的审查重点为：博鑫公司提供的"新的证据"的证明力；

陈×是否具有博鑫公司股东资格,可否行使提起公司解散之诉的股东权利;博鑫公司是否具备法定解散事由;二审程序是否有严重违法之处。

关于博鑫公司提供的"新的证据"的证明力。关于证据1至7,经查,该7份证据在此前程序中已由法院组织质证,且证据1已被法院采用,而证据2至7仅能证明博鑫公司曾催告陈×出资、参加股东会等,不足以证明陈×未出资,故该7份证据均不满足"新的证据"的形式要件,也不具有"足以推翻原判决、裁定"的证明力。关于证据8,经查,《催办通知》在此前程序中已由人民法院组织质证,《询问通知书》落款时间是在二审判决作出之后,但上述两份通知当中均未明示也无法从中推断陈×为参公人员,而且另案生效判决已指出陈×是否为参公人员、是否违反相关法律规定与本案诉争的法律关系并无直接联系,博鑫公司可另寻途径解决,故证据8不具有"足以推翻原判决、裁定"的证明力。关于证据9,经查,虽然该刑事裁定形成于二审庭审结束后,认定的事实亦不包括博鑫公司所称的陈×强行入股一节,且陈×仅作为证人参与诉讼,故与本案关联性不足,也不具有"足以推翻原判决、裁定"的证明力。综上,博鑫公司申请再审所提交的"新的证据",不符合《民事诉讼法》第200条第1项规定的情形。

关于陈×是否具有博鑫公司股东资格,可否行使提起公司解散之诉的股东权利的问题。经查,陈×持有博鑫公司49%的股份且已实缴部分出资的事实已由一审、二审判决根据公司章程、工商登记资料、另案生效裁判查明认定。而且,根据《公司法规定(三)》第16条的规定,股东因未履行或者未全面履行出资义务而受限的股东权利,并不包括其提起解散公司之诉的权利。博鑫公司本节申请再审理由不成立,法院不予支持。

关于博鑫公司是否具备法定解散事由的问题。《公司法》第182条规定的"严重困难"包括对外的生产经营困难、对内的管理困难。本案中,一、二审法院已查明认定博鑫公司的股东会机制失灵,股东之间矛盾无法调和,且经法院协调仍难以打破公司僵局;而博鑫公司申请再审事由中也反映出其客观上存在管理方面的严重困难。因此,二审判决认定博鑫公司已具备《最高人民法院关于适用〈中华人民共和国公司法〉若干问题的规定(二)》

第 1 条规定的解散事由,在事实认定和法律适用上并无不当。博鑫公司本节申请再审理由不成立,法院不予支持。

关于二审程序是否有严重违法之处的问题。一方面,博鑫公司未指明其所称程序违法情况符合《民事诉讼法》第 200 条哪一项情形,且其所称程序违法情况亦不符合该条任一具体情形。另一方面,2020 年 4 月 3 日,陕西省西安市中级人民法院就本案作出(2019)陕 01 民初 1276 号民事判决,认定陈×和任××对博鑫公司出资均存在争议。2020 年 4 月 7 日,陕西省西安市中级人民法院就另案即博鑫公司与陈×变更股东登记纠纷案作出(2020)陕 01 民终 803 号民事判决,认定陈×履行了部分出资义务。此后,本案二审法院以本案原一审判决事实不清为由,将本案发回重审。重审后,一审法院已将(2020)陕 01 民终 803 号民事判决内容纳入查明事实并作出裁判,二审法院予以维持。上述审理过程,符合法定审判程序。博鑫公司本节申请再审理由不成立,法院不予支持。

综上,博鑫公司的再审申请不符合《民事诉讼法》(2017 年修正)①第 200 条第 1 项、第 2 项、第 6 项规定的情形。再审法院依照《民事诉讼法》(2017 年修正)②第 204 条第 1 款、《民事诉讼法司法解释》(2020 年修正)③第 395 条第 2 款之规定,裁定驳回博鑫公司的再审申请。

二、评析

本案核心争点,实为股东出资情况是否影响其提起解散公司之诉的权利问题。

《公司法规定(三)》第 16 条规定:"股东未履行或者未全面履行出资义务或者抽逃出资,公司根据公司章程或者股东会决议对其利润分配请求权、新股优先认购权、剩余财产分配请求权等股东权利作出相应的合理限

---

① 该法律已被修改,对应《民事诉讼法》(2021 年修正)第 207 条第 1 项、第 2 项。
② 该法律已被修改,对应《民事诉讼法》(2021 年修正)第 211 条第 1 款。
③ 该司法解释已被修改,对应《民事诉讼法司法解释》(2022 年修正)393 条第 2 款。

制，该股东请求认定该限制无效的，人民法院不予支持。"正确理解适用该规定，必须区分被限制的股东权利系自益权还是共益权。

对于前者，原则上应当限制。因为，公司红利来自股东出资，股东出资设立公司的目的就是获得红利收益。而获得红利分配是股东最重要的财产权利、股东的其他财产权利都是围绕红利分配产生的，那么股东出资和股东的财产权利之间就有了原因和结果、手段和目的的直接关系。对于这些权利，在股东出资瑕疵的情况下，当然应当限制。

对于后者，原则上不应限制。共益权是股东对公司重大事务参与管理的权利，从与股东出资关系的远近来说，共益权表现为对公司经营决策的参与和对公司机关行为的监督与纠正，没有直接的财产内容，与出资的联系比较远。从公司业绩的层面上来看，如无特别约定，出资1%的股东和出资99%的股东在参与公司管理、纠正公司机关不当行为的权利上是平等的。本案中涉及的公司解散请求权，即属于共益权的一种，故陈×具有起诉请求解散博鑫公司的权利。

合议庭成员：高晓力、徐超、董俊武
撰写人：徐超、李欣

30. 足以影响投资者的投资决策和市场交易价格的证券虚假陈述行为，可以认定为具有"重大性"

——吴××与延安必康制药股份有限公司证券虚假陈述责任纠纷案

案件基本信息

一、诉讼当事人

上诉人（一审原告）：吴××

被上诉人（一审被告）：延安必康制药股份有限公司（以下简称必康公司）

二、案件索引与裁判日期

一审：西安市中级人民法院（2021）陕01民初310号民事判决（2021年9月28日）

二审：陕西省高级人民法院（2021）陕民终1083号民事裁定（2021年11月9日）

三、案由

证券虚假陈述责任纠纷

裁判要旨

认定证券虚假陈述行为是否具有"重大性"，应当从对投资人的决策产生影响或对证券市场的价格影响两个方面判断。足以影响投资者的投资决策和市场交易价格的，即可确认虚假陈述行为具有"重大性"。证券市场系统风险是否存在，可以通过证券市场大盘指数和行业板块指数的波动情况作出判断。证券虚假陈述损失的计算涉多个学科和领域，可委托专业机构进行精确化核算。

裁判依据

《中华人民共和国证券法》（2019年12月28日修订）

第八十五条 信息披露义务人未按照规定披露信息，或者公告的证券发行文件、定期报告、临时报告及其他信息披露资料存在虚假记载、误导性陈述或者重大遗漏，致使投资者在证券交易中遭受损失的，信息披露义务人应当承担赔偿责任；发行人的控股股东、实际控制人、董事、监事、高级管理人员和其他直接责任人员以及保荐人、承销的证券公司及其直接责任人员，应当与发行人承担连带赔偿责任，但是能够证明自己没有过错的除外。

《最高人民法院关于审理证券市场因虚假陈述引发的民事赔偿案件的若干规定》（2022年1月22日废止）

第十七条 证券市场虚假陈述，是指信息披露义务人违反证券法律规定，在证券发行或者交易过程中，对重大事件作出违背事实真相的虚假记载、误导性陈述，或者在披露信息时发生重大遗漏、不正当披露信息的行为。

对于重大事件，应当结合证券法第五十九条、第六十条、第六十一条、第六十二条、第七十二条及相关规定的内容认定。

虚假记载，是指信息披露义务人在披露信息时，将不存在的事实在信息披露文件中予以记载的行为。

误导性陈述，是指虚假陈述行为人在信息披露文件中或者通过媒体，作出使投资人对其投资行为发生错误判断并产生重大影响的陈述。

重大遗漏，是指信息披露义务人在信息披露文件中，未将应当记载的事项完全或者部分予以记载。

不正当披露，是指信息披露义务人未在适当期限内或者未以法定方式公开披露应当披露的信息。

第十八条 投资人具有以下情形的，人民法院应当认定虚假陈述与损害结果之间存在因果关系：

（一）投资人所投资的是与虚假陈述直接关联的证券；

（二）投资人在虚假陈述实施日及以后，至揭露日或者更正日之前买入该证券；

（三）投资人在虚假陈述揭露日或者更正日及以后，因卖出该证券发生亏损，或者因持续持有该证券而产生亏损。

第十九条　被告举证证明原告具有以下情形的，人民法院应当认定虚假陈述与损害结果之间不存在因果关系：

（一）在虚假陈述揭露日或者更正日之前已经卖出证券；

（二）在虚假陈述揭露日或者更正日及以后进行的投资；

（三）明知虚假陈述存在而进行的投资；

（四）损失或者部分损失是由证券市场系统风险等其他因素所导致；

（五）属于恶意投资、操纵证券价格的。

第二十条　本规定所指的虚假陈述实施日，是指作出虚假陈述或者发生虚假陈述之日。

虚假陈述揭露日，是指虚假陈述在全国范围发行或者播放的报刊、电台、电视台等媒体上，首次被公开揭露之日。

虚假陈述更正日，是指虚假陈述行为人在中国证券监督管理委员会指定披露证券市场信息的媒体上，自行公告更正虚假陈述并按规定履行停牌手续之日。

第三十条　虚假陈述行为人在证券交易市场承担民事赔偿责任的范围，以投资人因虚假陈述而实际发生的损失为限。投资人实际损失包括：

（一）投资差额损失；

（二）投资差额损失部分的佣金和印花税。前款所涉资金利息，自买入至卖出证券日或者基准日，按银行同期活期存款利率计算。

第三十一条　投资人在基准日及以前卖出证券的，其投资差额损失，以买入证券平均价格与实际卖出证券平均价格之差，乘以投资人所持证券数量计算。

第三十二条 投资人在基准日之后卖出或者仍持有证券的,其投资差额损失,以买入证券平均价格与虚假陈述揭露日或者更正日起至基准日期间,每个交易日收盘价的平均价格之差,乘以投资人所持证券数量计算。

第三十三条 投资差额损失计算的基准日,是指虚假陈述揭露或者更正后,为将投资人应获赔偿限定在虚假陈述所造成的损失范围内,确定损失计算的合理期间而规定的截止日期。基准日分别按下列情况确定:

(一)揭露日或者更正日起,至被虚假陈述影响的证券累计成交量达到其可流通部分100%之日。但通过大宗交易协议转让的证券成交量不予计算。

(二)按前项规定在开庭审理前尚不能确定的,则以揭露日或者更正日后第30个交易日为基准日。

(三)已经退出证券交易市场的,以摘牌日前一交易日为基准日。

(四)已经停止证券交易的,可以停牌日前一交易日为基准日;恢复交易的,可以本条第(一)项规定确定基准日。

对应新法

《最高人民法院关于审理证券市场虚假陈述侵权民事赔偿案件的若干规定》(2022年1月21日)

第四条 信息披露义务人违反法律、行政法规、监管部门制定的规章和规范性文件关于信息披露的规定,在披露的信息中存在虚假记载、误导性陈述或者重大遗漏的,人民法院应当认定为虚假陈述。

虚假记载,是指信息披露义务人披露的信息中对相关财务数据进行重大不实记载,或者对其他重要信息作出与真实情况不符的描述。

误导性陈述,是指信息披露义务人披露的信息隐瞒了与之相关的部分重要事实,或者未及时披露相关更正、确认信息,致使已经披露的信息因不完整、不准确而具有误导性。

重大遗漏,是指信息披露义务人违反关于信息披露的规定,对重大事件或者重要事项等应当披露的信息未予披露。

第七条　虚假陈述实施日，是指信息披露义务人作出虚假陈述或者发生虚假陈述之日。

信息披露义务人在证券交易场所的网站或者符合监管部门规定条件的媒体上公告发布具有虚假陈述内容的信息披露文件，以披露日为实施日；通过召开业绩说明会、接受新闻媒体采访等方式实施虚假陈述的，以该虚假陈述的内容在具有全国性影响的媒体上首次公布之日为实施日。信息披露文件或者相关报导内容在交易日收市后发布的，以其后的第一个交易日为实施日。

因未及时披露相关更正、确认信息构成误导性陈述，或者未及时披露重大事件或者重要事项等构成重大遗漏的，以应当披露相关信息期限届满后的第一个交易日为实施日。

第八条　虚假陈述揭露日，是指虚假陈述在具有全国性影响的报刊、电台、电视台或监管部门网站、交易场所网站、主要门户网站、行业知名的自媒体等媒体上，首次被公开揭露并为证券市场知悉之日。

人民法院应当根据公开交易市场对相关信息的反应等证据，判断投资者是否知悉了虚假陈述。

除当事人有相反证据足以反驳外，下列日期应当认定为揭露日：

（一）监管部门以涉嫌信息披露违法为由对信息披露义务人立案调查的信息公开之日；

（二）证券交易场所等自律管理组织因虚假陈述对信息披露义务人等责任主体采取自律管理措施的信息公布之日。

信息披露义务人实施的虚假陈述呈连续状态的，以首次被公开揭露并为证券市场知悉之日为揭露日。信息披露义务人实施多个相互独立的虚假陈述的，人民法院应当分别认定其揭露日。

第九条　虚假陈述更正日，是指信息披露义务人在证券交易场所网站或者符合监管部门规定条件的媒体上，自行更正虚假陈述之日。

第十条　有下列情形之一的，人民法院应当认定虚假陈述的内容具有重大性：

（一）虚假陈述的内容属于证券法第八十条第二款、第八十一条第二款规定的重大事件；

（二）虚假陈述的内容属于监管部门制定的规章和规范性文件中要求披露的重大事件或者重要事项；

（三）虚假陈述的实施、揭露或者更正导致相关证券的交易价格或者交易量产生明显的变化。

前款第一项、第二项所列情形，被告提交证据足以证明虚假陈述并未导致相关证券交易价格或者交易量明显变化的，人民法院应当认定虚假陈述的内容不具有重大性。

被告能够证明虚假陈述不具有重大性，并以此抗辩不应当承担民事责任的，人民法院应当予以支持。

第十一条　原告能够证明下列情形的，人民法院应当认定原告的投资决定与虚假陈述之间的交易因果关系成立：

（一）信息披露义务人实施了虚假陈述；

（二）原告交易的是与虚假陈述直接关联的证券；

（三）原告在虚假陈述实施日之后、揭露日或更正日之前实施了相应的交易行为，即在诱多型虚假陈述中买入了相关证券，或者在诱空型虚假陈述中卖出了相关证券。

第十二条　被告能够证明下列情形之一的，人民法院应当认定交易因果关系不成立：

（一）原告的交易行为发生在虚假陈述实施前，或者是在揭露或更正之后；

（二）原告在交易时知道或者应当知道存在虚假陈述，或者虚假陈述已经被证券市场广泛知悉；

（三）原告的交易行为是受到虚假陈述实施后发生的上市公司的收购、重大资产重组等其他重大事件的影响；

（四）原告的交易行为构成内幕交易、操纵证券市场等证券违法行为的；

（五）原告的交易行为与虚假陈述不具有交易因果关系的其他情形。

第二十四条　发行人在证券发行市场虚假陈述，导致原告损失的，原告有权请求按照本规定第二十五条的规定赔偿损失。

第二十五条　信息披露义务人在证券交易市场承担民事赔偿责任的范围，以原告因虚假陈述而实际发生的损失为限。原告实际损失包括投资差额损失、投资差额损失部分的佣金和印花税。

第二十六条　投资差额损失计算的基准日，是指在虚假陈述揭露或更正后，为将原告应获赔偿限定在虚假陈述所造成的损失范围内，确定损失计算的合理期间而规定的截止日期。

在采用集中竞价的交易市场中，自揭露日或更正日起，被虚假陈述影响的证券集中交易累计成交量达到可流通部分100%之日为基准日。

自揭露日或更正日起，集中交易累计换手率在10个交易日内达到可流通部分100%的，以第10个交易日为基准日；在30个交易日内未达到可流通部分100%的，以第30个交易日为基准日。

虚假陈述揭露日或更正日起至基准日期间每个交易日收盘价的平均价格，为损失计算的基准价格。

无法依前款规定确定基准价格的，人民法院可以根据有专门知识的人的专业意见，参考对相关行业进行投资时的通常估值方法，确定基准价格。

第二十七条　在采用集中竞价的交易市场中，原告因虚假陈述买入相关股票所造成的投资差额损失，按照下列方法计算：

（一）原告在实施日之后、揭露日或更正日之前买入，在揭露日或更正日之后、基准日之前卖出的股票，按买入股票的平均价格与卖出股票的平均价格之间的差额，乘以已卖出的股票数量；

（二）原告在实施日之后、揭露日或更正日之前买入，基准日之前未卖出的股票，按买入股票的平均价格与基准价格之间的差额，乘以未卖出的股票数量。

第二十八条　在采用集中竞价的交易市场中，原告因虚假陈述卖出相关股票所造成的投资差额损失，按照下列方法计算：

（一）原告在实施日之后、揭露日或更正日之前卖出，在揭露日或更正日之后、基准日之前买回的股票，按买回股票的平均价格与卖出股票的平均价格之间的差额，乘以买回的股票数量；

（二）原告在实施日之后、揭露日或更正日之前卖出，基准日之前未买回的股票，按基准价格与卖出股票的平均价格之间的差额，乘以未买回的股票数量。

基本案情

2020年10月16日，必康公司发布公告称收到了中国证券监督管理委员会陕西监管局《行政处罚决定书》，根据该决定书，必康公司存在严重的证券虚假陈述行为，具体包括：（1）相关年度报告存在重大遗漏，未披露控股股东及其关联方非经营性占用资金情况；（2）相关年度报告存在虚假记载，虚增货币资金；（3）相关临时报告信息披露内容不准确、不完整，存在误导性陈述。该决定书给予必康公司责令改正，给予警告和罚款，同时对必康公司的实际控制人、公司董监高等高级管理人员予以罚款的行政处罚。吴××等515名投资者依据相关法律规定起诉称，基于对必康公司虚假陈述行为的信任投资其股票，其间遭受的损失依法应由必康公司赔偿。故诉请必康公司赔偿投资差额损失、佣金和印花税损失。

争议焦点

1. 案涉虚假陈述行为是否具有"重大性"，是否足以影响投资者的投资决策或市场交易价格。

2. 如何确定案涉虚假陈述行为的实施日、揭露日、基准日。

3. 如何确定投资者损失与案涉虚假陈述行为之间的因果关系，包括交易因果关系和损失因果关系及是否存在证券市场系统风险等其他因素。

4. 如何确定投资者损失的赔偿金额，包括采用何种计算方法。

● 裁判结果

一审法院判决：一、必康公司自判决生效之日起10日内向吴××支付赔偿款25 005.86元；二、驳回吴××的其余诉讼请求。

二审法院裁定：准许必康公司撤回上诉。

● 裁判理由及评析

一、裁判理由

股票是一种特殊的金融商品，投资者对于股票价值的正确判断取决于能否及时准确地获取相关信息。上市公司定期发布的年度报告是中小投资者、债权人了解公司实际经营状况的重要渠道，如果年度报告中记载的大量信息失真甚至虚假记载，必然会实质性影响理性投资者的决策。对于案涉虚假陈述行为重大性的考察，从对投资人的决策产生影响或对证券市场的价格影响方面出发，必康公司在年度报告中未如实披露与关联方、控股股东、实际控制人之间的关联交易，并且在年度报告中虚增货币资金，上述行为持续时间长且未如实披露资金高达几十亿元的规模，发布的涉及疫情防控的临时性公告导致股票价格剧烈涨跌，可以认定必康公司的上述虚假陈述行为不仅实质性地影响投资人的交易决策，而且对必康公司的股票价格产生实质性影响，故确认案涉虚假陈述行为具有"重大性"，并且足以影响投资者的投资决策和市场交易价格。在此基础上，根据各个虚假陈述行为的时间情况确定虚假陈述行为的实施日、揭露日以及基准日。按照推定信赖原则，投资者损失与案涉虚假陈述行为存在交易因果关系。通过证券市场大盘指数和行业板块指数的波动情况以及具体的考察期间，确定必康公司股票的走势与大盘指数、行业板块指数走势不具有同向性，可以认定本案不存在证券市场系统风险。从保护投资者合法权益，规范证券市场行为，遏制证券市场虚假陈述，维护资本市场的公平、公开、公正角度出发，本案不存在非系统风险影响，由此确定投资者损失与案涉虚假陈述行为存在损失因果关系。必康公司因重大关联交易未披露的行为，构成证券虚假陈述侵权，应对受侵权的投资者承担相应民事赔偿责任。投资人在实施日到揭露日期间买入股票并持有至揭露日，存在投资差额损失，与必康公司的虚假陈述行为之间具有交易和损失的因果关系，有权要求必康公司予以赔偿。因证券领域具有极强的专业性，特别是证券虚假陈述损失的计算涉多个学科和领域，特委托中证资本市场法律服务中心进行精确化核算，以充分保护中小投资者的利益。

二、评析

证券虚假陈述是一种涉众型的侵权行为，由此也导致证券虚假陈述责任纠纷呈现出投资者众多，法律关系复杂，审理难度极大等特点。法院在审理时突破以往传统审判模式，采用示范判决机制审理，有利于统一处理具有共性事实争点和法律争点的系列案件，对于证券虚假陈述责任纠纷的高效处理具有独特的优势。本案正是法院依职权选定的首例示范案件，通过发挥示范判决案件的引领作用，实现了平行案件的高效、妥善化解。通过该案件的审理已初步形成可供复制推广的示范判决审判机制，为今后金融证券类型案件的审理打下了良好的基础。在保障投资者权利实现和司法机关与监管部门投资者保护联动工作等方面，该案也有颇多亮点，该案系西安市中级人民法院与陕西证监局及中证资本市场法律服务中心签订《证券期货纠纷诉调对接合作协议》后首起证券虚假陈述责任纠纷案件，审理本系列案件过程中形成的证券期货纠纷诉调对接机制，作为优秀案例和典型经验被国家发改委编入《中国营商环境报告2021》及《优化营商环境百问百答》，向全国复制推广。从一定层面来说，本案对于促进陕西省资本市场深化改革和健康发展、切实维护投资者的合法权益具有深远意义，是陕西省资本市场法治建设的一大标志事件。

合议庭成员：张亚凤、岳新文、张鹏

撰写人：张鹏

31. 信息披露义务人无须因未导致证券交易价格或者交易量明显变化的虚假陈述承担民事责任

——汪××与新疆汇嘉时代百货股份有限公司证券虚假陈述责任纠纷案

案件基本信息

一、诉讼当事人

上诉人（一审原告）：汪××

被上诉人（一审被告）：新疆汇嘉时代百货股份有限公司（以下简称汇嘉百货公司）

二、案件索引与裁判日期

一审：新疆维吾尔自治区乌鲁木齐市中级人民法院（2021）新01民初99号民事判决（2021年9月28日）

二审：新疆维吾尔自治区高级人民法院（2022）新民终2号民事判决（2022年2月8日）

三、案由

证券虚假陈述责任纠纷

裁判要旨

虚假陈述被市场所知悉、了解，其精确程度并不以"镜像规则"为必要，不要求达到全面、完整、准确的程度。对于上市公司应当依法主动披露经营中的重大事项信息而未依法及时披露的，若该信息未导致证券交易价格或者交易量明显变化，则该未及时披露的内容不具有重大性，上市公司无须因此类虚假陈述承担民事责任。

裁判依据

《最高人民法院关于审理证券市场虚假陈述侵权民事赔偿案件的若干规定》（2022年1月21日）

第十条 有下列情形之一的，人民法院应当认定虚假陈述的内容具有重大性：

（一）虚假陈述的内容属于证券法第八十条第二款、第八十一条第二款规定的重大事件；

（二）虚假陈述的内容属于监管部门制定的规章和规范性文件中要求披露的重大事件或者重要事项；

（三）虚假陈述的实施、揭露或者更正导致相关证券的交易价格或者交易量产生明显的变化。

前款第一项、第二项所列情形，被告提交证据足以证明虚假陈述并未导致相关证券交易价格或者交易量明显变化的，人民法院应当认定虚假陈述的内容不具有重大性。

被告能够证明虚假陈述不具有重大性，并以此抗辩不应当承担民事责任的，人民法院应当予以支持。

基本案情

汇嘉百货公司股票在上海证券交易所上市，股票名称为汇嘉时代。汇嘉百货公司于2018年1月10日至2019年1月10日发生多次关联交易而未依法及时公开披露。汇嘉百货公司于2019年3月15日发布公告，公开披露关联交易相关信息。监管部门于2019年4月30日对汇嘉百货公司未及时公开披露信息行为进行立案审查，并于2019年7月24日作出《行政处罚决定书》。监管部门认定的违法事实与汇嘉百货公司主动公开披露信息仅在金额与时间上存在部分出入。汪××于2018年7月1日至2019年4月29日多次买入、卖出汇嘉百货公司股票。

汪××认为其买入、卖出汇嘉百货公司股票过程中的亏损系受汇嘉百货公司虚假陈述影响，遂向一审法院起诉请求：判令汇嘉百货公司赔偿投资实际损失194 925.54元。一审法院驳回了其诉讼请求。

汪××上诉请求：撤销一审判决并支持其全部诉讼请求。事实与理由：（1）一审法院认定虚假陈述揭露日、基准日有误。汇嘉百货公司于2019年3月15日发布公告前，并未归还全部关联交易资金，且该公告披露的信息不完全准确，故该公告仍属于虚假陈述。汇嘉百货公司于2019年4月30日的公告载明："因公司信息披露违法违规，被证监会立案调查，敬请投资者关注"，应以2019年4月30日作为虚假陈述的揭露日。自2019年4月30日起，汇嘉百货公司股票换手率达到其可流通部分100%之日应为2019年10月29日，故本案的基准日为2019年10月29日。（2）汇嘉百货公司的虚假陈述是足以影响汪××投资决策的重大因素。只要汪××是在汇嘉百货公司虚假陈述实施日后、揭露日前买入股票，均应推定汪××系基于对汇嘉百货公司披露信息的信赖而买入股票。如果汇嘉百货公司不能举证证明汪××的损失是由证券市场系统风险等其他因素所致，即应认定虚假陈述与损害结果之间存在因果关系。

汇嘉百货公司辩称，一审法院认定本案虚假陈述揭露日为2019年3月15日准确无误。汇嘉百货公司于2019年3月15日发布的公告，首次较为完整地披露了汇嘉百货公司全资子公司的违法行为，与《行政处罚书》具有高度一致性。汪××主张的损失与汇嘉百货公司的虚假陈述行为之间不存在因果关系。汪××在明知汇嘉百货公司存在信息披露违规行为并被监管部门关注问询的情况下，于2019年3月15日后仍未卖出汇嘉百货公司的股票。中美贸易摩擦期间，我国股票市场发生较大波动，在揭露日之后，汇嘉百货公司的股票并未下跌，虚假陈述行为的揭露并未对汇嘉百货公司的股价造成不利影响。

● 争议焦点

汇嘉百货公司虚假陈述的实施日、揭露日以及基准日如何认定；汇嘉百货公司的虚假陈述是否具有重大性。

裁判结果

一审法院判决：驳回汪××的诉讼请求。

二审法院判决：驳回上诉，维持原判。

裁判理由及评析

一、裁判理由

一审判决作出后，最高人民法院于 2022 年 1 月 21 日公布的《最高人民法院关于审理证券市场虚假陈述侵权民事赔偿案件的若干规定》第 35 条第 1 款规定："本规定自 2022 年 1 月 22 日起施行……"，第 35 条第 2 款规定："本规定施行后尚未终审的案件，适用本规定。"故本案二审审理适用该司法解释的相关规定。

虚假陈述实施日的认定。汇嘉百货公司隐瞒关联交易，属于消极沉默型的虚假陈述。本案中，监管部门作出的《行政处罚决定书》中确定的关联交易金额，已经达到《上海证券交易所股票上市规则》关于关联交易的披露标准，监管部门亦认定汇嘉百货公司"应当及时进行披露，并在公司半年度报告中披露"。2018 年 1 月 10 日，汇嘉百货公司向关联公司借款，该关联交易金额已经超过公司最近一期经审计净资产绝对值 0.5%，应当进行披露。依据《上市公司信息披露管理办法》第 71 条第 2 项[①]规定"及时"的法律定义，最晚应于 2018 年 1 月 12 日前进行披露才符合"及时"披露的要求。《最高人民法院关于审理证券市场虚假陈述侵权民事赔偿案件的若干规定》第 7 条第 3 款规定："因未及时披露相关更正、确认信息构成误导性陈述，或者未及时披露重大事件或者重要事项等构成重大遗漏的，以应当披露相关信息期限届满后的第一个交易日为实施日。"本案应当披露相关信息届满日为 2018 年 1 月 12 日，则虚假陈述实施日应为 2018 年 1 月 12 日后

---

① 现为《上海证券交易所股票上市规则》（2021 年）第 62 条第 3 项。

的第一个交易日即 2018 年 1 月 15 日。

虚假陈述揭露日的认定。 虚假陈述被揭露的意义在于其对证券市场发出了一个警示信号，提醒投资人重新判断股票价值，进而对市场价格产生影响。认定揭露日须重点把握以下三个原则：一是虚假陈述行为属首次被公开，但并不要求达到全面、完整、准确的程度。二是在全国范围发行、传播。三是揭露对证券交易产生了实质性的影响。本案中，汇嘉百货公司于 2019 年 3 月 15 日首次公开披露相关关联交易情况，并在上市公司发布公告的网络平台公布，所确认关联交易内容基本与《行政处罚决定书》确认的内容相当，该日应为虚假陈述揭露日。2019 年 3 月 15 日后，汇嘉百货公司股票换手率达到 100% 的时间为 2019 年 4 月 8 日，一审法院确定基准日为 2019 年 4 月 8 日、基准价为 13.908 75 元正确。

关于重大性对案件的影响。《最高人民法院关于审理证券市场虚假陈述侵权民事赔偿案件的若干规定》第 10 条规定："有下列情形之一的，人民法院应当认定虚假陈述的内容具有重大性：（一）虚假陈述的内容属于证券法第八十条第二款、第八十一条第二款规定的重大事件；（二）虚假陈述的内容属于监管部门制定的规章和规范性文件中要求披露的重大事件或者重要事项；（三）虚假陈述的实施、揭露或者更正导致相关证券的交易价格或者交易量产生明显的变化。前款第一项、第二项所列情形，被告提交证据足以证明虚假陈述并未导致相关证券交易价格或者交易量明显变化的，人民法院应当认定虚假陈述的内容不具有重大性。被告能够证明虚假陈述不具有重大性，并以此抗辩不应当承担民事责任的，人民法院应当予以支持。"本案中，汇嘉百货公司披露其大额关联交易已回款并盈利的信息后，证券交易价格及交易量的波动均在正常值范围内，故二审法院认定，该虚假陈述不具有重大性，汇嘉百货公司受到行政处罚的行为并不具有重大性，即使汪××在买入卖出汇嘉百货公司股票的过程中存在亏损，该亏损与虚假陈述不具有关联性，汇嘉百货公司不承担赔偿责任。

二、评析

《民商审判会议纪要》第 84 条对虚假陈述的揭露和更正明确了认定标准,即虚假陈述被市场所知悉、了解,其精确程度并不以"镜像规则"为必要,不要求达到全面、完整、准确的程度。本案中虽然汇嘉百货公司公布的关联交易在主体、金额、最后一笔回款日上与监管部门认定存在差异,但发生了关联交易而均已回款且产生利润的核心意思没有变。且揭露日主要为阻却交易因果关系而设立,从理性投资人的角度来看,关联交易具体发生几笔,最后一笔回款时间是否正确这种具体内容,在已经知道发生关联交易产生盈利的信息后,并不会对投资人产生影响。即汇嘉百货公司披露的信息主体只要正确,具体内容上允许存在部分差异,不影响揭露日的认定。

本案为《最高人民法院关于审理证券市场虚假陈述侵权民事赔偿案件的若干规定》公布后新疆维吾尔自治区的虚假陈述第一案。该司法解释施行后,最高人民法院于 2003 年 1 月 9 日公布并于 2003 年 2 月 1 日起施行的《最高人民法院关于审理证券市场因虚假陈述引发的民事赔偿案件的若干规定》同时废止。在原来的规定中,行政处罚或者刑事判决作为虚假陈述案件的起诉前置程序,因此只要是被行政处罚或者刑事判决的虚假陈述行为,都当然构成虚假陈述的重大性。新的规定中取消了该前置程序,并在第 10 条对重大性的认定作出规定。对于监管部门制定的规章和规范性文件中要求披露的重大事件或者重要事项,如未导致证券交易价格或者交易量明显变化的,该内容不具有重大性,应将虚假陈述在市场中引起的反应作为该陈述是否具有重大性的判断依据,并据此判断上市公司是否应当为其虚假陈述承担民事责任。本案警醒广大股民,正确维权,理性维权。即使上市公司存在虚假陈述的行为,如果该虚假陈述不具有重大性,也无须承担民事责任。本案为正确应用《最高人民法院关于审理证券市场虚假陈述侵权民事赔偿案件的若干规定》审理证券虚假陈述民事赔偿案件起到释明作用。

合议庭成员:陈建红、侯卫宁、张斌

撰写人:宫丛慧

32. 分公司以登记在其名下的财产对外提供担保的，应由公司股东（大）会或者董事会作出决议

——甘肃省融资担保集团股份有限公司与甘肃绿环生物科技开发有限公司、甘肃金江房地产开发集团有限责任公司借款合同纠纷案

◎ 案件基本信息

一、诉讼当事人

上诉人（一审原告）：甘肃省融资担保集团股份有限公司（以下简称省融资担保公司）

上诉人（一审被告）：甘肃金江房地产开发集团有限责任公司庆阳分公司（以下简称金江集团庆阳分公司）

上诉人（一审被告）：甘肃金江房地产开发集团有限责任公司（以下简称金江集团公司）

上诉人（一审被告）：甘肃绿环生物科技开发有限公司（以下简称绿环公司）

一审被告：庆阳市澳恺食品有限公司（以下简称澳恺公司）

一审被告：刘×

一审被告：张×

一审被告：刘××

二、案件索引与裁判日期

一审：甘肃省兰州市中级人民法院（2020）甘01民初454号民事判决（2020年11月19日）

二审：甘肃省高级人民法院（2020）甘民终115号民事判决（2021年3月29日）

三、案由

借款合同纠纷

裁判要旨

分公司作为公司的内设机构,其对外民事行为的法律后果依法由公司承担。分公司以登记在其名下的财产对外提供担保,应当适用《公司法》第 16 条的规定,由公司股东(大)会或者董事会作出决议。

裁判依据

《中华人民共和国担保法》(2021 年 1 月 1 日废止)

第十条 企业法人的分支机构、职能部门不得为保证人。

企业法人的分支机构有法人书面授权的,可以在授权范围内提供保证。

《中华人民共和国公司法》(2018 年 10 月 26 日修正)

第十六条 公司向其他企业投资或者为他人提供担保,依照公司章程的规定,由董事会或者股东会、股东大会决议;公司章程对投资或者担保的总额及单项投资或者担保的数额有限额规定的,不得超过规定的限额。

公司为公司股东或者实际控制人提供担保的,必须经股东会或者股东大会决议。

前款规定的股东或者受前款规定的实际控制人支配的股东,不得参加前款规定事项的表决。该项表决由出席会议的其他股东所持表决权的过半数通过。

对应新法

《最高人民法院关于适用〈中华人民共和国民法典〉有关担保制度的解释》(2020 年 12 月 31 日)

第十一条第一款 公司的分支机构未经公司股东(大)会或者董事会决议以自己的名义对外提供担保,相对人请求公司或者其分支机构承担担保责任的，人民法院不予支持，但是相对人不知道且不应当知道分支机构对外提供担保未经公司决议程序的除外。

● 基本案情

2017年4月14日，省融资担保公司、绿环公司与兴业银行兰州分行三方签订《委托贷款借款合同》，约定省融资担保公司委托兴业银行兰州分行向绿环公司发放借款1700万元。

2017年4月17日，省融资担保公司与金江集团庆阳分公司签订《抵押合同》，合同约定金江集团庆阳分公司以其所有的位于庆阳市西峰区金江名都商住小区会所部分房屋为上述借款合同提供抵押担保。澳恺公司、刘×、张×、刘××对上述借款相继提供保证担保。

2017年4月18日，金江集团庆阳分公司向省融资担保公司提交了同意以上述房屋提供抵押的分公司《股东会决议》，于4月21日依法办理了抵押登记。同日，省融资担保公司与金江集团庆阳分公司签订《保证合同》，约定金江集团庆阳分公司为上述借款提供保证担保，金江集团庆阳分公司向省融资担保公司提交了《担保承诺函》，载明担保业务最高限额1700万元。

2017年4月26日，兴业银行兰州分行依省融资担保公司委托，将借款1700万元发放到绿环公司账户，借款借据载明执行年利率13%，借款到期后绿环公司未按约还本付息。

省融资担保公司向法院提出诉讼请求，请求判令绿环公司向省融资担保公司偿还本金及利息，金江集团庆阳分公司、金江集团公司对上述债务承担连带清偿责任，省融资担保公司对金江集团公司所有金江名都商住小区会所优先受偿。

● 争议焦点

省融资担保公司与金江集团庆阳分公司签订的《保证合同》《抵押合同》是否有效以及责任如何认定。

裁判结果

一审法院判决：一、绿环公司于判决生效后 10 日内向省融资担保公司偿还借款本金 1700 万元、利息 286 789.05 元（利息截至 2020 年 4 月 26 日），并自 2020 年 4 月 27 日起以未偿还借款本金为基数按年利率 19.05% 支付利息至借款清偿完毕之日止。二、绿环公司于判决生效后 10 日内向省融资担保公司支付律师费 10 万元。三、省融资担保公司有权对金江集团庆阳分公司名下金江名都商住小区会所面积 2242.41 平方米的房屋折价或者以拍卖、变卖所得价款在本金 1000 万元及相应利息、实现债权费用范围内优先受偿。四、澳恺公司、刘××等 3 人承担连带清偿责任。五、驳回省融资担保公司的其他诉讼请求。

二审法院判决：一、维持甘肃省兰州市中级人民法院（2020）甘 01 民初 454 号民事判决第二项、第四项；二、撤销甘肃省兰州市中级人民法院（2020）甘 01 民初 454 号民事判决第三项、第五项；三、变更甘肃省兰州市中级人民法院（2020）甘 01 民初 454 号民事判决第一项为：绿环公司于判决生效后 10 日内向省融资担保公司偿还借款本金 1700 万元、利息 286 789.05 元（利息截至 2020 年 4 月 26 日），并自 2020 年 4 月 27 日起以未偿还借款本金为基数按年利率 19.5% 支付利息至借款清偿完毕之日止；四、金江集团庆阳分公司对绿环公司向省融资担保公司不能清偿债务部分的 1/2 内承担民事责任；五、驳回省融资担保公司的其他诉讼请求。

裁判理由及评析

一、裁判理由

根据《公司法》第 16 条的规定，公司对外提供担保尚且需要有公司决议，举重以明轻，分公司对外提供担保更需要有公司的决议。金江集团庆阳分公司属于企业分支机构，不具有法人资格，其在签订《抵押合同》对外进行抵押担保时，其民事责任由公司承担。因此，该分公司对外进行担保,依照公司章程的规定,应当经金江集团公司董事会或者股东会、股东大会决议,金江集团庆阳分公司出具的《股东会决议》和《担保承诺书》系分公司文件,不符合《公司法》第16条的规定,该《抵押合同》应属无效合同。

二、评析

本案确立了以下两个原则:(1)分公司以其名下财产对外提供担保需提供公司的书面授权和公司决议;(2)分公司内部约定分公司独立承担责任的,不能成为公司对外担保规则的例外情形。

第一,分公司以其名下财产对外提供担保需提供公司的书面授权和公司决议。

根据《民商审判会议纪要》第17条的规定,为防止法定代表人随意代表公司为他人提供担保给公司造成损失,损害中小股东利益,《公司法》第16条对法定代表人的代表权进行了限制。担保行为不是法定代表人所能单独决定的事项,而必须以公司股东(大)会、董事会等公司机关的决议作为授权的基础和来源。该条规定并未直接将分公司对外担保列入其中,但按照该条规定的精神,如果允许分公司不经公司决议对外担保,公司完全可以通过将财产转移至分公司名下的方式规避公司对外担保的限制。因此,分公司以自己名下房产对外提供担保也需要提供公司决议等相关证明。

虽然《最高人民法院关于企业法人分支机构未经授权以登记在其名下的房地产为他人提供的抵押合同的效力应如何认定问题的答复》(〔2005〕民二他字第8号)认为,企业法人的分支机构以登记在其名下的房地产为他人债权设定抵押,该抵押行为符合担保法规定的抵押权生效条件的,人民法院应当认定有效。但结合前述分析,虽然公司已将房屋登记至分公司名下,但分公司的财产属于公司财产,其处分仍应当经过公司同意。如果分公司没有公司授权随意对外进行担保,如不增加债权人的审查义务,会造成分公司以自己名义随意签订合同,而分公司不具有独立承担民事责任的能力,最终会由公司承担责任,不利于保护公司股东利益。因此,参照原

《担保法》第29条关于分公司对外签订保证合同进行担保的规定，分公司在对外进行担保时除需提供公司决议外，还应当提供书面授权。但是，如果相对人是善意或者分公司构成表见代理的则另当别论。

第二，分公司内部约定分公司独立承担责任的，不能成为公司对外担保限制的例外情形。

实践中，公司内部治理机构多样，公司或者分公司内部还可能存在承包、投资、合伙、挂靠等其他法律关系，因此，分公司内部会约定其独立经营、自负盈亏等。但因分公司对外担保会给公司带来风险，故分公司以其内部约定对抗《公司法》第16条规定的公司决议制度设计，会损害公司利益，该约定对外不发生法律效力，不能成为排除《公司法》第16条规定适用的例外情形。

本案通过准确适用《公司法》第16条，对分公司担保行为进行原则性裁判指引，认定分公司作为分支机构对外提供担保应当取得总公司授权，未经总公司同意对外提供担保的行为无效，进一步明确违反《公司法》第16条提供的公司担保的效力，对规范公司担保行为、完善公司担保合同认定、规避公司滥保出现风险、保障债权实现有着积极意义。

合议庭成员：刘建军、马巧玲、盖维张
撰写人：刘建军、赵敏

33. 股份有限公司实际出资人显名的条件
——吕××与赵××、甘肃平商联合投资股份有限公司、平凉万美房地产开发有限公司、尚××股东资格确认纠纷案

案件基本信息

一、诉讼当事人

再审申请人（一审被告、二审上诉人）：赵××

再审申请人（一审被告、二审上诉人）：甘肃平商联合投资股份有限公司（以下简称平商公司）

被申请人（一审原告、二审上诉人）：吕××

原审第三人：平凉万美房地产开发有限公司

原审第三人：尚××

二、案件索引与裁判日期

一审：甘肃省平凉市中级人民法院（2020）甘08民初7号民事判决（2020年12月1日）

二审：甘肃省高级人民法院（2021）甘民终127号民事判决（2021年12月27日）

申请再审：甘肃省高级人民法院（2022）甘民申1122号（2022年8月9日）

三、案由

与公司有关的纠纷

● 裁判要旨

股份有限公司不具有人合性特点，公司法对股份有限公司股东的股权转让，除发起人及公司高管在一定期限内的限制之外，并没有基于维护公司人合性的转让限制，故股份有限公司的实际出资人要求显名具备代持协议合法有效和实际出资或认缴出资两个条件即可。

● 裁判依据

《中华人民共和国公司法》（2018年10月26日修正）

第七十二条　人民法院依照法律规定的强制执行程序转让股东的股权时，应当通知公司及全体股东，其他股东在同等条件下有优先购买权。其他股东自人民法院通知之日起满二十日不行使优先购买权的，视为放弃优先购买权。

《最高人民法院关于适用〈中华人民共和国公司法〉若干问题的规定（三）》（2020年12月29日修正）

第二十二条　当事人之间对股权归属发生争议，一方请求人民法院确认其享有股权的，应当证明以下事实之一：

（一）已经依法向公司出资或者认缴出资，且不违反法律法规强制性规定；

（二）已经受让或者以其他形式继受公司股权，且不违反法律法规强制性规定。

第二十四条　有限责任公司的实际出资人与名义出资人订立合同，约定由实际出资人出资并享有投资权益，以名义出资人为名义股东，实际出资人与名义股东对该合同效力发生争议的，如无法律规定的无效情形，人民法院应当认定该合同有效。

前款规定的实际出资人与名义股东因投资权益的归属发生争议，实际出资人以其实际履行了出资义务为由向名义股东主张权利的，人民法院应予支持。名义股东以公司股东名册记载、公司登记机关登记为由否认实际出资人权利的，人民法院不予支持。

实际出资人未经公司其他股东半数以上同意，请求公司变更股东、签发出资证明书、记载于股东名册、记载于公司章程并办理公司登记机关登记的，人民法院不予支持。

基本案情

吕××、尚××及案外人徐××与赵××约定共同投资1000万元参与泾川县综合市场项目，由赵××代持另外三人的股份，后经过追加，共出资1500万元，该1500万元入股陇东商贸公司后，陇东商贸公司经股东会决议解散，经清算完毕，公司剩余资产由投资人收回，其中1500万元由赵××取得。后赵××将该1500万元投入平商公司，现吕××起诉要求确认其为平商公司的股东，并办理股权变更登记。

争议焦点

一是吕××是否实际向平商公司出资；二是吕××的出资金额如何认定；三是吕××的股东资格能否确认及其要求显名的诉请能否支持。

裁判结果

一审法院判决：一、赵××在平商公司实缴资本金1500万元中的450万元为吕××实际出资；二、驳回吕××的其他诉讼请求。

二审法院判决：一、维持平凉市中级人民法院（2020）甘08民初7号民事判决第一项；二、撤销平凉市中级人民法院（2020）甘08民初7号民事判决第二项；三、确认吕××为平商公司股东，享有平商公司450万元股权；四、平商公司、赵××于判决生效之日起30日内配合吕××办理平商公司450万元的股权变更；五、驳回吕××的其他诉讼请求。

再审审查法院裁定：驳回平商公司、赵××的再审申请。

裁判理由及评析

一、裁判理由

甘肃省高级人民法院二审认为，根据《公司法规定（三）》第24条的规定，有限责任公司的实际出资人显名须具备三个条件：代持股协议合法有效、实际出资或认缴出资、并经公司其他股东半数以上同意。该条所规定的其他股东半数以上同意，系基于有限责任公司的人合性特点，其制度基础在于《公司法》第72条所规定的有限责任公司股东股权转让的限制，而本案中平商公司作为股份有限公司，不具有人合性特点，公司法对股份有限公司股东的股权转让，除发起人及公司高管一定期限内的限制外，并没有基于维护公司人合性的转让限制，故股份有限公司的实际出资人要求显名仅须具备代持协议合法有效和实际出资或认缴出资两个条件即可，吕××与赵××之间的股权代持协议合法有效，吕××亦实际履行了出资义务，其要求确认股东资格，办理股权变更登记的诉讼请求应予支持。故改判确认吕××为平商公司股东，享有该公司450万元股权，并由平商公司、赵××于判决生效之日起30日内配合吕××办理股权变更。

二、评析

本案涉及非上市股份有限公司的股权代持及隐名股东要求显名的问题。关于该问题公司法及司法解释没有明确规定，本案从股份有限公司与有限责任公司的不同特点出发，结合公司法司法解释对于隐名股东显名问题规定的法理基础，明确提出处理股份有限公司股权代持及隐名股东显名问题时，无须适用《公司法规定（三）》第24条第3款的意见，对于司法实践中切实解决非上市公司股份有限公司股权代持问题的处理具有积极的指导作用。

合议庭成员：崔军、景琛辉、王芳

撰写人：王芳

34. 当事人投入项目公司工程的借款以债务转移方式由公司实际承担后如何认定实际出资人身份

——兰州义乌商贸有限公司、厉×、赵××与武威市义乌商贸有限责任公司、余××等股东资格确认纠纷案

◯ 案件基本信息

一、诉讼当事人

上诉人（一审原告）：兰州义乌商贸有限公司（以下简称兰州义乌）

上诉人（一审被告）：厉×

上诉人（一审被告）：赵××

被上诉人（一审被告）：武威市义乌商贸有限责任公司（以下简称武威义乌）

被上诉人（一审被告）：朱×1

被上诉人（一审被告）：董×1

被上诉人（一审被告）：朱×2

被上诉人（一审被告）：董×2

被上诉人（一审被告）：余××

二、案件索引与裁判日期

一审：甘肃省高级人民法院（2019）甘民初186号民事判决（2022年2月21日）

二审：最高人民法院（2022）最高法民终191号民事判决（2022年6月24日）

三、案由

股东资格确认纠纷

裁判要旨

对实际出资人及其相应出资权益的认定,应综合公司设立过程中各股东关于设立公司的合意、各自所持股权比例的合意以及公司成立时实际出资人的出资情况、实际出资人与名义股东之间的真实意思表示等因素判断。当事人虽将从他人处借来的款项投入公司的经营活动,但既未明确款项性质,且在投入后不久即以债务转移方式由公司实际负担清偿,该当事人主张其以借款投资并据此享有公司全部股权以及出资人权益的,人民法院不应予以支持。

裁判依据

《最高人民法院关于适用〈中华人民共和国公司法〉若干问题的规定(三)》(2020年12月29日修正)

第二十四条第一款、第二款 有限责任公司的实际出资人与名义出资人订立合同,约定由实际出资人出资并享有投资权益,以名义出资人为名义股东,实际出资人与名义股东对该合同效力发生争议的,如无法律规定的无效情形,人民法院应当认定该合同有效。

前款规定的实际出资人与名义股东因投资权益的归属发生争议,实际出资人以其实际履行了出资义务为由向名义股东主张权利的,人民法院应予支持。名义股东以公司股东名册记载、公司登记机关登记为由否认实际出资人权利的,人民法院不予支持。

基本案情

1998年4月28日,兰州义乌成立,厉×以兰州义乌股东之一地基公司委派股东代表身份在兰州义乌担任副董事长。1999年6月10日,武威义乌成立,法定代表人为厉×,注册资本500万元。武威义乌工商档案显示:武威义乌股东(发起人)为厉×、余××,其中厉×出资额400万元占出资比例80%,余××出资100万元占出资比例20%;厉×担任执行董事,余××担任监事;公司章程上有厉×签字、余××签字字样。

1999年6月2日,九建实业公司与武威义乌签订《关于联合开发中联商贸城的协议书》及《补充协议》,约定中联商贸城由双方联合开发。1999年6月3日,省建总公司与兰州义乌签订《借款合同》,约定兰州义乌向省建总公司融资借款1000万元。省建总公司按照兰州义乌委托分别于1999年6月4日、7月2日向省建九公司转账200万元、300万元,于1999年7月15日、8月11日向兰州义乌转账200万元、300万元,收据用途载明为借款。1999年7月29日、8月13日兰州义乌向武威义乌开户行账户转账200万元和300万元,其中300万元的银行汇票委托书显示汇款用途为"投资款"。

1999年11月22日,省建总公司、兰州义乌、武威义乌签订《债务转让协议书》,约定经债权人省建总公司、债务人兰州义乌及债务接受人武威义乌三方协商,同意债务转移,兰州义乌将借省建总公司1000万元的债务,转移至武威义乌。2001年8月20日,省建总公司向甘肃省高级人民法院起诉武威义乌请求其支付欠款,双方当事人在该案中达成调解协议。后省建总公司因与案外人借款合同纠纷被诉至兰州中院,因省建总公司等未履行生效法律文书确定的义务,案外人申请强制执行,查封了省建总公司已经取得武威义乌房产,2005年5月21日,武威义乌向执行法院申请以拍卖价购买该房产,并将购房款汇入兰州中院账户。2000年3月13日,厉×未经余××本人同意,伪造其签名与朱×1签名的《股份转让协议》,将余××名下20%股权无偿转让给朱×1。2011年4月26日,朱×1又将其名下20%股权无偿转让给赵××。2012年8月6日,厉×、赵××与董×1、朱×2、董×2签订股权转让协议,将武威义乌全部股权转让给后三者,董×1、朱×2、董×2按照协议支付了股权转让款。

2012年3月28日,余××向武威市工商行政管理局申请撤销2000年3月13日将余××名下20%股权转让给朱××的行为,但工商部门以2000年3月13日变更登记时申请人提交的材料齐全、符合法律规定为由未支持余××的申请。后兰州义乌提起本案诉讼,主张其为武威义乌实际出资人,根据借款金额其对武威义乌享有100%股权的实际出资人权益。

争议焦点

兰州义乌是否为武威义乌100%股权的实际出资人，相应的出资人权益如何认定。

裁判结果

一审法院判决：兰州义乌享有余××在武威义乌20%股权的实际出资人权益；厉×与赵××向兰州义乌支付股权赔偿款及利息。

二审法院判决：驳回上诉，维持原判。

裁判理由及评析

一、裁判理由

认定武威义乌实际出资人及其相应权益的问题，应综合武威义乌设立过程中各股东关于设立公司的合意、各自所持股权比例的合意以及公司成立时实际出资人的出资情况、实际出资人与名义股东之间的真实意思表示等因素作出判断。从武威义乌工商登记情况看，武威义乌成立时发起人为余××、厉×两位自然人，其中余××持有20%股权，厉×持有80%股权。在无相反证据证明的情况下，据此认定余××和厉×具有作为公司股东设立武威义乌的真实意思表示，具备事实依据。对于余××持有的20%股权，厉×不持异议；对于厉×持有的80%股权，虽然余××主张厉×在武威义乌注册登记文件是伪造签名，兰州义乌主张厉×是其派驻武威义乌的代表，其行为属于职务行为，但均未提供充分证据证明，厉×对此亦不予认可。故余××和兰州义乌针对厉×名下80%股权的主张理由不成立。

关于兰州义乌的出资情况，从一审已查明事实看，兰州义乌与省建总公司签订《借款合同》约定借款1000万元全部用于武威"中联商贸城"工程建设，并于1999年7月29日、8月13日分两笔向武威义乌开户银行的账户转账200万元和300万元，其中300万元汇款用途载明为"投资款"。对于兰州义乌转入武威义乌的 200 万元，并未记载转款用途，难以认定为股东出资。另外 300 万元虽载明汇款用途为"投资款"，但未明确其性质为股权性投资抑或债权性投资，并且上述款项在投入后不久即通过债务转移的方式，由武威义乌实际负担对省建总公司的全部借款债务。因此，该 300 万元"投资款"难以径行认定为兰州义乌以发起人身份对武威义乌的股东出资；即便将兰州义乌的上述行为认定为对武威义乌的出资行为，但兰州义乌在武威义乌成立后不久即将该出资款债务转移的行为，也应被视为出资转让。综上，兰州义乌提出的其对武威义乌 100% 股权出资应享有 100% 出资人权益的主张，法院不予支持。

二、评析

实践中公司名义股东与实际出资人分离的情形较为常见，但同时也在实际出资人身份及权益如何认定方面产生了较多争议。对实际出资人及其相应出资权益的认定，首先应确认实际出资人与名义股东之间存在隐名出资行为的合意。只有当事人能够举证证明名义股东与实际出资人之间有书面或口头合意，或者以其自身行为表明的事实合意，才可认定具有实际出资人身份的意思表示基础。否则，即便"实际出资人"有实际出资行为，该行为也不属于隐名股东的出资行为。

其次，在具备前述意思表示的基础上，认定实际出资人相应出资权益需坚持现行公司法及司法解释等相关规定确立的"双重标准、内外有别"原则：（1）实际出资人主张的权利义务不涉及第三人利益，则遵循一般合同的意思自治，只要当事人约定不违反法律强制性规定，实际出资人可依据《公司法规定（三）》第 24 条，以其实际出资为标准主张权利，但实际出资人应就其实际出资举证证明。如果当事人虽能证明其存在借款投入公司经营活动，但其既不能明确款项性质，又在款项投入后不久通过债务转移方式使投入款最终由公司自行负责清偿，不能认定其已履行实际出资行为，当然也不能以此为由主张享有实际出资人权益。（2）实际出资人主张的权利义务同时涉及公司其他股东等除隐名股东与实际出资人以外的第三人利益，则对实际出资人权益的认定还应受到基于保护第三人合法权益而产生的限制。实际出资人基于其实际出资享有投资权益，但股东权益只能由名义股东直接行使，名义股东的行为对公司内部及外部的效力，原则上不受其是否违反名义股东与实际出资人约定的影响，实际出资人也不能仅凭其与名义股东之间的约定对抗公司或公司其他股东，认定实际出资人的股东权益需要以公司其他股东对隐名投资行为的知晓并认可为前提。另外，实际出资人对投资权益的主张也不能对抗第三人对相应股权的善意取得，实际出资人可通过向无权处分人主张赔偿责任以弥补其投资权益的损失，但不能否认善意第三人享有的股东身份及权益。

本案所涉事实，还有包括兰州义乌和余××之间的股权转让合同效力问题，也就是公司法领域股权转让涉及不同方面的效力问题。有限公司或者发起设立的股份公司均具有人合性，股权转让合同自双方当事人签订股权转让合同时在转让方和受让方之间即发生股权转让的法律效力，该股权转让合同对双方当事人产生约束力，一方不履行该股权转让合同，对方可以请求其按照合同约定履行；出现违约行为的，守约方可以主张违约责任的承担。但因公司法规定了此类股权转让须经其他股东过半数同意，且向股东以外的人转让股权，其他股东享有在同等条件下的优先购买权。因此股权转让合同出现了合同对转让双方的约束力与合同的可执行力在时间和条件方面的不一致性，只有满足了其他股东过半数同意的条件之时，在合同的当事人之间才发生股权变动的效力（法律效果），受让人可以请求公司将受让人的姓名或者名称及住所记载于公司的股东名册，即办理过户手续。是否记载于股东名册，不影响股权转让本身的法律效力。但未记载于股东名册前，不发生对抗公司的效力，即受让人不得以公司股东的身份请求分配股利或者参加股东会议。未在公司登记机关办理股权变更登记的，根据商事外观主义，不具有对抗第三人的效力。所以，股权转让合同生效、记载于股东名册、办理变更登记三者均具有各自的适用范围。

合议庭成员：李延忱、张梅、赵敏

撰写人：李延忱、高玥

35. 股东是否应在认缴范围内对公司债务承担补充赔偿责任
——大荔县皇家沙苑旅游开发有限公司、陕西佳美房地产开发有限公司、中国旅行社总社西北有限公司与中建三局集团有限公司建设工程施工合同纠纷案

○ 案件基本信息

一、诉讼当事人

上诉人（一审被告、反诉原告）：大荔县皇家沙苑旅游开发有限公司（以下简称皇家沙苑公司）

上诉人（一审被告）：陕西佳美房地产开发有限公司（以下简称佳美公司）

上诉人（一审被告）：中国旅行社总社西北有限公司（以下简称中旅西北公司）

上诉人（一审被告）：殷××

被上诉人（一审原告、反诉被告）：中建三局集团有限公司（以下简称中建三局）

一审被告：大荔县清池生态绿化农牧有限公司（以下简称大荔清池公司）

一审被告：乔××

二、案件索引与裁判日期

一审：陕西省高级人民法院（2020）陕民初4号民事判决（2021年9月30日）

二审：最高人民法院（2022）最高法民终171号民事判决（2022年6月22日）

三、案由

建设工程施工合同纠纷

裁判要旨

虽然公司股东在资本认缴制下依法享有期限利益，但同时亦应确保公司实收资本足以保证公司开展必要的经营活动，确保公司能够偿付因正常经营活动所负债务。公司对股东所认缴的出资亦享有合法的期待利益。若公司资产不足以清偿公司对外债务，公司的法人人格有难以存续之虞，公司对股东认缴出资的期待利益应合理地转化成现实利益。此时，公司股东不应再以期限利益为由对抗公司债权人利益。

裁判依据

《最高人民法院关于适用〈中华人民共和国公司法〉若干问题的规定（三）》（2020年12月29日修正）

第十三条第一款、第二款　股东未履行或者未全面履行出资义务，公司或者其他股东请求其向公司依法全面履行出资义务的，人民法院应予支持。

公司债权人请求未履行或者未全面履行出资义务的股东在未出资本息范围内对公司债务不能清偿的部分承担补充赔偿责任的，人民法院应予支持；未履行或者未全面履行出资义务的股东已经承担上述责任，其他债权人提出相同请求的，人民法院不予支持。

基本案情

2015年皇家沙苑公司与中建三局签订《合作协议》合作开发大荔县皇家沙苑旅游项目，由皇家沙苑公司投资，中建三局垫资并负责施工总承包建设。2016年皇家沙苑公司与中建三局签订《施工合同》，对工程承包范围、工程量、合同价款等事项进行了约定。合同签订后中建三局进场施工建设了部分工程，2017年1月开始停工，2017年9月因中建三局施工人员讨要工资与发包方施工人员发生冲突。2017年9月19日，皇家沙苑公司及其法定代表人殷××、皇家沙苑公司股东中旅西北公司与中建三局签署《解除协议》，约定解除2016年《施工合同》，并对已完工工程价款数额等问题进行了约定。

根据皇家沙苑公司2014年11月章程记载，公司注册资本认缴2000万元人民币，实收资本于2044年11月5日缴足。2017年5月8日，皇家沙苑公司形成股东会议决议，变更公司注册资本。将公司原认缴注册资本2000万元变更为认缴注册资本30 000万元，本次增加注册资本28 000万元。变更注册资本后，佳美公司认缴注册资本27 000万元，所占注册资本比例90%；中旅西北公司认缴注册资本3000万元，所占注册比例为10%。

2017年9月20日即《解除协议》签订翌日，中旅西北公司的母公司中国旅行社总社有限公司作出《限期整改通知》，认为中旅西北公司违规投资，要求其退股。2017年9月25日，中旅西北公司与佳美公司签订股权转让协议，将中旅西北公司认缴全部的皇家沙苑公司3000万元份额，以零对价转让给佳美公司。根据审计报告显示，皇家沙苑公司截至2017年12月31日实收资本20万元。

中建三局因与皇家沙苑公司建设工程施工合同纠纷发生本案诉讼，其请求皇家沙苑公司支付欠付工程款，并要求中旅西北公司在其认缴资本范围内对上述债务承担清偿责任。中旅西北公司主张其在认缴出资期限尚未到期前已经将股权转让给佳美公司，故不应再对皇家沙苑公司的债务承担清偿责任。

争议焦点

中旅西北公司是否应当在其认缴的出资范围内承担清偿责任。

裁判结果

一审法院判决：中旅西北公司在其认缴的出资范围内对皇家沙苑公司

的债务承担赔偿责任。

二审法院判决：驳回上诉，维持原判。

○ 裁判理由及评析

一、裁判理由

中旅西北公司虽然主张其依据母公司《限期整改通知》要求转让股权，无恶意逃避债务目的，股权转让后的出资责任应由股权受让股东承担；且皇家沙苑公司是否失去偿债能力未查清，本案不存在股东出资加速到期的情形。但结合本案合同签订与公司注册资本调整、股东出资及股权变动的实际情况来看，皇家沙苑公司与中建三局就案涉工程欠款发生争议且项目停工后不久，皇家沙苑公司即增资扩股，将公司注册资本从原来的2000万元增至30 000万元，而除佳美公司实缴的20万元外，中旅西北公司从未实际缴纳其认缴出资额。2017年9月19日案涉《解除协议》明确了皇家沙苑公司欠付中建三局工程价款债务为4900万元。中旅西北公司在参与签订前述《解除协议》明知皇家沙苑公司所欠债务的情况下，于2017年9月25日即《解除协议》签订一周内将其认缴出资3000万元以零对价方式转让给佳美公司。上述事实表明，皇家沙苑公司在对外签订巨额施工合同负担债务的情形下，召开股东会议进行增资扩股，相较于施工合同总额，各股东仅实际缴纳了微少资本，剩余出资额缴足期限为二十多年后。而中旅西北公司明知《解除协议》中皇家沙苑公司对外负债数额且皇家沙苑公司明显不具有清偿能力，但在一周内即以零对价将认缴出资全部转让给其他股东，难谓不具有逃废债的恶意。股东对公司的出资既是约定义务也是法定义务，公司股东依法享有期限利益的同时，也应当确保公司实收资本足以保证公司开展必要的经营活动，确保公司能够偿付因正常经营活动所负债务。《民商审判会议纪要》第6条在坚持认缴股东期限利益原则下也明确了除外情形，即公司已具备破产原因但不申请破产，或者在公司债务产生后，公司股东会决议或以其他方式延长股东出资期限的除外。所谓具备破产原因，是指符合《企业破产法》第2条第1款的规定，即企业法人不能清偿到期债务，并且资产不足以清偿全部债务或者明显缺乏清偿能力。因此，中旅西北公司仍以期限利益为由对抗公司债权人利益，有失公允。一审判决基于本案上述事实认定中旅西北公司构成恶意逃废债，应在其认缴出资额范围内承担补充赔偿责任具有合理性。另外在缺乏有效证据证明的情况下，即便中旅西北公司和佳美公司确有约定由佳美公司代中旅西北公司完成出资，但因二者均为皇家沙苑公司的股东，属于公司股东内部之间的约定，中旅西北公司未举证证明中建三局自愿接受该约定约束，故不影响中旅西北公司在其认缴的3000万元出资额范围内对皇家沙苑公司债务承担清偿责任。

二、评析

在公司注册资本认缴制的背景下，公司股东依法享有期限利益，但当存在公司欠付公司债权人债务的情形时，股东的上述期限利益并非绝对高于公司债权人利益。如何在正确理解现行公司法及司法解释等相关规定基础上，对股东出资义务作出合理认定，本案的审理为此提供了相应裁判思路。

第一，公司股东在出资期限到期前，并非绝对排除其出资义务。股东对公司的出资既是公司设立协议、股东会决议或者公司章程规定的约定义务，也是公司法规定的法定义务。无论是法定资本制还是授权资本制下，股东出资都是公司能够对外开展经营活动的必要保障。股东实缴或认缴的出资都应被理解为以价值形态存在的公司资产，公司对股东所认缴的出资享有合法的期待利益。换言之，公司股东的期限利益并不能凌驾于其确保公司实收资本以开展必要经营活动以及公司有能力对外偿付因正常经营活动所负债务的义务之上。

第二，在公司资产不足以清偿债务的情况下，虽然公司章程规定采取股东认缴出资的方式，判断股东应否履行出资义务需考虑是否符合《最高人民法院关于适用〈中华人民共和国公司法〉若干问题的规定（二）》第22条及《企业破产法》第35条等规定的情形、股东是否具有逃废债恶意等因素。但参照《民商审判会议纪要》第6条规定的精神，请求未届出资期限的股东在未出资范围内对公司不能清偿的债务承担补充赔偿责任有两种例外情形可以获得支持，一是公司作为被执行人的案件，人民法院穷尽执行措施无财产可供执行，已具备破产原因，但不申请破产的；二是在公司债务产生后，公司股东（大）会决议或以其他方式延长股东出资期限的。对"具备破产原因"的理解，结合《企业破产法》第2条第1款规定，即企业法人不能清偿到期债务，并且资产不足以清偿全部债务或者明显缺乏清偿能力。例如公司几乎无实缴资本，又数十倍增资扩股，股东实缴微少资本并约定较长的出资期限，同时对外欠付巨额债务，而原股东在明知公司不具备清偿能力的前提下，又将未实缴出资的份额全部零对价转让，难谓不具有逃废债恶意。当出现诸如此类的情形时，就可以认为符合前述例外情形，公司对股东认缴出资的期待利益应合理地转化成现实利益，若股东再以期限利益为由对抗公司债权人利益，则有失公允。公司股东理应在其认缴出资额范围内对公司不能清偿债务承担补充赔偿责任。

第三，公司股东之间曾达成代为出资的协议，属于公司股东内部协议，不能当然对抗公司债权人利益，除非公司股东能够证明公司债权人明确表示接受该代为出资协议的约束。司法实践中有关有限责任公司股东之间或者公司股东与他人之间代为出资产生的争议，还会涉及实际出资人与名义出资人的判断以及各自的权利义务等问题。根据《公司法规定（三）》第24条至第27条的规定，有限责任公司的实际出资人与名义出资人订立合同，约定由实际出资人出资并享有投资权益，以名义出资人为名义股东，实际出资人与名义股东对该合同效力发生争议的，如无法律规定的无效情形，人民法院应当认定该合同有效。前款规定的实际出资人与名义股东因投资权益的归属发生争议，实际出资人以其实际履行了出资义务为由向名义股东主张权利的，人民法院应予支持。名义股东以公司股东名册记载、公司登记机关登记为由否认实际出资人权利的，人民法院不予支持。实际出资人未经公司其他股东半数以上同意，请求公司变更股东、签发出资证明书、记载于股东名册、记载于公司章程并办理公司登记机关登记的，人民法院不予支持。名义股东将登记于其名下的股权转让、质押或者以其他方式处分，实际出资人以其对于股权享有实际权利为由，请求认定处分股权行为无效的，人民法院可以参照《民法典》第311条的规定处理。名义股东处分股权造成实际出资人损失，实际出资人请求名义股东承担赔偿责任的，人民法院应予支持。公司债权人以登记于公司登记机关的股东未履行出资义务为由，请求其对公司债务不能清偿的部分在未出资本息范围内承担补充赔偿责任，股东以其仅为名义股东而非实际出资人为由进行抗辩的，人民法院不予支持。名义股东根据前款规定承担赔偿责任后，向实际出资人追偿的，人民法院应予支持。股权转让后尚未向公司登记机关办理变更登记，原股东将仍登记于其名下的股权转让、质押或者以其他方式处分，受让股东以其对于股权享有实际权利为由，请求认定处分股权行为无效的，人民法院可以参照《民法典》第311条的规定处理。原股东处分股权造成受让股东损失，受让股东请求原股东承担赔偿责任、对于未及时办理变更登记有过错的董事、高级管理人员或者实际控制人承担相应责任的，人民法院应予支持；受让股东对于未及时办理变更登记也有过错的，可以适当减轻上述董事、高级管理人员或者实际控制人的责任。

合议庭成员：李延忱、龙飞、张梅

撰写人：李延忱、高玥

36. 公司债务形成时的控股股东明知公司资产严重不足以清偿债务，未实际出资即转让股权且具有逃废出资债务的恶意，其出资期限利益不应保护

——大荔县皇家沙苑旅游开发有限公司、中国旅行社总社西北有限公司等建设工程施工合同纠纷案

案件基本信息

一、诉讼当事人

上诉人（一审被告、反诉原告）：大荔县皇家沙苑旅游开发有限公司（以下简称沙苑公司）

上诉人（一审被告）：中国旅行社总社西北有限公司（以下简称中旅西北公司）

被上诉人（一审原告、反诉被告）：滕王阁建工集团股份有限公司（以下简称滕王阁公司）

被上诉人（一审被告）：大荔县清池生态绿化农牧有限公司（以下简称清池公司）

被上诉人（一审被告）：大荔县龙俊建筑有限公司（以下简称龙俊公司）

二、案件索引与裁判日期

一审：陕西省高级人民法院（2021）陕民初2号民事判决（2021年9月27日）

二审：最高人民法院（2022）最高法民终116号民事判决（2022年6月30日）

三、案由

建设工程施工合同纠纷

● **裁判要旨**

案涉事实尚不足以认定股东达到了滥用股东权利严重损害债权人利益的程度，公司不应对公司债务承担连带清偿责任。

公司债务形成时的控股股东，明知公司资产严重不足以清偿债务，并在诉讼前通过转让股权的方式以逃废出资义务，具有逃废出资债务的恶意，且该控股股东未实际出资即转让股权，股权受让人亦未补交该出资，该控股股东的出资期限利益不应保护，其应在未出资范围内对股权转让前的公司债务承担责任。

● **裁判依据**

《中华人民共和国公司法》（2018年10月26日修正）

第二十条第三款 公司股东滥用公司法人独立地位和股东有限责任，逃避债务，严重损害公司债权人利益的，应当对公司债务承担连带责任。

《最高人民法院关于适用〈中华人民共和国公司法〉若干问题的规定（三）》（2020年12月29日修正）

第十三条第一款、第二款 股东未履行或者未全面履行出资义务，公司或者其他股东请求其向公司依法全面履行出资义务的，人民法院应予支持。

公司债权人请求未履行或者未全面履行出资义务的股东在未出资本息范围内对公司债务不能清偿的部分承担补充赔偿责任的，人民法院应予支持；未履行或者未全面履行出资义务的股东已经承担上述责任，其他债权人提出相同请求的，人民法院不予支持。

● **基本案情**

2016年沙苑公司与滕王阁公司签订《项目协议》《施工合同》，约定由滕王阁公司总承包沙苑公司投资的皇家沙苑旅游项目，对承包及施工事宜进行了详细约定。滕王阁公司分三次向沙苑公司账户转入保证金，一共是900万元。滕王阁公司进场施工，实际施工中，滕王阁公司将部分工程交由案外人钱××施工。监理机构于2016年10月至12月对部分工程进行了分项验收，验收合格。2017年7月4日，沙苑公司向滕王阁公司发函要求终止《项目协议》，滕王阁公司复函拒绝。案涉工程于2017年六七月停工。后因沙苑公司未支付工程款形成本案诉讼。

沙苑公司成立于2014年11月6日，经营范围为旅游景区开发、建设、经营、房地产开发、销售等，公司注册资本认缴2000万元，其中中旅西北公司认缴1020万元，参股比例51%，佳美公司认缴980万元，参股比例49%，缴足期限为2044年11月5日。2016年11月10日，中旅西北公司将其占比41%的认缴出资额820万元转让给佳美公司，公司股权变更为：中旅西北公司认缴出资200万元，参股比例10%；佳美公司认缴出资1800万元，参股比例90%。2017年6月13日，沙苑公司注册资本增资至30 000万元，股权变更为：中旅西北公司认缴出资3000万元，参股比例10%；佳美公司认缴出资27 000万元，参股比例90%。2017年9月25日，中旅西北公司将其占比10%的认缴出资额3000万元，转让给佳美公司，公司股权变更为：佳美公司认缴出资30 000万元，参股比例100%。2018年2月5日，佳美公司将其认缴出资额中的27 000万元转让给清池公司，3000万元转让给龙俊公司，股权变更为：清池公司认缴出资27 000万元，参股比例90%，龙俊公司认缴出资3000万元，参股比例10%，缴足期限为2034年11月5日。2019年3月15日，沙苑公司的股权结构再次变更为：乔××认缴出资6000万元，参股比例20%，清池公司认缴出资24 000万元，参股比例80%。龙俊公司于2019年12月24日提供的公司登记基本情况显示沙苑公司的实收资本为0元。渭南广信会计师事务所对沙苑公司2017年度审计报告显示沙苑公司的实收资本为20万元。

沙苑公司的大额入账依次为：2015年9月7日，娄×1通过工商银行习水县支行汇入50万元；同年9月8日，娄×2通过工商银行重庆万达广场支行汇入50万元；同年12月17日，陕西有色建设有限公司汇入50万元工程履约保证金；同年12月24日，中建三局集团有限公司（以下简称中建三局）汇入800万元工程履约保证金，该800万元于同年12月25日转入中旅西北公司，2016年1月4日中旅西北公司将该800万元转回沙苑公司；同年12月28日滕王阁公司汇入600万元工程履约保证金，同年12月30日其中300万元保证金转入中旅西北公司，同年12月31日中旅西北公司将该300万元转回沙苑公司；2016年2月1日，九冶建设有限公司汇入100万元；同年3月7日，滕王阁公司汇入100万元；同年5月19日，滕王阁公司汇入200万元履约保证金；同年8月9日，成都天阙房地产营销策划有限公司分两笔共汇入100万元借款；同年8月10日，成都天阙房地产营销策划有限公司分两笔共汇入100万元借款保证金；同年8月29日，向×1通过秦农银行西一路支行汇入200万元；同年11月9日，西安华鼎市政工程有限公司汇入150万元工程保证金；同年11月24日，李××汇入45万元工程款；2017年1月10日，向×2汇入100万元土方项目保证金；同年1月16日，陕西境合园林景观有限公司汇入100万元土方施工项目保证金；同年4月11日，舒×通过秦农银行枣园路支行汇入100万元货款；4月28日，衡水健林橡塑制品有限公司汇入100万元。

滕王阁公司起诉请求：沙苑公司支付工程款3895万余元及逾期付款利息、承担窝工损失等1191万余元等，清池公司、龙俊公司、中旅公司对上述沙苑公司支付款项承担连带清偿责任。

沙苑公司反诉请求：要求滕王阁公司赔偿其损失20万元，指违法分包等违约行为的损失。

一审对工程款进行了鉴定，依据鉴定认定工程款。关于股东责任，依据《公司法》第20条第3款的规定，判决中旅西北公司承担连带责任。

沙苑公司对其窝工损失、欠付工程款数额等提出上诉。

中旅公司上诉认为，一审适用法律错误，其在本案中不应当承担责任。

争议焦点

中旅西北公司作为沙苑公司的股东是否应在本案中承担责任。

裁判结果

一审法院判决：一、沙苑公司于本判决生效之日起 10 日内支付滕王阁公司工程款 31 845 348.24 元及利息，利息以 31 845 348.24 元为基数，自 2017 年 9 月 11 日起至实际给付之日止，其中 2017 年 9 月 11 日至 2019 年 8 月 19 日按中国人民银行发布的同期同类贷款利率计算，从 2019 年 8 月 20 日起至实际给付之日止按全国银行间同业拆借中心公布的贷款市场报价利率计算；二、沙苑公司于本判决生效之日起 10 日内返还滕王阁公司履约保证金 900 万元并支付利息，利息以 900 万元为基数，从 2016 年 10 月 26 日起至实际给付之日止，其中 2016 年 10 月 26 日至 2019 年 8 月 19 日按中国人民银行发布的同期同类贷款利率计算，从 2019 年 8 月 20 日起至实际给付之日止按全国银行间同业拆借中心公布的贷款市场报价利率计算；三、沙苑公司于本判决生效之日起 10 日内支付滕王阁公司窝工损失费 64 万元；四、沙苑公司于本判决生效之日起 10 日内支付滕王阁公司设计费 100 万元；五、中旅西北公司对上述沙苑公司应支付滕王阁公司的款项承担连带清偿责任；六、驳回滕王阁公司的其余诉讼请求；七、驳回沙苑公司的反诉请求。

二审法院判决：一、维持陕西省高级人民法院（2021）陕民初 2 号民事判决第二项、第三项、第四项、第七项；二、撤销陕西省高级人民法院（2021）陕民初 2 号民事判决第五项、第六项；三、变更陕西省高级人民法院（2021）陕民初 2 号民事判决第一项为"大荔县皇家沙苑旅游开发有限公司于本判决生效之日起十日内支付滕王阁建工集团股份有限公司工程款 31 545 348.24 元及利息（利息以 31 545 348.24 元为基数，自 2017 年 9 月 11 日起至 2019 年 8 月 19 日按中国人民银行发布的同期同类贷款利率计算，自 2019 年 8 月 20 日起至实际给付之日按全国银行间同业拆借中心公布的贷款市场报价利率计算）"；四、中旅西北公司在其未出资的 3000 万元本息范围内（利息以 3000 万元为基数计算，自 2017 年 9 月 25 日起至 2019 年 8 月 19 日按中国人民银行发布的同期同类贷款利率计算，自 2019 年 8 月 20 日起至实际给付之日按全国银行间同业拆借中心公布的贷款市场报价利率计算）对沙苑公司上述债务不能清偿的部分承担补充赔偿责任；五、驳回滕王阁公司的其余诉讼请求。

● 裁判理由及评析

本案对股东承担连带责任还是补充赔偿责任相关法律规定的适用进行了具体的分析和厘清，在法律适用方面具有一定的典型意义。本案中，中旅西北公司是沙苑公司的股东，中旅西北公司对沙苑公司欠付滕王阁公司的工程款债权是否承担责任是本案二审的主要争议焦点。对于中旅西北公司在本案的责任承担问题，一审判决认为中旅西北公司滥用股东权利严重损害债权人利益，适用《公司法》第20条第3款判决中旅西北公司对本案债务承担连带清偿责任，二审审理后认为案涉事实尚不足以认定中旅西北公司达到了滥用股东权利严重损害债权人利益的程度。但根据本案的事实，中旅西北公司具有逃废出资债务的恶意，其明知沙苑公司存在偿债风险，在沙苑公司无力清偿债务的情况下，又恶意转让股权，增加沙苑公司注册资本实缴到位的风险，其行为严重损害了沙苑公司债权人的利益，其认缴出资的期限利益不应被保护，中旅西北公司依法应对沙苑公司债务不能清偿的部分在其认缴而未实际出资的本息范围内承担补充赔偿责任。具体从以下两方面分析。

一、中旅西北公司应否在本案中承担责任

（一）中旅西北公司上诉主张一审判决认定其滥用公司法人独立地位和股东有限责任逃避债务、继而严重损害公司债权人利益事实错误，其不应承担连带责任

二审法院认为，案涉事实尚不足以认定中旅西北公司达到了滥用股东权利严重损害债权人利益的程度，中旅西北公司不应对本案工程款债务承担连带清偿责任。

公司人格独立和股东有限责任是公司法的基本原则。而否认公司独立人格，由滥用公司法人独立地位和股东有限责任的股东对公司债务承担连

带责任，是股东有限责任的例外情形。就此，《公司法》第20条第3款规定："公司股东滥用公司法人独立地位和股东有限责任，逃避债务，严重损害公司债权人利益的，应当对公司债务承担连带责任。"根据该规定，股东对公司债务承担连带责任的情形通常包括人格混同、过度支配与控制、资本显著不足等。人格混同体现在公司的财产与股东的财产是否混同且无法区分；过度支配与控制表现为公司控股股东对公司过度支配与控制，操纵公司的决策过程，使公司完全丧失独立性，沦为控股股东的工具或躯壳，严重损害公司债权人利益；资本显著不足则是公司设立后在经营过程中，股东实际投入公司的资本数额与公司经营所隐含的风险相比明显不匹配。结合以上规定，对于中旅西北公司应否对沙苑公司所欠滕王阁公司工程款债务承担连带责任，分析如下：

首先，在《项目协议》《施工合同》签订时，沙苑公司的注册资本为2000万元，中旅西北公司占股51%，为沙苑公司的控股股东，认缴出资额为1020万元。沙苑公司在案涉项目名称中冠以中旅西北公司之名，中旅西北公司相关人员参加案涉项目的施工典礼、参与协商确定保证金的退还，均是正常的经营行为，上述事实不足以证明中旅西北公司过度支配或控制沙苑公司，也并不导致股东中旅西北公司对案涉工程款承担连带责任。

其次，滕王阁公司向沙苑公司转账支付600万元履约保证金后，其中300万元保证金转账至中旅西北公司，次日中旅西北公司又将该300万元转回沙苑公司。根据原审查明的沙苑公司大额转账情况，中旅西北公司除了与沙苑公司的上述300万元资金往来外，另外还有中建三局交纳的800万元的履约保证金。该800万元和上述300万元的流转相同，同是先转入沙苑公司，沙苑公司再转入中旅西北公司，但在沙苑公司转入中旅西北公司几日后，中旅西北公司又足额转回沙苑公司。除此之外，无证据证明双方之间还有其他大额转账往来。以上事实并不能证明中旅西北公司与沙苑公司的财产混同且无法区分，本案不足以认定中旅西北公司与沙苑公司人格混同。

最后，沙苑公司工商登记记载了其注册资本、股东实缴资本及认缴出资的期限，滕王阁公司在与沙苑公司签订合同时应当根据沙苑公司的履约能力考虑交易风险。根据《公司法》第3条的规定,"有限责任公司的股东以其认缴的出资额为限对公司承担责任"。滕王阁公司以其对中旅西北公司的信赖作为要求其承担连带责任的理由,于法无据。

综上,根据本案的事实,中旅西北公司作为沙苑公司的股东,不存在《公司法》第20条第3款规定的滥用行为,不应对案涉沙苑公司工程款债务承担连带清偿责任,一审法院依据该条规定认定中旅西北公司承担连带责任,适用法律错误,二审法院予以纠正。

(二)滕王阁公司起诉主张中旅西北公司未履行出资义务,应承担责任

中旅西北公司上诉主张,股东在出资期限未届满时转让股权,不属于《公司法规定(三)》第18条"股东未履行或者未全面履行出资义务即转让股权"之情形。二审法院认为,依据《公司法》第28条规定:"股东应当按期足额缴纳公司章程中规定的各自所认缴的出资额。"在公司注册资本认缴制下,公司股东按照公司章程规定的期限缴纳所认缴的出资额,视为公司对股东享有附期限债权,公司的债权人对公司股东所认缴的出资享有期待利益。本案中,虽中旅西北公司认缴出资期限未届满且其已经转让了股权,但中旅西北公司应当依法对案涉沙苑公司工程款债务承担相应责任,理由如下:

首先,案涉工程款债务发生时,中旅西北公司为沙苑公司股东,工程款债权在中旅西北公司转让股权之前已经形成。2016年,沙苑公司与滕王阁公司签订《项目协议》,双方于2016年4月签订了合同总价为280 447 800.88元的《施工合同》。《项目协议》《施工合同》签订时,中旅西北公司占沙苑公司51%的股权,是沙苑公司的控股股东,其认缴出资额为1020万元。案涉工程于2017年六七月停工,2017年9月25日中旅西北公司将其在沙苑公司的股权转让给佳美公司。以上事实可见,中旅西北公司转让股权时案涉工程款债务已经形成。

其次,中旅西北公司作为控股股东,未实缴出资,仍然对外签订合同产生巨额的案涉债务,并再次以认缴方式巨额增资,其明知沙苑公司资产严重不足以清偿债务,并在诉讼前通过转让股权的方式以逃废出资义务,具有逃废出资债务的恶意。沙苑公司于2017年6月13日将公司原认缴注册

资本 2000 万元增加至认缴注册资本 30 000 万元，其中佳美公司认缴注册资本 27 000 万元，中旅西北公司认缴注册资本 3000 万元，公司章程记载实收资本于 2044 年 11 月 5 日前缴足。沙苑公司 2017 年度审计报告显示沙苑公司的实收资本为 20 万元。2017 年 9 月 25 日中旅西北公司即将其在沙苑公司的股权以 0 元对价转让给佳美公司，佳美公司未补缴出资。以上事实可见，中旅西北公司出资设立沙苑公司后，通过增资的方式将其持股比例由 51% 改变为 10%，后又以 0 元对价将股权转让给沙苑公司另一股东佳美公司，最终退出沙苑公司。中旅西北公司参与了案涉项目的开工以及保证金的退还等事项，其在转让股权时应当明知案涉工程债务已经形成且沙苑公司明显不具有清偿能力，却在未实际缴纳出资的情况下，又以 0 元对价将股权转让给另一股东，显然具有逃废出资债务的恶意。中旅西北公司明知沙苑公司存在偿债风险，在沙苑公司无力清偿债务的情况下，又恶意转让股权，增加沙苑公司注册资本实缴到位的风险，其行为严重损害了沙苑公司债权人的利益，其认缴出资的期限利益不应被保护。

最后，中旅西北公司未实际出资即转让股权，股权受让人亦未补交该出资。沙苑公司工商登记显示的股东情况，是滕王阁公司在签订案涉合同时对沙苑公司履约能力的考量因素之一。沙苑公司之后股东的变更会影响沙苑公司的偿债能力，必然也会影响滕王阁公司债权的实现。股东未实缴出资即转让股权，实质是原股东将其对公司的债务转移给了股权受让人，是通过股权转让的方式对债务主体进行变更，且变更后的主体即股权受让人亦未补交出资，导致债权人的债权难以实现，超出了债权人的预期，债权不能实现的风险不应由债权人承担。

综上，中旅西北公司应在其未出资范围内对股权转让前的案涉工程款债务承担责任，其出资期限利益不应予以保护。中旅西北公司关于其已将股权转让且享有出资期限利益故不应承担责任的上诉理由不能成立，二审法院不予支持。

二、中旅西北公司承担责任的认定

《公司法规定（三）》第 13 条第 1 款、第 2 款规定："股东未履行或者未全面履行出资义务，公司或者其他股东请求其向公司依法全面履行出资义务的，人民法院应予支持。公司债权人请求未履行或者未全面履行出资义务的股东在未出资本息范围内对公司债务不能清偿的部分承担补充赔偿责任的，人民法院应予支持；未履行或者未全面履行出资义务的股东已经承担上述责任，其他债权人提出相同请求的，人民法院不予支持。"根据上述规定以及《民商审判会议纪要》第 6 条的规定精神，中旅西北公司依法应对沙苑公司债务不能清偿的部分在其认缴而未实际出资的本息范围内承担补充赔偿责任，即中旅西北公司应在其认缴出资 3000 万元本息范围内承担补充赔偿责任。利息的计算以 3000 万元为基数，从中旅西北公司恶意转让股权之日起即 2017 年 9 月 25 日至 2019 年 8 月 19 日按中国人民银行发布的同期同类贷款利率计算，从 2019 年 8 月 20 日起至实际清偿之日止按全国银行间同业拆借中心公布的贷款市场报价利率计算。

本案证据显示，中旅西北公司从未实际缴纳认缴出资。中旅西北公司二审中称其所认缴的沙苑公司的注册资本已由佳美公司代为缴纳，并申请对佳美公司实际向沙苑公司缴纳的出资金额进行审计。对此，在案涉合同签订及履行期间，中旅西北公司和佳美公司原同为沙苑公司的股东，股东之间有关代为出资的约定仅在协议各方之间具有约束力，即使双方之间有代为缴纳出资的约定，也因中旅西北公司并未举证证明滕王阁公司自愿接受该约定，而不作为对滕王阁公司主张债权的有效抗辩。再者，本案无有效证据能够证明佳美公司有实际代中旅西北公司缴纳出资的事实，佳美公司对项目的投资与实缴出资之间并无必然联系，故对于中旅西北公司提出的对佳美公司实际向沙苑公司缴纳的出资金额进行审计的申请，二审法院不予准许。

合议庭成员：吴兆祥、龙飞、张梅
撰写人：龙飞、赵静

37. 经法院执行公司财产不足以清偿到期债务时，股东出资义务可以加速到期

——多×与张×、青海安馨尔房地产营销策划有限公司、谢××、李××追加被执行人异议之诉纠纷案

○ 案件基本信息

一、诉讼当事人

上诉人（一审原告、被执行人）：多×

被上诉人（一审被告、申请执行人）：张×

一审第三人（被执行人）：青海安馨尔房地产营销策划有限公司（以下简称安馨尔公司）

一审第三人（被执行人）：谢××

一审第三人（被执行人）：李××

二、案件索引与裁判日期

一审：青海省西宁市中级人民法院（2020）青01民初326号民事判决（2020年10月23日）

二审：青海省高级人民法院（2020）青民终295号民事判决（2020年12月25日）

三、案由

追加被执行人异议之诉

○ 裁判要旨

在注册资本认缴制下，股东依法享有期限利益，但该期限利益应当是

在公司有财产可供执行、不损害债权人合法利益的情况下享有，如法院穷尽执行措施后公司仍无财产可供执行，公司财产不足以清偿生效裁判所确定债务的情况下，股东出资应加速到期，股东应在其认缴出资额范围内对公司不能清偿的债务承担补充责任，执行法院依法可追加股东为被执行人。

裁判依据

《中华人民共和国公司法》（2018年10月26日修正）

第三条 公司是企业法人，有独立的法人财产，享有法人财产权。公司以其全部财产对公司的债务承担责任。

有限责任公司的股东以其认缴的出资额为限对公司承担责任；股份有限公司的股东以其认购的股份为限对公司承担责任。

《最高人民法院关于适用〈中华人民共和国公司法〉若干问题的规定（三）》（2014年2月20日修正）

第十三条 股东未履行或者未全面履行出资义务，公司或者其他股东请求其向公司依法全面履行出资义务的，人民法院应予支持。

公司债权人请求未履行或者未全面履行出资义务的股东在未出资本息范围内对公司债务不能清偿的部分承担补充赔偿责任的，人民法院应予支持；未履行或者未全面履行出资义务的股东已经承担上述责任，其他债权人提出相同请求的，人民法院不予支持。

股东在公司设立时未履行或者未全面履行出资义务，依照本条第一款或者第二款提起诉讼的原告，请求公司的发起人与被告股东承担连带责任的，人民法院应予支持；公司的发起人承担责任后，可以向被告股东追偿。

股东在公司增资时未履行或者未全面履行出资义务，依照本条第一款或者第二款提起诉讼的原告，请求未尽公司法第一百四十七条第一款规定的义务而使出资未缴足的董事、高级管理人员承担相应责任的，人民法院应予支持；董事、高级管理人员承担责任后，可以向被告股东追偿。

《最高人民法院关于民事执行中变更、追加当事人若干问题的规定》（2016年11月7日）

第十七条　作为被执行人的企业法人，财产不足以清偿生效法律文书确定的债务，申请执行人申请变更、追加未缴纳或未足额缴纳出资的股东、出资人或依公司法规定对该出资承担连带责任的发起人为被执行人，在尚未缴纳出资的范围内依法承担责任的，人民法院应予支持。

对应新法

《最高人民法院关于适用〈中华人民共和国公司法〉若干问题的规定（三）》（2020年12月29日修正）

第十三条　股东未履行或者未全面履行出资义务，公司或者其他股东请求其向公司依法全面履行出资义务的，人民法院应予支持。

公司债权人请求未履行或者未全面履行出资义务的股东在未出资本息范围内对公司债务不能清偿的部分承担补充赔偿责任的，人民法院应予支持；未履行或者未全面履行出资义务的股东已经承担上述责任，其他债权人提出相同请求的，人民法院不予支持。

股东在公司设立时未履行或者未全面履行出资义务，依照本条第一款或者第二款提起诉讼的原告，请求公司的发起人与被告股东承担连带责任的，人民法院应予支持；公司的发起人承担责任后，可以向被告股东追偿。

股东在公司增资时未履行或者未全面履行出资义务，依照本条第一款或者第二款提起诉讼的原告，请求未尽公司法第一百四十七条第一款规定的义务而使出资未缴足的董事、高级管理人员承担相应责任的，人民法院应予支持；董事、高级管理人员承担责任后，可以向被告股东追偿。

《最高人民法院关于民事执行中变更、追加当事人若干问题的规定》（2020年12月29日修正）

第十七条　作为被执行人的营利法人，财产不足以清偿生效法律文书确定的债务，申请执行人申请变更、追加未缴纳或未足额缴纳出资的股东、出资人或依公司法规定对该出资承担连带责任的发起人为被执行人，在尚未缴纳出资的范围内依法承担责任的，人民法院应予支持。

● 基本案情

张×与安馨尔公司居间合同纠纷一案，西宁仲裁委员会作出（2019）宁仲裁字第126号仲裁裁决。该仲裁裁决生效后，因安馨尔公司未履行生效法律文书所确定的给付义务，张×向青海省西宁市中级人民法院（以下简称西宁中院）申请强制执行。执行中，因安馨尔公司无可供执行的财产，张×以安馨尔公司的股东出资不实，导致公司不能清偿到期债务为由，向西宁中院申请追加多×、谢××、李××为被执行人。西宁中院查明，安馨尔公司成立于2018年2月8日，工商档案显示该企业注册资金为180万元，股东为多×、谢××、李××，分别认缴出资比例为64%、18%和18%，实缴出资额均为0元。西宁中院认为由于安馨尔公司成立时其股东出资不到位，导致安馨尔公司不能清偿到期债务。故安馨尔公司的股东应当在出资不实的范围内对公司不能清偿的债务承担连带责任，遂作出（2020）青01执异133号执行裁定：追加多×、谢××、李××为被执行人，在出资不实的范围内向张×清偿债务128 277.37元（不包括逾期利息）。多×不服，提起执行异议之诉，请求撤销（2020）青01执异133号执行裁定，判决不得追加多×为被执行人。张×辩称，按照法律规定，在公司财产不足以清偿到期债务的时候，公司股东应在尚未缴纳出资的范围内依法承担责任，如不追加多×、谢××、李××为被执行人，加速上述三人出资义务，对公司债权人明显不公平，请求驳回多×全部诉讼请求。审理期间，一、二审法院均确认公司股东多×实缴出资额为0元的事实。

● 争议焦点

是否应当追加多×为被执行人。

● 裁判结果

一审法院判决：驳回多×的诉讼请求。

二审法院判决：驳回上诉，维持原判。

裁判理由及评析

公司作为法人应当以公司财产对外承担责任。在公司股东没有向公司履行出资义务、公司运营过程中尚没有资本积累的情况下，公司不具有对外清偿债务的能力。《公司法》第3条第2款、《公司法规定（三）》第13条第2款均明确了股东应在其认缴的出资额范围内对公司债务承担责任的义务，《最高人民法院关于民事执行中变更、追加当事人若干问题的规定》（2016年）第17条"作为被执行人的企业法人，财产不足以清偿生效法律文书确定的债务，申请执行人申请变更、追加未缴纳或未足额缴纳出资的股东、出资人或依公司法规定对该出资承担连带责任的发起人为被执行人，在尚未缴纳出资的范围内依法承担责任的，人民法院应予支持"的规定亦赋予了申请执行人在执行程序中追加未缴纳出资股东为被执行人的权利。在注册资本认缴制下，股东依法享有期限利益，但该期限利益应当是在公司有财产可供执行、不损害债权人合法利益的情况下享有，而本案属于法院穷尽执行措施后公司仍无财产可供执行，公司已具备破产原因但不申请破产，在公司财产不足以清偿生效仲裁裁决所确定债务的情况下，虽然股东认缴出资时间未届满，但在此情形下股东出资应加速到期，未缴纳出资的股东应在其认缴出资额范围内对公司不能清偿的债务承担补充责任，公司债权人请求追加未缴纳出资的股东为被执行人，于法有据，应予支持。

合议庭成员：陈玉静、刘尚英、马威

撰写人：陈玉静

38. 公司股东起诉要求确认其他股东不具备股东资格的，不符合确认之诉的要件

——燕××与唐××、胡××、郭××股东资格确认纠纷案

● 案件基本信息

一、诉讼当事人

原告：燕××

被告：唐××

被告：胡××

第三人：郭××

二、案件索引与裁判日期

一审：宁夏回族自治区贺兰县人民法院（2021）宁0122民初3140号之二民事裁定（2022年4月14日）

三、案由

股东资格确认纠纷

● 裁判要旨

确认之诉是诉讼一方当事人请求法院确认其与诉讼另一方当事人之间存在或不存在某种民事法律关系的诉，其目的是通过法院确认法律关系存在或不存在，进而肯定自己所享有的实体权利或否定自己应承担的义务。一方当事人起诉请求确认另一方当事人与第三人之间不存在民事法律关系的，不符合确认之诉的构成要件。

确认之诉仅能对民事法律关系存在与否进行确认，不能对现存民事关

系进行改变。故对于公司股东起诉要求确认其他股东不具有股东资格的，人民法院不能在未经公司决议的情况下直接以司法裁判来剥夺公司股东的身份，公司股东可在公司法范围内通过公司规章、制度实现自身权利的救济。

裁判依据

《中华人民共和国民事诉讼法》（2021年12月24日修正）

第一百二十二条　起诉必须符合下列条件：

（一）原告是与本案有直接利害关系的公民、法人和其他组织；

……

第一百五十七条第一款　裁定适用于下列范围：

……

（三）驳回起诉；

……

《最高人民法院关于适用〈中华人民共和国民事诉讼法〉的解释》（2022年4月1日修正）

第二百零八条第三款　立案后发现不符合起诉条件或者属于民事诉讼法第一百二十七条规定情形的，裁定驳回起诉。

基本案情

2006年9月8日，燕××与郭××、唐××签订《投资协议》一份，约定经三人协商成立景程公司，在宁夏地区进行房地产开发建设，总投资为800万元，其中燕××投资400万元，占总投资的50%，郭××、唐××分别投资200万元，各占总投资的25%，并商议确定燕××为法定代表人。公司章程第17条记载公司设监事一名，经股东选举胡××为公司监事。

2006年9月7日，郭××从其工商银行灵武支行账户向景程公司同一支行账户转账800万元，用途记载投资款。同时由宁夏方正联合会计师事务所向该支行发出银行往来询证函，该支行在银行往来询证函上盖章确认。燕××、郭××、唐××三方共同签字捺印出具《承诺函》，载明全体股东已出资到位。该会计师事务所出具宁方正会验字（2006）111号验资报告，载明截至2006年9月7日，景程公司已收到实际缴纳的注册资本800万元，均以货币资金出资。

2006年9月12日，宁夏回族自治区工商行政管理局为景程公司颁发《企业法人营业执照》，载明注册资本人民币800万元，实收资本人民币800万元，经营范围为房地产开发与经营，营业期限2006年9月12日至2007年3月31日。2007年1月19日，景程公司变更经营期限为2006年9月12日至2026年9月11日。

2007年5月18日，景程公司向贺兰县工商行政管理局提交了2007年5月15日形成的《股东会决议》《宁夏景程房地产开发有限公司股东会决议》《股权转让合同》等材料，申请将唐××、郭××各持有的25%股权变更登记为胡××持有50%股权，股东由燕××、唐××、郭××变更为燕××、胡××。2007年6月12日，唐××向贺兰县工商行政管理局举报景程公司未经其同意，将其持有股权非法转让给胡××。贺兰县工商行政管理局经调查后于2018年1月9日作出《行政处罚决定书》，认定景程公司于2007年5月18日提交的申请变更公司股东及股权的相关材料系虚假材料，遂作出如下处罚：一、责令改正；二、罚款人民币5万元。

2009年2月10日，贺兰县工商行政管理局委托宁夏宏源会计师事务所对景程公司进行专项审计，专项审计报告载明景程公司注册登记后将800万元注册资本全部作为对外投资转走，并挂应收账款800万元，应收燕××400万元，应收郭××、唐××分别为200万元。2009年4月8日，该会计师事务所向贺兰县工商行政管理局出具补充说明，载明后唐××补交注册资本200万元。

2018年1月10日，景程公司向贺兰县工商行政管理局提交了由燕××、唐××、郭××三人签字确认的于2007年11月21日召开的股东大会决议等材料，申请办理公司变更登记，将股东由燕××、胡××恢复变更为燕××、唐××、郭××,将胡××非法持有的50%股权变更为唐××、郭××各持有25%。变更登记后,景程公司持续经营,直至2013年2月22日被吊销企业营业执照。

2021年7月20日,津天鼎宁〔2021〕文书鉴字第101号天津市天鼎物证司法鉴定所宁夏分所司法鉴定意见书载明,2006年9月7日至2006年9月8日期间形成的公司章程、承诺函、投资协议、聘任书、股东会议纪要中"郭××"的签字均非其本人所书写。

争议焦点

本案是否符合确认之诉的构成要件,法院能否认唐××、郭××的股东资格。

裁判结果

一审法院裁定:驳回燕××的起诉。

裁判理由及评析

一、裁判理由

本案系同一公司内股东与股东之间因具体出资等因素而产生的股东资格确认纠纷,系确认之诉。确认之诉是诉讼一方当事人请求法院确认其与诉讼另一方当事人之间存在或不存在某种民事法律关系的诉,其目的是通过法院确认某种法律关系存在或不存在,进而肯定自己所享有的实体权利或否定自己应承担的义务。

依照《公司法》及其相关法律解释的规定,公司的股东有权向人民法院起诉请求确认其股东资格,或请求确认其不具备股东资格。因为当事人自身是否具备股东资格本质上就是当事人与公司之间是否存在民事法律关系的问题,故当事人向法院提起诉讼请求确认自己具备或不具备公司股东资格符合确认之诉的要件,亦于法有据。但公司的股东与公司的另一名股东之间,并不具备当然的民事法律关系,一名股东与公司之间是否具备民事法律关系(是否具备股东资格),并不影响另一名股东与公司之间的关系(不影响另一名股东的股东资格)。本案燕××的诉求是要求确认唐××、郭××与案外人景程公司之间不存在民事法律关系,而不是要求确认燕××与唐××、郭××之间的民事法律关系,不符合确认之诉的构成要件。

同时,本案各方对于唐××、郭××被登记为景程公司股东的事实均无异议。在燕××的起诉理由中,燕××以唐××、郭××均未实际出资,景程公司设立期间股东会决议等材料中"郭××"的签名均不是其本人书写、郭××未实际参与公司经营管理等理由,主张唐××、郭××不具备股东资格。根据燕××的表述,其目的并不是确认现存的某种法律关系,而是希望通过法院的判决来改变或消灭现有的唐××、郭××与案外人景程公司之间的民事法律关系。而确认之诉仅能对民事法律关系存在与否进行确认,并不需要而且不能对现存民事法律关系进行改变。从这个角度讲,燕××提起的诉讼亦不符合确认之诉的构成要件。

关于法院能否认唐××、郭××的股东资格的问题。《公司法规定(三)》第16条、第17条之规定,对公司股东未实际出资、提交虚假材料等情形,都规定了明确的救济途径和惩罚措施,公司可对未实际出资股东相应的股东财产权利作出合理限制,即使股东没有实际出资也并不必然导致其丧失股东资格。法律并未赋予法院直接剥夺唐××、郭××所享有的案外人景程公司股东资格的权利,法院也不应在未经公司决议的情况下直接以司法判决来剥夺公司成员的股东身份。燕××可在公司法范围内通过公司的规章、制度等救济自身的权利,其请求法院直接剥夺另一股东的股东资格并无法律依据。

二、评析

《公司法规定(三)》中,明确规定了股东可以提起确认自己享有股东权利的积极的确认之诉,并未规定股东有权通过诉讼方式来确认其他股东不具备股东身份，更未规定股东可以直接以另一股东为被告提起该类诉讼。确认之诉的特点之一是法院仅需要确认当事人之间存在或不存在一定民事法律关系，无须也不能改变法律关系存在或不存在的现状。因此，股东通过诉讼方式请求确认其他股东不具备股东资格，不符合确认之诉的特点。

公司法分别规定了未实际出资股东对其他股东的违约责任、对公司的资本充实责任以及对债权人的补充赔偿责任，股东或公司可以诉讼方式促使未实际出资股东履行出资义务，现行公司法制度也确认了股东资格解除规则，股东没有实际出资并不必然导致其丧失股东资格，取决于公司是否解除其股东资格。即公司可以通过股东会决议解除未履行出资义务股东之资格，法院认可其解除的后果。为维护公司自治原则，法律并未赋予法院直接将公司股东资格予以剥夺的权力，法院不应在未经公司决议的情况下直接以司法判决来剥夺公司成员的股东身份。

合议庭成员：郭晓方、黄雪梅、王玉良

撰写人：郭晓方

39. 一人公司股权代持关系的认定应当注重经营管理上的控制力及财产的实质性归属

——兰×与新疆采虹矿业投资有限公司、钟××股东资格确认纠纷案

● 案件基本信息

一、诉讼当事人

原告：兰×

被告：新疆采虹矿业投资有限公司（以下简称采虹矿业公司）

被告：钟××

二、案件索引与裁判日期

一审：新疆维吾尔自治区阜康市人民法院（2021）新2302民初1569号民事判决（2021年10月13日）

三、案由

股东资格确认纠纷

● 裁判要旨

有限责任公司实际权利人与名义权利人的关系，应当通过经营管理上的控制力及财产的实质归属来进行判定，而不能单纯地取决于公示外观。在可能存在股权代持合意的情况下，股权代持关系是否存在，应重点审查代持人是否实际出资以及是否享有股东权利。在缺乏股权代持直接证据的情况下，如实际股东提交的证据能够形成完整的证据链，证明隐名股东系实际出资人，且实际参与了公司的经营管理或对名义股东有较大的公司经营管理上的控制力，应当综合案件事实，对股权代持关系作出认定。

裁判依据

《中华人民共和国合同法》（2021年1月1日废止）

第八条 依法成立的合同，对当事人具有法律约束力。当事人应当按照约定履行自己的义务，不得擅自变更或者解除合同。

依法成立的合同，受法律保护。

第六十条第一款 当事人应当按照约定全面履行自己的义务。

《最高人民法院关于适用〈中华人民共和国公司法〉若干问题的规定（三）》（2014年2月20日修正）

第二十一条 当事人向人民法院起诉请求确认其股东资格的，应当以公司为被告，与案件争议股权有利害关系的人作为第三人参加诉讼。

第二十二条 当事人之间对股权归属发生争议，一方请求人民法院确认其享有股权的，应当证明以下事实之一：

（一）已经依法向公司出资或者认缴出资，且不违反法律法规强制性规定；

（二）已经受让或者以其他形式继受公司股权，且不违反法律法规强制性规定。

第二十四条 有限责任公司的实际出资人与名义出资人订立合同，约定由实际出资人出资并享有投资权益，以名义出资人为名义股东，实际出资人与名义股东对该合同效力发生争议的，如无合同法第五十二条规定的情形，人民法院应当认定该合同有效。

前款规定的实际出资人与名义股东因投资权益的归属发生争议，实际出资人以其实际履行了出资义务为由向名义股东主张权利的，人民法院应予支持。名义股东以公司股东名册记载、公司登记机关登记为由否认实际出资人权利的，人民法院不予支持。

实际出资人未经公司其他股东半数以上同意，请求公司变更股东、签发出资证明书、记载于股东名册、记载于公司章程并办理公司登记机关登记的，人民法院不予支持。

《最高人民法院关于适用〈中华人民共和国民法典〉时间效力的若干规定》（2020年12月29日）

第一条第二款 民法典施行前的法律事实引起的民事纠纷案件，适用当时的法律、司法解释的规定，但是法律、司法解释另有规定的除外。

《中华人民共和国民事诉讼法》（2017年6月27日修正）

第六十四条第一款 当事人对自己提出的主张，有责任提供证据。

《最高人民法院关于适用〈中华人民共和国民事诉讼法〉的解释》（2020年12月29日修正）

第九十条 当事人对自己提出的诉讼请求所依据的事实或者反驳对方诉讼请求所依据的事实，应当提供证据加以证明，但法律另有规定的除外。

在作出判决前，当事人未能提供证据或者证据不足以证明其事实主张的，由负有举证证明责任的当事人承担不利的后果。

对应新法

《中华人民共和国民法典》（2020年5月28日）

第四百六十五条 依法成立的合同，受法律保护。

依法成立的合同，仅对当事人具有法律约束力，但是法律另有规定的除外。

第五百零九条第一款 当事人应当按照约定全面履行自己的义务。

《最高人民法院关于适用〈中华人民共和国公司法〉若干问题的规定（三）》（2020年12月29日修正）

第二十一条 当事人向人民法院起诉请求确认其股东资格的，应当以公司为被告，与案件争议股权有利害关系的人作为第三人参加诉讼。

第二十二条 当事人之间对股权归属发生争议，一方请求人民法院确认其享有股权的，应当证明以下事实之一：

（一）已经依法向公司出资或者认缴出资，且不违反法律法规强制性规定；

（二）已经受让或者以其他形式继受公司股权，且不违反法律法规强制性规定。

第二十四条 有限责任公司的实际出资人与名义出资人订立合同，约定由实际出资人出资并享有投资权益，以名义出资人为名义股东，实际出资人与名义股东对该合同效力发生争议的，如无法律规定的无效情形，人民法院应当认定该合同有效。

前款规定的实际出资人与名义股东因投资权益的归属发生争议，实际出资人以其实际履行了出资义务为由向名义股东主张权利的，人民法院应予支持。名义股东以公司股东名册记载、公司登记机关登记为由否认实际出资人权利的，人民法院不予支持。

实际出资人未经公司其他股东半数以上同意，请求公司变更股东、签发出资证明书、记载于股东名册、记载于公司章程并办理公司登记机关登记的，人民法院不予支持。

《中华人民共和国民事诉讼法》（2021年12月24日修正）

第六十七条第一款 当事人对自己提出的主张，有责任提供证据。

《最高人民法院关于适用〈中华人民共和国民事诉讼法〉的解释》（2022年4月1日修正）

第九十条 当事人对自己提出的诉讼请求所依据的事实或者反驳对方诉讼请求所依据的事实，应当提供证据加以证明，但法律另有规定的除外。

在作出判决前，当事人未能提供证据或者证据不足以证明其事实主张的，由负有举证证明责任的当事人承担不利的后果。

○ 基本案情

2015年8月3日，钟××成立采虹矿业公司，该公司为自然人独资的有限责任公司，注册资本10 000 000元，钟××担任该公司的执行董事兼经理，系公司的法定代表人。2015年11月27日，兰×向新疆冠阜建材有限公司（以下简称冠阜建材公司）转账1 000 000元用于缴纳新疆矿权交易中心招拍挂押金。2016年4月19日，冠阜建材公司向新疆维吾尔自治区国土资源厅缴纳探矿权价款100 000元。2016年6月13日，新疆维吾尔自治区国土资源厅向冠阜建材公司发放矿产资源勘查权证,勘查项目名称为新疆阜康市北部沙漠石英砂矿普查,勘查单位为新疆地宝源地质勘查有限公司。2016年10月8日,采虹矿业公司(作为甲方)与新疆地宝源地质勘查有限公司(作为乙方)签订《新疆阜康市北部沙漠石英砂矿勘查合同》,约定甲方委托乙方对石英砂矿进行野外地质勘查及编制,合同金额为450 000元,所有费用由甲方支付。其后,兰×及于××向新疆地宝源地质勘查有限公司支付勘查费用共计350 000元。

2016年10月23日,原告兰×与被告钟××签订《法定代表人聘用合同》,主要约定:聘用方(以下简称甲方):兰×(股东),受聘方(以下简称乙方):钟××(新疆采虹矿业开发有限公司916523023287883641T),鉴于甲方拟聘用乙方担任甲方的法定代表人,乙方决定接受甲方的聘任,出任甲方法定代表人;合同期限自2016年10月23日起,至2021年10月22日止,聘用期为5年;聘用合同期满前一个月,经双方协商同意,可以续订聘用合同;乙方只负责公司的正常生产经营和管理,在生产经营过程中自负盈亏,除乙方负责缴纳和公司生产经营的有关各项税费和正常费用支出外,所得利润归甲方支配;因公司股份实属甲方所有,在乙方被聘用为甲方法定代表人期间,甲方享有公司股东的一切权利和义务,甲方只授权乙方对公司生产经营管理;乙方负责与工商、税务、国土、安监等部门进行沟通办理与公司有关手续,解决公司生产经营中遇到的一些困难,确保公司的正常运行;乙方只负责公司生产经营管理,并按规定交缴和公司有关的税费及其他支出,并承担公司生产的安全责任;乙方不承担公司生产经营以外的公司债权债务;乙方不参与公司的经营管理决策工作,但必须对公司负责,在职责范围内行使权利、不越权,遵守国家的法律法规,遵守公司的各项规章制度规定,维护公司的利益;乙方必须以公司最大利益为出发点行事,不得私自从事损害公司利益的活动;未经公司甲方同意授权,乙方不得以公司名义与他人签订任何合同进行交易,或者参与进行关联交易;公司的所有资产属甲方所有,乙方对甲方财产无处分权,不得转让、出租、抵押等;乙方不得以甲方(公司名义)和公司资产进行借款、贷款、提供债务担保等。

2019年8月15日，原告兰×的妻子于××向王××（时任冠阜建材公司法定代表人）支付转让石英砂探矿权税费19 108.86元。2019年11月13日，冠阜建材公司将名下的探矿权过户至被告采虹矿业公司名下，有效期限为2019年11月13日至2021年1月23日。2020年7月17日，原告兰×的妻子于××支付被告采虹矿业公司的化验费4050元。此外，被告采虹矿业公司向原告兰×的妻子于××借款48 000元用于住房及办公室用。2020年9月1日，被告采虹矿业公司向原告兰×的妻子于××出具借条一张，载明2015年至2017年借款28 800元，2018年至2020年借款18 900元，合计借款47 700元用于支付被告采虹矿业公司的会计工资。2020年10月30日，原告兰×的妻子于××向被告采虹矿业公司转账支付10 000元用于办证。2013年9月17日至2014年1月16日，原告兰×向被告钟××转账支付共计330 000元。2015年10月至2017年12月，原告兰×向被告钟××转账支付共计205 400元。2017年6月6日至2020年1月22日，原告兰×的妻子于××向被告钟××转账支付共计112 800元，其中，2018年3月30日转账支付5 000元，交易附言为4月工资。2015年至2020年，被告采虹矿业公司的记账费用由于××支付。2017年，原告兰×系绵竹市金鑫矿业有限责任公司法定代表人及股东，2017年，绵竹市金鑫矿业有限责任公司向被告钟××转账支付共计40 400元。

2020年8月31日，兰×、钟××、于××在阜康市迎宾路信合苑×号楼×单元×室房屋内召开采虹矿业公司工作会议，形成工作会议记录一份，在该会议记录中载明兰×系董事长，钟××系总经理，于××系财务总监，主持人为董事长兰×。2020年12月8日，兰×、钟××、王×在员工寝室内召开采虹矿业公司工作会议，形成工作会议记录一份，在该会议记录中载明兰×系董事长，钟××系总经理，王×系办公室主任。

2021年4月19日，原告兰×向法院申请保全，法院于2021年4月

20日作出（2021）新2302财保89号民事裁定书，原告兰×因本案申请保全缴纳保全费5000元。

兰×诉称：2015年，原告兰×预参与阜康市矿权竞拍，与冠阜建材公司合作投标竞买。为此，原告于2015年11月27日向冠阜建材公司转账支付押金1 000 000元，再由冠阜建材公司向新疆矿权交易中心缴纳"招拍挂押金"。竞拍成功后，由冠阜建材公司向新疆维吾尔自治区国土资源厅缴纳探矿权价款100 000元。2016年6月，新疆维吾尔自治区国土资源厅向冠阜建材公司发放探矿权证。2015年8月3日，兰×在阜康市设立采虹矿业公司，该公司系自然人独资有限责任公司。因兰×在四川业务较多，故委托自己的亲戚钟××为该公司的代持股人，代持兰×在该公司的全部股份，公司工商登记股东为钟××，持股比例为100%。原告兰×为明确被告钟××系代持股人及其他事项，双方于2016年10月23日签订《法定代表人聘用合同》，合同第3条载明：因公司股份实属甲方（兰×）所有，在乙方（钟××）聘为甲方法人代表期间，甲方享有公司股东的一切权利义务，甲方只授权乙方对公司生产经营管理。2020年年底，原告为规范公司管理，要求被告钟××交出部分印章，钟××以各种理由拒绝交出。被告钟××得知原告将于2021年4月5日下午到达阜康市，于2021年4月5日上午携带采虹矿业公司全部印章、证照及文件出走。原告为维护自身合法权利，依法起诉，请求：（1）确认原告兰×是被告采虹矿业公司实际股东，持股比例为100%；（2）判令被告采虹矿业公司在工商登记中的股东由被告钟××变更为原告兰×；（3）判令被告钟××向原告兰×移交采虹矿业公司的印章（①公司行政章；②公司财务章；③公司合同专用章；④发票专用章；⑤法定代表人印鉴）及证照（①营业执照正副本原件；②银行开户许可证；③银行账户卡；④探矿许可证）；（4）判令保全费由被告承担。

采虹矿业公司、钟××辩称：原告所诉与事实不符。一是原告与钟××之间不存在股权代持的合意。采虹矿业公司是钟××通过合法程序注册成立，钟××系唯一股东，原告向法庭提交的《法定代表人聘用合同》

与本案没有关联性，并非双方股权代持协议，该协议签订时间为2016年，且该协议中并没有表明系采虹矿业公司的股份，该协议的签订背景是2016年原告准备在新疆成立一家公司，委托钟××管理而签订，后因公司未设立，该协议未实际履行。原告仅提交该协议无法证实双方之间存在股权代持的合意。二是钟××在经营公司过程中，原告确实向钟××提供过帮助，但原告支付给钟××及采虹矿业公司的款项系钟××向原告的借款，并非《公司法》意义上的出资款。事实上，原告并未向采虹矿业公司出资，亦无出资证明。原告与两被告之间的资金往来是基于其他的民事债权、债务关系。原告未曾向钟××支付过工资，其于2019年向钟××付款备注为4月工资系其单方备注。钟××向采虹矿业公司实际出资共计1 291 500元，其中2021年3月30日支付的50 000元用于公司各项开支，其他款项均支付至公司账户。原告无法证实其履行了股东的出资义务，应当承担举证不能的不利后果。三是原告也没有基于股东身份对公司进行实际经营和管理，亦未行使股东权利。采虹矿业公司成立至今，均由钟××自行经营与管理。采虹矿业公司的相关经营人员，包括副经理、公司财务等均由钟××聘任，表明原告根本没有实际经营过公司，亦未行使过股东权利。四是本案系股东资格确认纠纷，钟××不是本案的适格被告，应当以第三人的身份参加诉讼。综上所述，钟××系采虹矿业公司的唯一合法股东，原告的诉讼请求不能成立，请求依法驳回原告的诉讼请求。

争议焦点

兰×请求确认其为采虹矿业公司持股100%的股东有无事实及法律依据。

裁判结果

一审法院判决：一、确认兰×为采虹矿业公司的股东，持股比例为100%；二、采虹矿业公司于判决生效后10日内至公司登记机关办理上述股权的变更登记手续（从钟××名下变更登记至兰×名下）；三、钟××

于本判决生效后10日内向兰×移交采虹矿业公司的印章（①公司行政章；②公司财务章；③公司合同专用章；④发票专用章；⑤法定代表人印鉴）及证照（①营业执照正副本原件；②银行开户许可证；③银行账户卡；④探矿许可证）；四、钟××于本判决生效后10日内向兰×支付保全费5000元。

● 裁判理由及评析

一、裁判理由

生效裁判认为，依法成立的合同，对当事人具有法律约束力。原告兰×与被告钟××在平等自愿、协商一致的基础上签订《法定代表人聘用合同》，系双方真实意思表示，且不违反法律、行政法规的强制性规定，合法有效，法院予以确认。《公司法规定（三）》第21条规定："当事人向人民法院起诉请求确认其股东资格的，应当以公司为被告，与案件争议股权有利害关系的人作为第三人参加诉讼。"本案案由为股东资格确认纠纷，根据上述司法解释的规定，钟××应当作为第三人参加诉讼，但因本案被告采虹矿业公司系自然人独资的有限责任公司，原告不仅要求确认其股东身份，亦要求钟××向其移交被告采虹矿业公司的相关印章及证照，故将钟××作为被告并无不当。

原告要求确认其为被告采虹矿业公司持股100%的股东，被告钟××对原告主张的诉讼请求与事实理由均不认可。原告认可其与被告钟××未签订书面的股权代持协议，亦无证据证实其与被告钟××之间存在口头代持协议，其主张与被告钟××之间存在股权代持合意。根据上述司法解释的相关规定，在缺乏股权代持直接书面证据的情况下，如实际股东提交的证据能够形成完整的证据链，证明隐名股东系实际出资人，且实际参与了公司的经营管理或对名义股东有较大的公司经营管理上的控制力，应当综合案件事实，依据优势证据原则，对股权代持关系作出认定。根据庭审调查及当事人举证情况，通过以下事实可以认定原告与被告钟××之间存在股权代持关系：

一是原告与被告钟××签订的《法定代表人聘用合同》中受聘方钟××的身份信息后明确备注为采虹矿业公司，并载明有被告采虹矿业公司的统一社会信用代码。该合同载明公司股份实属原告所有，在被告钟××被聘用为法定代表人期间，原告享有公司股东的一切权利和义务，原告只授权被告钟××对公司生产经营管理。联系合同的具体内容可以认定原告聘用被告钟××为被告采虹矿业公司的法定代表人，且原告系被告采虹矿业公司的实际股东。被告钟××辩称系聘用的其他公司的法定代表人，而非采虹矿业公司，但并未提供相应的证据证实。据此，对被告钟××的该项抗辩意见不予采纳。

二是被告采虹矿业公司作为矿业投资公司，办理探矿权证系公司的重要重大事项，根据原告、被告举证情况，探矿权证系原告具体参与办理的，办理探矿权证及矿产勘查须缴纳支付的招拍挂押金、办证税费、勘查费用均由原告及其妻子于××支付，被告钟××辩称系其委托原告办理，但并未提供相应的证据证实委托事实的存在及资金的性质。涉及如此重大的公司事项，没有相关证据印证有违常理。根据法律规定，当事人对自己提出的诉讼请求所依据的事实或者反驳对方诉讼请求所依据的事实有责任提供证据加以证明，未能提供证据或者证据不足以证明其事实主张的，负有举证责任的当事人应当承担不利的后果。据此，对被告钟××的该项抗辩意见不予采纳。

三是原告提交的两份采虹矿业公司工作会议记录中明确列明了原告与被告钟××的身份，即原告为采虹矿业公司的董事长，被告钟××为总经理，于××为财务总监，王×为办公室主任，会议亦是由原告主持召开，会议的内容涉及被告采虹矿业公司的具体经营管理。此外，被告钟××亦称原告对外以被告采虹矿业公司董事长的身份办理业务。对于原告的以上行为，被告钟××不仅没有提出异议，反而通过会议记录的形式予以了肯定。实际股东提供的参加公司相关会议的证据，可以作为证明其实际参与了公司的经营管理的直接证据。原告提交的会议记录可以说明原告不仅是被告采虹矿业公司经营管理的参与者,且对公司的各项事务具有较大程度上的控制权和决策权。

四是原告及其妻子于××对被告采虹矿业公司进行了直接与间接的出资,且资金用途均用于支付公司的税费、租金、技术费用等日常开支及经营。被告钟××辩称资金往来系双方之间基于借款等其他民事债权、债务关系而产生。法院认为,资金往来的性质确实存在多种可能性,例如借款、还款、投资、赠予等。对于原告支付款项的性质,被告钟××负有举证义务,否则应当承担举证不能的法律后果。现被告钟××未提供任何证据证实原告及其妻子于××支付的款项系基于其他法律关系而产生,原告及其妻子于××向被告采虹矿业公司支付的款项可以认定为出资。

五是被告钟××认可被告采虹矿业公司成立至今一直未分红,原告未享受过股东权益,被告钟××亦未享受过股东权益。对于是否享有股东权利,不仅包括参与公司的分红受益,还应当包括是否实际进行公司管理经营、投资决策等。被告钟××以原告未行使过股东权利为由否认原告实际股东身份不具有合理性。此外,对于原告及王×向被告钟××发送的手机短信内容,被告钟××既不予正面回应,亦不予以否认,虽然短信的内容不能作为认定原告是否系实际股东的直接证据,但可以作为原告与被告钟××之间法律关系的间接证据。

根据法律规定,实际出资人要求显名,请求公司变更股东、签发出资证明书、记载于股东名册、记载于公司章程并办理公司登记的,需要经公司其他股东半数以上同意。但被告采虹矿业公司系自然人独资的有限责任公司,股东仅有一名,不存在需要经公司其他股东半数以上同意的问题。现原告要求显名,确认其是被告采虹矿业公司实际股东,持股比例为100%,并要求被告采虹矿业公司在工商登记中的股东由被告钟××变更为原告兰×,合理合法,法院予以确认。被告钟××认可原告主张的相关印章及证照在其手中,故对原告要求被告钟××向其移交被告采虹矿业公司的印章(①公司行政章;②公司财务章;③公司合同专用章;④发票专用章;⑤法定代表人印鉴)及证照(①营业执照正副本原件;②银行开户许可证；③银行账户卡；④探矿许可证）的诉讼请求予以支持。根据《诉讼费用交纳办法》第6条第2项关于"当事人应当向人民法院交纳的诉讼费用包括：申请费"及第10条第2项关于"当事人依法向人民法院申请下列事项，应当交纳申请费：申请保全措施"的规定，原告申请财产保全需要向法院交纳申请保全费，该费用属于诉讼费用的范畴。根据《诉讼费用交纳办法》第29条第1款关于"诉讼费用由败诉方负担，胜诉方自愿承担的除外"的规定，引发本案诉讼及促使原告申请保全的原因在于被告钟××，且原告的诉讼请求合理合法，原告交纳的申请保全费5000元理应由被告钟××承担。

二、评析

本案中，被告采虹矿业公司系一人公司，自被告采虹矿业公司成立之日起，被告钟××便为被告采虹矿业公司注册登记的法定代表人、唯一股东。被告钟××认为其与原告兰×之间不存在股权代持关系，其是被告采虹矿业公司的唯一股东。因原告兰×与被告钟××之间未签订书面的股权代持协议，原告亦无证据证实其与被告钟××之间存在口头股权代持约定，故本案应当重点审查是否存在其他事实及间接证据，能够形成完整的证据链，足以证实原告与被告钟××之间存在股权代持合意。被告采虹矿业公司成立后，原告与被告钟××签订了《法定代表人聘用合同》，该《法定代表人聘用合同》不能直接推断出原告与被告钟××之间事先便存在股权代持的约定，而是要结合其他事实进行认定。被告采虹矿业公司作为矿业投资公司，办理探矿权证系公司的重要重大事项，探矿权证系原告兰×具体参与办理的，办理探矿权证及矿产勘查须缴纳支付的招拍挂押金、办证税费、勘查费用均由原告兰×及其妻子于××支付，采虹矿业公司的工作会议记录中明确列明了原告兰×为采虹矿业公司的董事长，被告钟××为总经理，且会议由原告兰×主持召开，会议的内容涉及被告采虹矿业公司的具体经营管理，由此可见，原告兰×对采虹矿业公司具有经营管理上的较大的控制力。此外，原告及其妻子于××对被告采虹矿业公司进行了直接与间接的出资，且资金用途均用于支付公司的税费、租金、技术费用等日常开支及经营。通过以上事实，可以看出原告兰×对被告采虹矿业公司具有经营管理及财务上极大的控制力，本案能够认定原告兰×与被告钟××之间存在股权代持关系。

股权代持，是指名义股东与实际出资人约定由名义股东行使股权，但由实际出资人出资并享有股权收益，双方之间就股权代持达成的合意。股权代持包含多种法律关系，包括实际出资人与名义股东之间的法律关系、实际出资人与公司之间的法律关系、名义股东与第三人之间的法律关系、实际出资人与第三人之间的法律关系等情形。股东资格确认是股权归属的前提，股权归属是股东资格确认后的必然结果。股东资格确认纠纷案件处理的是实际出资人与名义股东之间的法律关系，股权代持协议是解决股权代持下股东资格确认的基础。

根据《公司法规定（三）》第22条、第24条的相关规定，股权代持一般应当认定为有效，认定是否存在股权代持关系的标准主要为：一是是否存在股权代持合意；二是是否实际出资；三是是否行使了股东权利；四是其他股东对此是否知情。现行法律法规不要求股权代持协议的形式必须为书面，股权代持表现形式不仅包括书面、口头形式，也包括事实形成的合意，即双方之间虽然没有书面或口头约定，但如果以某些行为表明了双方之间存在股权代持合意，仍应认定股权代持关系的存在。实际出资人与名义股东之间的股权代持关系属于内部关系，在处理两者之间的纠纷时，应依照契约自由、尊重当事人的意思自治原则来解决。

因一人公司仅有一名股东，故一人公司与其他普通的有限责任公司存在一定的差异。在实际出资人与名义股东未签订书面股权代持协议的情况下，因只有实际出资人与名义股东才知晓股权代持的真实情况，旁人无从得知双方是否存在股权代持关系，故导致一人公司的股东资格确认案件难以处理，且司法实践中认定标准不一。

一人公司的股东资格确认案件，不能单纯地取决于公示外观，而应注重经营管理上的控制力及财产的实质性归属。在能够认定可能存在股权代持合意的情况下，股权代持关系的审查重点应为是否实际出资以及是否享有股东权利。在缺乏股权代持直接书面证据的情况下，如实际股东提交的证据能够形成完整的证据链，证明隐名股东系实际出资人，且实际参与了公司的经营管理或对名义股东有较大的公司经营管理上的控制力，应当综合案件事实，依据优势证据原则，对股权代持关系作出认定。

合议庭成员：周君、谢召洞、梁瑞芸

撰写人：谢召洞

四、破产清算案件

40. 其他利害关系人申请公司清算，对申请人是否属于利害关系人有争议的，应另行通过诉讼程序予以确认
——郭××申请公司清算案

● 案件基本信息

一、当事人

再审申请人（一审申请人、二审申请人）：郭××

二、案件索引与裁判日期

一审：新疆维吾尔自治区博尔塔拉蒙古自治州中级人民法院（2020）新27清申1号民事裁定（2020年11月19日）

二审：新疆维吾尔自治区高级人民法院（2021）新清终第1号民事裁定（2021年2月25日）

申请再审：最高人民法院（2021）最高法民申7534号民事裁定（2021年12月20日）

三、案由

申请公司清算

● 裁判要旨

《强制清算会议纪要》第13条规定，申请公司清算应当同时满足两

个条件,即申请人具备申请资格和发生公司解散事由。被申请人对上述两个条件中的任何一个提出异议的,人民法院对清算申请均不予受理,由当事人对异议另行诉讼解决。该条但书规定的"以及发生被吊销企业法人营业执照、责令关闭或者被撤销等解散事由有明确、充分证据",应理解为仅指被申请人就是否发生解散事由提出异议的情形。

《民法典》第70条以及2021年1月施行的《最高人民法院关于适用〈中华人民共和国公司法〉若干问题的规定（二）》第7条将申请强制清算的主体扩大至其他利害关系人,司法实践中应将《强制清算会议纪要》中的申请强制清算的主体扩大至利害关系人。申请强制清算的主体扩大至利害关系人,申请人是否属于利害关系人仍需要通过诉讼程序予以确认,被申请人对利害关系人身份提出异议的,除有生效法律文书能够证明其利害关系人身份外,人民法院应当告知其另行诉讼解决,对强制清算申请裁定不予受理。

裁判依据

《最高人民法院关于适用〈中华人民共和国公司法〉若干问题的规定（二）》（2020年12月29日修正）

第七条 公司应当依照民法典第七十条、公司法第一百八十三条的规定,在解散事由出现之日起十五日内成立清算组,开始自行清算。

有下列情形之一,债权人、公司股东、董事或其他利害关系人申请人民法院指定清算组进行清算的,人民法院应予受理：

（一）公司解散逾期不成立清算组进行清算的；
（二）虽然成立清算组但故意拖延清算的；
（三）违法清算可能严重损害债权人或者股东利益的。

基本案情

2010年国林公司将砖厂包给案外人齐××,承包期为2011年3月20日至2018年3月20日止。2010年6月23日,郭××与齐××家属宁

××签订转让协议,预定将该砖厂承包合同转让给郭××。后郭××一直未办理营业执照和相关经营手续。2011年2月28日,原博州工商行政管理局下达行政处罚决定,吊销国林公司营业执照。国林公司至今未办理注销登记。2017年3月23日,博乐市发改委审批同意在案涉砖厂内的垃圾处理项目开工建设。随后,博乐市国土资源执法监察大队以案涉砖厂未办理采矿许可证不得开采粘土为由作出责令停止违法行为通知书,郭××在受送达人处签名。2009年8月24日,博乐市财政局作出批复决定自2009年8月31日将国林公司划转至阳光农业。

郭××曾以侵权为由起诉阳光农业和博乐市贝林哈日莫墩政府,该案一、二审法院均判决驳回诉讼请求。随后,郭××向一审法院提出本案申请。本案一审法院认为,根据《最高人民法院关于适用〈中华人民共和国公司法〉若干问题的规定(二)》第7条的规定,清算申请应由债权人、股东提出。国林公司不认可郭××的债权人身份,郭××提供的其与案外人之间的协议中亦无国林公司对郭××有给付义务的明确表述。郭××主张其为国林公司债权人的依据不足,故对郭××强制清算申请不予受理。

郭××不服,提起上诉。二审法院认为,根据《强制清算会议纪要》第13条以及《最高人民法院关于适用〈中华人民共和国公司法〉若干问题的规定(二)》第7条之规定,申请强制清算应当同时具备下列条件:(1)被申请企业具备吊销执照、责令关闭或被撤销等解散事由;(2)申请的主体应当为股东、债权人以及利害关系人。国林公司已于2011年被吊销营业执照,已经具备解散的事由。但国林公司对郭××债权人的身份提出异议,郭××提供的裁判文书以及其与案外人之间的转让协议亦无法证明国林公司对郭××负有义务。一审法院对郭××的清算申请不予受理并无不当。

郭××不服二审判决,向最高人民法院申请再审。

● 争议焦点

法院应否受理郭××的强制清算申请。

裁判结果

一审法院裁定：对郭××的强制清算申请，不予受理。

二审法院裁定：驳回上诉，维持原判。

再审审查法院裁定：驳回郭××的再审申请。

裁判理由及评析

一、裁判理由

本案需要审查的问题为法院裁定不予受理郭××的强制清算申请是否有误。

申请公司清算应当满足两个条件，即申请人具备申请资格和公司发生解散事由。根据一审、二审法院查明的事实，国林公司已于2011年被吊销营业执照，已经具备解散的事由。但申请对公司进行强制清算还需符合主体要件，即要求申请主体为股东、债权人以及利害关系人。本案一审中，国林公司对郭××债权人的身份提出异议。郭××虽提交了其他判决作为证据，但该判决并未明确郭××与国林公司之间的债权债务关系，不足以证明其对国林公司享有给付性权益，郭××应当承担举证不能的责任。因此，本案并不具备《强制清算会议纪要》第13条中规定的"对异议事项已有生效法律文书予以确认"的情形，故法院对郭××的清算申请不予受理并无不当。

此外，根据《民事诉讼法司法解释》第381条①的规定，"当事人认为发生法律效力的不予受理、驳回起诉的裁定错误的，可以申请再审"。故郭××有权对本案二审裁定申请再审。

二、评析

《强制清算会议纪要》第13条之所以规定对两个异议原则上以另诉的方式解决，在此之前不予受理其强制清算申请，主要是出于以下考量：

---

① 现为《民事诉讼法司法解释》（2022年修正）第379条。

首先，依照《公司法》规定，强制清算申请的提出不代表强制清算程序的启动，强制清算程序的启动以人民法院受理强制清算申请为标志。在受理强制清算申请之前，人民法院对实体纠纷进行裁判没有法律依据。同时，债权和股权的成立与否关系到债权人、股东的权利存在与否，应当慎重处理，必须通过严格的程序保障结果的公正，只有适用诉讼程序才能达到这一目标。其次，强制清算案件属于非讼案件，强制清算主要是一种程序制度，适用特别程序。依照特别程序审理的案件，不是解决民事权利义务争议，而是确认某种法律事实是否存在，确认某种权利的实际状况。因此，强制清算程序不应当具有解决实体纠纷的功能。最后，在申请人的债权或者股权尚不确定的情况下，申请人的申请资格处于存疑状态，无权行使强制清算的申请权。如果赋予存疑债权或者存疑股权的申请人完全申请权将导致异议权落空、权利被滥用和权利保护的失衡等严重后果。

2021年1月施行的《最高人民法院关于适用〈中华人民共和国公司法〉若干问题的规定（二）》第7条以及《民法典》第70条将申请强制清算的主体扩大至其他利害关系人，因这一规定更有利于敦促符合清算条件的公司及时进行清算，以免因公司未及时清算造成他人损害，故宜将《强制清算会议纪要》中的申请强制清算的主体扩大至利害关系人。然而，申请强制清算的主体扩大至利害关系人，并未改变上述《强制清算会议纪要》所确立的申请资格另案确认的原则。申请人是否属于利害关系人仍需要通过诉讼程序予以确认，即应当在提出强制清算申请之前明确其利害关系人身份，故被申请人对其利害关系人身份提出异议时，除有生效法律文书能够证明其利害关系人身份的，人民法院应当告知其另行诉讼或者通过其他途径确认其申请人身份后再行申请强制清算，其坚持申请的，人民法院应当裁定不予受理。

合议庭成员：陈宏宇、吴笛、张梅

撰写人：张梅、张义敏

41. 主张集资款参照职工破产债权优先受偿的，应当具有破产企业职工身份

——虎××与宁夏上陵实业（集团）有限公司职工破产债权确认纠纷案

● 案件基本信息

一、诉讼当事人

再审申请人（一审原告、二审上诉人）：虎××

被申请人（一审被告、二审被上诉人）：宁夏上陵实业（集团）有限公司（以下简称上陵实业集团）

二、案件索引与裁判日期

一审：宁夏回族自治区银川市中级人民法院（2019）宁01民初3147号民事判决（2020年6月24日）

二审：宁夏回族自治区高级人民法院（2020）宁民终497号民事判决（2020年12月28日）

申请再审：最高人民法院（2021）最高法民申6195号民事裁定（2021年9月28日）

三、案由

职工破产债权确认纠纷

● 裁判要旨

职工集资款债权的实质为民间借贷，和普通民间借贷的区别主要在于债权人的职工身份，在破产程序中依法受特殊保护，属于优先受偿的破产

债权。债权人以企业职工名义与破产企业签订借款合同，但在出借资金时其并非破产企业职工，与破产企业之间并不存在劳动关系等用工关系，不应认定为职工集资款债权，在破产程序中不能优先受偿。

裁判依据

《最高人民法院关于审理企业破产案件若干问题的规定》（2002年7月30日）

第五十八条　债务人所欠企业职工集资款，参照企业破产法第三十七条第二款第（一）项规定的顺序清偿。但对违反法律规定的高额利息部分不予保护。

职工向企业的投资，不属于破产债权。

基本案情

2018年2月12日，虎××与上陵实业集团签订《职工福利借款合同》，当日，虎××通过转账方式支付借款17万元给上陵实业集团指定账户，上陵实业集团向虎××出具收据。2018年12月19日，宁夏回族自治区银川市中级人民法院作出（2018）宁01破申24号民事裁定，受理上陵实业集团的破产重整申请。虎××申报债权后，管理人向虎××出具《宁夏上陵实业（集团）有限公司债权异议回函》，认为《职工福利借款合同》属于民间借贷关系，不属于职工破产债权范围，确认为普通债权。虎××不服，提起本案诉讼。

一审法院认为，虎××出借款项时并非上陵实业集团公司员工，其与上陵实业集团签订的合同虽名为《职工福利借款合同》，但实际是民间借贷法律关系，故上陵实业集团重整管理人将虎××案涉债权确认为普通债权并无不当，判决驳回虎××的诉讼请求。

虎××不服提起上诉。二审法院认为，虎××所提交证据不能证明其与进入破产重整程序的上陵实业集团及其他6家关联破产企业之间存在劳动合同关系，一审判决对虎××要求确认其案涉债权为职工集资债权或劳动债权，应参照职工破产债权清偿案涉债权的诉讼请求不予支持并无不当。

◎ 争议焦点

虎××的债权应否确认为职工破产债权。

◎ 裁判结果

一审法院判决：驳回虎××的全部诉讼请求。
二审法院判决：驳回上诉，维持原判。
再审审查法院裁定：驳回虎××的再审申请。

◎ 裁判理由及评析

虎××提交的证据无法证明其为上陵实业集团职工，虎××也认可从劳动关系角度其不是上陵实业集团的内部职工。因此，虎××的债权不符合《最高人民法院关于审理企业破产案件若干问题的规定》第58条第1款规定的职工集资债权条件。虎××关于原判决适用法律错误的再审事由，依法不能成立，故依法驳回虎××的再审申请。

本案涉及两方面问题：一是职工集资款是否应参照职工破产债权优先受偿；二是如何界定职工集资款的范围。

一、职工集资款应参照职工破产债权优先受偿

《最高人民法院关于审理企业破产案件若干问题的规定》第58条将企业欠职工的集资款解释为与企业欠职工工资具有相同地位的破产债权，职工享有按照第一顺序清偿的优先受偿权。虽然作为上述司法解释制定依据的《企业破产法（试行）》已被2007年6月1日起实施的《企业破产法》取代，但《最高人民法院关于审理企业破产案件若干问题的规定》尚未废止，依然有效，可以作为本案裁判的依据。且参考国际劳工组织制定的雇主破产情况下保护工人债权公约明确要求，在雇主破产情况下，应以优先

权保护工人因其就业而产生的债权,以使工人能在非优先债权人获得其份额之前,从破产雇主的资产中获得偿付。最高人民法院在制定《最高人民法院关于审理企业破产案件若干问题的规定》时,考虑到对职工群体的保护,明确对职工集资款合法权益应予保护。因此,职工集资款债权在破产程序中具有进行特殊保护的价值,应确认职工集资款的优先受偿性。

二、应严格界定职工集资款的范围

(一)职工集资款的法律性质

《最高人民法院关于审理企业破产案件若干问题的规定》认为职工集资款具有借贷性质。《民间借贷司法解释》的释义载明,企业内部集资是企业通过向其内部职工公开集资并按期还本付息的行为,包括面向企业内部职工进行的负债式融资和股权式融资,是部分民营企业特别是中小民营企业克服融资难题,筹集企业发展所需资金的重要渠道之一。因此,职工集资款的实质是职工和企业之间的民间借贷法律关系。但无财产担保的民间借贷作为普通债权,其清偿顺序排在参照职工破产债权受偿的职工集资款之后。因此,有必要将职工集资款和民间借贷所产生借款进行区分,确保破产债权公平受偿。

(二)界定职工破产债权应考虑的因素

1. 职工集资款的出借主体

职工集资款的债权人在出借资金时应和破产企业存在真实劳动关系。职工破产债权的实质为民间借贷,其和普通民间借贷的区别主要在于债权人的职工身份。因此,职工破产债权应以破产企业和债权人之间存在劳动关系为前提。是否具有劳动关系,应根据《劳动法》《劳动合同法》等法律规定和国务院、劳动部门的法规、规章、政策认定。如债权人在出借资金时并非破产企业职工,或为了符合出借资金条件、保证债权优先受偿而签订虚假劳动合同,与破产企业之间并不存在劳动关系,不应认定为职工集资款的债权人。

2.职工集资款的主体情形之例外

企业职工要接受企业的管理,企业可以通过身份强迫让职工非自愿出借集资款。在实践中,集团类企业可以通过控制关联企业,组织下属关联企业职工进行集资。职工进行集资更多是出于保护其就业权而非以此进行牟利。因此,在符合一定条件时,基于劳动者保护和社会稳定因素的考虑,可以将具有身份强迫情形的关联企业职工纳入职工集资款债权人范围。

3.职工集资款的范围

(1)职工集资款限定在职工工资收入范围内。职工集资款的来源多样,有自身的工资、财产性收入、源自他人的借款等,也有他人借用职工名义出借的资金。职工集资款债权是因职工在企业中处于弱势地位,基于保护职工生存权所作特殊保护,因此,以职工的财产性收入及借款、他人借用职工名义出借的资金,并不属于职工生存权保护范围,应按照普通破产债权进行处理。

(2)职工集资款应以解决企业发展所需资金为用途。用于企业生产经营活动是企业内部集资行为合法性的前提之一。一些企业进行内部集资并非为了企业生产经营,而是转贷牟利等,企业也存在以企业自用为名进行集资,为谋取利益将集资款用于违背社会公序良俗的方面或进行违法犯罪活动。为确保破产债权公平受偿,应结合集资目的、合同内容、借款流向等因素综合考虑是否应将借款列入职工集资款范围。如出借人明知上述情形仍出借资金,其出借资金明显属于牟利性的商业投资行为,而非通过提供资金帮助企业发展而保障其生存就业权,不符合职工集资款优先受偿的立法本意。

合议庭成员:陈宏宇、张梅、赵敏

撰写人:赵敏

42. 破产管理人是否履行忠实勤勉义务的审理原则
——中国邮政储蓄银行股份有限公司嘉峪关市分行与甘肃梓钊律师事务所管理人责任纠纷案

● **案件基本信息**

一、诉讼当事人

再审申请人（一审原告、二审上诉人）：中国邮政储蓄银行股份有限公司嘉峪关市分行（以下简称邮储银行）

被申请人（一审被告、二审被上诉人）：甘肃梓钊律师事务所（嘉峪关市兴盛啤酒花种植有限公司破产清算管理人，以下简称梓钊律所）

二、案件索引与裁判日期

一审：甘肃省嘉峪关市中级人民法院（2020）甘02民初44号民事判决（2020年6月15日）

二审：甘肃省高级人民法院（2020）甘民终575号民事判决（2020年11月19日）

申请再审：最高人民法院（2021）最高法民申1207号民事裁定（2021年3月22日）

三、案由

管理人责任纠纷

● **裁判要旨**

破产管理人未能实现对设定担保的破产财产的拍卖变现，决定就担保债权以实物进行优先受偿，但未经债权人会议审议同意，债权人以此为由主张破产管理人未尽勤勉义务并请求承担赔偿责任的，参照《全国法院破产审判工作会议纪要》第 25 条规定，债权人会议作出决议并非破产管理人在实现债权人的优先受偿权过程中处置担保财产的必经程序，如果破产管理人在保管、评估、拍卖、变现、移交破产财产等各环节不存在过错行为与违法情形，人民法院应当认定破产管理人没有违反勤勉义务，驳回债权人的诉讼请求。

破产程序属于特别程序，有别于一般的民事诉讼程序。要求债权人支付评估费、审计费、管理人报酬系应由受理破产案件的人民法院确认的事项，由破产管理人执行。对于人民法院在破产程序中已认定的这类事项，债权人提起民事诉讼的，人民法院不予受理。

破产管理人未能积极配合债权人查阅相关资料、行使知情权的，债权人根据《最高人民法院关于适用〈中华人民共和国企业破产法〉若干问题的规定（三）》第 10 条第 1 款的规定，可以向受理破产案件的人民法院请求作出司法决定，另行提起民事诉讼的，人民法院不予受理。

裁判依据

《中华人民共和国企业破产法》（2006 年 8 月 27 日）

第二十七条　管理人应当勤勉尽责，忠实执行职务。

第一百三十条　管理人未依照本法规定勤勉尽责，忠实执行职务的，人民法院可以依法处以罚款；给债权人、债务人或者第三人造成损失的，依法承担赔偿责任。

基本案情

2018 年 5 月 2 日，嘉峪关市兴盛啤酒花种植有限公司（以下简称兴盛公司）因无法按期偿还到期债务向甘肃省嘉峪关市中级人民法院（以下简称嘉峪关中院）提出破产清算申请。该院裁定受理兴盛公司破产清算，指定梓钊律所担任兴盛公司破产管理人。

梓钊律所接受指定后，接管了兴盛公司的全部资产，并对邮储银行的担保财产进行了审计和评估作价。2018年10月13日，梓钊律所在阿里巴巴司法拍卖网络平台上对邮储银行设定担保的全部财产进行了第一次公开拍卖，起拍价设为评估价，流拍后于同年11月16日进行了第二次公开拍卖，起拍价为评估价的70%，但再次流拍。其间，梓钊律所将拍卖信息通过微信公众号、微信朋友圈及多家媒体发布了拍卖公告信息，但邮储银行设定抵押的啤酒花颗粒未能成功变现。

2019年4月10日，梓钊律所就担保债权以实物进行优先受偿的事宜与邮储银行等四家担保权人进行面谈，并向邮储银行送达了（2018）兴盛破管字第58号《关于担保权以实物优先受偿的通知书》。在约谈笔录中，邮储银行明确表示同意以实物优先受偿其担保债权，但对3号冷库的受偿数量和2号冷库的抵押数量提出异议，并同意由法院对评估费、审计费和管理人报酬进行确定。

2019年4月11日，梓钊律所对邮储银行提出的异议作出（2018）兴盛破管字第62号《告知函》，并于2019年4月12日向邮储银行进行了送达，邮储银行对《告知函》的内容未提出异议。同日，梓钊律所关于评估费、审计费和管理人报酬三项费用的承担问题向嘉峪关中院报告。2019年5月6日，该院作出（2018）甘02民破2号之二通知、（2018）甘02民破2号之三通知，确定邮储银行应承担评估费54 045.41元、审计费67 662.75元、管理人报酬98 152.16元，以上合计219 860.32元。

2019年5月9日，梓钊律所向邮储银行送达（2018）兴盛破管字第65号《通知书》，载明"贵公司在自收到本《通知书》之日起5日内向管理人全额支付评估费54 045.41元、审计费67 662.75元、管理人报酬98 152.16元，合计219 860.32元。待管理人收到上述费用后15日内，贵公司应与管理人办理担保物移交手续，将上述担保财产全部受领。如贵公司未按上述期限支付相关费用，也未受领优先受偿的担保财产，本通知载明的期限届满后，将视为担保财产的所有权转移给贵公司，担保财产的风险（灭失、变质等）一并转移给贵公司，移交的数量以《嘉峪关市兴盛啤酒花种植有限公司担保财产优先受偿表》确定的数量为准，不按实际出货量为准。未能完全受偿的部分债权将作为普通债权参与后期分配，贵公司应承担的评估费、审计费、管理人报酬，管理人可随时追缴或直接从应支付给贵公司的其他债权金额中予以扣除"。同时，梓钊律所向邮储银行送达（2018）甘02民破2号之二通知、（2018）甘02民破2号之三通知。邮储银行在收到《通知书》后，未缴纳上述三项费用，亦未办理担保物的移交手续。同月31日，梓钊律所向邮储银行送达《关于移交担保物的告知书》，内容为："一、自2019年5月30日起，视为担保物的所有权已全部转移给贵公司，担保物的风险（灭失、变质、数量短缺等）一并转移给贵公司承担，移交的数量以《嘉峪关市兴盛啤酒花种植有限公司担保财产分配表》中确定的分配数量为准；二、移交担保物啤酒花颗粒的数量及债权清偿情况：1.移交存放于河口村1号冷库内的啤酒花颗粒593.10吨，清偿贵公司债权6 626 462.72元；2.移交存放于河口村2号冷库内的啤酒花颗粒509.76吨，清偿贵公司债权5 695 395.56元；3.移交存放于河口村3号冷库内的啤酒花颗粒250吨，清偿贵公司债权279 3175元。上述向贵公司移交的啤酒花颗粒共计1352.86吨，共计清偿债权15 115 033.28元，此部分债权现已归于消灭；三、剩余债权共计11 470 207.72元，将作为普通债权参与后期分配；四、贵公司应承担的评估费、审计费、管理人报酬，管理人将依法随时追缴或直接从应支付的其他债权金额中予以扣除……"邮储银行予以签收。同年7月11日，梓钊律所工作人员王××、杨××在法院工作人员的监督下，向邮储银行送达（2018）兴盛破管字第69号告知书，内容为："（1）自2019年5月30日起，存放于兴盛公司厂区内1、2、3号冷库内的啤酒花颗粒已全部移交给了邮储银行，所有权也全部归邮储银行所有，邮储银行所承担的相关责任及义务以2019年5月31日梓钊律所向邮储银行送达的《关于移交担保物的告知书》载明的内容为准；（2）现梓钊律所将上述1、2、3号冷库的3把钥匙交给邮储银行，由邮储银行对1、2、3号冷库内的全部啤酒花颗粒进行保管、处置；（3）从2019年7月起，上述1、2、3号冷库产生的全部电费由邮储银行自行负责缴纳，缴费时间为每月14日缴纳，如因邮储银行未交电费导致冷库停电，致使3个冷库的货物发生变质、损毁等一切风险责任，由邮储银行自行承担"，并于当日将上述1、2、3号冷库的3把钥匙留置在邮储银行营业场所。

2020年1月20日，梓钊律所组织召开兴盛公司第三次债权人会议，通过了《嘉峪关市兴盛啤酒花种植有限公司破产清算案破产财产分配方案》等议案，案涉啤酒花颗粒清偿邮储银行的债权15 115 033.28元，剩余债权共计11 470 207.72元列为普通债权，并按照分配方案确定的清偿比例进行清偿，邮储银行获偿的金额为525 798.91元，同时扣除其应承担的评估费、审计费、管理人报酬219 860.32元。

邮储银行向嘉峪关中院起诉，请求：（1）确认梓钊律所在未经债权人会议对破产财产分配方案进行审议通过和人民法院裁定认可的情况下直接以案涉啤酒花颗粒抵偿邮储银行债务违反法定程序、违反破产管理人的忠实和勤勉义务；（2）确认梓钊律所向邮储银行发函抵债的行为未发生债务抵偿的法律效果；（3）确认梓钊律所要求邮储银行支付评估费、审计费、梓钊律所报酬的行为违反法律规定；（4）确认梓钊律所怠于保管、处置案涉啤酒花的行为违反法律规定，违反破产管理人的忠实和勤勉义务；（5）确认梓钊律所未按邮储银行申请提供债务人财产状况报告、破产财产变价方案、债权人会议决议等参与破产程序所必需的债务人财务和经营信息资料等供邮储银行查阅的行为违反法律规定；（6）确认梓钊律所将邮储银行11 470 207.72元破产债权确认为普通债权并按照确定的清偿比例进行破产财产分配的行为违反法律规定；（7）判令梓钊律所承担因其违法行为和违反忠实、勤勉义务给邮储银行造成的损失。

争议焦点

梓钊律所处置案涉啤酒花颗粒的行为是否违反了管理人的忠实、勤勉义务。

裁判结果

一审法院判决：驳回邮储银行的诉讼请求。

二审法院判决：驳回上诉，维持原判。

再审审查法院裁定：驳回邮储银行的再审申请。

○ 裁判理由及评析

一、裁判理由

（一）关于原判决是否存在认定基本事实缺乏证据证明、适用法律确有错误的问题

邮储银行主张梓钊律所作为破产清算管理人，怠于保管担保财产并以实物抵偿债务人对邮储银行所负债务，因而违反了管理人的忠实、勤勉义务，进而应向邮储银行承担赔偿责任。首先，《企业破产法》第109条规定："对破产人的特定财产享有担保权的权利人，对该特定财产享有优先受偿的权利。"《全国法院破产审判工作会议纪要》第25条指出："担保权人权利的行使与限制。在破产清算和破产和解程序中，对债务人特定财产享有担保权的债权人可以随时向管理人主张就该特定财产变价处置行使优先受偿权，管理人应及时变价处置，不得以须经债权人会议决议等为由拒绝……"原判决参考该会议纪要精神，认为管理人在保障债权人的优先受偿权的过程中处置担保财产不以债权人会议作出决议为必经程序，并无不妥。其次，梓钊律所被法院指定为破产清算管理人后，委托有关机构对债权人邮储银行设定担保的财产，即案涉啤酒花颗粒进行了审计和评估作价，并依据评估价在司法拍卖网络平台上进行公开拍卖，第一次流拍后又以评估价的70%作为起拍价进行第二次公开拍卖，再次流拍。其间，梓钊律所将拍卖公告信息通过微信公众号、微信朋友圈及多家媒体发布。在案涉啤酒花颗粒无法变现的情况下，梓钊律所就以实物优先偿还担保债权方案与邮储银行进行了面谈，并向其送达《关于担保债权以实物优先受偿的通知书》。邮储银行签收该通知书，并在面谈中表示同意以实物优先受偿其担保债权，后续亦未明确作出放弃以实物折抵债务的意思表示。在此情形下，梓钊律所在法院工作人员监督下，将案涉啤酒花颗粒移交给邮储银行。原判决根据以上事实，认定梓钊律所不存在违

反管理人忠实、勤勉义务的失职行为,并无不当。邮储银行关于其未与梓钊律所达成以物抵债合意,梓钊律所在保管、拍卖、处置案涉啤酒花颗粒等担保财产时未履行破产管理人忠实、勤勉义务的主张,缺乏事实和法律依据,其关于原判决认定的基本事实缺乏证据证明、适用法律确有错误的申请再审理由不能成立。

(二)关于原判决是否存在遗漏诉讼请求的问题

邮储银行的第一、二项诉讼请求,是请求确认梓钊律所在未经债权人会议对破产财产分配方案进行审议通过和人民法院裁定认可的情况下直接以案涉啤酒花颗粒抵偿邮储银行债务违反法定程序、违反破产管理人的忠实和勤勉义务、不发生债务抵偿的法律效果。虽然原判决认为该两项诉讼请求不属于本案审理范围,但原判决事实上已经对该两项诉讼请求涉及的内容进行了审理。邮储银行第三项诉讼请求,是请求确认管理人要求邮储银行支付评估费、审计费、管理人报酬的行为违反法律规定。要求邮储银行支付评估费、审计费、管理人报酬系受理破产案件的法院嘉峪关中院确认的事项,由梓钊律所执行。破产程序属于特别程序,有别于一般的民事诉讼程序。对于人民法院在破产程序中已认定的这类事项,《企业破产法》并未赋予债权人通过提起民事诉讼获得救济的权利。对此,原判决认定正确。邮储银行第五项诉讼请求,是请求确认管理人未按邮储银行申请提供债务人财物状况报告、破产财产变价方案、债权人会议决议等参与破产程序所必需的债务人财产和经营信息资料等供邮储银行查阅的行为违反法律规定。《最高人民法院关于适用〈中华人民共和国企业破产法〉若干问题的规定(三)》第10条第1款规定:"单个债权人有权查阅债务人财产状况报告、债权人会议决议、债权人委员会决议、管理人监督报告等参与破产程序所必需的债务人财务和经营信息资料。管理人无正当理由不予提供的,债权人可以请求人民法院作出决定;人民法院应当在五日内作出决定。"据此,邮储银行如认为管理人存在上述行为,可以通过向人民法院请求作出决定的方式获得相应救济,而不是提起民事诉讼。邮储银行关于原判决遗漏其第一、二、三、五项诉讼请求,侵害其诉权与实体权益的申请再审理由不能成立。

二、评析

破产程序在本质上是一种强制性概括清偿程序,即对破产财产进行管理、处分、变现并按照法定顺序公正地分配给每一位债权人的程序,这些事务均由破产管理人负责。而破产程序操作的专业性使破产管理人的工作性质难以特定化,继而易引发事后监督成本和道德风险问题。因此,破产管理人在破产程序中处于十分重要的地位,完善破产管理人归责制度对有效制约管理人的事后机会主义行动、保障破产财产价值最大化、实现破产法的立法目标至关重要。

《企业破产法》关于破产管理人责任制度仅规定"管理人依照本法规定执行职务,向人民法院报告工作,并接受债权人会议和债权人委员会的监督"(第23条);"管理人应当勤勉尽责,忠实执行职务"(第27条);"管理人未依照本法规定勤勉尽责,忠实执行职务的,人民法院可以依法处以罚款;给债权人、债务人或者第三人造成损失的,依法承担赔偿责任"(第130条),其中关于"忠实勤勉"概念的界定并不清晰。实践中,对债务人特定财产享有担保权的债权人以未履行忠实勤勉义务为由将破产管理人诉至人民法院,人民法院即应予判断,如何把握认定标准、统一裁判尺度是司法实务中的难题。

本案为人民法院认定管理人履责是否得当、债权人利益如何平衡和保护等问题提供了指引。此外,本案还涉及管理人要求债权人支付评估费、审计费、管理人报酬的行为是否违反法律规定,以及管理人是否应当提供参与破产程序所必需的信息资料等破产所涉事务如何处理的问题,具有指导意义。

首先,关于破产管理人是否履行忠实勤勉义务,人民法院应当把握如下审理思路:(1)勤勉义务的核心内容是一般注意义务,与管理人承担的职责紧密相连;忠实义务的核心在于破产管理人不应当利用自己作为破产财团受托人的身份获得个人利益。(2)应当充分审查相关事实,对破产管理人在保管、评估、拍卖、变现、移交破产财产等各环节的行为进行综合评判,例如:管理人是否谨慎接管债务人移交的担保财产;是否在符合担保财产特性的环境下保管该财产并及时对发现的仓储条件问题进行修缮和维护;管理人是否审慎选择、委托提供审计、评估等相关服务的专业人士或机构、是否对债务人财产的评估持公允和中立的态度;管理人是否依照法定程序拍卖、处置担保财产、是否在职责范围内尽可能实现财产变现;管理人制定以实物优先偿还担保债权方案是否符合债权人利益、是否谨慎行使分配权;管理人是否依法向法院、债权人和其他利害关系人报告工作和通告信息并留存相关记录;管理人是否及时向债权人移交担保财产、程序是否规范等。(3)参照《民商审判会议纪要》第25条"担保权人权利的行使与限制。在破产清算和破产和解程序中,对债务人特定财产享有担保权的债权人可以随时向管理人主张就该特定财产变价处置行使优先受偿权,管理人应及时变价处置,不得以须经债权人会议决议等为由拒绝"的精神,破产管理人在保障债权人的优先受偿权的过程中处置担保财产,不以债权人会议作出决议为必经程序。这固然是判断破产管理人是否尽到勤勉义务的一个反向参考依据,但也表明了破产管理人对特定破产事务享有一定程度的自由处置权利,不能仅以未经债权人会议作出决议为由认定破产管理人未尽到勤勉义务。

其次,破产程序属于特别程序,有别于一般的民事诉讼程序。要求债权人支付评估费、审计费、管理人报酬系应由受理破产案件的人民法院确认的事项,由破产管理人执行。对于人民法院在破产程序中已认定的这类事项,《企业破产法》并未赋予债权人通过提起民事诉讼获得救济的权利。

最后,如果破产管理人未能积极配合债权人查阅相关资料、行使知情权,可以告知债权人根据《最高人民法院关于适用〈中华人民共和国企业破产法〉若干问题的规定(三)》第10条第1款关于"单个债权人有权查阅债务人财产状况报告、债权人会议决议、债权人委员会决议、管理人监督报告等参与破产程序所必需的债务人财务和经营信息资料。管理人无正当理由不予提供的,债权人可以请求人民法院作出决定;人民法院应当在五日内作出决定"的规定,通过向人民法院请求作出司法决定而非提起民事诉讼的方式获得相应救济。

合议庭成员:高晓力、陈宏宇、张梅

撰写人:高晓力、张伯娜

43. 不具备中立性的提存机关所进行的财产管理行为，不发生提存的法律效力

——中国信达资产管理股份有限公司陕西省分公司与陕西秦建房地产开发公司、陕西馨安物业发展有限责任公司西安咸宁路分公司、尔××、李××、高××、吴××、胡××、郭××返还原物纠纷案

案件基本信息

一、诉讼当事人

上诉人（一审原告）：中国信达资产管理股份有限公司陕西省分公司（以下简称信达陕西分公司）

被上诉人（一审被告）：陕西秦建房地产开发公司（以下简称秦建公司）

被上诉人（一审第三人）：陕西馨安物业发展有限责任公司西安咸宁路分公司（以下简称馨安物业咸宁路分公司）

被上诉人（一审第三人）：尔××

被上诉人（一审第三人）：李××

被上诉人（一审第三人）：高××

被上诉人（一审第三人）：吴××

被上诉人（一审第三人）：胡××

被上诉人（一审第三人）：郭××

二、案件索引与裁判日期

一审：陕西省西安市中级人民法院（2020）陕01民初513号民事判决（2020年11月16日）

二审：陕西省高级人民法院（2021）陕民终120号民事判决（2021年4月6日）

三、案由

返还原物纠纷

○ 裁判要旨

基于提存的法律性质，若任一民事主体，特别是营利法人都可作为提存部门，将无法确保标的物或标的物变价款稳定保留的可靠性，影响提存制度的稳定性，将会损害债权人的利益。重整管理人经破产重整公司申请，将案涉房屋提存并交由重整管理人管理的，因破产重整管理人不具备作为提存机关主体应当具有的中立性，该行为不发生提存的法律效力。

○ 裁判依据

《中华人民共和国企业破产法》（2006年8月27日）

第九十二条　经人民法院裁定批准的重整计划，对债务人和全体债权人均有约束力。

债权人未依照本法规定申报债权的，在重整计划执行期间不得行使权利；在重整计划执行完毕后，可以按照重整计划规定的同类债权的清偿条件行使权利。

债权人对债务人的保证人和其他连带债务人所享有的权利，不受重整计划的影响。

○ 基本案情

工商银行北大街支行对秦建公司享有债权，秦建公司经西安市中级人民法院裁定进入重整程序。重整程序中，西安市中级人民法院批准秦建公司的重整计划。按照重整计划，秦建公司以其所有的房屋抵偿工商银行北大街支行的担保债权和普通债权，工商银行北大街支行因不同意重整计划而拒绝受领，秦建公司的破产管理人应秦建公司的申请而将抵债房屋提存，并交由馨安物业咸宁路分公司管理。后工商银行北大街支行将对秦建公司的债权转让给信达陕西分公司，提存房屋也相继被法院查封、过户给第三人等。信达陕西分公司提起本案诉讼，要求秦建公司过户，并要求一审第三人移交案涉房屋。

● 争议焦点

一审法院驳回信达陕西分公司对八套房屋的诉讼请求，并对信达陕西分公司关于十二套房屋的诉请不予审理是否正确。

● 裁判结果

一审法院判决：对信达陕西分公司对部分房屋的诉请不予处理，并驳回对其他房屋的诉请。

二审法院判决：驳回上诉，维持原判。

● 裁判理由及评析

《企业破产法》第92条规定，经人民法院裁定批准的重整计划，对债务人和全体债权人均有约束力。据此，重整计划经人民裁定批准后，即对债务人和全体债权人发生效力，无论债权人对债务人享有何种债权、债权人是否参加债权人会议或者是否同意重整计划，其债权的受偿条件、期限、方式等，均应按照重整计划的规定执行。本案中，西安市中级人民法院（2009）西民四破字第09-17号民事裁定对重整计划予以批准，故秦建公司及工商银行北大街支行应按照重整计划的规定执行。

秦建公司将案涉房屋通过以房抵债方式清偿原债权人工商银行北大街支行的担保债权和普通债权。因工商银行北大街支行拒绝秦建公司通过以房抵债方式清偿其债务，重整管理人经秦建公司申请，决定将案涉房屋提存，并交由重整管理人管理。现信达陕西分公司要求秦建公司过户，并要求一审第三人移交案涉房屋，故应就案涉提存是否成立进行认定。

信达陕西分公司所主张的提存虽发生在重整期间，但该提存的目的是消灭债务，故在没有其他法律特别规范的情况下，应当结合原《合同法》及其司法解释对案涉提存是否成立进行认定。

提存制度，指当债务人履行其到期债务时，因债权人的原因导致债务人无法或难以向债权人履行债务时，可依法将履行债务的标的物或者价款送交有关部门，以代替履行，消灭自己债务的法律制度。但法律法规并没有确认何者可以成为提存机关。在日本，由法务局或者地方法务局，或者法务大臣指定的办事机构作为提存所；而德国提存事务由初级法院和司法机关出纳处主管。

通说认为，提存部门为国家设立的接收并保管提存物，并应债权人的请求而将提存物发还债权人的机构。办理提存事务是提存机关法定的主要的甚至是唯一的职责，且其办理提存事务所利用的办公资源也为国家提供，因此为职权行为，其目的在于及时消灭债权债务关系，加速民事流转，体现了国家对社会事务的管理。提存法律关系的成立不是提存机关与提存人出于私法上之合意的结果，而是由他们共同参与的行为，他们之间的纠纷也依公法（如《公证程序规则》）程序解决，而不是依照民事诉讼程序解决。同时，提存费用的收取、提存保管的期限也是基于法律或行政法规的规定，而非当事人的意思自治。故基于提存的法律性质，若任一民事主体，特别是营利法人都可作为提存部门，将无法确保标的物或标的物变价款稳定保留的可靠性，影响提存制度的稳定性，将会损害债权人的利益。

本案中，秦建公司的重整管理人应秦建公司的申请将案涉房屋提存。而重整管理人不具有中立性，若其作为提存机关，将明显背离提存制度的初衷。因此，在提存机关不适格的情况下，法院认为信达陕西分公司所主张的提存未成立。

合议庭成员：赵建民、滕欣燕、张叡婕

撰写人：张叡婕

44. 关联公司实质合并破产的运用
——青海省投资集团有限公司等十七家企业实质合并破产重整案

○ 案件基本信息

一、当事人

青海省投资集团有限公司、青海桥头铝电股份有限公司、青海百河铝业有限责任公司、青海西部水电有限公司、青海和峰炭素有限公司、青海国鑫铝业股份有限公司、青海平安高精铝业有限公司、青海省三江水电开发股份有限公司、青海诚扬水电有限公司、青海宁北发电有限责任公司、青海桥头发电有限责任公司、青海桥电实业有限公司、青海青投国际贸易有限公司、青投国际贸易（上海）有限公司、青海益和检修安装有限公司、青海翔光物业有限公司、青海益星综合管理服务有限公司

二、案件索引与裁判日期

青海省西宁市中级人民法院（2020）青01破2号之二、破3-18号民事裁定（2020年12月10日）

青海省西宁市中级人民法院（2020）青01破2号之六、破3-18号之五民事裁定（2021年12月24日）

青海省西宁市中级人民法院（2020）青01破2号之七、破3-18号之六民事裁定（2022年7月13日）

三、案由

破产重整

○ 裁判要旨

人民法院对关联公司实施实质合并破产应严格审查,坚持以单个破产程序为原则、以实质合并破产为例外的基本思路。实施实质合并破产的公司应满足存在实质关联关系、人格高度混同、严重影响债权人公平受偿权利等前提条件,并排除实质合并破产可能导致严重不利后果的情形。

人民法院对关联公司实施实质合并破产前应进行实质审查,充分审查各公司是否具备破产原因,依法组织听证,听取债务人、债权人、职工代表、审计机构、税务机关及有关政府部门意见,权衡利弊,审慎决定。

○ 裁判依据

《中华人民共和国企业破产法》(2006年8月27日)

第二条 企业法人不能清偿到期债务,并且资产不足以清偿全部债务或者明显缺乏清偿能力的,依照本法规定清理债务。

企业法人有前款规定情形,或者有明显丧失清偿能力可能的,可以依照本法规定进行重整。

第四条 破产案件审理程序,本法没有规定的,适用民事诉讼法的有关规定。

第八十六条 各表决组均通过重整计划草案时,重整计划即为通过。

自重整计划通过之日起十日内,债务人或者管理人应当向人民法院提出批准重整计划的申请。人民法院经审查认为符合本法规定的,应当自收到申请之日起三十日内裁定批准,终止重整程序,并予以公告。

第九十一条 监督期届满时,管理人应当向人民法院提交监督报告。自监督报告提交之日起,管理人的监督职责终止。

管理人向人民法院提交的监督报告,重整计划的利害关系人有权查阅。

经管理人申请,人民法院可以裁定延长重整计划执行的监督期限。

基本案情

青海省投资集团有限公司是1993年经青海省政府批准设立的国有独资公司，注册资本为63.89亿元。经多年发展，通过不断调整投资结构和产业布局，初步形成了以"煤—电—铝—铝加工、水电资源开发—铝基合金—铝加工、矿产资源开发及风险勘探产业链"为核心产业体系的生产型集团企业，旗下产业主要分为电解铝、水电、火电、铝加工及其他（主要由矿业、融资贸易等非主业组成）五个板块。近年来，受经济下行压力不断加大、融资政策不断趋紧、产品市场行情波动、原材料成本过高、生产要素供应不足等多重不利因素影响，青海省投资集团有限公司及下属16家子公司（以下简称青投集团）债务风险不断累积，生产经营遭受严重冲击，资金链完全断裂，境内外债券及融资借款相继违约，直接危及债权人、职工等各相关方利益，亟须实施全面的破产重整。2020年6月15日，青海祥盛建设工程有限公司等债权人以青投集团不能清偿到期债务，且明显丧失清偿能力或资产不足以清偿到期债务为由，向青海省西宁市中级人民法院（以下简称西宁中院）申请破产重整。

根据青投集团相关财务资料，青海省投资集团有限公司及下属16家子公司均有明显丧失清偿能力的可能，且各公司普遍涉及大量诉讼案件，涉诉标的巨大，具备重整原因，符合破产案件的受理条件。西宁中院于2020年6月19日依法分别裁定受理对青海省投资集团有限公司及下属16家子公司进行破产重整的申请，并分别指定17家企业清算组为管理人，各公司管理人成员相同，具体负责开展重整期间各项工作。

2020年11月10日，管理人提交《关于提请将青海省投资集团有限公司等十七家企业进行实质合并重整的申请书》，西宁中院依法组织召开听证会，就实质合并重整事宜充分征求各方意见，经依法审查证据材料，认为17家企业法人人格高度混同，区别各重整企业财产成本过高，对17家企业实质合并重整既有利于保护全体债权人获得公平清偿利益，也能够更大程度保障企业职工权益，遂于2020年12月10日依法裁定对青投集团等17

家企业实质合并重整。

经评估审计,青投集团实质合并口径下账面资产审定价值为244.41亿元,资产评估市场价值为295.39亿元;负债合计640.83亿元,涉及债权人近2000家。西宁中院指导管理人及破产企业合并处理各公司财产、清理债权债务,将各关联公司的全部债权人作为同一整体,区分为有财产担保债权、职工债权、税款债权、普通债权等类别,组织债权人会议并表决。通过实质合并重整,缩减了青投集团810亿元重复、缠绕债务,显著降低了审计成本,保障了债权人公平受偿权利,有力提升了重整效率。

● 裁判结果

2020年12月10日,西宁中院作出(2020)青01破2号之二、破3-18号民事裁定:对青海省投资集团有限公司、青海桥头铝电股份有限公司等共17家企业实质合并重整。

2021年12月24日,西宁中院作出(2020)青01破2号之六、破3-18号之五民事裁定:一、批准《青海省投资集团有限公司等17家企业重整计划》;二、终止青海省投资集团有限公司等17家企业重整程序。

2022年7月13日,西宁中院作出(2020)青01破2号之七、破3-18号之六民事裁定:一、确认《青海省投资集团有限公司等17家企业重整计划》执行完毕;二、终结青海省投资集团有限公司等17家企业破产重整程序。

● 裁判理由及评析

法院生效裁定认为:第一,从青投集团共17家关联企业之间资产的混同程度及其持续时间来看,管理人提交的证据材料能够证明各企业在人员管理、资产权属使用、资金管理等方面存在高度混同情形,尤其在资金管理方面,各关联企业之间涉及257笔账务往来、54笔资金拆借、3笔代关联方还款、21笔采购和销售交易,导致区分关联方交易的真实性、合法性和有效性难度增大,同时还存在大量互相担保的情况。大部分子公司自成立之日起在重大财务事项上即不具有独立决策权。近3年内各重整企业账面记载的关联往来总金额为567.22亿元，财务混同之情形长期持续存在。

第二，从各企业之间的利益关系来看，16家子公司虽然可以划分成电解铝、铝加工、水电等若干实体板块，但上述公司均受青海省投资集团有限公司实际管理与控制，在人员任免、财务管理、业务经营等多方面意志独立性较弱。

第三，从债权人整体清偿利益来看，管理人根据现阶段掌握的资产评估、债权申报及审查相关数据，在听证会上对各重整企业模拟单体和实质合并重整模式下偿债能力进行了分析：实质合并重整相较于单体重整模式下，提升了大多数企业普通债权的清偿率，所涉企业集中了青投集团核心主业的电解铝、水电板块企业，企业资产相对优良，债权人数量占全体债权人人数的70.32%。实质合并重整的实际效果能够增加多数债权人的清偿利益。

第四，从增加企业重整的可能性因素来看。实质合并模式下，统一的重整计划草案能够平衡和整合资源，提高综合清偿率，相较于单一的重整分配方案，能够与各企业债权人进行整体沟通协商，降低谈判成本，重整计划执行会更有保障。同时更有利于引入战略投资者，协商战略投资者制定"一揽子"重整投资方案，整体推动各重整企业战投招募工作。

综上，基于青海省投资集团有限公司及下属十六家子公司之间法人人格高度混同，区别各重整企业财务成本过高，实行实质合并重整将有利于保护全体债权人的公平清偿利益，客观上也能够更大程度地保障企业职工的合法权益，亦有利于后续重整计划的制订和执行。

青投集团重整案系全国首家省级投资公司破产重整案，也是截至目前青海省债务规模最大的破产重整案，涉及债务规模庞大，债权人数量及类型众多，地域分布广泛，企业历史遗留问题多，审理工作非常复杂。西宁中院根据案件具体情况，在全省首次适用实质合并重整方式审理该案，高效推动了破产重整程序、有效化解了地方国有企业债务风险，最大限度保障了投资人、债权人和企业上万名职工合法权益，取得了良好的政治效果、法律效果和社会效果，也为审理实质合并破产重整案件积累了实践经验。

一、充分认识实质合并破产制度目的，把握价值导向

人格独立是法人构建的基础，充分尊重法人独立人格是法人制度运行的前提。但现实中，有时可出于维护公正、节约成本、提升效率的需要对出现破产原因的各关联公司实施实质合并破产。

1. 维护债权人实质平等。关联公司内部存在因整体利益考量而进行的利益转移，市场的公平交易理性基础在关联公司内部处于失灵状态，进而导致基于公平交易理性而制定的各项法律规范难以实现其原本的规制目的。关联公司的财产通常集中于利益输入公司，该公司债权人将获得较高比例的清偿，利益输出公司的债权人的债权有可能受损，尤其在职工债权方面，关联公司间职工债权清偿比例的过度不平等甚至可能引发严重的社会事件，影响稳定大局。在处理关联公司破产案件时，可出于维护债权人实质平等的需要，运用实质合并破产，平等考虑关联公司对外上下游交易、职工劳动关系、纳税义务等情况，统筹关联公司资产及负债，实现实质公平正义。

2. 降低案件审理成本、提升效率。关联公司通常在人员、财务、资产使用、业务等方面存在高度混同现象，导致破产案件审理中，人员代表权限不明、财务账册混乱、资产归属不明、业务合同归属不清晰等情况。若对各关联公司成员分别进行清算，需要清晰区别各公司财产及负债，成本过高。因此可出于降低成本、提升效率的考量，运用实质合并破产，提升审判效率。

3. 实现集团公司重整价值。集团公司内部各成员相互协作，各自承担不同生产、管理职能。集团公司的子公司通常不具备单独的生产经营能力，需要依托其他成员才能正常开展业务。单独对其中某个或某些成员公司进行重整通常不具备现实意义和较高价值。由此，可出于对集团整体重整的需要，运用实质合并破产，实现全局性的突破。

本案中，青投集团拥有16家子公司，均不能清偿到期债务，且存在大量人员、财产、业务混同情况。这些子公司分属不同产业链的不同环节，

内部差异较大，但均在集团经营中发挥了各自作用。西宁中院根据管理人的申请将17家公司合并重整，平等保护了各公司债权人的合法权益，取得了良好的法律效果。在裁定受理实质合并重整申请1年后即召开第二次债权人会议并高票通过《重整计划草案》，半年后确认重整计划执行完毕，裁定终结破产重整程序。

二、严格审查实质合并破产标准，作出审慎判断

结合最高人民法院《全国法院破产审判工作会议纪要》规定及相关法理，实践中要实施公司合并破产，至少应满足以下前提条件：

1. 实施合并破产的公司具有关联关系。合并破产制度的理论基础在于关联公司的整体人格及其内部的不基于市场理性的利益转移。若不同公司间并不存在关联关系，具有独立的决策理性，即便其联系紧密、往来频繁，也不能对其实施合并破产。通常来说，集团公司及其子公司间一般因股权控制关系具有关联性，但对于非典型的公司集合及持股、管理安排就需要运用关联公司的要素来进行判断。我国民商事立法并未给出关联公司的明确定义，但通过金融、证券等领域的相关规定可以总结出认定关联公司的几类要素：（1）持股情况；（2）实际控制情况；（3）经营决策权力分布情况；（4）财务会计处理情况；（5）人员混同情况；（6）财产、账户混同情况；（7）业务混同及关联交易情况。

2. 实施合并破产的关联公司之间人格高度混同。关联公司虽然具备追求整体利益的高度倾向，但实践中并非全部关联公司均会形成高度混同的局面。若不同关联公司未高度混同，则区分不同成员公司财产及负债的成本不会明显过高，不应对其实施合并破产，否则不利于局部矛盾局部化解。判断人格是否高度混同，也应按照前文所述的方式，从财产、人员、业务的角度进行判断，尤其应注重对财产是否高度混同的判断。

3. 实施合并破产有利于保护债权人的公平清偿利益。关联公司之间通常都存在与市场交易理性不符的利益传导关系，有可能导致债权人清偿利益不能得到平等保护。实践中应重点审查关联企业间是否存在以下几种情况：(1) 关联交易；(2) 利润分配及其他向股东转移财产的行为；(3) 其他成本负担与利润收益相分离的经营行为。

本案中，青海省投资集团有限公司对其16家子公司存在明显的实际控制，各子公司在管理、人事、财务等方面均不具备独立意志，系典型的关联公司。收支账户、财务账册存在混用，大量资产归属情况不明，管理及一般工作人员交叉使用，构成人格高度混同。优良资产集中，各公司偿债能力差异较大，实施合并破产能够增加大多数债权人的债权清偿比例。根据以上查明事实，西宁中院依法裁定实质合并重整。

三、切实做好实质合并破产前置工作，确保依法合规

1. 先行审查各公司是否具备破产原因。在考虑是否实施实质合并破产前，应就各公司资产、负债情况先进行初步审查。能够分别判定是否具备破产原因的，应当单独判断，因人格高度混同导致无法单独判断是否具备破产原因或判断成本过高的，再进行合并口径的审查。

2. 就是否实施实质合并破产问题组织听证。决定实施实质合并破产前，应在初步审查的基础上，及时组织债权人代表、债务人代表、职工代表、管理人、审计机构等进行听证。必要时可邀请主管政府部门等相关单位参加，充分听取各方意见，明确各方权利诉求。

3. 充分审查各公司是否满足实施合并破产的前提条件。应结合听证会各方意见及对案件材料全面审查，充分考虑案涉公司主体间是否具备关联关系，人格是否高度混同，实质合并破产是否有利于平等保护债权人清偿利益，最终作出决定。

本案中，西宁中院首先根据青投集团相关财务资料，认定17家企业均有明显丧失清偿能力的可能，具备破产原因。在收到管理人提交的对青投集团17家企业进行实质合并重整申请后，依法组织债权人代表、债务人代表、职工代表、管理人、审计机构进行了听证，并邀请了主管部门列席会议，对青投集团各成员公司的关系、关联结构、混同情况、内部交易情况进行了充分审查，最终于2020年12月10日依法裁定对青投集团17家企业实质合并重整。

四、依法处理实质合并破产后续工作，公平保障权益

裁定实质合并破产后，应当合并处理关联公司财产及各成员公司债权人的债权，公平清理债权债务。具体做法包括：

1. 合并处置关联公司财产。将各关联公司所有的财产合并处理，统一行使追回权等权利。原则上解除各关联公司内部成员之间设定的担保物权或其他财产权利限制，注意同一财产为不同债权人设定担保物权的情况，保留内部担保物权顺位，以最大限度维护债务人责任财产。统一收支管理，扣除破产费用、共益债务后的剩余财产按照统一的分配方案及标准向各关联公司的债权人公平清偿。

2. 合并处理关联公司债权债务。对关联公司内部成员间的债权债务及相互提供的保证担保原则上予以抵销，注意内部债权设定有担保物权的情况，如涉及顺位问题，保留相关债权顺位以维护责任财产。对同一债权人对不同成员公司存在债权债务的，在合并中作抵销处理，降低重复债务。最后，将各关联公司的全部债权人作为同一整体，并区分为有财产担保债权、职工债权、税款债权、普通债权等类别，组织债权人会议并表决。

3. 合并由管理人履行职责。关联公司实质合并破产的，管理人应站在全局角度，综合考虑各成员公司的业务对整体的影响，统筹确定解除或继续履行的合同、管理各公司内部事务、决定开支和处分财产。

4. 统筹推进重整工作。人民法院应站在全局高度，统筹推进重整各项工作。在审慎判断的前提下，可依法允许债务人继续经营，获取经营收入提升债务清偿比例，并设置多种清偿方式，满足不同债权人的偿债需求。

本案中，西宁中院指导管理人及破产企业合并处理各公司财产、清理债权债务，将各关联公司的全部债权人作为同一整体，根据债权性质确定清偿顺序，缩减了青投集团810亿元重复、缠绕债务，显著降低了审计成本，保障了债权人公平受偿权利，有力提升了重整效率。在重整计划中不仅设置了现金和留债两种传统的清偿方式，同时搭建了转股平台和信托平台,将青投集团主要的资产和业务整合为引战资产,装入转股平台,战略投资者通过支付现金的方式取得转股平台42.24%的股权,剩余股权则由各债权人按照相应债权比例持有;同时将青投集团未纳入转股平台的全部剩余资产整合为信托资产,装入信托平台,并设立信托计划,债权人还能通过获得信托受益权份额的方式实现债权清偿,为企业"量身定作"了符合债权人利益、符合企业长远发展、符合战略投资人预期的综合偿债方式。重整期间,根据管理人申请,依法准许青投集团及其子公司继续经营,1万余名公司职工岗位平稳过渡,未受破产重整影响,青投集团获取营收26亿元,在西宁中院的监督下全部用于清偿债务,债务清偿比例达到38.03%。

合议庭成员:黄正涛、刘永健、山有梅、黄存智、孙丰虎

撰写人:张原、韩锐、刘永健

45. 因维护公共利益与债权人利益产生的费用，应当认定为共益债务

——青海华鑫水电开发有限公司破产重整案

◎ 案件基本信息

一、当事人

青海华鑫水电开发有限公司（以下简称华鑫公司）

二、案件索引与裁判日期

青海省西宁市中级人民法院（2020）青01破19号之三民事裁定（2021年4月22日）

三、案由

破产重整

◎ 裁判要旨

破产程序中产生的债务，要根据《企业破产法》的相关规定和债务性质、产生原因等因素，依法合理确认。对因维护公共利益与债权人利益产生的费用，应当认定为共益债务。

◎ 裁判依据

《中华人民共和国企业破产法》（2006年8月27日）

第一条 为规范企业破产程序，公平清理债权债务，保护债权人和债务人的合法权益，维护社会主义市场经济秩序，制定本法。

第二条第一款 企业法人不能清偿到期债务，并且资产不足以清偿全

部债务或者明显缺乏清偿能力的,依照本法规定清理债务。

第七条第二款 债务人不能清偿到期债务,债权人可以向人民法院提出对债务人进行重整或者破产清算的申请。

第七十条第一款 债务人或者债权人可以依照本法规定,直接向人民法院申请对债务人进行重整。

第七十一条 人民法院经审查认为重整申请符合本法规定的,应当裁定债务人重整,并予以公告。

基本案情

华鑫公司于2007年3月6日经青海省工商行政管理局核准设立,原股东为北京鑫恒集团有限公司、青海黄河水电再生铝有限公司。华鑫公司承建的黄河玛尔挡水电站,位于青海省海南州同德县和果洛州玛沁县交界处的黄河干流,是国家"十二五"规划建设的重点水电项目,也是首批列入国家基础设施领域鼓励社会投资的项目。该水电站装机容量220万千瓦,总库容16.22亿立方米,调节库容7.06亿立方米,是实现西电东送的重要节点工程。该项目于2010年10月开始前期工程的建设施工,先后完成导流洞、上下游围堰等施工内容,后期由于华鑫公司资金链断裂,建设资金不能按期足额到位,导致玛尔挡水电站停工,国家重点项目难以落地,移民安置陷入停滞,防汛隐患日趋严峻。由于庭外重组引入投资人失败,人民法院主导的破产重整方式成为解决难题的最佳路径。

2020年6月15日,青海省发展投资有限公司以华鑫公司不能清偿到期债务,且明显丧失清偿能力为由,向青海省西宁市中级人民法院(以下简称西宁中院)申请破产重整。同时,华鑫公司根据自身情况,亦主动提交破产重整申请。根据华鑫公司提交的财务报告载明的内容,公司资产主要为在建工程,该部分资产变现能力差,应收账款回收风险大,股权投资处置变现难度较大。且华鑫公司对外担保债务数额巨大,涉及大量诉讼案件,同时涉诉标的巨大,已不能清偿到期债务,且有明显丧失清偿能力的可能,符合破产案件的受理条件。西宁中院于2020年6月24日裁定受理对华鑫公司进行破产重整的申请,并指定北京市中盈(西宁)律师事务所为管理人。

经评估审计,华鑫公司的资产总额141.57亿余元(其中,其他应收款约92.16亿元,占资产总额的65.09%,收回难度极大),负债总额149.19亿余元,涉及债权人122家。经公开招募遴选,最终由国家投资集团有限责任公司作为华鑫公司的战略投资人,出资62.87亿元参与破产重整。管理人与国家投资集团有限责任公司签署了《破产重整投资框架协议》,为成功实现重整奠定了坚实基础。西宁中院加强与政府相关部门和管理人的沟通协调,联动处置破产重整中衍生的行政事项和相关社会问题,积极参与重整计划草案的制订,统筹解决破产企业继续营业中产生的共益债务,依法稳妥推进破产重整司法程序。2021年4月19日,西宁中院以网络会议的形式召开第二次债权人会议,各表决组均高票通过了重整计划草案。通过重整计划的有效执行,普通债权超过200万元的部分,清偿比例达43.49%。

● 裁判结果

西宁中院裁定:一、批准《青海华鑫水电开发有限公司重整计划》;二、终止华鑫公司重整程序。

● 裁判理由及评析

人民法院生效裁定认为,华鑫公司不能清偿到期债务,且有明显丧失清偿能力的可能,符合破产重整的受理条件。对华鑫公司实施破产重整,将更有利于保护债权人、债务人及企业职工的整体利益。重整计划根据华鑫公司的客观情况及条件,以保留华鑫公司所属玛尔挡水电站建设项目,最大限度地满足债权人利益为目的,通过招募战略投资人投入资金偿还债务和继续建设水电站的方式实现偿债和继续经营,达到了各方当事人利益的最大化。该《重整计划》的制作、表决程序及内容均符合法律规定,且具有可行性,予以批准。

2021年6月24日,玛尔挡水电站建设全面复工复产,首台机组有望于

2024年3月31日发电。战略投资人国家能源投资集团有限责任公司还将依托玛尔挡水电站的地理优势，加大在青海省的投资力度，建设玛尔挡"水光风一体化"综合能源基地，积极打造"国家清洁能源产业高地"。华鑫公司破产重整成功并取得良好的政治效果、法律效果和社会效果。

一是依法合理确认共益债务，一体推进破产重整程序和破产企业防汛度汛任务。玛尔挡水电站是黄河上游在建海拔最高、装机容量最大的水电站。案件受理之初，黄河上游区域降雨量激增，导致10年一遇的汛情，防汛度汛任务极为紧迫，库区及下游群众的生命财产安全受到重大威胁。针对上述紧急情况，人民法院在指定管理人决定书中明确将制定防汛方案、做好水电站项目防汛工作作为管理人重要职责之一。并及时启动防汛工程第三方的优选和委托工作，确定由国家电力投资集团所属的黄河上游水电开发有限责任公司开展防汛工作。审判人员组织水利专家一同前往海拔3200米以上的项目所在地查看汛情，召开现场交接会议，研究加固方案。黄河上游水电开发有限责任公司进场后及时加固了围堰、导流洞等设施，确保了基础设施的稳固和下游群众生命、财产的安全，完成了华鑫公司自成立以来最为严峻的防汛任务。

根据《企业破产法》的相关规定和债务性质、产生原因等因素，人民法院认定8000余万元防汛工程费用为共益债务。本案中，防汛工程费用虽与《企业破产法》第42条列举的6种情形无法从文义层面完全对应，但从统筹兼顾公共利益和债权人利益的角度出发，以及从防汛工程费用的性质来看，将其认定为共益债务符合案件实际情况和破产法律精神。一方面，围堰、导流洞等加固工程是防汛度汛必须完成的工作，完成与否直接影响下游群众的生命和财产安全，直接关乎重大公共利益；另一方面，案涉工程时间跨度大，如不做必要维护，有可能导致已建成的破产财产受到损害，不利于保护债权人合法权益。此外，从长远来看，加固工程也是玛尔挡水电站重整成功后继续经营的必要措施。因此，将防汛工程费用纳入共益债务范围，有利于公共利益的保护，符合防范化解重大风险的政策导向，契合保护债权人利益的破产法律精神，也为破产重整成功奠定了坚实基础。

破产重整计划草案中将该笔费用列为共益债务后,全体债权人均未提出异议。

二是分类处置破产衍生诉讼,兼顾破产审判效率与债权人利益保护。为防止破产衍生诉讼影响破产程序的推进,人民法院对衍生的诉讼,根据案件难易程度和审理周期长短等情况,分类施策,依法保护债权人合法利益的同时,有效缩短办案周期。第一,审计评估中发现华鑫公司通过非正常交易行为将巨额资金转入关联公司账户,相关人员涉嫌刑事犯罪。为确保破产财产的完整性,人民法院根据管理人申请,对相关企业和个人采取了财产保全措施,同时督促管理人向公安机关移送案件线索,刑民并行,确保清产核资工作稳步推进。第二,对破产财产追回成本高,债务人清偿能力弱或丧失清偿能力的案件,依照《企业破产法》第69条第1款第8项的规定,由管理人提交债权人会议决定是否放弃追索权利,以减少破产重整经济成本和时间成本。第三,对破产债权确认等债务关系明晰的案件,组织专门审判力量,快审快结,依法保护债权人合法权益,确保破产重整计划顺利通过。第四,对因鉴定、审计等原因,审理周期较长的案件,指导管理人预留分配额,根据相关诉讼案件审理结果进行二次分配。

三是充分发挥人民法院在制订重整计划草案中的引导作用,有效提升重整计划草案质量和重整成功率。华鑫公司是玛尔挡水电站的项目公司,如果破产重整失败转入破产清算程序,会导致破产企业主体消灭,水电站项目的建设和审批手续会随着公司主体资格的丧失而灭失,玛尔挡水电站的建设工作将停滞不前,甚至可能导致国家重点能源建设项目无法落地。庭外重组失败后,以人民法院为主导的破产重整工作成为稳妥、高效、低风险推动玛尔挡水电站项目重新步入正轨的最佳选择。重整计划草案的制订关系到重整拯救功能能否实现。为了重整计划顺利通过并有效执行,人民法院加强与管理人、政府相关部门的沟通协调,对重整计划草案的制订多次提出具体意见建议。人民法院研究、审查重整计划草案时,不仅关注债权调整和股权调整内容,是否平等保护全体债权人利益,还重点审核重整经营方案是否具体,是否有利于企业长远发展及未来能否恢复盈利能力,引导管理人深入分析债务人陷入困境的原因，并有针对性地制定改善生产经营的方案。最终重整计划草案约定了重整计划执行期间和执行完成后的经营模式，分阶段落实经营方案，特别对影响企业持续发展的内容进行了明确。重整计划草案中规定："十四五"期间，战略投资人承诺将继续加大在青海省投资力度，打造玛尔挡"水光风一体化"综合能源基地，发展光伏、风电、氢能等清洁能源，努力实现清洁能源装机规模新增1000万千瓦以上。第二次债权人会议表决时，各表决组高票通过重整计划草案。人民法院批准重整计划草案后3个月，管理人依照重整计划向86家债权人偿付资金4 706 522 291.63元，占第一阶段偿债总额的96.93%。破产重整后，华鑫公司得到全面救治，职工劳动关系继续存续，黄河上游防汛工作得到加强，债权人利益获得最大化清偿，国家重点能源建设项目全面复工建设，实现了社会效果和经济效益的最大化。

四是人民法院与政府相关部门高效协调、联动协作，推动破产重整程序良性运行。企业破产是一项系统性工程，在企业破产程序中，人民法院依照法定程序解决债务清偿、财产分配、企业挽救等法律问题，但是职工安置、维稳风险管控和重整企业信用修复等工作需要政府相关部门牵头处理或协调解决。本案中，债务人华鑫公司虽属于民营企业，但其承建的工程属国家重点能源项目建设，对于推动青海"四地"建设，保护"中华水塔"、维护三江源生态安全具有重要战略意义。重整过程中，人民法院与政府有关部门协调，依法稳妥处置衍生的行政事务和社会问题。华鑫公司庭外重组失败后，主动提出破产重整申请，并提交公司财务账册，积极配合法院和管理人工作。第一次债权人会议召开前，人民法院加强与发改、规划、水利等政府行政主管部门的沟通协调，指导管理人拟定《破产重整战略投资人评选方案》，最终优选出国家能源投资集团有限责任公司作为华鑫公司的战略投资人，该公司出资62.87亿元进行重整，高出其他战略投资人报价20亿元。第二次债权人会议召开前，人民法院积极主动向政府通报可能影响重整计划草案通过的问题，政府出面协调工作，人民法院并积极与金融机构等主要债权人沟通交流，取得了主要债权人的理解和支持。重整计划草案通过后，人民法院与工商登记主管部门沟通，送达了协助执行通知书，及时办理股权变更登记手续，撤销和解除了原股权上设定的质押担保和保全措施，协调省发改委、管理人、战略投资人和债务人办理交接手续，确保重整计划草案顺利执行。在"府院联动"模式下，法院主导司法程序的推进，政府主导维稳风险管控和行政事务协调，有效提高了破产管理人工作效率，在依法平衡各方权益、维护社会稳定的同时，拯救危困企业重新立足于市场，保障了国家重点能源项目复工建设。

合议庭成员：郭鑫、刘永健、赵亮

撰写人：黄存智、刘永健、韩锐

46. 律所未签订书面委托代理合同并明确代理费用的，不能主张委托代理费
——达民律所与通用公司普通破产债权确认纠纷案

● 案件基本信息

一、诉讼当事人

再审申请人（一审原告、二审上诉人）：四川达民律师事务所（以下简称达民律所）

被申请人（一审被告、二审被上诉人）：兰州通用机器制造有限公司（以下简称通用公司）

二、案件索引与裁判日期

一审：甘肃省兰州市中级人民法院（2020）甘01民初469号民事判决（2020年10月15日）

二审：甘肃省高级人民法院（2021）甘民终29号民事判决（2021年3月10日）

再审：最高人民法院（2022）最高法民申147号民事裁定（2022年3月8日）

三、案由

普通破产债权确认纠纷

● 裁判要旨

律师事务所与委托客户之间的委托代理法律关系并不当然认定为有偿委托代理关系。律师事务所作为提供法律服务的专业机构，理应具备

更强的法律规范意识，在与客户建立委托代理法律关系、提供法律服务过程中，应当依据《律师法》以及相关规范和惯例，与当事人签订书面委托合同，明确约定委托代理事项、代理权限以及收费标准等。若律师事务所不能提供证据证明其与委托人签订书面委托代理合同，亦不能证明双方就代理费用有明确约定，人民法院对其提出的代理费用主张不应予以支持。

裁判依据

《中华人民共和国合同法》（2021年1月1日废止）

第三百九十六条　委托合同是委托人和受托人约定，由受托人处理委托人事务的合同。

第三百九十八条　委托人应当预付处理委托事务的费用。受托人为处理委托事务垫付的必要费用，委托人应当偿还该费用及其利息。

《中华人民共和国律师法》（2017年9月1日）

第二十五条　律师承办业务，由律师事务所统一接受委托，与委托人签订书面委托合同，按照国家规定统一收取费用并如实入账。

律师事务所和律师应当依法纳税。

对应新法

《中华人民共和国民法典》（2020年5月28日）

第九百一十九条　委托合同是委托人和受托人约定，由受托人处理委托人事务的合同。

第九百二十一条　委托人应当预付处理委托事务的费用。受托人为处理委托事务垫付的必要费用，委托人应当偿还该费用并支付利息。

基本案情

达民律所曾受通用公司委托代理诉讼部分案件，但双方之间未就此签订委托代理的书面合同，也未就委托代理费用有过明确约定。后通用公司申请破产重整，达民律所因此向通用公司破产管理人申报债权300万元，主张上述费用为通用公司欠付委托代理费用。一审、二审法院均认为在当事人无法提供书面委托合同及有关代理费用明确约定的证据情况下，达民律所主张对通用公司享有300万元债权依据不足，不予支持。

争议焦点

达民律所与通用公司之间未就委托代理费用进行约定的情况下，对达民律所主张的300万元委托代理费债权应否予以确认。

裁判结果

一审法院判决：驳回达民律所的诉讼请求。一审案件受理费30 800元，由达民律所负担。

二审法院判决：驳回上诉，维持原判。二审案件受理费30 800元，由达民律所负担。

再审法院裁定：驳回达民律所提出的再审申请。

裁判理由及评析

律师事务所与委托客户之间的委托代理法律关系当然属于合同法领域的委托合同关系，该委托代理法律关系当然受合同法调整。但是，不能以此为凭就当然认定双方之间为有偿委托代理关系。律师事务所作为提供法律服务的专业机构，理应具备更强的法律规范意识，在为客户提供法律服务过程中，应当依据律师法以及相关规范和惯例，与当事人签订书面委托合同，明确约定委托代理事项、代理权限以及收费标准等，规范自身法律行为，发挥自身在社会主义法治建设中的应有作用。

实践中，律师事务所与委托客户之间也是以签订规范的委托代理协议，并明确约定委托代理服务收费标准为一般惯例，而非本案的达民律所所言以不签订委托代理协议、不约定收费标准为常态。对此认识，司法实践中确实存在不同的理解。我们认为，还是应当坚持要求律师事务所与委托客户之间应当签订规范的合同为常态。之所以这样来把握，主要是出于以下几个方面的考量：第一，便于明确委托方和受托方各自的权利义务，让各方知悉自己的具体权利义务，也为以后委托合同的具体履行提供指引。即使双方产生了争议，也有解决争议的依据。第二，避免不必要的道德风险和其他风险。随着社会经济发展，律师事务所涉及的服务领域逐渐增多，服务的范围广泛，服务的内容日益复杂，当事人之间约定的委托代理服务费用也会出现数额较大甚至巨大的情况。为了实现委托代理服务的合同目的，无论是委托方还是受托方，都可能具有采取不适当甚至不适法的行为或者措施的主观动机，如果委托合同双方不签订明确的委托合同，很有可能为不适法的利益输送提供方便之门。第三，便于律师事务所的内部管理和国家税收的管理。没有与委托客户之间签订正式委托代理合同的情况，大多数是受托律师私下单独与客户之间的协商结果。这种做法既规避了律师所在律师事务所对其执业行为的管理，也属于违法的逃税行为。因此，综合以上几个方面的考量，我们认为，人民法院审判实践中应当坚持在处理类似纠纷案件中，要求律师事务所主张委托代理费用时，应当提供其与委托客户之间签订的合法有效的委托代理服务合同。如果律师事务所不能提供委托代理服务合同的，对于其主张的委托代理服务费用，不应当给予支持。

本案中，达民律所既未与委托人通用公司签订书面委托代理合同，又未能提供充分证据证明双方对相关代理费用有明确约定。在此情形下，将达民律所视为普通民商事主体，依照一般商事交易惯例认定双方当事人之间为有偿委托，有鼓励律师事务所的不规范行为，导致委托法律关系中双方权利义务的不确定性，引发其他不必要的纠纷或风险之嫌；也不利于规范律师服务收费行为，引导律师认真履行社会责任，促进律师行业健康有序发展。

本案原审诉讼进行过程中，通用公司已经进入了破产重整程序，达民律所的债权应依法由管理人召开债权人会议予以确认，仅凭已不再担任通用公司法定代表人作出的《情况说明》，不足以证明双方当事人之间已就委托代理的费用进行过明确约定。因此,原审法院认定达民律所主张对通用公司享有300万元债权依据不足,合理有据。

合议庭成员:李延忱、赵敏、董俊武

撰写人:李延忱、尹伊

47. 原告未要求第三人承担责任的，不得以有关人民法院已经受理涉及第三人的破产案件为由将案件移送受理破产申请的人民法院管辖
——杭××与何××合同纠纷案

○ 案件基本信息

一、诉讼当事人

原告：杭××

被告：何××

第三人：宁夏平罗恒达水泥有限责任公司（以下简称恒达公司）

二、案件索引与裁判日期

一审：宁夏回族自治区高级人民法院（2021）宁民辖26号（2021年8月23日）

三、案由

合同纠纷

○ 裁判要旨

企业破产案件受理后，原告在另案诉讼中申请追加破产企业为第三人，但并未要求其承担责任的，该第三人仅是与该案具有利害关系的无独立请求权的第三人，与该案没有实体上的权利义务关系。在此情形下，即使人民法院受理了案外人对第三人的破产清算申请，亦不应根据《企业破产法》第21条的规定将该案移送受理破产清算的人民法院审理。

裁判依据

《中华人民共和国民事诉讼法》（2017年6月27日修正）

第三十六条　人民法院发现受理的案件不属于本院管辖的，应当移送有管辖权的人民法院，受移送的人民法院应当受理。受移送的人民法院认为受移送的案件依照规定不属于本院管辖的，应当报请上级人民法院指定管辖，不得再自行移送。

对应新法

《中华人民共和国民事诉讼法》（2021年12月24日修正）

第三十七条　人民法院发现受理的案件不属于本院管辖的，应当移送有管辖权的人民法院，受移送的人民法院应当受理。受移送的人民法院认为受移送的案件依照规定不属于本院管辖的，应当报请上级人民法院指定管辖，不得再自行移送。

基本案情

2021年6月，银川市兴庆区人民法院将原告杭××诉被告何××合同纠纷一案移送至平罗县人民法院，该案由银川市兴庆区人民法院于2021年4月1日立案，杭××诉称：杭××与何××系商业合作关系，双方于2013年11月29日结算后，何××欠杭××512 000元未付，经杭××多次催要无果，故提起诉讼。诉讼过程中，杭××申请追加恒达公司为本案第三人。银川市兴庆区人民法院认为，根据《企业破产法》第21条的规定，人民法院受理破产申请后，有关债务人的民事诉讼，只能向受理破产申请的人民法院提起。在该院受理本案之前，平罗县人民法院于2019年3月14日裁定受理了案外人对恒达公司的破产清算申请，恒达公司作为本案的第三人，本案应移送平罗县人民法院处理。依照《最高人民法院关于适用〈中华人民共和国企业破产法〉若干问题的规定（二）》第47条、《民事诉讼法》第36条之规定裁定：将本案移送至平罗县人民法院处理。

平罗县人民法院经审查认为，恒达公司在本案中诉讼地位是第三人，杭××并未将其列为债务人要求其承担相应责任，银川市兴庆区人民法院依据《最高人民法院关于适用〈中华人民共和国企业破产法〉若干问题的规定（二）》第47条将本案移送平罗县人民法院不当，以本案依法不属于平罗县人民法院管辖为由，依法逐级报请宁夏回族自治区高级人民法院指定管辖。

宁夏回族自治区高级人民法院经审查认为，本案中，虽然平罗县人民法院受理案外人对恒达公司的破产清算申请在先，银川市兴庆区人民法院受理本案在后，但是原告杭××的诉讼请求是要求被告何××归还所欠款项，恒达公司在本案中的诉讼地位系第三人，该公司既不是本案被告也非本案债务人，与本案没有实体上的权利义务关系。因此，本案不适用《企业破产法》第21条的规定，应由银川市兴庆区人民法院审理。遂依照《民事诉讼法》第36条之规定，裁定本案由银川市兴庆区人民法院审理。

争议焦点

如何正确理解适用"人民法院受理破产申请后，有关债务人的民事诉讼，只能向受理破产申请的人民法院提起"。

裁判结果

一审法院裁定：本案由银川市兴庆区人民法院审理。

裁判理由及评析

本案焦点是如何正确理解适用《企业破产法》第21条。《企业破产法》第21条规定："人民法院受理破产申请后，有关债务人的民事诉讼，只能向受理破产申请的人民法院提起。"该条的主要立法目的是：第一，将所有涉及债务人的民事案件集中在受理破产案件的人民法院审理，以便于确定债务人的财产数额和债权清偿顺序，为破产清算做准备；第二，促进司法统一，保障法院集中行使与债务人财产有关的民事案件的管辖权；第三，保障公平交易，维护债务人财产和确保债权人平等清偿。本条中，"有关债务人的民事诉讼"，应当作狭义理解，是指原告以债务人为被告或者要求其作为第三人承担民事责任的民事诉讼。如果在民事诉讼中，原告只是申请追加债务人为第三人，并未要求其承担民事责任，债务人仅具有无独立请求权第三人中类似于证人的作用，只是为了人民法院查明案件事实而参与到诉讼当中。如果这类案件也交由受理破产申请的人民法院管辖，既违背立法本意，又增加受理破产法院工作量，不利于破产案件的审理，同时也损害原告合法诉权。因此，该类案件应当适用《民事诉讼法》有关管辖的规定，而不能适用《企业破产法》第21条。

合议庭成员：周云韬、王利芬、王宝忠
撰写人：何志兵、任铧、丁佳惠

五、执行异议之诉

48. 案外人以新增建筑物不属于抵押财产为由主张排除对抵押建设用地使用权及新增建筑物的执行处分的，人民法院不予支持

——常×与中国农业银行股份有限公司兰州高新技术开发区支行等案外人执行异议之诉案

● 案件基本信息

一、诉讼当事人

再审申请人（一审原告、二审上诉人）：常×

被申请人（一审被告、二审被上诉人）：中国农业银行股份有限公司兰州高新技术开发区支行（以下简称农行高新支行）

一审被告：甘肃定西佶业包装有限责任公司（以下简称佶业公司）

一审第三人：甘肃永固塑料包装袋有限公司（以下简称永固公司）

一审第三人：定西众金包装有限公司（以下简称众金公司）

一审第三人：郭××

一审第三人：常××

二、案件索引与裁判日期

一审：甘肃省兰州市中级人民法院（2019）甘01民初799号民事判决（2020年4月17日）

二审：甘肃省高级人民法院（2020）甘民终548号民事判决（2020年

12月1日）

申请再审：最高人民法院（2021）最高法民申3602号民事裁定（2021年6月28日）

三、案由

案外人执行异议之诉

● 裁判要旨

建设用地使用权抵押后，案外人在该土地上新建了建筑物。根据《民法典》第417条关于建设用地使用权及地上建筑物在实现抵押权时应当"一体处分、分别受偿"之规定，案外人以新增建筑物不属于抵押财产为由主张排除对抵押建设用地使用权及新增建筑物的执行处分的，人民法院不予支持。但是，应当保障案外人依法参加执行分配程序，抵押权人对新增建筑物所得价款不享有优先受偿权。

● 裁判依据

《中华人民共和国物权法》（2021年1月1日废止）

第九条第一款 不动产物权的设立、变更、转让和消灭，经依法登记，发生效力；未经登记，不发生效力，但法律另有规定的除外。

第一百八十二条 以建筑物抵押的，该建筑物占用范围内的建设用地使用权一并抵押。以建设用地使用权抵押的，该土地上的建筑物一并抵押。

抵押人未依照前款规定一并抵押的，未抵押的财产视为一并抵押。

第二百条 建设用地使用权抵押后，该土地上新增的建筑物不属于抵押财产。该建设用地使用权实现抵押权时，应当将该土地上新增的建筑物与建设用地使用权一并处分，但新增建筑物所得的价款，抵押权人无权优先受偿。

《最高人民法院关于人民法院办理执行异议和复议案件若干问题的规定》(2015年5月5日)

第二十七条 申请执行人对执行标的依法享有对抗案外人的担保物权等优先受偿权,人民法院对案外人提出的排除执行异议不予支持,但法律、司法解释另有规定的除外。

对应新法

《中华人民共和国民法典》(2020年5月28日)

第二百零九条第一款 不动产物权的设立、变更、转让和消灭,经依法登记,发生效力;未经登记,不发生效力,但是法律另有规定的除外。

第三百九十七条 以建筑物抵押的,该建筑物占用范围内的建设用地使用权一并抵押。以建设用地使用权抵押的,该土地上的建筑物一并抵押。

抵押人未依据前款规定一并抵押的,未抵押的财产视为一并抵押。

第四百一十七条 建设用地使用权抵押后,该土地上新增的建筑物不属于抵押财产。该建设用地使用权实现抵押权时,应当将该土地上新增的建筑物与建设用地使用权一并处分。但是,新增建筑物所得的价款,抵押权人无权优先受偿。

《最高人民法院关于人民法院办理执行异议和复议案件若干问题的规定》(2020年12月29日修正)

第二十七条 申请执行人对执行标的依法享有对抗案外人的担保物权等优先受偿权,人民法院对案外人提出的排除执行异议不予支持,但法律、司法解释另有规定的除外。

● 基本案情

甘肃省兰州市中级人民法院(以下简称兰州中院)受理农行高新支行与佶业公司、永固公司、众金公司、郭××、常××金融借款合同纠纷一案,依农行高新支行申请,作出(2017)甘01民初187号裁定,于2017年5月11日对佶业公司所有的位于定西市经济开发区南川开发区[土地证号为定国用（2012）第 26533989 号、定国用（2012）第 26533990 号］的两宗国有土地使用权进行了查封。2017 年 11 月 14 日，该院作出（2017）甘01 民初 187 号判决，认定：（1）2015 年 5 月 14 日，农行高新支行与佶业公司签订抵押合同，约定佶业公司以其所有的坐落于定西市经济开发区南川开发区［土地证号为定国用（2012）第 26533989 号、定国用（2012）第 26533990 号］抵押的两处国有土地使用权为永固公司与农行高新支行形成的债务提供抵押担保，并办理了他项权证。（2）农行高新支行有权对佶业公司所有的位于定西市经济开发区南川开发区［土地证号为定国用（2012）第 26533989 号、定国用（2012）第 2653999 号］抵押的两处土地使用权拍卖、变卖或者以该财产折价所得价款优先受偿。该判决已经生效，佶业公司、永固公司、众金公司、郭××、常×× 未履行该判决所确定的义务，农行高新支行申请强制执行。执行过程中，兰州中院对案涉诉争财产价值委托第三方兰州三信房地产评估有限公司进行司法鉴定、评估，兰州三信房地产评估有限公司于 2019 年 4 月 10 日分别作出三信地估字 2019（0015）号、三信地估字 2019（0016）号土地估价报告两份，并向佶业公司等发出执行通知、财产处置通知等。常 × 以其为佶业公司所有的案涉两宗国有土地使用证上的地上建筑物及附属物的所有人为由提出执行异议，兰州中院受理后，于 2019 年 9 月 30 日作出（2019）甘 01 执异 597 号裁定，裁定：驳回常 × 的异议请求。

内资企业登记注册基本信息显示，佶业公司成立于 1999 年 12 月 13 日，注册资本金 1500 万元，2016 年 7 月 19 日，投资人由永固公司、常××变更为常 ×、常××。常×× 与常 × 系父子关系。

2019 年 10 月 25 日，常 × 向兰州中院起诉，请求：（1）不予执行兰州中院（2017）甘 01 民初 187 号民事判决；（2）确认定国用（2012）第 26533989 号、定国用（2012）第 26533990 号国有土地使用证上的地上建筑物及附属物属于常 × 所有。

◎ 争议焦点

常×对执行标的是否享有足以排除强制执行的民事权益。

◎ 裁判结果

一审法院判决：驳回常×的诉讼请求。

二审法院判决：驳回上诉，维持原判。

再审审查法院裁定：驳回常×的再审申请。

◎ 裁判理由及评析

一、裁判理由

《民事诉讼法司法解释》第311条①规定："案外人或者申请执行人提起执行异议之诉的，案外人应当就其对执行标的享有足以排除强制执行的民事权益承担举证证明责任。"因此，常×提起本案案外人执行异议之诉，其应当就其对执行标的享有足以排除强制执行的民事权益承担举证证明责任。

行为时有效的《物权法》第9条第1款规定："不动产物权的设立、变更、转让和消灭，经依法登记，发生效力；未经登记，不发生效力，但法律另有规定的除外。"常×称其通过与佶业公司签订《协议书》并支付相应对价取得了案涉土地上已有的地上建筑物等全部地上设施的所有权，但其没有提供证据证明办理了相应的变更登记，因而该部分不动产不发生物权变更的效力。《物权法》第182条第1款规定："以建筑物抵押的，该建筑物占用范围内的建设用地使用权一并抵押。以建设用地使用权抵押的，该土地上的建筑物一并抵押。"第2款规定："抵押人未依照前款规定一并抵押的，未抵押的财产视为一并抵押。"因此，农行高新支行对本案所涉佶业

---

① 现为《民事诉讼法司法解释》（2022年修正）第309条。

公司设定抵押的土地使用权及地上建筑物一并享有抵押权。《执行异议和复议规定》第27条规定："申请执行人对执行标的依法享有对抗案外人的担保物权等优先受偿权，人民法院对案外人提出的排除执行异议不予支持，但法律、司法解释另有规定的除外。"常×并没有提供证据证明存在"法律、司法解释另有规定的除外"情形，因此其提出对本案所涉土地使用权设定抵押前的地上建筑物享有所有权的主张不能阻却强制执行。

常×还称其在抵押合同签订以后又修建了厂房等设施，该部分厂房等设施不在抵押财产范围内。根据《物权法》第9条第1款的规定，常×没有提供证据证明依法登记，即常×没有提供证据证明其对该部分不动产享有物权。即使如常×所言，其在本案所涉土地使用权设定抵押权后续建了厂房等设施，对该部分不动产享有物权，根据《物权法》第200条的规定，"建设用地使用权抵押后，该土地上新增的建筑物不属于抵押财产。该建设用地使用权实现抵押权时，应当将该土地上新增的建筑物与建设用地使用权一并处分，但新增建筑物所得的价款，抵押权人无权优先受偿"，常×亦不能以此为由阻却强制执行。

可见，本案中常×没有提供充分的证据证明其对执行标的享有足以排除强制执行的民事权益。一审、二审判决未支持其诉讼请求并无不当。常×认缴信业公司出资的时间、是否知晓案涉土地及地上建筑物设置抵押的状况、常×与信业公司之间签署《协议书》是否真实等情节均不影响本案的最终处理结果。

二、评析

案外人异议制度是执行救济的重要制度，旨在保护案外人的合法权益。案外人异议之诉的诉争本质上是实体权利之争，这就决定了提起异议之诉的案外人须对执行标的享有某种外观上的实体权益。究竟哪些实体权益属于"足以排除强制执行的民事权益"，民事诉讼法理论和审判实践中不无争议，通常认可的最典型的权利为所有权。实践中，案外人也往往基于其对执行标的享有物权而提出异议，本案案外人在建设用地使用权抵押后，对该地上建筑物主张所有权,为典型例证之一。本案抽丝剥茧,说理层层递进,为审理相关案件提供了思路与指引。

第一,关于案件的举证责任。由于各方对证据掌握的不对等性,参照民事诉讼"谁主张、谁举证"原则,并根据《民事诉讼法司法解释》第309条"案外人或者申请执行人提起执行异议之诉的,案外人应当就其对执行标的享有足以排除强制执行的民事权益承担举证证明责任"之规定,应当由案外人提供证据证明其对执行标的拥有排除执行的实体权利,以达排除执行之目的。人民法院应当全面审查案外人主张事实的真实性以及法律关系的有效性,综合判断是否存在当事人捏造事实对执行标的提出异议的情形。通常而言,即便被执行人对案外人主张排除执行的民事权益予以认可,也不能免除案外人的举证义务。

第二,关于权利优先顺位的审查。人民法院在审查案外人权利的顺位时,应首先区分申请执行人是享有优先受偿权的债权人还是普通债权人。当事人行为时有效的《物权法》第9条第1款规定:"不动产物权的设立、变更、转让和消灭,经依法登记,发生效力;未经登记,不发生效力,但法律另有规定的除外。"据此,案外人如未能提供证据证明办理了相应不动产登记,则该部分不动产不发生物权变更的效力。在此情形下,根据行为时有效的《物权法》第182条"以建筑物抵押的,该建筑物占用范围内的建设用地使用权一并抵押。以建设用地使用权抵押的,该土地上的建筑物一并抵押。抵押人未依照前款规定一并抵押的,未抵押的财产视为一并抵押"之规定,建设用地使用权设定抵押的,应当认定申请执行人对设定抵押的土地使用权及地上建筑物一并享有抵押权。

第三,关于案外人是否具有其主张的实体权利的认定。根据《执行异议和复议规定》第27条"申请执行人对执行标的依法享有对抗案外人的担保物权等优先受偿权,人民法院对案外人提出的排除执行异议不予支持,但法律、司法解释另有规定的除外"之规定,在申请执行人对执行标的享有抵押权的情况下,案外人应当提供证据证明存在"法律、司法解释另有规定的除外"情形。案外人举证不能或举证不力,自应承担对其不利的法律后果。

　　第四，关于案外人对设定抵押的土地上的续建建筑物、设施享有物权如何处理。根据行为时有效的《物权法》第200条以及《民法典》第417条的规定，建设用地使用权抵押后，该土地上新增的建筑物不属于抵押财产。该建设用地使用权实现抵押权时，应当将该土地上新增的建筑物与建设用地使用权一并处分。但是，新增建筑物所得的价款，抵押权人无权优先受偿。因此，即便案外人在土地使用权设定抵押权后续建了建筑物等设施，并对该部分不动产享有物权，其仍不能以此为由阻却强制执行，应在执行分配过程中，实现对该部分不动产所有权人权益的保护。

合议庭成员：高晓力、徐霖、吴笛

撰写人：高晓力、张伯娜

49. 受让人为办理所有权过户登记依法申请注销抵押权登记的，不能认定受让人放弃了抵押权
——李×与冯×、郭×案外人执行异议之诉案

○ 案件基本信息

一、诉讼当事人

再审申请人（一审原告，二审上诉人）：李×

被申请人（一审被告，二审上诉人）：冯×

被申请人（一审被告，二审被上诉人）：郭×

二、案件索引与裁判日期

一审：新疆维吾尔自治区哈密市中级人民法院（2020）新22民初11号民事判决（2020年6月29日）

二审：新疆维吾尔自治区高级人民法院（2020）新民终352号民事判决（2020年11月10日）

申请再审：最高人民法院（2021）最高法民申2303号民事裁定（2021年5月17日）

再审：最高人民法院（2021）最高法民再183号民事判决（2021年12月15日）

三、案由

案外人执行异议之诉

○ 裁判要旨

抵押人将其抵押房屋转让给受让人，受让人清偿全部抵押债务后，取

得抵押房屋上的抵押权，且依法无须转移登记。在房屋过户过程中，受让人按照法律规定申请注销抵押权登记，是行使涤除权的行为，目的是将抵押房屋的所有权过户登记至受让人的名下，并非放弃抵押权，因此不能认定受让人因抵押权注销登记而丧失了抵押权利。抵押人的普通金钱债权人在过户登记完成之前申请查封执行该房屋，受让人主张排除强制执行的，人民法院应予支持。

裁判依据

《中华人民共和国民事诉讼法》（2017年6月27日修正）

第二百二十七条 执行过程中，案外人对执行标的提出书面异议的，人民法院应当自收到书面异议之日起十五日内审查，理由成立的，裁定中止对该标的的执行；理由不成立的，裁定驳回。案外人、当事人对裁定不服，认为原判决、裁定错误的，依照审判监督程序办理；与原判决、裁定无关的，可以自裁定送达之日起十五日内向人民法院提起诉讼。

《最高人民法院关于适用〈中华人民共和国担保法〉若干问题的解释》（2021年1月1日废止）

第六十七条 抵押权存续期间，抵押人转让抵押物未通知抵押权人或者未告知受让人的，如果抵押物已经登记的，抵押权人仍可以行使抵押权；取得抵押物所有权的受让人，可以代替债务人清偿其全部债务，使抵押权消灭。受让人清偿债务后可以向抵押人追偿。

如果抵押物未经登记的，抵押权不得对抗受让人，因此给抵押权人造成损失的，由抵押人承担赔偿责任。

《最高人民法院关于适用〈中华人民共和国民事诉讼法〉的解释》（2020年12月29日修正）

第三百一十一条 案外人或者申请执行人提起执行异议之诉的，案外人应当就其对执行标的享有足以排除强制执行的民事权益承担举证证明责任。

第三百一十二条 对案外人提起的执行异议之诉，人民法院经审理，按照下列情形分别处理：

（一）案外人就执行标的享有足以排除强制执行的民事权益的，判决不得执行该执行标的；

（二）案外人就执行标的不享有足以排除强制执行的民事权益的，判决驳回诉讼请求。

案外人同时提出确认其权利的诉讼请求的，人民法院可以在判决中一并作出裁判。

《最高人民法院关于人民法院办理执行异议和复议案件若干问题的规定》（2020年12月29日修正）

第二十八条　金钱债权执行中，买受人对登记在被执行人名下的不动产提出异议，符合下列情形且其权利能够排除执行的，人民法院应予支持：

（一）在人民法院查封之前已签订合法有效的书面买卖合同；

（二）在人民法院查封之前已合法占有该不动产；

（三）已支付全部价款，或者已按照合同约定支付部分价款且将剩余价款按照人民法院的要求交付执行；

（四）非因买受人自身原因未办理过户登记。

对应新法

《中华人民共和国民事诉讼法》（2021年12月24日修正）

第二百三十四条　执行过程中，案外人对执行标的提出书面异议的，人民法院应当自收到书面异议之日起十五日内审查，理由成立的，裁定中止对该标的的执行；理由不成立的，裁定驳回。案外人、当事人对裁定不服，认为原判决、裁定错误的，依照审判监督程序办理；与原判决、裁定无关的，可以自裁定送达之日起十五日内向人民法院提起诉讼。

《最高人民法院关于适用〈中华人民共和国民事诉讼法〉的解释》（2022年4月1日修正）

第三百零九条　案外人或者申请执行人提起执行异议之诉的，案外人应当就其对执行标的享有足以排除强制执行的民事权益承担举证证明责任。

第三百一十条　对案外人提起的执行异议之诉，人民法院经审理，按照下列情形分别处理：

（一）案外人就执行标的享有足以排除强制执行的民事权益的，判决不得执行该执行标的；

（二）案外人就执行标的不享有足以排除强制执行的民事权益的，判决驳回诉讼请求。

案外人同时提出确认其权利的诉讼请求的，人民法院可以在判决中一并作出裁判。

基本案情

一、基本事实

（一）执行依据相关事实

2020年5月15日，新疆维吾尔自治区哈密市中级人民法院（以下简称哈密中院）就冯×诉郭×、哈密市中盈汽车销售服务有限公司、哈密市益通汽车销售服务有限公司等民间借贷纠纷案，作出（2020）新22民终147号民事判决，判决郭×偿还冯×借款4 694 138元及利息等。

2020年3月23日，哈密中院根据冯×申请，作出（2020）新22民终147号民事裁定书，裁定：对郭×名下的涉案商铺采取保全措施，禁止办理产权转让等确权或变更登记行为。次日，涉案商铺被查封。

（二）案涉房屋买卖相关事实

涉案商铺登记在哈密市君盛汽车销售有限责任公司（以下简称君盛公司）法定代表人郭×名下。君盛公司因经营需要，以其员工王××名义向信用社贷款260万元，并以涉案商铺作为抵押物，办理了抵押登记手续。

2019年12月16日，君盛公司与新疆魏祥钢结构有限责任公司（以下简称魏祥公司）签订《协议书》，约定：君盛公司同意向魏祥公司转让涉案商铺，成交价为5 262 320元。魏祥公司同意偿付君盛公司以其职工王××名义申请的信用社贷款本息。君盛公司与魏祥公司的工程款，哈密宝盈房地产开发有限公司（以下简称宝盈公司）和魏祥公司的工程款，待双方确认后，多退少补。涉案商铺处于出租状态，君盛公司同意退还预收的房租。君盛公司同意魏祥公司3辆汽车的剩余贷款，从涉案商铺的成交价款中支付。双方同意，《协议书》第1~5条的所有支出金额从涉案商铺的成交价中支付。为顺利办理过户手续，双方同意签订的《房屋买卖契约》中的价格与第1条规定的实际成交价格无关。

同日，君盛公司法定代表人郭×按魏祥公司法定代表人魏×指示，与魏×之妻李×签订《房屋交接确认书》，确定涉案商铺即日起由郭×转移给李×。

2020年3月18日，魏祥公司法定代表人魏×清偿了君盛公司职工王××的借款本息共计2 918 984.08元，并解除了涉案商铺的抵押。经询问，双方当事人认可彼时办理房产过户手续，须先解除房产上设定的抵押。

2020年3月20日，郭×与李×签订两份《房地产买卖契约》，约定郭×自愿将涉案商铺出售给李×。双方办理了买卖登记手续，同日，房管局出具涉案商铺的《房屋交易与产权确认书》。随后，冯×了解到涉案商铺已解封，并向法院申请查封，导致郭×与李×未能继续办理过户事宜。李×为此向哈密中院提出书面异议，请求立即中止执行并予以解封。哈密中院裁定驳回其异议请求。

（三）购房款抵扣事实

2018年，郭×与马×签订《房屋租赁合同》，将涉案商铺租赁给马×使用，马×一次性交清了2019年8月1日至2022年8月1日的租金，共计300 000元。

2020年1月1日，李×与马×签订《房屋租赁补充协议》。约定从2020年1月1日起涉案商铺房租由原房主郭×从房屋价款中转付给现房主李×，和马×租赁人无关，承租方可继续使用房屋至合同期满。

2019年12月16日，郭×与李×签订了《房屋交接确认书》。

工程总价款8 382 070.3元，含以下几项：2017年《承包合同》及付款协议，金额为469万元；4S店增加工程量，金额为89 618.56元和102 184.32元；2017宝盈钢构决算，金额为3 500 267.39元。

2017 年 4 月 2 日，君盛公司出具承诺书，君盛公司承诺知晓宝盈公司与魏祥公司协议的全部内容，并同意按照合同约定履行。

君盛公司、魏祥公司和李×认可已通过车抵顶方式支付了 6 558 221.87 元，并提供了付款明细表。

2020 年 3 月 30 日，向魏祥公司出具委托收款书，魏祥公司向君盛公司冯××员工支付车贷款 178 924.42 元。魏祥公司代夏×偿付车辆贷款 178 924.42 元。

魏祥公司替君盛公司清偿夏×名下车贷 26 169.9 元。

李×为办理案涉房屋过户手续支付各项税费 65 609.23 元。

二、当事人的诉辩主张

李×申请再审称：（1）请求撤销一审、二审判决；（2）请求裁定本案再审或发回重审；（3）请求解除对哈密市龙泉路×号院×小区×号楼×1号铺、×2号铺（以下简称案涉房屋）的财产保全措施；（4）上诉及申诉费用由被申请人承担。事实和理由：（1）李×有新的证据能够证明其对案涉房屋的权利虽然不是法律意义上的物权，但属于一种值得法律予以保护的事实物权，应当足以排除执行。（2）李×符合《执行异议和复议规定》第 28 条规定的情形，对案涉房屋足以排除强制执行：首先，一审、二审法院认定李×没有占有案涉房屋错误。李×提交的证据及郭×当庭陈述可以证明李×占有案涉房屋的事实。其次，李×提交了充足的证据证明案涉房屋的价款是用顶账方式支付。最后，李×有合理理由怀疑郭×和冯×恶意串通，共同损害其合法权益，冯×的保全申请应当予以驳回。

冯×辩称，不同意李×的再审请求，原判决认定事实清楚，适用法律正确。（1）李×依法不享有案涉房屋的所有权，其以享有"事实物权"主张排除人民法院的执行措施没有依据。（2）原审法院适用《执行异议和复议规定》第 28 条并无不当。（3）冯×与郭×之间不存在恶意串通，人民法院关于案涉房屋作出保全裁定、采取查封措施符合法律规定。李×对（2020）新 22 民终 147 号民事裁定及新疆生产建设兵团第十三师房产管局行政行为合法性提出质疑均不属于本案再审审理范围，应在执行监督或者行政诉讼程序中处理。（4）李×不属于《执行异议和复议规定》第28条规定的"买受人"，无权对案涉房屋主张买受人权利。李×仅为"名义登记人"，不享有物权。虽然李×与郭×签订了《房地产买卖契约》，但没有买卖房产的意思表示，该协议也没有实际履行，应属于无效合同。（5）即使参照适用《执行异议和复议规定》第28条，李×的诉请亦没有事实和法律依据：首先，李×对《房产交接确认书》日期进行了涂改，且二审中提交其与案外人马×签订的租赁合同不符合法定程序，均不具备证明效力，不足以证明其在人民法院查封之前合法占有案涉房屋。其次，李×主张的工程款的结算主体不是其与郭×，该结算行为也没有经过诉讼程序，结算结果无法确定。最后，李×未提供证据证明与郭×之间的30万元租金抵偿的事实已经实际发生。因此，不足以证明案涉房屋价款已全部支付。综上，请求驳回李×的再审请求，维持原判。

郭×辩称，认可李×的再审请求、事实和理由。

争议焦点

李×是否对执行标的享有足以排除强制执行的民事权益。

裁判结果

一审法院判决：驳回李×的诉讼请求。

二审法院判决：驳回上诉，维持原判。

再审法院判决：一、撤销新疆维吾尔自治区高级人民法院（2020）新民终352号民事判决及新疆维吾尔自治区哈密市中级人民法院（2020）新22民初11号民事判决；二、在申请执行人冯×与被执行人郭×民间借贷纠纷执行一案中，不得执行哈密市龙泉路×号院×小区×号楼×1号铺、×2号铺。

裁判理由及评析

君盛公司为清偿对魏祥公司的债务，与魏祥公司签订《协议书》，约定君盛公司的法定代表人郭×转让其所有的抵押担保信用社借款的案涉房屋给魏祥公司，魏祥公司代君盛公司偿还其欠信用社的到期借款和车贷，并抵偿君盛公司欠魏祥公司的工程款等。根据魏祥公司的指示，郭×与李×先签订了针对案涉房屋的《房屋交付确认书》《房地产买卖契约》，并依买卖契约申请办理过户登记，房屋管理部门确认该转让契约有效。李×虽然不是《协议书》的当事人，但其与郭×签订《房屋买卖契约》的目的是落实《协议书》的权利义务安排，是当事人的真实意思表示，不违反法律强制性规定，并为行政主管部门审批确认，因此李×受让房屋所有权是对《协议书》中魏祥公司权利的承继事实，不影响李×依据《房屋买卖契约》作为房屋买受人的法律地位。

《协议书》约定，君盛公司与魏祥公司同意将郭×名下案涉房屋，以单价每平方14 000元，共计金额5 262 320元转让给魏祥公司。魏祥公司支付的对价包括：一是偿付君盛公司以王××名义在信用社的贷款本金2 600 000元整及所有利息（利息计算以房产过户时间为准），贷款抵押物为：案涉房屋；二是君盛公司欠魏祥公司工程款、宝盈公司欠魏祥公司工程款；三是君盛公司同意收取的案涉房屋的租金（以房产过户时间为准）退还后续出租合同约定到期时间段的租金；四是代为清偿相关车辆的贷款。本案认为，第一，魏祥公司法定代表人魏×分三次通过网上银行向信用社偿还贷款本息2 918 984.08元，魏祥公司代为清偿债务后依法取得信用社对君盛公司的债权和对案涉房屋的抵押权。依《协议书》约定，君盛公司将抵押房屋转让给魏祥公司，用以抵偿所欠魏祥公司的各项债务，包括代为清偿对信用社债务的款项，可以视为双方约定了采取以房抵债的方式实现抵押权。在办理房屋过户过程中，当事人按照法律规定申请注销了抵押权登记，是行使抵押权的涤除权，目的是将抵押房屋过户到李×名下，取得抵押房屋的所有权，并不是放弃抵押权。冯×在案涉房屋注销抵押权登记后，申请法院进行财产保全，查封了案涉房屋，导致房屋无法过户到李×名下。李×转移案涉房屋所有权的请求权，是基于其对案涉房屋的抵押权之优先性，相较于冯×对郭×的普通金钱债权对案涉房屋的清偿请求权应优先受到保护。第二，李×在法院查封案涉房屋之前已经实际占有案涉房屋。房屋的转移占有既可以是直接交付转移占有，也可以是指示交付转移占有。《协议书》载明案涉房屋处于出租状态，并约定了"君盛公司协助魏祥公司将该房屋租赁协议变更为魏祥公司"。由此可见，双方约定的交房方式是变更魏祥公司为出租人。后李×与马×签订的《房屋租赁补充协议》约定马×预交的房租由郭×转付给李×，明确了李×作为房屋所有人的地位，应视为实现了对房屋的实际控制。至于冯×所主张的李×提交的《房屋交接确认书》在落款处填写的时间有涂改痕迹的问题，李×修改后的日期与郭×填写的时间一致，房产移交日期涉及权利义务的转移，李×作为受让方没有必要将交付时间修改到早于郭×确认的时间，因此，该份确认书上的日期可以认定。案涉房屋已经由李×占有，此种占有依法受到法律保护。第三，冯×对案涉房屋不存在善意信赖利益。冯×述称，在其与郭×民间借贷纠纷一案诉讼中曾调查过郭×的财产，发现案涉房屋上登记了抵押权，所以未申请法院采取保全措施，在从信用社得知抵押权注销登记后立即申请人民法院进行了保全。由此可知，冯×事先明知案涉房屋上存在抵押权，并放弃采取保全措施，又在抵押权注销后、办理过户手续过程中申请保全以对抗抵押权人，冯×并非善意当事人。冯×的执行债权是普通金钱债权，与案涉房屋也无直接关联。因此，冯×对案涉房屋无善意信赖利益可资保护。综上，李×对案涉房屋享有可以排除强制执行的民事权益。

合议庭成员：吴兆祥、陈宏宇、张梅
撰写人：吴兆祥、孙明娟

50. 被拆迁人享有优先取得补偿安置房屋的权利，该权利能够对抗拆迁人的金钱债权人对安置房屋的执行

——中国信达资产管理股份有限公司甘肃省分公司与甘肃陇东鸿业商贸有限公司、甘肃省供销合作联社庆阳土特产品公司、庆阳市智霖房地产开发有限公司、庆阳智霖实业有限公司、赵××、李××申请执行人执行异议之诉案

◎ 案件基本信息

一、诉讼当事人

上诉人（一审原告、申请执行人）：中国信达资产管理股份有限公司甘肃省分公司（以下简称信达甘肃分公司）

被上诉人（一审被告、执行案外人）：甘肃陇东鸿业商贸有限公司（以下简称鸿业公司）

被上诉人（一审被告、执行案外人）：甘肃省供销合作联社庆阳土特产品公司（以下简称土特产公司）

被上诉人（一审被告、被执行人）：庆阳市智霖房地产开发有限公司（以下简称智霖房地产公司）

一审被告（被执行人）：庆阳智霖实业有限公司（以下简称智霖实业公司）

一审被告（被执行人）：赵××

一审被告（被执行人）：李××

二、案件索引与裁判日期

一审：甘肃省高级人民法院（2021）甘民初13号民事判决（2021年3月17日）

二审：最高人民法院（2021）最高法民终 845 号民事判决（2021 年 9 月 14 日）

三、案由

申请执行人执行异议之诉

裁判要旨

当事人签订的合同名为联建协议实为拆迁补偿协议的，人民法院应当按照拆迁补偿协议进行裁判。当事人约定以产权调换方式进行拆迁安置补偿，并明确约定了安置房屋的，被拆迁人享有优先取得该补偿安置房屋的权利，被拆迁人对该安置房屋的权利能够对抗拆迁人的金钱债权人对安置房屋的执行申请。

裁判依据

《最高人民法院关于审理商品房买卖合同纠纷案件适用法律若干问题的解释》（2003 年 4 月 28 日）

第七条[①] 拆迁人与被拆迁人按照所有权调换形式订立拆迁补偿安置协议，明确约定拆迁人以位置、用途特定的房屋对被拆迁人予以补偿安置，如果拆迁人将该补偿安置房屋另行出卖给第三人，被拆迁人请求优先取得补偿安置房屋的，应予支持。

被拆迁人请求解除拆迁补偿安置协议的，按照本解释第八条的规定处理。

基本案情

一、被执行人与执行案外人之间的案涉房屋的相关事实

2007 年 3 月 16 日，土特产公司与案外人庆阳市锦华香包刺绣工艺厂

[①] 2020 年该解释修正时，原第 7 条已废止。

（以下简称刺绣厂）签订《庆阳土特产品公司安定西路×号职工住宅区联建协议》（以下简称《联建协议》），约定土特产公司将西峰区安定西路×号职工住宅区的土地所有权以产权转让的方式整体转让给刺绣厂，由刺绣厂负责拆旧建新、整体改建；联建工程竣工后，刺绣厂给土特产公司在临桐树街的住宅楼二楼以上还建住宅（1600平方米），用于安排土特产公司原有住户28户。若在临桐树街的住宅楼上不能将甲方住户安排完，可在第二幢住宅楼上再作安排。刺绣厂对土特产公司现有住户按拆一还一的方式进行还建等。21名住户在上述联建协议上签字。

2007年4月27日，庆阳市城市房屋拆迁管理办公室就上述联建项目向土特产公司、刺绣厂分别出具了《庆阳市房屋拆迁许可证代理证》。2007年5月18日，庆阳市规划管理局向土特产公司、刺绣厂分别出具了建设工程规划许可证。

2012年5月18日，土特产公司（移交方）和赵××（接收方，系刺绣厂法定代表人）签署《庆阳土特产品公司桐树街家属院公房移交清单》，共移交了土特产公司所有的8套公房。

2016年10月11日，土特产公司与智霖房地产公司、赵××签订《移交备忘录》，载明根据2007年3月26日签订的《联建协议》之约定，赵××将案涉豪庭名苑×室（面积约300平方米）的房屋移交给土特产公司，作为对土特产公司房屋的安置补偿。双方同时约定，自该协议签订之日起，视为房屋已经移交给土特产公司。

2019年9月6日，为办理房屋手续，智霖房地产公司（出卖人）与鸿业公司、土特产公司（买受人）签订《商品房买卖合同》，约定由买受人购买豪庭名苑×号楼×单元×室，该商品房的用途为办公，建筑面积为262.29平方米。《商品房买卖合同》第6条第3款"其他方式"约定："依据《联建协议》及《关于西峰区安定西路×号住宅区联建工程遗留问题处理协议》约定，实物置换。"

同日，刺绣厂（移交方）与智霖房地产公司、鸿业公司共同出具《房屋交接清单》，载明："依据鸿业公司和刺绣厂签订的《关于西峰区安定西路×号住宅区联建工程遗留问题处理协议》及与智霖房地产公司签订的《商品房买卖合同》的约定，现由移交方刺绣厂和智霖房地产公司向接收方鸿业公司移交位于西峰区安定西路豪庭名苑×号楼×层×室的房屋，该房屋实有面积为262.29平方米，从即日起上述房屋交由接收方鸿业公司负责管理和行使所有权"。《房屋交接清单》同时载明："附：×室房门钥匙1把、内隔间门钥匙1把。"

二、执行案件相关情况

信达甘肃分公司因与智霖房地产公司、智霖实业公司、赵××、李××债权债务概括转移合同纠纷一案，向甘肃省兰州市中级人民法院提起诉讼。根据信达甘肃分公司的财产保全申请，甘肃省兰州市中级人民法院作出（2017）甘01民初字第182号民事裁定，并于2017年3月29日对智霖房地产公司名下位于西峰区安定西路×号南侧豪庭名苑部分房地产查封。2017年11月28日，甘肃省高级人民法院（以下简称甘肃高院）对该案作出（2017）甘民初69号民事判决。后信达甘肃分公司不服，向最高人民法院提起上诉，最高人民法院于2018年8月29日作出（2018）最高法民终355号民事判决。

判决生效后，因智霖房地产公司、智霖实业公司、赵××、李××未履行生效判决确定的给付义务，信达甘肃分公司向甘肃高院申请强制执行。甘肃高院于2020年1月22日作出（2019）甘执03号执行裁定，对上述被查封房屋进行拍卖、变卖，本案所涉的×室房屋在上述被查封、拍卖的房屋中。

三、本案诉讼的提起

鸿业公司、土特产公司于2020年1月16日向甘肃省高级人民法院提出书面异议，认为案涉房屋系联建后所得补偿安置房屋，请求中止对该房屋的拍卖。甘肃省高级人民法院审查后，于2020年2月21日作出（2020）甘执异15号执行裁定，中止对案涉房屋的执行。信达甘肃分公司遂提起本案申请执行人执行异议之诉。

◎ 争议焦点

鸿业公司、土特产公司对案涉房屋是否享有足以排除强制执行的民事权益。

◎ 裁判结果

一审法院判决：驳回信达甘肃分公司的诉讼请求。
二审法院判决：驳回上诉，维持原判。

◎ 裁判理由及评析

根据本案查明的事实，案涉×室房屋系产权调换之安置补偿用房。首先，2007年3月16日，土特产公司与刺绣厂签订《联建协议》，约定土特产公司将土地所有权以产权转让的方式整体转让给刺绣厂，由刺绣厂拆旧建新、整体改建，并约定了还建住宅的面积和位置。同年4月27日，庆阳市城市房屋拆迁管理办公室向土特产公司发放《庆阳市房屋拆迁许可代理证》。由此可见，案涉项目所在土地的原有房产系经政府行政许可后被纳入拆迁范围，进行拆迁。其次，土特产公司与刺绣厂签订的协议虽名为"联建"，但其本质系解决土特产公司房产被拆迁之后的补偿安置问题；该协议有关"按拆一还一的方式进行还建"的约定，即房屋产权调换，实质上是双方根据原《城市房屋拆迁管理条例》就案涉拆迁所约定的具体补偿方式。此后，各方于2016年10月11日签订的《移交备忘录》中有关"将案涉×室房屋移交给土特产公司，作为对土特产公司房屋的安置补偿"的约定，亦印证了案涉×室房屋系安置补偿用房。最后，本案中，智霖房地产公司与鸿业公司、土特产公司虽签订了《商品房买卖合同》，但根据其有关"依据《联建协议》及《关于西峰区安定西路×号住宅区联建工程遗留问题处理协议》约定，实物置换"之约定，该合同与《移交备忘录》的内容相符，均是对补偿安置的进一步履行，并未为各方设定新的法律关系。

就被拆迁人对补偿安置用房的权益是否足以排除该房屋所有权人的普通债权人对该房屋的执行问题，分析认定如下：

1. 被拆迁人以丧失原有被拆迁房屋所有权为对价，取得补偿房屋之权属，为产权调换的补偿方式，实系关于特定房屋的互易合同。原《城市房屋拆迁管理条例》第23条①规定，拆迁补偿的方式可以实行货币补偿，也可以实行房屋产权调换。拆迁人将被拆迁人的房屋拆除，将其自行建造或购买的房屋作为对被拆迁人的补偿，同时对被拆迁房屋的评估价与所调换房屋的市场差价进行差价结算，多退少补，称为产权调换。一般认为，以产权调换为补偿方式的拆迁补偿安置协议实质为以物易物的互易合同。互易合同是互易人相互交换标的物，转移标的物所有权的合同。对于互易合同，原《合同法》第175条②规定了"当事人约定易货交易，转移标的物的所有权的，参照买卖合同的有关规定"。合同法将互易合同作为特殊的买卖合同。以产权调换为补偿方式的拆迁补偿安置系拆迁人以自行建造或购买的房屋作为取得被拆迁人房屋的对价，对于两者的价值差额由一方补足。导致的法律后果是：被拆迁人丧失了原有房屋，取得了补偿房屋的所有权；拆迁人获得了被拆迁房屋的权利，通过拆除再建获得权利。

2. 产权调换的补偿方式有利于实现社会公共利益，以及拆迁人、被拆迁人在内的个体利益，故被拆迁人对补偿房屋的权利有加以特殊保护之必要。债权具有平等性，数个债权人对同一个债务人先后发生的数个普通债权，其效力一律平等，不因其成立的先后顺序而存在效力上的优劣以影响受偿顺序。但也存在例外，许多国家为了提高社会福利、维护社会公共利益，通过法律赋予某些债权优先效力，以保障其优先得以实现，我国亦如此，如海商法中规定的因共同债权人的利益而支付的费用、破产法中规定的破产财产优先清偿职工工资及劳动保险费用、合同法中规定的建设工程价款优先受偿权，等等。

---

① 该法规已失效。原第23条现对应《国有土地房屋征收与补偿条例》第21条第1款规定："被征收人可以选择货币补偿，也可以选择房屋产权调换。"

② 现对应《民法典》第647条。

在拆迁法律关系中，拆迁人较之被拆迁人在经济地位、参与拆迁的主动性上均占有优势，且被拆迁人丧失房屋所有权后，取得的是期待权，期待权能否实现直接影响被拆迁人的生存居住。拆迁是否能顺利进行，亦影响社会公共利益的实现。为了实现社会公共利益、保护弱势群体，《最高人民法院关于审理商品房买卖合同纠纷案件适用法律若干问题的解释》第7条第1款①规定："拆迁人与被拆迁人按照所有权调换形式订立拆迁补偿安置协议，明确约定拆迁人以位置、用途特定的房屋对被拆迁人予以补偿安置，如果拆迁人将该补偿安置房屋另行出卖给第三人，被拆迁人请求优先取得补偿安置房屋的，应予支持。"

3. 产权调换的补偿方式是法定的特种债权，该特种债权被赋予了物权的优先效力。在明确约定了补偿安置房屋的位置、用途的情况下，补偿安置房屋已特定，上述规定将采取房屋产权调换方式的被拆迁人所享有的债权认定为特种债权，并赋予其优先效力，以保证债权优先实现，足以对抗一般债权人。具体到本案中，土特产公司、鸿业公司刺绣厂及智霖房地产公司已经形成了以房屋所有权调换形式为基础的补偿安置法律关系，案涉×室房屋系产权调换之补偿安置房屋，且已经特定化，故土特产公司、鸿业公司对案涉房屋享有的特种债权应优先于信达甘肃分公司。据此，鸿业公司、土特产公司对案涉房屋的权利足以排除人民法院的强制执行。

合议庭成员：陈宏宇、徐霖、张梅

撰写人：陈宏宇、赵静

---

① 该司法解释于2020年修正时，删除了原第7条。

51. 对于登记在被执行人名下但已办理预告登记房产的执行，后买受人不能以对涉案房产享有物权或者物权期待权为由排除强制执行

——辛×与玛纳斯县昊亮新型节能材料有限公司、余××、余×以及石河子市兴恒基房地产开发有限公司案外人执行异议之诉案

○ 案件基本信息

一、诉讼当事人

上诉人（一审原告、案外人）：辛×

被上诉人（一审被告、申请执行人）：玛纳斯县昊亮新型节能材料有限公司（以下简称昊亮公司）

一审被告（被执行人）：余××

一审被告（被执行人）：余×

一审第三人：石河子市兴恒基房地产开发有限公司（以下简称恒基公司）

二、案件索引与裁判日期

一审：新疆维吾尔自治区昌吉回族自治州中级人民法院（2020）新23民初12号（2021年2月22日）

二审：新疆维吾尔自治区高级人民法院（2021）新民终101号（2021年6月26日）

三、案由

案外人执行异议之诉

裁判要旨

预告登记的不动产物权请求权具有排他效力，在预告登记有效期内，未经预告登记权利人同意，现实登记权利人违背登记内容的要求擅自处分该不动产的，人民法院应依法认定该处分行为不发生物权效力。

裁判依据

《中华人民共和国物权法》（2021年1月1日废止）

第二十条第一款 当事人签订买卖房屋或者其他不动产物权的协议，为保障将来实现物权，按照约定可以向登记机构申请预告登记。预告登记后，未经预告登记的权利人同意，处分该不动产的，不发生物权效力。

对应新法

《中华人民共和国民法典》（2020年5月28日）

第二百二十一条第一款 当事人签订买卖房屋的协议或者签订其他不动产物权的协议，为保障将来实现物权，按照约定可以向登记机构申请预告登记。预告登记后，未经预告登记的权利人同意，处分该不动产的，不发生物权效力。

基本案情

一、基本事实

2016年6月14日，兴恒基公司（出卖人）与余××、余××的妻子王××（买受人）签订《商品房预售合同》，约定买受人购买北泉镇福泉花苑第×幢×单元×号房屋，单价为每平方米5098元，总金额635 568元。买受人应于该合同签订之日支付首期款人民币195 568元（含定金），剩余购房款人民币440 000元由买受人向银行申请贷款支付，买受人应于本合同签订后10个工作日内按银行规定提供贷款所需的相关真实材料，并与银行办理签约手续,具体放贷时间双方同意按银行规定执行。2016年1月22日,余××及其妻子王××与中国农业银行股份有限公司石河子北泉兵团支行签订《个人购房担保借款合同》,约定中国农业银行股份有限公司石河子北泉兵团支行向余××、王××发放贷款440 000元,用于购买位于石河子市北泉镇福泉花苑×栋楼×号房屋,并于当日办理了预购商品房预告登记。贷款以该房屋提供抵押担保,并于2016年1月26日办理了预购商品房抵押权预告登记,兴恒基公司提供连带责任保证担保。后因余××、王××尚欠借款387 134.09元及相应利息未还,中国农业银行股份有限公司石河子北泉兵团支行向新疆维吾尔自治区石河子市人民法院提起诉讼,2019年11月12日该院作出(2019)兵9001民初4713号判决书,判决"一、余××、王××于本判决生效之日起五日内返还中国农业银行股份有限公司石河子北泉兵团支行借款387 134.09元,并将利息按合同约定结清至还款之日;二、石河子市兴恒基房地产开发有限公司对上述款项承担连带清偿责任(此项及于诉讼费用的负担),承担连带清偿责任后,有权向余××、王××追偿;三、驳回中国农业银行股份有限公司石河子北泉兵团支行其余诉讼请求"。该判决已发生法律效力。

2017年8月10日,辛×(乙方)与兴恒基公司(甲方)签订《中影文化广场定购协议书》,约定"乙方向甲方申请定购中影文化广场×号楼×单元×住宅,建筑面积为124.67平方米,成交单价为3617.78元/平方米,成交总价为451 029元,首付50%,首付款为231 029元,按揭贷款50%,贷款额度为220 000元"。协议签订后,辛×向兴恒基公司支付房屋首付款231 029元。2018年5月3日,兴恒基公司将涉案房屋实际交付辛×,辛×装修后,在涉案房屋内居住生活。

昊亮公司与余×、余××买卖合同纠纷一案,玛纳斯县人民法院作出(2013)玛民二初字第402号判决书,判决"余×于本判决生效后十日内向玛纳斯县昊亮新型节能材料有限公司支付货款341 754元、违约金21 800元,余××对余×的给付义务承担连带清偿责任"。该判决已发生法律效力。昊亮公司申请对该案执行,一审法院作出(2019)新23执721号执行裁定书。执行过程中，查封了石河子市北泉镇福泉花苑×栋楼×号房产一套。辛×向一审法院提出中止执行涉案房屋的异议申请，一审法院于2020年4月10日裁定驳回辛×的异议请求，遂辛×提起执行异议之诉。案件审理过程中辛×、昊亮公司、兴恒基公司均认可涉案两份合同中分别载明的"北泉镇福泉花苑×栋楼×号房产"与"中影文化广场×号楼×单元×住宅"系同一套房屋。

二、当事人诉辩主张

辛×诉称：（1）判令不得执行位于石河子市中影文化广场×栋×单元×房屋，解除对该房屋的查封执行措施；（2）确认位于石河子市中影文化广场×栋×单元×号房屋所有权归属于辛×。事实和理由：2017年8月10日，其与兴恒基公司签订《中影文化广场定购协议书》购买案涉房产，辛×按约支付了房屋首付款231 029元。2018年5月3日，兴恒基公司将涉案房屋实际交付辛×后，辛×投入资金进行装修，并购买了生活所需全部家具。昊亮公司与余×、余××买卖合同纠纷一案判决生效。6年后，昊亮公司于2019年8月8日在新疆维吾尔自治区昌吉回族自治州中级人民法院申请立案执行。新疆维吾尔自治区昌吉回族自治州中级人民法院于2019年8月14日查封了涉案房屋。查封涉案房屋时，涉案房屋的产权手续并未办理登记在余××名下，余××也并未实际占有使用。

昊亮公司辩称：涉案房屋是在2016年登记在余××名下的，且是以余××的名义进行银行贷款，辛×是否知晓涉案房屋登记在余××名下并不影响对涉案房屋的执行，其申请对涉案房屋的执行有依据并且正确。

余××、余×辩称：因兴恒基公司欠付余××十余万元的工程款，公司项目经理与余××协商，用余××和其妻子的名义办理银行按揭，并签订书面房屋买卖合同，用购房首付款折抵欠付的工程款，余××用自己的银行卡偿还了部分贷款月息。

兴恒基公司述称：（1）2016年1月14日其与余××签订的《商品房预售合同》属无效合同。（2）辛×与其签订的《商品房买卖合同》是双方真实意思表示，且该合同已实际履行，也已实际入住，辛 × 系涉案房屋的合法所有权人。(3) 辛 × 购买、占有涉案房屋的事实，符合《执行异议和复议规定》第 28 条的规定，依法足以排除强制执行。

● 争议焦点

（1）辛 × 对房屋是否享有所有权；（2）若不享有所有权，辛 × 对涉案房屋是否享有足以排除强制执行的其他民事权益。

● 裁判结果

一审法院判决：驳回辛 × 的诉讼请求。
二审法院判决：驳回上诉，维持原判。

● 裁判理由及评析

案外人执行异议之诉，其本质在于案外人以其自身享有的相应权利阻却、排除人民法院对执行标的的强制执行。因此，人民法院在审理案外人执行异议之诉案件时，应当对案外人对执行标的是否享有权益、享有何种权益以及该权益是否优先于申请执行人的权利能够排除人民法院对执行标的的强制执行进行综合审查。

关于涉案房屋所有权是否归辛 × 所有。根据原《物权法》第 9 条第 1 款规定："不动产物权的设立、变更、转让和消灭，经依法登记，发生效力；未经登记，不发生效力，但法律另有规定的除外。"[①] 第 15 条规定："当事人之间订立有关设立、变更、转让和消灭不动产物权的合同，除法律另有规定或者合同另有约定外，自合同成立时生效；未办理物权登记的，不影响合同效力。"[②] 本案中辛 × 与兴恒基公司签订了合同，但该合同只是物权变动的原因行为，并不直接发生物权变动的法律效果，对辛 × 要求确认涉案房屋归其所有的诉讼请求，不予支持。

---

① 现对应《民法典》第 209 条第 1 款。
② 现对应《民法典》第 215 条。

关于辛×对涉案房屋是否享有足以排除强制执行的其他民事权益。辛×称其在人民法院查封前已签订了合法有效的书面买卖合同、合法占有该不动产，可以按照法院的要求将剩余房款交付执行，且未办理过户并非其过错，符合《执行异议和复议规定》第28条的规定，足以排除人民法院对涉案房屋的强制执行。对辛×请求支持其诉求的法律依据分析如下：《执行异议和复议规定》第28条规定适用于案外人与被执行人之间转让的房屋被申请执行人申请强制执行的情形，本案中辛×是与兴恒基公司签订房屋订购协议，而不是与被执行人余××签订房屋买卖合同，因此，辛×是否享有足以排除强制执行的其他民事权益并不能适用该条规定来审查。对于辛×对涉案房屋是否享有其他据以排除强制执行权益的问题。《最高人民法院、国土资源部、建设部关于依法规范人民法院执行和国土资源房地产管理部门协助执行若干问题的通知》第15条第3项规定，被执行人购买的办理了商品房预售合同登记备案手续或者商品房预告登记的房屋，虽未进行房屋所有权登记，人民法院也可以进行预查封。本案中，人民法院系依据被执行人余××在涉案房产上的预告登记而进行的执行行为，认定辛×对涉案房屋是否享有足以排除强制执行的民事权益，取决于该民事权益是否优先于与被执行人余××在涉案房产上设定预告登记享有的权益。原《物权法》第20条第1款规定："当事人签订买卖房屋或者其他不动产物权的协议，为保障将来实现物权，按照约定可以向登记机构申请预告登记。预告登记后，未经预告登记的权利人同意，处分该不动产的，不发生物权效力。"[①]依据上述规定，预告登记属于不动产登记的特殊类型，其因公示效果而具有对抗所有权人和第三人的效力。本案中，根据一审查明事实，余××、王××与兴恒基公司签订《商品房预售合同》，并于2016年1月22日办理了预购商品房预告登记，且该预告登记至今仍有效。辛×系于2017年与兴恒基公司签订《定购协议书》。因此，虽然签订购房协议的时间早于人民法院查封涉案房屋的时间，且预告登记是否能够实现本登记尚具有一

---

① 现对应《民法典》第221条第1款。

定的不确定性,但预告登记具有对抗第三人的效力,且上述预告登记时间还早于购房协议签订时间,辛×对涉案房屋所享有的权益不足以对抗余××在涉案房屋上进行的预告登记,故辛×对涉案房屋所享有的权益不足以排除人民法院对涉案房屋的执行行为,一审法院对此认定并无不当。此外,辛×主张涉案房屋为其名下唯一生活居住保障用房以及昊亮公司与余×、余××买卖合同纠纷案,其判决确定的执行对象是金钱债务,涉案房屋并非判决确定的执行对象,并据此请求排除人民法院的执行,缺乏法律依据,不予支持。

在"一房二卖"的执行异议之诉中,买受人享有权利的竞合主要有两种情形:一是申请执行人和被执行人因为房屋买卖合同纠纷进入执行程序,其他买受人对执行标的提出排除执行的异议;二是申请执行人基于金钱债权的执行而查封了登记在被执行人名下的房产,其他买受人对执行标的提出排除执行的异议。本案属于第二种情形。在此情形下,其他买受人的权利是否优先于申请执行人的权利,应当根据具体情形予以判断。本案存在的特殊情形为:本案的案外人,并非为与被执行人签订房屋买卖合同的主体,案外人与被执行人均为"一房多卖"中的买受人。申请执行人对案涉房屋所申请的执行,主要是依据被执行人对案涉房屋进行预告登记所享有的物权效力。这里就会产生两个问题:一是在此种情形下案外人是否符合《执行异议和复议规定》第28条的规定享有物权期待权;二是预告登记的效力。

关于第一个问题,从《执行异议和复议规定》第28条来看,并没有明确规定在人民法院查封前已签订合同的主体一定是被执行人,但从全文的理解来看,因本条是对房屋无过错买受人享有的物权期待权的保护,其本质是案外人与申请执行人对于案涉房屋享有权利的比较,既为比较,故应当以同一参照物来相比,即被执行人分别与案外人和申请执行人之间所产生法律关系的比较。但在本案中,案外人辛×对案涉房屋享有的权利是基于其与兴恒基公司之间的法律关系,而本案申请执行所依据的判决则是余×二人与昊亮公司之间债权债务所产生,因此二者并不能进行横向对比。

故在本案中辛×并不符合《执行异议和复议规定》第28条规定所适用的条件。

关于第二个问题，原《物权法》第20条第1款规定："当事人签订买卖房屋或者其他不动产物权的协议，为保障将来实现物权，按照约定可以向登记机构申请预告登记。预告登记后，未经预告登记的权利人同意，处分该不动产的，不发生物权效力。"① 从这条规定可以看出，预告登记虽未产生物权变动之实质，但却赋予了其物权变动的效力，即其因公示效果而具有对抗第三人的效力。在预告登记有效期内，未经预告登记权利人同意，现实登记权利人违背登记内容的要求擅自处分该不动产的，人民法院应依法认定该处分行为不发生物权效力。本案中，余××、王××与兴恒基公司签订《商品房预售合同》，并于2016年1月22日办理了预购商品房预告登记，且该预告登记至今仍有效。辛×系于2017年与兴恒基公司签订的《定购协议书》。因此本案兴恒基公司在房屋已经进行预告登记的情况下与辛×签订的《定购协议书》属于无权处分，不发生物权效力，故本案中辛×购房行为产生的法律关系为与兴恒基公司之间的一般债权，无法对抗申请执行人对涉案房屋的强制执行。

合议庭成员：赵钊、黄睿、兰宁

撰写人：刘钰

---

① 现对应《民法典》第221条第1款。

52. 在先购买并交付占有的车位购买人能否排除在后抵押权人对车位的强制执行

——甘肃银行股份有限公司兰州市中央广场支行诉刘×、广州华骏实业有限公司申请执行人执行异议之诉案

○ 案件基本信息

一、诉讼当事人

上诉人（原审被告、案外人）：刘×

被上诉人（原审原告、申请执行人）：甘肃银行股份有限公司兰州市中央广场支行（以下简称甘肃银行中央广场支行）

原审第三人（被执行人）：广州华骏实业有限公司

二、案件索引与裁判日期

一审：甘肃省高级人民法院（2021）甘民初31号民事判决（2021年11月3日）

二审：最高人民法院（2022）最高法民终137号（2022年6月29日）

三、案由

案外人执行异议之诉

○ 裁判要旨

《执行异议和复议规定》是执行程序中对执行异议进行审查的规范，进入审判程序后，人民法院可以参照适用上述规范，但应当对当事人的民事权益进行实质审理，根据案件的具体情况，依照民法规范确认当事人享有的民事权利的属性以及效力关系，按照公平原则综合权衡判断能否排除强

制执行。

住宅小区区划内的车位、车库是住宅的必要附属设施，依法应当首先满足小区业主居住使用，属于商品房所提供居住功能的必要延伸和拓展，具有保障业主居住权的属性，可以按照商品房的标准予以保护。

业主在先购买车位、车库，并支付全款且实际占有使用而具有一定的公示效力，出卖人的债权人就该车位、车库设定抵押权在后，因其过失而不知道车位、车库已经出卖并交付购买人占有的，不属于善意抵押权人，人民法院可以认定买受人对案涉车位、车库享有的民事权益能够排除该抵押权的执行。

裁判依据

《最高人民法院关于人民法院办理执行异议和复议案件若干问题的规定》（2020年12月29日修正）

第二十八条　金钱债权执行中，买受人对登记在被执行人名下的不动产提出异议，符合下列情形且其权利能够排除执行的，人民法院应予支持：

（一）在人民法院查封之前已签订合法有效的书面买卖合同；

（二）在人民法院查封之前已合法占有该不动产；

（三）已支付全部价款，或者已按照合同约定支付部分价款且将剩余价款按照人民法院的要求交付执行；

（四）非因买受人自身原因未办理过户登记。

第二十九条　金钱债权执行中，买受人对登记在被执行的房地产开发企业名下的商品房提出异议，符合下列情形且其权利能够排除执行的，人民法院应予支持：

（一）在人民法院查封之前已签订合法有效的书面买卖合同；

（二）所购商品房系用于居住且买受人名下无其他用于居住的房屋；

（三）已支付的价款超过合同约定总价款的百分之五十。

● 基本案情

刘×与华骏公司于 2016 年 5 月 30 日签订《商品房买卖合同》，约定刘×认购华骏公司开发的案涉车位，认购价格 365 000 元。合同签订当日，刘×向华骏公司银行转账支付了全部款项。2016 年 6 月 2 日，华骏公司向刘×发出车位交付使用通知书。2016 年 7 月 4 日，甘肃银行中央广场支行就案涉车位办理抵押登记。

甘肃银行中央广场支行与案外人另案诉讼审理过程中，甘肃省高级人民法院于 2018 年 11 月 21 日依法查封包括案涉车位的财产。生效判决作出后，甘肃银行中央广场支行向一审法院申请执行，执行过程中，刘×提出执行异议，一审法院于 2021 年 3 月 29 日作出（2021）甘执异 5 号执行裁定，中止对登记在华骏公司名下案涉车位的执行。甘肃银行中央广场支行向甘肃省高级人民法院提起申请执行人执行异议之诉。

● 争议焦点

刘×就执行标的是否享有足以排除人民法院强制执行的民事权益。

● 裁判结果

一审法院判决：准许对依据一审法院（2018）甘民初 267 号民事裁定书查封的登记在华骏公司名下位于广州市天河区马场路×号负一层×号车位执行。

二审法院判决：一、撤销甘肃省高级人民法院（2021）甘民初 31 号民事判决；二、驳回甘肃银行中央广场支行的诉讼请求。

● 裁判理由及评析

《执行异议和复议规定》第 28 条是否属于第 27 条规定的但书范围，即不动产买受人符合第 28 条规定的四个要件，是否可以排除担保物权的执行，在司法实践中存有争议。《执行异议和复议规定》是对执行程序中执行异议进行审查的规范,进入审判程序后,人民法院应当对当事人的民事权益进行实质审理,依法判断当事人享有的权利属性以及与执行债权之间的效力关系。人民法院可以参照《执行异议和复议规定》第27条、第28条、第29条等规定进行审查,但还需依据民事相关法律规定并结合案件的具体情况综合判断案外人享有的权利能否排除抵押权的执行。根据本案查明的事实,刘×就案涉车位享有的民事权益依法可以排除甘肃银行中央广场支行抵押权的执行。

一、案涉车位是住房的必要配套设施,具有保障业主基本居住权益的属性

车位虽不属于住宅,但依法属于满足业主住宅需要的必要设施。原《物权法》第74条第1款规定:"建筑区划内,规划用于停放汽车的车位、车库应当首先满足业主的需要。"①国家住房和城乡建设部发布的《城市居住区规划设计规范》规定:"居住区内必须配套设置居民汽车(含通勤车)停车场、库……",上述规定均明确了在城市商品房建设阶段建设单位应设计、修建车位、车库以满足业主需求的强制性义务,赋予车位以特定用途。案涉车位所在地的广州市发布的《广州市房地产开发项目车位和车库租售管理规定》也明确要求:"房地产开发项目规划用于停放汽车的车位和车库应当首先满足业主的需要。""房地产开发项目规划用于停放汽车的车位数量少于本房地产开发项目的房屋套数的,房屋购买人每购买一套房屋,只能相应购买或租用本房地产开发项目的一个规划用于停放汽车的车位。房屋所有权人出租房屋时,所拥有的车位应当首先满足承租人的需要。"虽然建筑区划内的车位、车库不同于居住的商品房,但车位依法依附于商品房而存在,功能在于满足小区业主的居住需要,属于商品房所提供居住功能的必要延伸和拓展。在私家车日益成为普通家庭日常交通工具的现代社会,车位使用权与业主居住权密切相关,具有满足居民基本生活需要的属性。

---

① 现对应《民法典》第276条。

对小区业主而言,一定数量的车位、车库的配备,是与其居住权密切相关的一种生活利益,该利益应当受到法律保护。本案中,刘×系案涉小区的业主,所购买的车位为其购买的住宅的必要生活配套设施,自购买以来,一直用以停放车辆使用至今。因此,可以认定刘×购买的车位具有《执行异议和复议规定》第29条对"消费者购买的商品房"特别保护的必要居住权利属性。

二、刘×购买并占有使用案涉车位在先,其权利应当依法予以保护

刘×与华骏公司于2016年5月30日签订《商品房买卖合同》,约定刘×认购华骏公司开发的位于广州市天河区马场路×号负一层×号车位,认购价格为365 000元。合同签订当日,刘×向华骏公司通过银行转账方式支付了全部款项,2016年5月31日,华骏公司向刘×开具金额为365 000元的广东省地方税收通用发票,并载明案涉车位的具体信息。2016年6月2日,华骏公司向刘×发出车位交付使用通知书。2016年7月4日,甘肃银行中央广场支行就案涉车位办理抵押登记。刘×与华骏公司签订的《商品房买卖合同》是双方当事人的真实意思表示,合法有效,刘×负有支付购买款的义务,华骏公司负有将车位所有权转移给刘×的义务。刘×于签订合同当日即全额支付了购买款,华骏公司也交付了车位,刘×实际占有并使用了案涉车位,已经履行了《商品房买卖合同》项下的主要义务。刘×已经取得了购买车位的占有、使用和收益权利,只需要华骏公司履行办理产权登记手续的义务,《商品房买卖合同》转让车位所有权的目的就能实现,即刘×取得完整的车位所有权。从双方整个合同履行过程看,符合我国房屋、车位买卖中先交付后登记的习惯做法。据此,刘×享有的不再是单纯的债权,事实上接近于完整的所有权,华骏公司只是名义上的所有权人。原《物权法》规定不动产物权以登记为生效要件,登记是不动产物权变动的公示方法,经登记不动产受让人取得对抗第三人的排他效力。但不动产物权登记生效只是原则,原《物权法》第9条、第142条等多处规定了例外情形。原《物权法》第142条规定:"建设用地使用权人建

造的建筑物、构筑物及其附属设施的所有权属于建设用地使用权人，但有相反证据证明的除外。"① 建设用地使用权人建造的建筑物所有权，按照"房地一体"原则一般归建设用地使用权人，在他人有证据证明时依法也承认他人的所有权，并不以登记为权利取得的生效条件。司法实践中，开发商将开发的商品房预售给他人的情形视为原《物权法》第142条规定的但书情形之一，实际上承认了商品房的买受人在不动产登记之前亦可成为所有权人，是登记生效主义的例外情形。本案刘×对案涉车位所享有的权利因其付款和交付使用，取得了事实上的所有权，并已经具有所有权的权利外观，具有一定的公示力。同时，原《物权法》第190条规定："订立抵押合同前抵押财产已出租的，原租赁关系不受该抵押权的影响。抵押权设立后抵押财产出租的，该租赁关系不得对抗已登记的抵押权。"明确了在后抵押权不得对抗在先承租权的规则。《民法典》第405条对原《物权法》第190条修改后增加了承租人占有租赁物作为对抗在后抵押权的要件，进一步明确了占有在租赁权对抗在后抵押权中的公示效力。本案刘×与华骏公司虽是买卖关系不是租赁关系，但《民法典》第405条规定精神在处理在先权利与在后权利的保护顺位时具有参考价值。据此，刘×就案涉车位取得的权利，应当优于一般债权予以保护，其占有对在后设定的抵押权具有公示力，甘肃银行中央广场支行应对刘×的权利负有适当的注意义务。

三、甘肃银行中央广场支行在案涉车位设定抵押权时未尽到必要注意义务

如前所述，案涉车位属于法律明确规定满足小区业主居住需求的商品房的必要配套设施。虽然车位登记在华骏公司名下，但甘肃银行中央广场支行在设定抵押权时对车位的实际状态还负有法定的审查义务。《商业银行法》第36条第1款规定："商业银行贷款，借款人应当提供担保。商业银行应当对保证人的偿还能力，抵押物、质物的权属和价值以及实现抵押权、

---

① 现对应《民法典》第352条。

质权的可行性进行严格审查。"中国人民银行制定的《贷款通则》第27条规定:"贷款调查:贷款人受理借款人申请后,应当对借款人的信用等级以及借款的合法性、安全性、盈利性等情况进行调查,核实抵押物、质物、保证人情况,测定贷款的风险度。"法律规定银行对外贷款设定担保时负有对抵押物进行审查的义务,该规定系为了防范银行贷款风险,而银行贷款抵押担保的主要风险之一即是抵押物存在与登记不符等影响抵押权实现的物的瑕疵或者权利负担。根据甘肃银行中央广场支行提交的尽职调查材料显示,办理抵押时案涉车位产权登记在华骏公司名下,车位的现状是"车库均处于使用状态,住宅部分使用部分空置"。甘肃银行中央广场支行已经明知案涉车位在业主的占有使用之下,车位上有他人权利的可能性已经明显存在,却未进一步调查了解车位是否已经出卖或者是否有其他权利人,以致甘肃银行中央广场支行的抵押权与刘×在先权利产生冲突,甘肃银行中央广场支行未尽到必要的注意义务。

四、甘肃银行中央广场支行对案涉交易风险具有防范和控制的优势

本案刘×与甘肃银行中央广场支行就案涉车位产生权利冲突,根本原因在于华骏公司先出卖后抵押的严重不诚信行为。在我国商品房、车位买卖中普遍存在先交付后登记而且登记时间较长的现实情况下,买受人对于防范开发商"一房二卖"或者"先卖后抵"之交易风险通常欠缺有效的手段,在办理产权登记中处于被动地位。刘×在开发商华骏公司销售车位过程中,于2016年5月底购买并支付价款,2016年6月初占有使用车位,甘肃银行中央广场支行在一个月后的2016年7月4日即设定抵押权,刘×基本上没有控制风险的机会,非因自身原因未办理过户登记,如果由其承担该笔交易风险,有违公平。设定抵押权在后的银行,不仅法律法规明确规定其应当对抵押物进行尽职调查,而且作为专业的金融机构,更具有调查的便利和防范风险的优势,赋予其对在先权利的注意义务以避免权利冲突,符合诚信原则和公平要求。本案中,甘肃银行中央广场支行在发现居住区域车位已经被占有使用后,如果不是直接设定抵押权并发放贷款,而是适

当了解车位的实际权利情况并评估风险，就会避免在华骏公司不能偿还贷款时与刘×就案涉车位发生权利冲突产生纠纷。

另外，甘肃银行中央广场支行主张刘×在签订《商品房买卖合同》时知道案涉车位上设定了抵押权，因而有过错。经查，在案涉车位买卖时确存有案外人的抵押权，但该抵押权与甘肃银行中央广场支行的抵押权并无关联，且在甘肃银行中央广场支行设定抵押权之前已经涂销，甘肃银行中央广场支行以此主张买受人存在过错，依据不足，依法不能成立。

虽然甘肃银行中央广场支行在案涉车位上设定有抵押权，具有对抗第三人的效力，但刘×在抵押之前已经实际占有该车位，并支付了全部价款，对未办理产权登记无过错。甘肃银行中央广场支行在后设定抵押权时未尽到必要注意义务，存在过错。综合考虑上述因素，刘×的权利具有优先保护的必要。因此，可以认定刘×对案涉车位享有排除甘肃银行中央广场支行抵押权执行的民事权益。一审法院仅以刘×就案涉车位享有的权利为债权为由，依据《执行异议和复议规定》第27条规定，驳回刘×的执行异议，支持甘肃银行中央广场支行的诉讼请求，适用法律不当，本院依法予以纠正。刘×的上诉请求成立，依法予以支持。

合议庭成员：吴兆祥、龙飞、赵敏

撰写人：赵敏、尹伊

六、第三人撤销之诉等类型案件

53. 债权人提起第三人撤销之诉的条件审查
——郭×、王×× 与王× 等第三人撤销之诉案

● **案件基本信息**

一、诉讼当事人

再审申请人（一审被告、二审被上诉人）：郭×、王××

被申请人（一审原告、二审上诉人）：王×

一审被告、二审被上诉人：党×

一审被告、二审被上诉人：咸阳圣凯罗餐饮洗浴娱乐有限公司（以下简称圣凯罗公司）

二、案件索引与裁判日期

一审：陕西省咸阳市中级人民法院（2020）陕04民撤2号民事判决（2020年7月20日）

二审：陕西省高级人民法院（2020）陕民终871号民事判决（2020年12月14日）

申请再审：最高人民法院（2021）最高法民申4171号民事裁定（2021年9月1日）

三、案由

第三人撤销之诉

○ 裁判要旨

债权人以债务人与他人之间的财产处分行为损害其债权为由,对债权人与他人之间的生效判决提起第三人撤销之诉的,人民法院应当审查其主张是否符合行使债权人撤销权的条件。如果符合,才具有提起第三人撤销之诉的原告主体资格。

○ 裁判依据

《中华人民共和国合同法》(2021年1月1日废止)

第七十四条 因债务人放弃其到期债权或者无偿转让财产,对债权人造成损害的,债权人可以请求人民法院撤销债务人的行为。债务人以明显不合理的低价转让财产,对债权人造成损害,并且受让人知道该情形的,债权人也可以请求人民法院撤销债务人的行为。

撤销权的行使范围以债权人的债权为限。债权人行使撤销权的必要费用,由债务人负担。

《中华人民共和国民事诉讼法》(2017年6月27日修正)

第五十六条 对当事人双方的诉讼标的,第三人认为有独立请求权的,有权提起诉讼。

对当事人双方的诉讼标的,第三人虽然没有独立请求权,但案件处理结果同他有法律上的利害关系的,可以申请参加诉讼,或者由人民法院通知他参加诉讼。人民法院判决承担民事责任的第三人,有当事人的诉讼权利义务。

前两款规定的第三人,因不能归责于本人的事由未参加诉讼,但有证据证明发生法律效力的判决、裁定、调解书的部分或者全部内容错误,损害其民事权益的,可以自知道或者应当知道其民事权益受到损害之日起六个月内,向作出该判决、裁定、调解书的人民法院提起诉讼。人民法院经审理,诉讼请求成立的,应当改变或者撤销原判决、裁定、调解书;诉讼请求不成立的,驳回诉讼请求。

> **对应新法**

《中华人民共和国民法典》（2020年5月28日）

第五百三十八条 债务人以放弃其债权、放弃债权担保、无偿转让财产等方式无偿处分财产权益，或者恶意延长其到期债权的履行期限，影响债权人的债权实现的，债权人可以请求人民法院撤销债务人的行为。

《中华人民共和国民事诉讼法》（2021年12月24日修正）

第五十九条 对当事人双方的诉讼标的，第三人认为有独立请求权的，有权提起诉讼。

对当事人双方的诉讼标的，第三人虽然没有独立请求权，但案件处理结果同他有法律上的利害关系的，可以申请参加诉讼，或者由人民法院通知他参加诉讼。人民法院判决承担民事责任的第三人，有当事人的诉讼权利义务。

前两款规定的第三人，因不能归责于本人的事由未参加诉讼，但有证据证明发生法律效力的判决、裁定、调解书的部分或者全部内容错误，损害其民事权益的，可以自知道或者应当知道其民事权益受到损害之日起六个月内，向作出该判决、裁定、调解书的人民法院提起诉讼。人民法院经审理，诉讼请求成立的，应当改变或者撤销原判决、裁定、调解书；诉讼请求不成立的，驳回诉讼请求。

● 基本案情

一、基本事实

圣凯罗公司于2004年2月26日成立，股东为党×、郭×、王××三人，公司的注册资本为50万元。该50万元注册资本工商登记显示为货币出资，且成立后未见股东会增资决议。圣凯罗公司成立时使用的土地登记在党×时任法定代表人的咸阳宏图工贸有限公司（以下简称宏图公司）名下。圣凯罗公司的经营用房在圣凯罗公司成立之前就已经开始建设，由股东个人实际投资，且同时以圣凯罗公司名义向咸阳市商业银行申请流动资金周转贷款 300 万元,在圣凯罗公司的董事会决议中,对该 300 万元贷款的用途表述为建造员工宿舍楼一栋。但从该土地上房屋的最终使用情况(主体为框架结构三层,附属楼为平房)来看,并未用于建设员工宿舍楼,但是否用于圣凯罗公司的其他经营支出并无相应证据证明。

2017 年 11 月 7 日,党×、郭×、王×× 就圣凯罗公司原经营使用的房屋的来源、投资、现状等达成了《房产协议书》,该协议书确认:圣凯罗公司所使用的经营性用房系党×、郭×、王×× 三人合伙投资所建,面积约 6000 平方米,目前价值为 600 万元。党×、郭×、王×× 三人按份共有该房产的份额如下:党×占 40%、郭×占 40%、王×× 占 20%,因党×以圣凯罗公司名义贷款和对外借款,严重损害其他股东合法权益,为弥补其他股东损失,党×自愿将其占有房屋的 40% 份额全部转让给郭×,因此圣凯罗公司现使用的房屋与党×无关,最终郭×享有该房产 80% 的份额,王×× 享有 20% 份额。同时圣凯罗公司对该书面协议进行了盖章确认。

在签订该协议书后,郭×作为原告起诉党×、王××、圣凯罗公司要求确认该协议书有效,圣凯罗公司提出反诉要求判决确认该协议书无效。陕西省咸阳市渭城区人民法院(以下简称渭城区法院)认为合同效力问题是本案审理的核心,无须将确认无效的主张作为反诉提出,经释明后未准许圣凯罗公司的反诉。该案渭城区法院后以(2018)陕 0404 民初 458 号民事判决书支持了原告郭×的诉请。圣凯罗公司、党×不服提起上诉,二审法院 2018 年 7 月 13 日以(2018)陕 04 民终 1251 号民事判决书驳回上诉,维持原判。

王×与党×之间的民间借贷纠纷,开始于 2015 年 12 月 31 日,党×因资金周转困难向王×借款 400 万元,圣凯罗公司和宏图公司对此提供连带责任保证,期限为 6 个月,月利率为 2%。

2017 年年初,王×以借款合同纠纷为由向渭城区法院起诉党×、宏图公司、圣凯罗公司。起诉后,王×申请财产保全,渭城区法院作出(2017)陕 0404 民初 280 号民事裁定书,对宏图公司位于陕西省西咸新区秦汉新城金旭大道×号的土地予以查封。审理中,王×和党×在渭城区法院主持下达成调解协议，渭城区法院据此于 2017 年 5 月 23 日作出（2017）陕 0404 民初 280 号民事调解书。该调解书确认党 × 需清偿王 × 借款本金 228 万元、利息 192 万元（利息计算时间截至 2017 年 4 月 30 日）。2017 年 4 月 30 日后的利息按照月息 2% 计算。党 × 于 2017 年 12 月 31 日前偿还利息 192 万元（利息计算期间为 2015 年 1 月 20 日至 2017 年 4 月 30 日），2018 年 12 月 31 日前偿还借款本金 228 万元（自 2017 年 5 月 1 日以后利息按 2% 计算至归还之日）。宏图公司、圣凯罗公司对上述借款承担连带清偿责任。

2019 年 11 月，渭城区法院拟对圣凯罗公司的财产进行评估拍卖时，党 × 提交（2018）陕 04 民初 1251 号民事判决书，说明该财产已经判决转移。

2019 年 12 月，渭城区法院在执行咸阳渭城农村商业银行股份有限公司（以下简称渭城农商行）与党 ×、圣凯罗公司、宏图公司借款合同纠纷一案中，因登记于宏图公司名下的位于金旭大道 × 号的土地属于该案中的抵押财产，需拍卖该土地清偿债权人债权，但因该土地上的房屋已经属于郭 ×、王 × × 所有，根据房地一体的原则应一并进行拍卖。后郭 × 参与竞买成功，成交价为 29 547 000 元，其中土地使用权价格为 4 260 300 元，地面附着物价格为 25 286 700 元。

渭城农商行与党 ×、圣凯罗公司、宏图公司借款合同纠纷一案，经渭城农商行申请，渭城区法院以（2019）陕 0404 执 534 号立案执行。该案执行中，郭 ×、王 × × 向执行法院出具说明，渭城农商行仅对土地有抵押权，地上建筑物有生效判决确认归属于郭 ×、王 × × 二人。2019 年 10 月 21 日，郭 × 参加执 534 案执行法院组织的当事人对地上附着物议价，郭 × 主张地上房屋在 2015 年经评估价格为 2107.404 万元，根据不动产市场行情，综合各方面因素，现应上涨 20%。后经各方议定，地面附着物价格为 2528.4 万元。执行法院对议价结果予以认可，后在该案执行中执行法院对案涉土地及地面附着物通过司法拍卖程序予以处置。本案一审中，王 × 将 2015 年 1 月 9 日陕西恒达不动产评估咨询有限公司出具的评估报告作为证据提交，党 ×、圣凯罗公司、郭 ×、王 × × 均认可该证据的真实性。评估报告显示，案涉土地地上建筑物评估价为2107.404万元。王×因280调解书确定的债权未得到清偿，向渭城区法院申请强制执行，渭城区法院先后以（2018）陕0404执471号、（2018）陕0404执恢382号立案执行。2018年4月在党×出具还款计划后，王×与党×达成执行和解。2018年5月9日渭城区法院作出（2018）陕0404执471号执行裁定，以当事人达成执行和解为由裁定终结执行。后党×未按执行和解还款计划清偿债务，渭城区法院恢复执行，2019年12月24日渭城区法院作出（2018）陕0404执恢382号执行裁定，以无可执行财产为由裁定终结本次执行程序。裁定内容显示，已采取的执行措施包括轮候查封了党×名下国润翠湖×号楼×单元×层×号房屋一套，冻结了党×在圣凯罗公司、陕西宏图商品混凝土有限公司的股权，冻结党×在渭城区碱滩村三组×号拆迁款。渭城区法院在前述执行过程中曾于2019年12月16日作出协助执行通知书，要求提取房屋拍卖所得款5 653 170.96元。另外，渭城区法院在执行郭×诉党×、王××、圣凯罗公司民间借贷纠纷案中，冻结了党×在咸阳华兴实业有限公司的50%股份，后渭城区法院在该案中作出（2018）陕0404执388号之一执行裁定，以无可执行财产为由裁定终结本次执行程序。

二、当事人诉辩主张

郭×、王××申请再审称：（1）原判决认定的基本事实缺乏证据证明：第一，案涉房屋根本不能形成法律意义上的所有权，原判决认定党×转让房屋40%份额的行为损害王×权益，缺乏证据证明。案涉房屋系郭×、王××在宏图公司土地上建设完成，房屋建成后并未登记在宏图公司及党×、郭×、王××任何人名下。因此，宏图公司并非案涉房屋的所有权人，郭×、王××作为案涉房屋的建设方在未经登记的情况下也仅享有案涉房屋的使用权，宏图公司提供名下土地使用权与两人也仅能形成债权关系，而不能产生对案涉房屋享有所有权的法律效力。并且，王×申请了诉讼保全，认为查封土地使用权的效力及于地上建筑物的前提条件是土地使用权与地上合法房屋所有权的权利人为同一人，但宏图公司仅为前述案涉土地使用权的权利人，并且该房屋也非依法建设并经登记的合法房屋。郭×、王××、党×针对案涉无证房屋签订的《房产协议书》是郭×、王××为了防止党×肆意举债侵害股东权益的无奈之举，案涉房屋根本无法上市交易，不能实际产生任何经济价值，此举对王×的权益不会产生任何影响。王×应通过在该执行案件中申请对拍卖案款参与分配的方式实现债权。第二，原判决认定郭×在签署案涉《房产协议书》时对40%房屋份额折价240万元系明显低价明知，缺乏证据证明。郭×、王××、党×三人签订《房产协议书》时，协商确定房屋折价600万元，符合实际情况。2015年1月9日，党×为向咸阳渭城农商行申请贷款，以宏图公司名义委托陕西恒达不动产评估咨询有限公司对该房屋进行评估，案涉房屋评估价为2107.404万元。但案涉房屋属于无证房屋，根本无法上市交易，评估公司按照手续齐全的合法房屋的市场价格评估该房屋的市场价值并不准确，亦无意义。（2）王×应当知道2019年渭城区法院对宏图公司的土地及案涉房屋的拍卖情况，郭×、王××有理由怀疑其与党×恶意串通，王×反而主张党×为逃避债务，通过与郭×、王××恶意串通低价转让案涉房屋份额，故意损害其合法权益，与事实不符。（3）王×没有诉讼主体资格，无权提起第三人撤销之诉，且已超过6个月的法定期间。王×是以无独立请求权第三人身份提起第三人撤销之诉，但无独立请求权第三人须与案件的处理结果具有法律上的因果关系，即案件处理结果会导致第三人承担一定的义务或享有一定的权益。但是，郭×、王××与党×确认之诉的处理结果显然不能对王×的权利义务产生任何影响，王×无权提起第三人撤销之诉。此外，王×以案涉房屋在本案一审起诉状中称案涉房屋应属宏图公司所有，宏图公司在王×与党×民间借贷纠纷中属于保证人，但直到2019年12月24日执行终结时，王×也未申请对案涉房屋进行拍卖，郭×、王××与党×确认之诉终审判决在2018年7月13日就已作出并公布。由此可知，王×在2018年对郭×、王××与党×确认之诉的结果应已知晓。王×在2020年4月24日才提起撤销之诉，已严重超过

《民事诉讼法》（2017年修正）第56条①规定的6个月期限。（4）原判决撤销了三份生效民事判决书，但既未对郭×、王××与党×确认之诉案件的诉讼请求进行处理，也未言明该案是否应当重新审理，严重侵犯了郭×、王××的诉权，让郭×、王××与党×确认之诉案件至今没有得到处理。（5）案涉房屋的性质属于无证房屋，原判决将无证房屋按照合法房屋进行处分，违反了国家土地、房屋管理的相关法律规定。综上，根据《民事诉讼法》第200条第2项规定申请再审，请求撤销二审判决，维持一审判决；本案一审、二审诉讼费用由被申请人承担。

王×提交意见称，（2020）陕民终871号民事判决事实认定清楚，法律适用适当，郭×、王××的再审申请应当裁定驳回。（2020）陕民终871号案件与（2020）陕民终870号案件密切关联，（2020）陕民终871号民事判决是（2020）陕民终870号民事裁定的前提和基础，应对两案一并审查。

争议焦点

王×的权益因郭×、王××等人的财产处分行为受到损害，是否有权提起第三人撤销之诉，是否应予撤销相应民事判决。

裁判结果

一审法院判决：驳回王×的诉讼请求。

二审法院判决：一、撤销陕西省咸阳市中级人民法院（2020）陕04民撤2号民事判决；二、撤销陕西省咸阳市中级人民法院（2018）陕04民终1251号民事判决；三、撤销陕西省咸阳市渭城区人民法院（2018）陕0404民初458号民事判决；四、驳回王×的其他诉讼请求。

再审审查法院裁定：驳回再审申请人郭×、王××的再审申请。

裁判理由及评析

根据《民事诉讼法》及其司法解释规定，并参照《民商审判会议纪要》

---

① 现对应《民事诉讼法》（2021年修正）第59条。

有关规定以及最高人民法院指导案例第152号"鞍山市中小企业信用担保中心诉汪×、鲁×第三人撤销之诉案"之裁判要点,普通债权人的债权因债务人与他人之间的财产处分行为受到损害,该处分行为若为人民法院生效裁判所确认,符合原《合同法》第74条①规定的行使撤销权的条件的,该债权人具备对损害其债权的生效裁判文书内容提起第三人撤销之诉的原告主体资格。2017年5月,王×与党×、宏图公司、圣凯罗公司的借款纠纷一案中,人民法院生效调解书确认了王×对党×的债权,还保全了宏图公司名下的土地使用权,即本案案涉房屋的土地使用权。2017年11月,党×与郭×、王××达成《房产协议书》,将建设于宏图公司被保全土地上的案涉房屋的40%权利份额以240万元的价格转让给郭×。王×以该转让价格远低于法院拍卖成交价为由,主张党×低价处分财产的行为损害了其到期债权,符合原《合同法》第74条规定的债权人撤销权行使的要件,因此具备提起第三人撤销之诉的原告主体资格。原审法院对此认定正确。

王×起诉撤销确认《房产协议书》合法有效的(2018)陕04民终1251号民事判决中是否成立,法院应重点审查王×是否享有原《合同法》第74条规定的撤销权:第一,王×对党×存在合法有效的债权,已经(2017)陕0404民初280号民事调解书确认。第二,《房产协议书》约定的党×转让其房产权益的价格为240万元,但没有估值依据,结合其他案件情况,符合原《合同法》第74条规定的"债务人以明显不合理的低价转让财产"情形。第三,党×低价转让其房产权益的行为损害了王×的债权。第四,受让人郭×知道党×低价转让房产权益损害王×债权。

合议庭成员:吴兆祥、吴笛、张梅
撰写人:吴兆祥、孙明娟

---

① 现对应《民法典》第538条。

54. 以房抵债受让房产的债权人提起第三人撤销之诉的主体资格判断

——李××与兰州通安房地产开发有限公司玉门分公司、黄××、宋×第三人撤销之诉案

○ 案件基本信息

一、诉讼当事人

上诉人（一审原告）：李××

被上诉人（一审被告）：兰州通安房地产开发有限公司玉门分公司（以下简称通安公司玉门分公司）

被上诉人（一审被告）：黄××

被上诉人（一审被告）：宋×

二、案件索引与裁判日期

一审：甘肃省高级人民法院（2020）甘民初28号民事裁定（2020年12月10日）

二审：最高人民法院（2021）最高法民终746号民事裁定（2021年9月17日）

三、案由

第三人撤销之诉

○ 裁判要旨

买房人在取得房屋所有权之前，以该房屋向债权人抵债，卖房人起诉解除房屋买卖合同，人民法院作出解除合同的生效判决后，债权人以已占

有、使用抵债房屋为由提起第三人撤销之诉的，如果没有证据证明卖房人与买房人之间的诉讼为虚假诉讼，则债权人不具有提起第三人撤销之诉的原告主体资格。

裁判依据

《中华人民共和国民事诉讼法》（2017 年 6 月 27 日修正）

第五十六条　对当事人双方的诉讼标的，第三人认为有独立请求权的，有权提起诉讼。

对当事人双方的诉讼标的，第三人虽然没有独立请求权，但案件处理结果同他有法律上的利害关系的，可以申请参加诉讼，或者由人民法院通知他参加诉讼。人民法院判决承担民事责任的第三人，有当事人的诉讼权利义务。

前两款规定的第三人，因不能归责于本人的事由未参加诉讼，但有证据证明发生法律效力的判决、裁定、调解书的部分或者全部内容错误，损害其民事权益的，可以自知道或者应当知道其民事权益受到损害之日起六个月内，向作出该判决、裁定、调解书的人民法院提起诉讼。人民法院经审理，诉讼请求成立的，应当改变或者撤销原判决、裁定、调解书；诉讼请求不成立的，驳回诉讼请求。

《最高人民法院关于适用〈中华人民共和国民事诉讼法〉的解释》（2020 年 12 月 29 日修正）

第二百九十五条　民事诉讼法第五十六条第三款规定的因不能归责于本人的事由未参加诉讼，是指没有被列为生效判决、裁定、调解书当事人，且无过错或者无明显过错的情形。包括：

（一）不知道诉讼而未参加的；

（二）申请参加未获准许的；

（三）知道诉讼，但因客观原因无法参加的；

（四）因其他不能归责于本人的事由未参加诉讼的。

对应新法

《中华人民共和国民事诉讼法》（2021年12月24日修正）

第五十九条 对当事人双方的诉讼标的，第三人认为有独立请求权的，有权提起诉讼。

对当事人双方的诉讼标的，第三人虽然没有独立请求权，但案件处理结果同他有法律上的利害关系的，可以申请参加诉讼，或者由人民法院通知他参加诉讼。人民法院判决承担民事责任的第三人，有当事人的诉讼权利义务。

前两款规定的第三人，因不能归责于本人的事由未参加诉讼，但有证据证明发生法律效力的判决、裁定、调解书的部分或者全部内容错误，损害其民事权益的，可以自知道或者应当知道其民事权益受到损害之日起六个月内，向作出该判决、裁定、调解书的人民法院提起诉讼。人民法院经审理，诉讼请求成立的，应当改变或者撤销原判决、裁定、调解书；诉讼请求不成立的，驳回诉讼请求。

《最高人民法院关于适用〈中华人民共和国民事诉讼法〉的解释》（2022年4月1日修正）

第二百九十三条 民事诉讼法第五十九条第三款规定的因不能归责于本人的事由未参加诉讼，是指没有被列为生效判决、裁定、调解书当事人，且无过错或者无明显过错的情形。包括：

（一）不知道诉讼而未参加的；

（二）申请参加未获准许的；

（三）知道诉讼，但因客观原因无法参加的；

（四）因其他不能归责于本人的事由未参加诉讼的。

● 基本案情

李××向甘肃省高级人民法院（以下简称甘肃高院）起诉，请求：（1）撤销甘肃高院（2019）甘民终129号民事判决书；（2）判令通安公司玉门分公司继续履行与黄××签订的《商品房团购协议》及备案号为玉市新02485、02486、02487、03157、03158、03159、03160的《商品房预售合同》；（3）依法认定李××与黄××、宋×2017年3月1日签订的《房屋买卖合同》合法有效，并继续履行；（4）依法确认×大道×小区24栋101号、102号、103号、105号商铺，24栋3单元101室、102室住宅，24栋4单元501室住宅的所有权归李××所有；并由通安公司玉门分公司、黄××、宋×依次给李××办理房产证和土地使用证。事实和理由：黄××为玉门市花海银棉有限公司的法定代表人。2015年6月1日，黄××向李××提出借款500万元的请求，并向李××出示了通安公司玉门分公司出具给黄××的交纳房款收据和出具给黄××女儿宋×的购房证明。收据显示，通安公司玉门分公司收到黄××缴来购房款600万元，并盖有通安公司玉门分公司财务专用章。《购房证明》显示，宋×在×小区购买了商铺四间，分别为24-234、24-102、24-103、24-105；同时，购买了住宅四套，分别为24-3-101、24-3-102、24-4-501、24-4-502，并盖有通安公司玉门分公司行政章。李××阅后到现场了解了《购房证明》上确定的房屋，该房屋部分由黄××开办水厂、部分开办餐饮，并在正常营业中。李××认为黄××有还款能力，并同意向其借款，双方达成借款合意后，2015年6月1日由黄××向李××出具了《借条》一份。该《借条》由黄××在借款人处签上了自己的名字，同时黄××将玉门市花海银棉有限公司的行政章也盖在了《借条》的借款人处。《借条》约定，黄××向李××借款金额为500万元，借款期限为2015年6月1日至2015年6月10日，并用通安公司玉门分公司开发的玉门市×大道×小区院内已经出售给宋×和黄××的建筑面积为993平方米的四间商铺和建筑面积为392.8平方米的四间住宅作为借款抵押。黄××承诺预交房款600万元。2015年6月2日，李××将500万元转入黄××的银行卡内。借款逾期后，宋×公证委托黄××将以上房屋变卖后抵顶李××的部分借款。为此，李××于2017年3月1日与黄××、宋×签订了《房屋买卖合同》。为保证买卖合同的履行，玉门市花海银棉有限公司为黄××提供担保。按照《房屋买卖合同》的约定，黄××与宋×将通安公司玉门分公司出具给宋

×的《购房证明》项下的房屋出售给李××,出售的房屋为玉门市×大道×小区24栋101号、102号、103号、105号商铺,24栋3单元101室、102室住宅和24栋4单元501室住宅。以上房屋出售总价值为490.2万元,对于借款期间产生的利息219.8万元,由宋×、黄××和担保人继续偿还,并每月另行承担2%的利息。《房屋买卖合同》签订当天,宋×和黄××将以上房屋和房门钥匙交付李××,李××向黄××、宋×出具了收到以上房屋和房门钥匙的《收条》,黄××、宋×向李××出示了收到全额房款的《收条》(该款用借款顶付)。之后李××将以上房屋再次转卖给第三人。2017年11月,通安公司玉门分公司将宋×、黄××起诉至人民法院,请求解除他们之间的《商品房团购协议》和《商品房预售合同》。为此,李××也将通安公司玉门分公司、黄××、宋×起诉至甘肃省酒泉市中级人民法院(以下简称酒泉中院),请求依法认定李××与黄××、宋×2017年3月1日签订的《房屋买卖合同》成立并合法有效,黄××、宋×继续履行2017年3月1日与李××签订的《房屋买卖合同》;请求确认玉门市×大道×小区24栋101号、102号、103号、105号商铺,24栋3单元101室、102室住宅,24栋4单元501室住宅的所有权归李××所有;请求依法判令通安公司玉门分公司、黄××、宋×依次给李××办理以上房屋的房产证和土地使用证;通安公司玉门分公司、黄××、宋×承担给李××造成的违约损失255 780元。酒泉中院作出(2018)甘09民初8号民事判决,认定李××与黄××、宋×于2017年3月1日签订的《房屋买卖合同》有效,以上争议的房屋所有权归李××所有,并协助李××办理房屋产权登记手续。通安公司玉门分公司不服该判决,提起上诉,甘肃高院作出(2019)甘民终274号民事裁定,以事实不清为由将李××起诉通安公司玉门分公司、黄××、宋×的案件发回重审。李××在应诉发回重审案件时,才知道通安公司玉门分公司起诉黄××解除《商品房团购协议》和《商品房预售合同》的案件已被酒泉中院(2017)甘09民初110号民事判决判令驳回诉讼请求,通安公司玉门分公司对该判决不服,提起上诉,甘肃高院作出(2019)甘民终129号民事判决,改判解除了《商品房团购协议》和《商品房预售合同》。该案的判决结果直接影响了酒泉中院重审李××起诉通安公司玉门分公司、黄××、宋×的案件。甘肃高院（2019）甘民终129号民事判决查明事实不清、证据不足，适用法律错误，其判决结果直接损害了李××对案涉房屋享有的合法权益。故依照法律规定，提起本案第三人撤销之诉。

争议焦点

李××的起诉是否符合第三人撤销之诉的受理条件。

裁判结果

一审法院裁定：驳回李××的起诉。
二审法院裁定：驳回上诉，维持原裁定。

裁判理由及评析

一、裁判理由

《民事诉讼法》（2017年修正）第56条[①]第1款规定："对当事人双方的诉讼标的，第三人认为有独立请求权的，有权提起诉讼。"第2款规定："对当事人双方的诉讼标的，第三人虽然没有独立请求权，但案件处理结果同他有法律上的利害关系的，可以申请参加诉讼，或者由人民法院通知他参加诉讼。人民法院判决承担民事责任的第三人，有当事人的诉讼权利义务。"第3款规定："前两款规定的第三人，因不能归责于本人的事由未参加诉讼，但有证据证明发生法律效力的判决、裁定、调解书的部分或者全部内容错误，损害其民事权益的，可以自知道或者应当知道其民事权益受到损害之日起六个月内，向作出该判决、裁定、调解书的人民法院提起诉讼。人民法院经审理，诉讼请求成立的，应当改变或者撤销原判决、裁定、调解书；诉讼请求不成立的，驳回诉讼请求。"该条第3款明确规定了第三

---

① 现对应《民事诉讼法》（2021年修正）第59条。

人撤销之诉的受理条件。第三人撤销之诉是一种非常救济制度，要在保护第三人利益与维护生效裁判的稳定性、权威性之间保持平衡，因此立法对第三人撤销之诉较普通民事诉讼设置了更为严格的条件。

李××在本案中请求撤销的（2019）甘民终129号民事判决，是就通安公司玉门分公司诉黄××、宋×商品房预售合同纠纷，判令解除通安公司玉门分公司与黄××签订的《商品房团购协议》和七份《商品房预售合同》，黄××、宋×向通安公司玉门分公司返还《商品房预售合同》项下的房产。根据李××起诉及上诉所述事实及理由，李××与黄××之间实为民间借贷法律关系，李××与黄××、宋×签订《房屋买卖合同》的目的是以案涉房屋清偿黄××欠付李××的部分借款。李××占有、使用案涉房屋并收取相应收益等事实不能改变其系黄××普通债权人的法律地位，该债权并非需要法律特别保护的优先权利。无论通安公司玉门分公司与黄××、宋×之间的商品房预售合同纠纷处理结果如何，均不会对李××与黄××之间因借款而产生的权利义务关系产生影响。根据（2019）甘民终129号民事判决查明的事实，通安公司玉门分公司系在黄××、宋×未付清合同约定首付款、未依约办理按揭贷款手续、仅支付1 225 000元购房款，且发现黄××、宋×被甘肃省玉门市人民法院列入失信被执行人名单，黄××、宋×履约能力发生严重问题的情况下提起的诉讼，请求解除《商品房团购协议》《商品房预售合同》。黄××、宋×经依法传唤无正当理由未参加诉讼，该案缺席审理。李××未提供任何证据证明该案存在通安公司玉门分公司与黄××、宋×恶意串通、虚假诉讼的情形。因此，一审裁定认定李××不具备提起第三人撤销之诉的主体资格，并无不当。

此外，酒泉中院于2017年10月27日受理通安公司玉门分公司诉黄××、宋×商品房预售合同纠纷案。李××于2018年1月7日以通安公司玉门分公司、黄××、宋×为被告，向该院提起诉讼，请求确认其与黄××、宋×签订的《房屋买卖合同》有效。李××在本案及其请求确认《房屋买卖合同》效力一案的起诉状中均明确表示，其另行提起诉讼，请求确认其与黄××、宋×签订的《房屋买卖合同》合法有效是因为通安公司玉门分公司已提起诉讼请求解除该公司与黄××、宋×签订的《商品房团购协议》《商品房预售合同》。据此可知,李××明知(2019)甘民终129号案件诉讼已经发生,而未申请参加诉讼,且其不参加该案诉讼并非因客观原因或其他不能归责于本人的事由造成。因此,退一步而言,即使李××可以被认定为(2019)甘民终129号案件的第三人,亦不符合"因不能归责于本人的事由未参加诉讼"的情形。李××在(2019)甘民终129号民事判决生效后提起本案撤销之诉,不符合第三人撤销之诉的受理条件。

二、评析

适格当事人的问题是第三人撤销之诉的基本问题之一。《民事诉讼法》(2021年修正)第59条第1款规定:"对当事人双方的诉讼标的,第三人认为有独立请求权的,有权提起诉讼。"第2款规定:"对当事人双方的诉讼标的,第三人虽然没有独立请求权,但案件处理结果同他有法律上的利害关系的,可以申请参加诉讼,或者由人民法院通知他参加诉讼。人民法院判决承担民事责任的第三人,有当事人的诉讼权利义务。"第3款规定:"前两款规定的第三人,因不能归责于本人的事由未参加诉讼,但有证据证明发生法律效力的判决、裁定、调解书的部分或者全部内容错误,损害其民事权益的,可以自知道或者应当知道其民事权益受到损害之日起六个月内,向作出该判决、裁定、调解书的人民法院提起诉讼。人民法院经审理,诉讼请求成立的,应当改变或者撤销原判决、裁定、调解书;诉讼请求不成立的,驳回诉讼请求。"该条第3款明确规定了第三人撤销之诉的受理条件。

关于第三人撤销之诉中第三人的主体资格判断问题,综观审判实践,基本观点认为,《民事诉讼法》(2021年修正)第59条规定的有独立请求权第三人享有的请求权主要指物上请求权;对于普通债权,原则上并不适用第三人撤销之诉保护,除非是享有法定撤销权的债权及法律明确规定给予特别保护的债权,如建设工程价款优先受偿权等。关于无独立请求权第三人的认定标准,存在一定争议,争议焦点是如何理解"案件处理结果同他有法律上的利害关系"。部分学理观点认为,所谓"利害关系"除了实体法上的利害关系外，还包括事实上的利害关系，表现为两个法律关系的主体有法律事实或标的物的牵连。本案当事人的上诉理由亦持这一观点。

本案观点认为，第三人撤销之诉制度设立的目的在于为保护第三人合法权益提供救济途径，但亦应防止第三人滥用该诉权损害生效裁判的稳定性及既判力。故此，人民法院对第三人撤销之诉的起诉条件，包括对第三人的主体资格的认定，不宜采取过于宽松的标准，原则上仍应根据法律规定以"法律上的利害关系"为认定依据。考虑到第三人撤销之诉对虚假诉讼的遏制功能，可适当审查有证据证明原案存在虚假诉讼情形下，利益受到损害的当事人是否应视为无独立请求权的第三人。因此，在无证据显示当事人之间存在恶意串通、虚假诉讼的情形下，基于以房抵债拟受让房产的债权人，其占有、使用案涉房产并收取相应收益等事实不能改变其系普通债权人的法律地位，该债权并非需要法律特别保护的优先权利。

此外，第三人撤销之诉制度旨在保护受错误生效裁判损害未参加原诉的第三人的权益，只有在无法通过诉讼程序维护其权益时，才有赋予第三人对生效裁判提起撤销之诉的必要。《民事诉讼法》（2021年修正）第56条规定了第三人提起撤销之诉的条件之一为"因不能归责于本人的事由未参加诉讼"。《民事诉讼法司法解释》（2022年修正）第293条规定的"因不能归责于本人的事由未参加诉讼"的情形，是指没有被列为生效判决、裁定、调解书的当事人，且无过错或者无明显过错的情形，包括：（1）不知道诉讼而未参加的；（2）申请参加未获准许的；（3）知道诉讼，但因客观原因无法参加的；（4）因其他不能归责于本人的事由未参加诉讼的。据此，基于以房抵债拟受让房屋的债权人明知诉讼已经发生，而未申请参加诉讼，且其不参加该案诉讼并非因客观原因或其他不能归责于本人的事由造成，即使认定其具备提起第三人撤销之诉的主体资格，仍不符合"因不能归责于本人的事由未参加诉讼"的情形，因而不符合第三人撤销之诉的受理条件。

合议庭成员：高晓力、陈宏宇、张梅

撰写人：高晓力、张伯娜

55. 生效判决所认定的事实及论理内容损害第三人利益但判决内容不损害第三人利益时，第三人不能提起第三人撤销之诉
——海通证券股份有限公司及其甘肃分公司与中国银河投资管理有限公司、甘肃太平洋律师事务所第三人撤销之诉纠纷案

◎ 案件基本信息

一、诉讼当事人

上诉人（原审原告）：海通证券股份有限公司（以下简称海通证券公司）

上诉人（原审原告）：海通证券股份有限公司甘肃分公司（以下简称海通证券甘肃分公司）

被上诉人（原审被告）：中国银河投资管理有限公司（以下简称银河投资公司）

被上诉人（原审被告）：甘肃太平洋律师事务所（以下简称太平洋律所）

二、案件索引与裁判日期

一审：甘肃省高级人民法院（2021）甘民撤1号民事裁定（2021年12月29日）

二审：最高人民法院（2022）最高法民终216号民事裁定（2022年6月16日）

三、案由

第三人撤销之诉

◎ 裁判要旨

第三人撤销之诉制度主要是为了保护受错误生效裁判损害的未参加原诉的第三人的合法权益。发生法律效力的裁判文书内容错误损害当事人的

民事权益作为提起第三人撤销之诉的必备要件之一。裁判文书的内容是指判决主文，并不包含判决所认定的事实及论理内容。

● 裁判依据

《中华人民共和国民事诉讼法》（2021年12月24日修正）

第五十九条　对当事人双方的诉讼标的，第三人认为有独立请求权的，有权提起诉讼。

对当事人双方的诉讼标的，第三人虽然没有独立请求权，但案件处理结果同他有法律上的利害关系的，可以申请参加诉讼，或者由人民法院通知他参加诉讼。人民法院判决承担民事责任的第三人，有当事人的诉讼权利义务。

前两款规定的第三人，因不能归责于本人的事由未参加诉讼，但有证据证明发生法律效力的判决、裁定、调解书的部分或者全部内容错误，损害其民事权益的，可以自知道或者应当知道其民事权益受到损害之日起六个月内，向作出该判决、裁定、调解书的人民法院提起诉讼。人民法院经审理，诉讼请求成立的，应当改变或者撤销原判决、裁定、调解书；诉讼请求不成立的，驳回诉讼请求。

《最高人民法院关于适用〈中华人民共和国民事诉讼法〉的解释》（2022年4月1日修正）

第二百九十四条　民事诉讼法第五十九条第三款规定的判决、裁定、调解书的部分或者全部内容，是指判决、裁定的主文，调解书中处理当事人民事权利义务的结果。

● 基本案情

海通证券公司、海通证券甘肃分公司认为，甘肃省高级人民法院（2020）甘民终427号民事判决（以下简称427号判决）将朱××名下账户资金占有、处分的管理人指向海通证券公司，银河投资公司根据427号判决提起（2021）甘01民初316号诉讼（以下简称316号诉讼），主张海通证券公司向其支付朱××账户股票分红款的一般取回权，故其认为427

号判决损害了其权益,提起本案之诉,请求变更或撤销427号判决。一审裁定驳回海通证券公司、海通证券甘肃分公司的起诉。海通证券公司、海通证券甘肃分公司不服提起上诉。

● 争议焦点

本案是否符合第三人撤销之诉的受理范围。

● 裁判结果

一审法院裁定:驳回海通证券公司、海通证券甘肃分公司的起诉。
二审法院裁定:驳回上诉,维持原裁定。

● 裁判理由及评析

第三人撤销之诉制度主要是为了保护受错误生效裁判损害的未参加原诉的第三人的合法权益。根据《民事诉讼法》(2021年修正)第59条的规定,提起第三人撤销之诉,需同时具备四项要件:一是具有第三人的主体资格;二是因不能归责于本人的事由未参加诉讼;三是发生法律效力的裁判文书内容错误,损害其民事权益;四是自知道或者应当知道其民事权益受到损害之日起6个月内提起第三人撤销之诉。其中第三项要件需要注意的是,第三人撤销之诉针对的是裁判文书的主文,并不包含裁判文书所认定的事实及论理部分,第三人认为裁判文书中的论理损害了其利益不属于提起第三人撤销之诉的受案范围。这是因为第三人并非生效判决的当事人,生效判决的论理对第三人不具有约束力,且第三人可以通过举证来推翻生效判决所认定的事实或论理部分的表述。具体分析如下:

根据海通证券公司、海通证券甘肃分公司的上诉主张,本案主要从427号判决内容是否损害海通证券公司及海通证券甘肃分公司的权益这一要件进行分析。

海通证券公司、海通证券甘肃分公司提起本案第三人撤销之诉的主要理由是,427号判决将朱××名下账户资金占有、处分的管理人指向海通证券公司,银河投资公司据此判决提起316号诉讼，主张海通证券公司向其支付朱××账户股票分红款的一般取回权，故认为427号判决损害了其权益，提起本案之诉，请求撤销427号判决。《民事诉讼法》（2021年修正）第59条对第三人撤销之诉进行了规定，据此，《民事诉讼法司法解释》（2022年修正）第294条规定，"民事诉讼法第五十九条第三款规定的判决、裁定、调解书的部分或者全部内容，是指判决、裁定的主文，调解书中处理当事人民事权利义务的结果"。根据上述规定，第三人撤销之诉针对的是判决主文，并不包含判决所认定的事实及论理部分。427号判决主文为驳回银河投资公司的诉讼请求。该判决主文并不涉及海通证券公司、海通证券甘肃分公司的权利义务，判决结果也不必然导致海通证券公司、海通证券甘肃分公司对银河投资公司承担责任，故427号判决主文不损害海通证券公司、海通证券甘肃分公司的民事权益。海通证券公司、海通证券甘肃分公司关于427号判决损害其民事权益的上诉理由不能成立。

海通证券公司、海通证券甘肃分公司认为427号判决中论理部分所认定的其对朱××名下账户资金占有、处分具有管理职责，损害了其利益。二审法院认为，427号判决论理部分是为了论述太平洋律所是否承担责任，论理部分认定的其他内容不属于不能推翻的事实。海通证券公司、海通证券甘肃分公司并非427号判决的当事人，该论理对海通证券公司、海通证券甘肃分公司不具有约束力，427号判决的上述认定并不必然导致海通证券公司、海通证券甘肃分公司向银河投资公司承担责任。海通证券公司、海通证券甘肃分公司是否应当在316号诉讼案件中向银河投资公司承担责任，应当由双方举证证明。本案中，海通证券公司、海通证券甘肃分公司也提交了大量的证据证明其不应当向银河投资公司承担责任，其可在316号诉讼案件中举证证明其主张。且316号诉讼案件是一审案件，海通证券公司、海通证券甘肃分公司已经提起上诉，其可以在二审审理期间举证寻求救济。综上，二审法院裁定驳回海通证券公司、海通证券甘肃分公司的上诉，维持原裁定。

合议庭成员：吴兆祥、龙飞、张梅

撰写人：龙飞、赵静

56. 建设工程施工合同的识别及合同权利义务转让后诉讼主体资格的认定

——孙×与宁夏博大房地产开发有限公司、史×、陈×、褚×第三人撤销之诉案

◎ 案件基本信息

一、诉讼当事人

再审申请人（一审原告、二审上诉人）：孙×

被申请人（一审被告、二审被上诉人）：宁夏博大房地产开发有限公司（以下简称博大公司）

被申请人（一审被告、二审被上诉人）：史×

被申请人（一审被告、二审被上诉人）：陈×

被申请人（一审被告、二审被上诉人）：褚×

二、案件索引与裁判日期

一审：宁夏回族自治区吴忠市中级人民法院（2018）宁03民撤1号民事判决（2018年5月15日）

二审：宁夏回族自治区高级人民法院（2018）宁民终328号民事判决（2019年2月12日）

申请再审：最高人民法院（2020）最高法民申3454号民事裁定（2020年11月23日）

再审：最高人民法院（2021）最高法民再38号民事判决（2021年6月28日）

三、案由

第三人撤销之诉

裁判要旨

双方当事人签订《投资开发协议》后，一方当事人将其合同权利义务概括转让给第三人，并经得另一方当事人同意。另一方当事人起诉转让人请求确认合同无效，人民法院作出生效裁判予以支持。第三人作为合同权利义务的受让人是该合同的真正主体，与确认合同无效之诉具有直接利害关系，因人民法院未准许其参加诉讼，故第三人以生效判决确认合同无效错误损害了其合同权利为由提起第三人撤销之诉的，具备原告主体资格。

当事人签订的《投资开发协议》，一方当事人主张为建设工程施工合同，另一方主张为合作开发房地产合同的，人民法院应根据建设工程施工合同的法律特征和合作开发合同的法律特征对案涉合同的主要条款进行审查作出判断。建设施工合同的法律特征主要是：一方承揽建设工程并向另一方交付建设工程，另一方依约定支付工程价款。合作开发合同应当具备双方共同投资、共享利益、共担风险的法律特征。案涉合同约定双方以售房资金按照一定比例分配营利，该营利并非确定数额，还约定双方对建设工程竣工验收共同承担风险，因此应当认定具备共享利润、共担风险的法律特征。

裁判依据

《中华人民共和国合同法》（2021年1月1日废止）

第一百二十五条第一款 当事人对合同条款的理解有争议的，应当按照合同所使用的词句、合同的有关条款、合同的目的、交易习惯以及诚实信用原则，确定该条款的真实意思。

《中华人民共和国民事诉讼法》（2017年6月27日修正）

第五十六条 对当事人双方的诉讼标的，第三人认为有独立请求权的，有权提起诉讼。

对当事人双方的诉讼标的，第三人虽然没有独立请求权，但案件处理结果同他有法律上的利害关系的，可以申请参加诉讼，或者由人民法院通知他参加诉讼。人民法院判决承担民事责任的第三人，有当事人的诉讼权利义务。

前两款规定的第三人，因不能归责于本人的事由未参加诉讼，但有证据证明发生法律效力的判决、裁定、调解书的部分或者全部内容错误，损害其民事权益的，可以自知道或者应当知道其民事权益受到损害之日起六个月内，向作出该判决、裁定、调解书的人民法院提起诉讼。人民法院经审理，诉讼请求成立的，应当改变或者撤销原判决、裁定、调解书；诉讼请求不成立的，驳回诉讼请求。

对应新法

《中华人民共和国民法典》（2020 年 5 月 28 日）

第一百四十二条第一款　有相对人的意思表示的解释，应当按照所使用的词句，结合相关条款、行为的性质和目的、习惯以及诚信原则，确定意思表示的含义。

第四百六十六条第一款　当事人对合同条款的理解有争议的，应当依据本法第一百四十二条第一款的规定，确定争议条款的含义。

《中华人民共和国民事诉讼法》（2021 年 12 月 24 日修正）

第五十九条　对当事人双方的诉讼标的，第三人认为有独立请求权的，有权提起诉讼。

对当事人双方的诉讼标的，第三人虽然没有独立请求权，但案件处理结果同他有法律上的利害关系的，可以申请参加诉讼，或者由人民法院通知他参加诉讼。人民法院判决承担民事责任的第三人，有当事人的诉讼权利义务。

前两款规定的第三人，因不能归责于本人的事由未参加诉讼，但有证据证明发生法律效力的判决、裁定、调解书的部分或者全部内容错误，损害其民事权益的，可以自知道或者应当知道其民事权益受到损害之日起六个月内,向作出该判决、裁定、调解书的人民法院提起诉讼。人民法院经审理,诉讼请求成立的,应当改变或者撤销原判决、裁定、调解书;诉讼请求不成立的,驳回诉讼请求。

○ 基本案情

一、基本事实

2015年11月1日,甲方博大公司与乙方褚×、陈×签订了《投资开发协议》,合作开发吴忠市红寺堡区博大购物中心×小区1~4号楼项目工程。

2015年9月,褚×、陈×聘请史×担任涉案工程项目经理,负责现场管理。2016年3月,涉案工程开工建设。

2016年4月18日、19日,褚×、陈×分别向史×出具委托书,委托史×代其二人全权处理涉案工程开发建设管理和项目转让的相关事宜。

2016年5月11日,史×受褚×、陈×委托与孙×签订《投资开发转让协议》,将涉案工程全部转让给案外人孙×投资、建设、销售。《投资开发转让协议》中有甲方史×和乙方孙×的签字捺印,无被告博大公司的签字盖章。后孙×开始对涉案工程实际投资建设,博大公司对以上授权及转让均知情。

2016年5月13日,博大公司的法定代表人白×在2016年4月18日、19日史×与褚×、陈×分别签订的两份委托书上签名并加盖博大公司印章,同时在两份委托书上注明"只要上述委托属于乙方(陈×、褚×)二人的真实授权委托书,我公司同意履行。但必须遵守原合同范围内的条款"。

2016年8月4日,吴忠市红寺堡区建设和环境保护局向博大公司下发《限期缴纳农民工工资保证金的通知》,催促博大公司缴纳农民工工资保证金155万元。2016年8月24日,因涉案工程未按规定支付农民工工资,吴忠市红寺堡区建设和环境保护局向博大公司下发《催促函》及《劳动保障监察限期整改指令书》。

2016年9月6日博大公司起诉褚×、陈×、史×请求解除《投资开发协议》，宁夏回族自治区吴忠市红寺堡区人民法院于2017年3月28日作出（2016）宁0303民初1768号民事判决：博大公司与褚×、陈×所签的《投资开发协议》为无效合同，终止履行。史×不服一审判决，向宁夏回族自治区吴忠市中级人民法院提起上诉，请求撤销一审判决，依法发回重审。该院于2017年11月6日作出（2017）宁03民终666号民事判决：驳回上诉，维持原判。

二、当事人诉辩主张

孙×申请再审请求：（1）撤销一审、二审判决；（2）本案全部诉讼费用由被申请人承担。事实和理由：（1）原判决认定的基本事实缺乏证据证明。原判决对《投资开发协议》的合同性质认定错误。史×代表陈×和褚×与孙×签订《投资开发转让协议》后，孙×即取得了褚×、陈×原享有的与博大公司《投资开发协议》项下的权利义务，成为合同相对人，褚×、陈×与博大公司的权利义务关系就此消灭。在原一审庭审中，博大公司也认可该授权及转让，并认可孙×对涉案工程进行了投资建设，故在孙×已成为《投资开发协议》的合同当事人的前提下，在博大公司诉请解除或确认该《投资开发协议》无效时，孙×应当作为必须参加的诉讼当事人参与本案审理。在孙×反复提出书面申请要求参加诉讼的情况下，原一审法院拒不同意其参加诉讼，属于程序上严重违法。（2）原判决适用法律错误。原判决依据《建工司法解释》的规定来判断《投资开发协议》为无效合同是错误的。《投资开发协议》应为有效的房地产合作开发合同。（3）原判决关于对孙×要求撤销（2016）宁0303民初1768号民事判决和（2017）宁03民终666号民事判决不成立的综合认定也是错误的。综上，依据《民事诉讼法》第200条第2项、第6项申请再审。

博大公司辩称：原判决认定事实清楚、证据确实充分、适用法律正确。（1）史×的授权及行为具有虚假性。陈×、褚×签订委托书的时间是2016年4月18日,史×和孙×签订《投资开发转让协议》的时间是2016年5月11日,博大公司签字的时间是2016年5月13日。既然让博大公司签字之前陈×、褚×已经和孙×达成了转让协议,应当在委托书中明确写明已经将合同的权益转让给了孙×。同时,史×在宁夏回族自治区高级人民法院出庭证明其在转让后继续作为孙×的委托人处理项目相关事宜。史×的身份成了转让人陈×、褚×与受让人孙×的共同委托人,其本质更像是居间人。所以授权的合法性等达不到认定转让行为成立的证明标准。(2)在最高人民法院组织听证时,陈×书面提交了"关于史×在案涉工程的身份及授权委托中相关事项产生效力"的明确说明。该"特此说明"中已经明确对于史×与孙×之间签订的转让协议必须事先经陈×确认后才能对受托人史×的签字予以认可,否则"未经电话或短信与我沟通的相关签字及相关事宜均属无效",且该"特此说明"中陈×称在2020年10月15日之前并不认识孙×。如此重大合同权益的转让和处理,委托人陈×显然持非常慎重和谨慎态度。该"特此说明"也能够反映出陈×、褚×对史×的授权及履行委托行为进行了严格的限制和把控,其明确指出陈×当时并未确认授权史×与孙×签订转让协议,事后也并未对史×与孙×签订的转让协议予以追认。故孙×与史×签订的转让协议并未发生法律效力,不能以此作为约束陈×、褚×及博大公司的理由及依据。(3)本案没有真实的转让关系,孙×并不是合同的受让人。一是既然是"转让关系",那么必然存在支付转让费的客观事实,而孙×无法提交其支付转让款的证据。二是既然孙×主张是"合作关系",那么应当基于双方相互信任,而孙×采用偷录等方式,谈不上合作。(4)原判决对《投资开发协议》性质的认定正确。根据《最高人民法院关于审理涉及国有土地使用权合同纠纷案件适用法律问题的解释》第14条规定,结合《投资开发协议》第4条、第7条约定的权利义务。该协议与合作开发房地产所要求的提供土地使用权、资金由共同投资、共担风险等基本要求都不相符,而是建设工程施工合同。(5)《民事诉讼法司法解释》第296条规定了第三人撤销之诉的撤销对象,即判决、裁定的主文,调解书中处理了当事人民事权利义务的结果。作为《投资开发转让协议》的主体，孙×与褚×、陈×可能是无效合同的权利主体，而原判决没有对合同无效后，孙×的权利作出过任何的处理。所以不符合前述第296条对当事人民事权利义务进行处理的规定。孙×提起撤销权之诉没有任何法律依据。（6）孙×提交的证据证明了其与陈×、褚×之间有可能存在债权债务关系。孙×完全可以通过诉讼向陈×、褚×主张债权，法律上完全具备救济的方法和渠道。孙×的权益没有受损。（7）因陈×、褚×和博大公司签订了协议，二人委托史×向孙×借款，因此孙×是陈×、褚×二人的债权人，而不是合同转让关系的受让人。

史×辩称，涉案项目是陈×、褚×承揽的，聘用其作项目经理。由于二人缺少资金，史×就找了老乡孙×，带着孙×找到了博大公司的白×。白×同意转让项目，就签订了《投资开发转让协议》。

争议焦点

孙×是否具备提起第三人撤销之诉的主体资格，以及原审民事判决是否存在错误，并损害了孙×的民事权益。

裁判结果

一审法院判决：驳回孙×的诉讼请求。

二审法院判决：驳回上诉，维持原判。

再审法院判决：一、撤销宁夏回族自治区吴忠市中级人民法院（2018）宁03民撤1号民事判决和宁夏回族自治区高级人民法院（2018）甘宁民终328号民事判决；二、撤销宁夏回族自治区吴忠市红寺堡区人民法院（2016）宁0303民初1768号民事判决和宁夏回族自治区吴忠市中级人民法院（2017）宁03民终666号民事判决。

裁判理由及评析

根据原《合同法》第269条[①]和第275条[②]规定，建设工程施工合同的主要内容是承包人根据约定的工程范围、建设工期、工程质量、工程造价等条款进行工程建设，发包人支付相应价款。《最高人民法院关于审理涉及国有土地使用权合同纠纷案件适用法律问题的解释》规定，合作开发房地产合同是指当事人订立的以提供出让土地使用权、资金等作为共同投资，共享利润、共担风险合作开发房地产为基本内容的协议。区别于建设工程施工合同，共同投资、共享利润、共担风险是合作开发房地产合同的根本特征。

原《合同法》第125条第1款[③]规定："当事人对合同条款的理解有争议的，应当按照合同所使用的词句、合同的有关条款、合同的目的、交易习惯以及诚实信用原则，确定该条款的真实意思。"《民法典》第142条规定："有相对人的意思表示的解释，应当按照所使用的词句，结合相关条款、行为的性质和目的、习惯以及诚信原则，确定意思表示的含义。无相对人的意思表示的解释，不能完全拘泥于所使用的词句，而应当结合相关条款、行为的性质和目的、习惯以及诚信原则，确定行为人的真实意思。"因此，确认合同性质时，不能拘泥于合同的名称和使用词语，应结合合同条款、合同目的、行为性质、交易习惯及诚信原则等因素综合判断。通过对案涉《投资开发协议》条款的审查，结合庭审中当事人对于涉案工程施工情况的陈述，可以认定：第一，该协议不具备建设工程施工合同的主要条款。第二，合同双方享有对等的合同权利，对于涉案工程最终的竣工验收，根据各自的合同义务共同承担风险，并以售房资金作为收益，按比例分享。因此，《投资开发协议》符合合作开发房地产合同法律特征，应认定为合作开发房地产合同。

---

① 现对应《民法典》第788条。
② 现对应《民法典》第795条。
③ 现对应《民法典》第466条第1款。

《投资开发协议》是当事人真实的意思表示,并未违反法律效力性强制性规定,应属合法有效。博大公司在(2016)宁0303民初1768号案件中诉请解除该协议,孙×合法受让了该协议项下的权利义务,应当作为合同当事人参加诉讼,而该案和(2017)宁03民终666号案件均未通知其参加诉讼,剥夺了孙×的诉讼权利。前述案件的民事判决确认《投资开发协议》无效,致使孙×无法基于合同关系主张权利,明显损害其民事权益。

合议庭成员:吴兆祥、徐霖、张梅

撰写人:吴兆祥、孙明娟

57. 涉嫌伪造质押合同附件印章的犯罪事实不影响金融借款合同关系和保证合同关系的成立

——申银万国创新证券投资有限公司与中科建设开发总公司、中科龙轩工程项目管理海安有限公司、海安经济技术开发区管理委员会金融借款合同纠纷案

案件基本信息

一、诉讼当事人

上诉人（原审原告）：申银万国创新证券投资有限公司（以下简称申银万国证券公司）

被上诉人（原审被告）：中科建设开发总公司（以下简称中科总公司）

被上诉人（原审被告）：中科龙轩工程项目管理海安有限公司（以下简称中科龙轩海安公司）

被上诉人（原审被告）：海安经济技术开发区管理委员会（以下简称海安管委会）

二、案件索引与裁判日期

一审：甘肃省高级人民法院（2018）甘初字277号民事裁定（2020年10月19日）

二审：最高人民法院（2021）最高法民终654号民事裁定（2021年6月30日）

三、案由

金融借款合同纠纷

裁判要旨

在金融借款合同关系中，担保人与债权人签订应收账款质押合同，并承诺在质权未设立或无效情形下，担保人作为出质人对债务人在主合同项下的债务承担连带保证责任。债权人起诉要求债务人及担保人承担还款责任，担保人主张质押合同附件中的《应收账款确认函》存在涉嫌伪造印章的犯罪事实，该涉嫌犯罪事实并不影响案涉金融借款合同关系的成立，亦不影响保证关系的成立，故人民法院应当继续进行审理，同时将涉嫌伪造应收账款的债务人印章的犯罪线索移送侦查机关处理。

裁判依据

《最高人民法院关于在审理经济纠纷案件中涉及经济犯罪嫌疑若干问题的规定》（2020年12月29日修正）

第一条　同一自然人、法人或非法人组织因不同的法律事实，分别涉及经济纠纷和经济犯罪嫌疑的，经济纠纷案件和经济犯罪嫌疑案件应当分开审理。

基本案情

2013年，海安管委会、中科总公司、中科龙轩海安公司三方签订了《海安经济技术开发区2013年基础设施融资建设项目合同书》，该合同约定由中科总公司负责"海安经济技术开发区2013年基础设施融资建设项目"的工程施工，同时中科总公司在海安经济技术开发区设立中科龙轩海安公司，负责项目的资金筹集、工程款支付、资本管理等投、融资工作。工程建成后，按合同约定的时间和程序移交海安管委会，海安管委会按合同约定的回购时间、核对方式，经中科总公司同意将回购总价支付给中科龙轩海安公司。

2016年1月15日，申银万国证券公司作为委托人和受益人与受托人光大信托公司签订《信托合同》，约定申银万国证券公司交付信托资金预计3亿元给光大信托公司，指令其向中科总公司发放信托贷款。合同签订后，申银万国证券公司向光大信托公司提供了3亿元。2016年1月25日，光大信托公司作为贷款人与中科总公司签订了《信托贷款合同》，约定贷款总额3亿元整。同日，中科龙轩海安公司与光大信托公司签订《应收账款质押合同》，将中科龙轩海安公司对海安管委会享有的第一期应收账款以及后续形成的各期应收账款，作为《信托贷款合同》的担保。之后，光大信托公司向中科总公司提供了3亿元。2016年1月26日，双方就第一期应收账款502 300 000元办理了质押登记。其后，中科龙轩海安公司追加质押了536 100 000元并办理了质押登记。2018年9月13日，因中科总公司未按约定支付利息，光大信托公司宣告贷款加速到期。2018年9月13日，光大信托公司与申银万国证券公司合意终止信托，并将信托贷款项下全部债权及担保权利转让于申银万国证券公司。

一审法院认为，经甘肃政法大学司法鉴定中心鉴定，《质押合同》所附的《应收账款确认函》《应收账款追加确认函》《应收账款质押通知函》上加盖的"海安经济技术开发区管理委员会"印章与海安管委会提交的印章不一致。与《海安经济技术开发区2013年基础设施融资建设项目合同书》上加盖的"海安经济技术开发区管理委员会"印章也不一致。故本案有经济犯罪嫌疑，应依法驳回申银万国证券公司的起诉，将该案件移送刑事犯罪侦查机关，申银万国证券公司可待刑事犯罪侦查机关的侦查情况或刑事案件的处理结果依法另行主张自己的权利。裁定：驳回申银万国证券公司的起诉。

申银万国证券公司不服一审裁定，向最高人民法院提起上诉。

争议焦点

一审法院驳回申银万国证券公司的起诉是否适用法律错误。

裁判结果

一审法院裁定：驳回申银万国证券公司的起诉。

二审法院裁定：一、撤销甘肃省高级人民法院（2018）甘民初277号民事裁定；二、本案指令甘肃省高级人民法院审理。

裁判理由及评析

一、裁判理由

《最高人民法院关于在审理经济纠纷案件中涉及经济犯罪嫌疑若干问题的规定》第1条规定："同一自然人、法人或非法人组织因不同的法律事实，分别涉及经济纠纷和经济犯罪嫌疑的，经济纠纷案件和经济犯罪嫌疑案件应当分开审理。"第11条规定："人民法院作为经济纠纷受理的案件，经审理认为不属经济纠纷案件而有经济犯罪嫌疑的，应当裁定驳回起诉，将有关材料移送公安机关或检察机关。"依据上述规定，涉及经济纠纷和涉嫌经济犯罪属同一事实是法院驳回起诉将有关材料移送刑事犯罪侦查机关的必备条件。

本案中，第一，申银万国证券公司与中科总公司是金融借款合同关系，与中科龙轩海安公司是质押合同关系。上述法律关系的设立系签订合同的双方当事人真实意思表示，不存在合同无效的情形。本案争议的金融借款合同纠纷与海安管委会所称伪造公章涉嫌犯罪所涉的法律关系并非同一法律关系。本案民事纠纷要解决的是案涉《信托贷款合同》及《应收账款质押合同》的效力和责任承担问题，刑事案件涉及的是作为《应收账款质押合同》附件的《应收账款确认函》《应收账款追加确认函》《应收账款质押通知函》上是否存在涉嫌伪造海安管委会印章的犯罪事实。而海安管委会印章的真实与否，并不影响本案金融借款合同关系的成立，亦不影响本案民事案件的审理。且申银万国证券公司作为债权人，并未主张追究相关当事人的刑事责任，而是请求债务人中科总公司及担保人中科龙轩海安公司承担民事责任。

第二，在民事法律关系的形成过程中，当事人或其他自然人的行为虽涉及犯罪，但对民事法律行为的性质、效力、责任等不产生实质影响的相关事实为关联事实。本案中，涉嫌伪造海安管委会印章的行为仅对《应收账款质押合同》的附件《应收账款确认函》《应收账款追加确认函》《应收账款质押通知函》的真实性产生影响，虽与案涉金融借款合同纠纷有关联，但其本身不是借贷行为，涉嫌伪造公章的行为并不是借贷行为不可或缺的组成部分。因此，应当对本案的金融借款合同纠纷继续审理，而仅就涉嫌伪造海安管委会印章的犯罪线索移送侦查机关。

第三，根据案涉《应收账款质押合同》第8条保证条款的约定："因下列原因致使质权未设立或无效的，出质人应对债务人在主合同项下的债务承担连带保证责任：（1）出质人未按第1.4条、第6.5条第（1）款的约定提供和/或追加提供足额的质押物，以及未按照第4.1条约定协助办理质押登记和/或追加提供足额的质押物，以及未按照第4.1条约定协助办理质押登记和/或追加质押登记手续；（2）出质人在第五条项下所作的陈述与保证不真实；（3）因出质人方面的其他原因。"中科龙轩海安公司存在对案涉贷款承担连带保证责任的可能性，《应收账款确认函》《应收账款追加确认函》《应收账款质押通知函》上涉嫌伪造印章的问题并不对申银万国证券公司民事权益的实现产生必然影响。

二、评析

本案是一起经济纠纷和涉嫌经济犯罪交织的民商事案件。在司法实践中，部分法院在审理民商事案件时一旦发现涉嫌经济犯罪，偏向于采取中止民事诉讼、等待刑事诉讼程序终结后再处理民商事纠纷部分的做法。《民商审判会议纪要》中就民刑交叉案件的处理确立了分别受理、分别审理原则。即案件中如果其既存在民商事法律关系又存在刑事法律关系，则应分别作为民商事案件和刑事案件受理、审理。

在适用分别受理、分别审理原则时，应注意严格把握对于同一事实和关联事实的认定，要明确涉嫌经济犯罪的行为是否对民事法律行为的性质、效力、责任等产生了实质影响，即民商事案件的审理是否必须以刑事诉讼的处理结果为前提，刑事案件的审理是否会对民商事诉讼产生实质性的影响。本案中，《质押合同》的附件存在涉嫌伪造海安管委会印章的行为。但是，该印章的真实与否，并不影响本案金融借款合同关系的成立，亦不影响本案民事案件的审理。涉嫌伪造海安管委会印章的行为与案涉金融借款合同纠纷仅属于有关联，但其本身不是借贷行为，涉嫌伪造公章的行为并不是借贷行为不可或缺的组成部分。所以，本案属于《民商审判会议纪要》第128条规定的"同一当事人因不同事实分别发生民商事纠纷和涉嫌刑事犯罪，民商事案件与刑事案件应当分别审理"的情形。

刑法保护的法益是社会公共利益，而民法保护的是个人权利，两者都是调整社会行为的规范，但它们的性质、调整对象、调整方法完全不同，不存在孰优孰劣的问题。在民刑交叉案件的审判实践中，依法支持职能机关制裁犯罪的同时最大限度地保护当事人的合法权益，把握好利益平衡，是人民法院的应有立场。

合议庭成员：何波、徐霖、张梅
撰写人：张梅、张义敏

58. 分公司负责人被追究刑事责任但分公司及总公司未作为刑事犯罪主体时，权利人起诉要求总公司承担民事责任的，人民法院应当进行实体审理

——谭××与中铁十五局集团第二工程有限公司昆明分公司、中铁十五局集团第二工程有限公司建设工程施工合同纠纷案

○ 案件基本信息

一、诉讼当事人

再审申请人（一审原告、二审上诉人）：谭××

被申请人（一审被告、二审被上诉人）：中铁十五局集团第二工程有限公司昆明分公司（以下简称昆明分公司）

被申请人（一审被告、二审被上诉人）：中铁十五局集团第二工程有限公司（以下简称中铁十五局二公司）

二、案件索引与裁判日期

一审：青海省玉树藏族自治州中级人民法院（2019）青27民初5号民事裁定（2019年11月28日）

二审：青海省高级人民法院（2020）青民终68号民事裁定（2020年3月31日）

申请再审：最高人民法院（2020）最高法民申5351号民事裁定（2020年11月28日）

再审：最高人民法院（2021）最高法民再148号民事裁定（2021年9月29日）

三、案由

建设工程施工合同纠纷

● 裁判要旨

分公司负责人因收取了施工人的履约保证金而涉嫌集资诈骗犯罪被刑事立案，总公司及分公司在刑事案件中均不是犯罪嫌疑人，亦未对总公司及分公司的财产予以查扣，施工人起诉总公司与分公司要求承担合同责任的，人民法院应予受理。

● 裁判依据

《最高人民法院关于在审理经济纠纷案件中涉及经济犯罪嫌疑若干问题的规定》（2020年12月29日修正）

第一条 同一自然人、法人或非法人组织因不同的法律事实，分别涉及经济纠纷和经济犯罪嫌疑的，经济纠纷案件和经济犯罪嫌疑案件应当分开审理。

第三条 单位直接负责的主管人员和其他直接责任人员，以该单位的名义对外签订经济合同，将取得的财物部分或全部占为己有构成犯罪的，除依法追究行为人的刑事责任外，该单位对行为人因签订、履行该经济合同造成的后果，依法应当承担民事责任。

第十条 人民法院在审理经济纠纷案件中，发现与本案有牵连，但与本案不是同一法律关系的经济犯罪嫌疑线索、材料，应将犯罪嫌疑线索、材料移送有关公安机关或检察机关查处，经济纠纷案件继续审理。

● 基本案情

2013年8月，中铁十五局二公司中标案涉工程。2014年8月21日，谭××与昆明分公司就上述工程签订了《劳务施工合同》，约定谭××为昆明分公司承建的工程提供劳务，并约定了履约保证金1000万元等。谭

××按照合同约定将1000万元保证金支付至昆明分公司账户。

2015年、2016年谭××与昆明分公司签订协议，对保证金的返还和损失赔偿进行了约定，明确截至2016年6月21日给谭××造成了直接经济损失1100万元。2017年4月21日昆明分公司向谭××支付了400万元。

2018年4月，中铁十五局二公司因昆明分公司李××伪造公司印章向公安机关报案。2018年12月17日公安机关以集资诈骗罪对李××立案侦查。中铁十五局二公司认可李××系中铁十五局二公司总经理助理、昆明分公司负责人，同时是案涉项目的项目经理。

谭××起诉请求：判决昆明分公司、中铁十五局二公司立即退还履约保证金1000万元并赔偿其损失等。

青海省玉树藏族自治州中级人民法院一审认为，本案所涉收取履约保证金的行为存在明显的犯罪嫌疑，故应将本案全案移送公安机关处理。主要依据2014年《最高人民法院、最高人民检察院、公安部关于办理非法集资刑事案件适用法律若干问题的意见》第7条第2款"人民法院在审理民事案件或者执行过程中，发现有非法集资犯罪嫌疑的，应当裁定驳回起诉或者中止执行，并及时将有关材料移送公安机关或者检察机关"之规定，驳回起诉，将有关材料移送公安机关。

谭××上诉后，青海省高级人民法院二审认为，本案所涉建设工程施工合同关系与李××涉嫌非法集资（主要涉及李××将款项挪为己用）不属于同一法律关系，其依据的法律事实也不同。依据《最高人民法院关于在审理经济纠纷案件中涉及经济犯罪嫌疑若干问题的规定》第1条、第3条、第10条之规定，民事案件与刑事案件应当分开审理，故指令一审审理。

青海省玉树藏族自治州中级人民法院重审期间，2019年6月18日公安机关向一审法院发函称：正在审理的民事案件中，李××利用伪造的公司印章，与谭××签订虚假合同，通过收取"保证金"形式向谭××非法集资1000万元，与公安机关正在侦查的李××集资诈骗案件属于同一事实。

法院认为：（1）按照相关规定，民事案件的审理中，发现有涉嫌集资等涉众经济犯罪的，民事案件应当驳回起诉，并将案件移送侦查机关。（2）本案裁定驳回起诉后，不排除在之后符合条件的情况下，有责任人继续承担责任。（3）本案与李××涉嫌集资诈骗案属于同一事实。故根据《最高人民法院关于在审理经济纠纷案件中涉及经济犯罪嫌疑若干问题的规定》第12条、《最高人民法院、最高人民检察院、公安部关于办理非法集资刑事案件适用法律若干问题的意见》第7条之规定，以及《民商审判会议纪要》第129条的论理，驳回起诉。

谭××上诉后，青海省高级人民法院二审认为，人民法院认为"同一事实"的表述作为民刑程序选择判断标准更为科学。经论述后，认为案涉刑事案件与本案是同一事实，故维持原裁定。

谭××申请再审认为，原裁定适用法律错误。本案是谭××与中铁十五局二公司之间的合同关系，与李××刑事犯罪无关，两者不属于同一事实。本案应当适用《民商审判会议纪要》第128条，原裁定适用该纪要第129条规定错误。与本案案情相似的李××其他案件已由最高人民法院指令审理，请求指令审理。

争议焦点

分公司负责人个人被追究刑事责任，原告主张公司承担民事责任，是否应当进行实体审理。

裁判结果

一审法院裁定：驳回谭××的起诉。

二审法院裁定：驳回上诉，维持原裁定。

再审法院裁定：一、撤销青海省高级人民法院（2020）青民终68号民事裁定及青海省玉树藏族自治州中级人民法院（2019）青27民初5号民事裁定；二、指令青海省玉树藏族自治州中级人民法院对本案进行审理。

裁判理由及评析

谭××提起本案诉讼，请求中铁十五局二公司及其昆明分公司承担退还保证金及赔偿损失等责任。中铁十五局二公司以公安机关已将案涉履约保证金作为李××集资诈骗案件所涉款项进行立案侦查为由，认为本案涉嫌非法集资犯罪不应当作为民事案件受理，应当驳回起诉。再审经审理认为，李××所涉刑事案件并不影响本案作为民事诉讼进行实体审理。

首先，在刑事案件中，公安机关系以李××涉嫌集资诈骗立案侦查，刑事案件中并未涉及中铁十五局二公司及其昆明分公司涉嫌单位犯罪的问题。从本案及关联的刑事案件来看，亦无证据显示中铁十五局二公司及其昆明分公司涉嫌单位刑事犯罪。刑事案件要解决的是李××是否构成犯罪及应否向受害人退赔的问题；民事案件要解决的是中铁十五局二公司及其昆明分公司是否应当依照案涉合同向谭××退还保证金并赔偿损失的问题，民事案件和刑事案件的责任主体及需要解决的问题并不一致。

其次，刑事和民事法律规范同时对客观发生的关联行为进行评价和调整时，刑事与民事责任承担的主体如一致，当事人的损失可通过追缴或责令退赔的方式实现。在此情况下，刑事案件在一定范围内能够解决民事责任的承担问题。本案及关联刑事案件虽均由李××所引起，两个案件亦存在牵连关系，但该刑事案件的责任主体并不包括中铁十五局二公司及其昆明分公司。故在该刑事案件不能解决民事责任承担的情况下，刑事案件的办理和民事案件的审理并不冲突。

最后，本案系谭××基于其与昆明分公司签订了《劳务施工合同》等协议以及其向昆明分公司交纳了工程保证金等事实，请求昆明分公司、中铁十五局二公司承担民事责任。在民事案件中，案涉工程为中铁十五局二公司中标工程，李××系案涉工程项目经理、昆明分公司时任负责人，即使存在李××伪造印章的情况，其代表昆明分公司签订《劳务施工合同》等协议的法律后果亦可能归属于该分公司，即昆明分公司亦可成为该合同的一方主体。如本案以公安机关就李××涉嫌的集资诈骗犯罪已经启动刑事程序为由驳回谭××的起诉，则无异于在实质上剥夺了谭××就其与中铁十五局二公司及昆明分公司之间的民事争议寻求法律救济的权利。

因此，谭××提起的本案诉讼，符合《民事诉讼法》规定的立案条件，人民法院应予审理。至于中铁十五局二公司及其昆明分公司应否向谭××承担民事责任、如何承担民事责任，属于实体审理范畴，均不影响谭××提起本案诉讼的权利。原裁定适用法律错误，予以纠正。

民刑交叉问题一直是理论界与司法实务中的热点问题，也是审判实践中的疑难问题。针对案涉刑事案件与本案是否属于同一事实，存在两种不同的观点：

第一种观点认为，判断是否是同一事实要从行为主体、行为对象、行为本身表现三方面来分析，只要有一方面不同，就不是同一事实。本案中，刑事案件和民事案件虽行为对象均是谭××，但行为实施主体不同。刑事案件的行为实施主体是李××；李××作为昆明分公司的负责人同时又是案涉项目的项目经理，其签订合同的行为是职务行为，故民事行为的实施主体是分公司。因此，刑事案件和民事案件不属于同一事实。

第二种观点认为，李××以昆明分公司的名义与谭××签订协议，收取保证金，而且保证金转入了分公司的账户，从事实上看，行为主体均是分公司，故主体相同，两案属于同一事实。按照《民商审判会议纪要》第128条的规定，李××涉嫌刑事犯罪，谭××作为受害人请求公司承担民事责任，属于同一当事人因不同事实分别发生民商事纠纷和涉嫌刑事犯罪，民商事案件与刑事案件应当分别审理。虽然是同一事实，但是构成了两个不同的法律关系，导致形成两种不同的法律责任。李××的行为可能构成表见代理，所以合同可以视为是分公司签订，分公司的民事法律后果应由分公司承担。导致两种法律责任：一是在刑事案件中李××作为犯罪嫌疑人向受害人谭××退赔的法律责任；二是合同本身对分公司有法律约束力，分公司是直接责任人。同一事实因不同的法律规范产生不同的责任承担主体，允许对在刑事案件中没有作为责任主体的一方单独提起诉讼，请求其承担民事责任。

上述两种观点最终的结果均是本案应当进行实体审理，但采取了不同的分析路径。我们倾向于第二种观点。两种观点的区别在于识别是否是同一主体时采取的方法不同：第一种观点是从法律层面识别，第二种观点是从事实层面识别。如果刑事案件中公司已被列为犯罪主体，按照第一种观点不属于同一事实，民事案件仍进行实体审理，就可能会导致双重受偿。第二种观点在识别是否是同一主体时考虑到责任的承担，将刑事案件中公司未作为犯罪主体作为民事案件中以公司为被告进行实体审理的条件。

从责任承担的角度分析。是否能在民事案件中主张权利，关键要看公司财产有无可能纳入退赔的程序中，如果不能，当事人在民事案件中的权利是应当得到保障的。本案刑事案件现处于立案侦查阶段，公司本身不是犯罪主体，是正常经营的企业，犯罪嫌疑人只有个人不涉及公司，也看不出将公司财产作为刑事责任财产，故民事和刑事在程序上不冲突，也互不影响。第二种观点能够协调刑事案件与民事案件的责任承担，避免民事案件进入实体审理与刑事案件的审理存在冲突。

从权利保障角度分析。刑事案件中并未将公司列为被告，刑事案件中公司不承担责任，但基于表见代理，公司可能在民事案件中承担责任，如不允许对公司提起民事诉讼，不利于对当事人权利的保护。公司基于表见代理承担责任后，可依据相关事实向个人追偿。民事案件和刑事案件的责任承担互补，可以并行。

合议庭成员：吴兆祥、何波、陈宏宇
撰写人：陈宏宇、赵静

59. 对已经在刑事案件中裁定以财产对受害人予以退赔的公司，虽未被列为刑事案件的被告人，但受害人另行提起民事诉讼的，人民法院是否受理

——宁夏吴忠农村商业银行股份有限公司与吴忠市卡卡都工贸有限公司等金融借款合同纠纷案

○ 案件基本信息

一、诉讼当事人

再审申请人（一审原告、二审上诉人）：宁夏吴忠农村商业银行股份有限公司（以下简称吴忠银行）

被申请人（一审被告、二审被上诉人）：宁夏金瑞丰环境科技有限公司（以下简称金瑞丰公司）

被申请人（一审被告、二审被上诉人）：吴忠市卡卡都工贸有限公司（以下简称卡卡都公司）

被申请人（一审被告、二审被上诉人）：宁夏科瑞能源油气科技有限公司（以下简称科瑞公司）

被申请人（一审被告、二审被上诉人）：马×1

被申请人（一审被告、二审被上诉人）：马×2

被申请人（一审被告、二审被上诉人）：杨×

被申请人（一审被告、二审被上诉人）：王×

被申请人（一审被告、二审被上诉人）：甄×

被申请人（一审被告、二审被上诉人）：李×

二、案件索引与裁判日期

一审：宁夏回族自治区吴忠市中级人民法院（2020）宁03民初41号民

事裁定

二审：宁夏回族自治区高级人民法院（2021）宁民终 32 号民事裁定

申请再审：最高人民法院（2021）最高法民申 4931 号民事裁定（2021 年 12 月 19 日）

再审：最高人民法院（2022）最高法民再 107 号民事判决（2022 年 3 月 18 日）

三、案由

金融借款合同纠纷

裁判要旨

公司的法定代表人因金融借款合同构成骗取贷款罪被定罪量刑，出借人另行提起借款合同民事诉讼请求公司与担保人承担民事责任的，公司虽在刑事案件中不是刑事被告，但刑事判决认定公司只是犯罪工具的"壳公司"，案涉金融借款债权被纳入了退赔程序，并以公司全部财产作为刑事追缴、退赔责任财产，民事起诉已经与刑事案件中的追缴退赔部分构成重复诉讼，人民法院应当不予受理；对担保人的起诉，担保人在刑事案件中不是刑事被告，刑事判决也未涉及担保人的民事责任，担保关系是独立于犯罪事实的另一法律事实，民事诉讼与刑事案件虽有一定牵连但不构成重复诉讼，人民法院应当受理。对于担保人是承担担保责任还是赔偿责任以及承担责任的大小，应当经实体审理后作出认定。

裁判依据

《最高人民法院关于审理民间借贷案件适用法律若干问题的规定》（2020 年 12 月 29 日修正）

第八条 借款人涉嫌犯罪或者生效判决认定其有罪，出借人起诉请求担保人承担民事责任的，人民法院应予受理。

基本案情

2017年10月26日，吴忠银行与卡卡都公司签订了《流动资金借款合同》和《保证合同》，约定卡卡都公司向吴忠银行借款1683万元，借款期限为2017年10月26日至2019年4月25日，年利率为8.55%，按季清息，分期还款。同时，合同对逾期利率、违约责任等进行了明确约定。金瑞丰公司、科瑞公司、杨×、王×、马×1、马×2、甄×、李×为该笔借款提供连带担保责任，保证期间为主合同项下的借款期限届满之次日起2年。后吴忠银行按约向卡卡都公司支付借款1683万元。借款到期后，卡卡都公司均未按约定偿还借款本息，构成违约。

杨×、王×因涉黑恶犯罪已由宁夏回族自治区盐池县人民法院作出（2019）宁0323刑初222号刑事判决，2020年12月23日宁夏回族自治区吴忠市中级人民法院作出（2020）宁03刑终127号刑事裁定，裁定驳回上诉，维持原判。在上述刑事裁判中查明了"2010年4月12日、2011年3月2日、2011年3月25日、2012年3月27日、2012年3月30日、2012年4月26日、2013年3月15日、2013年3月27日、2013年3月29日、2013年5月13日、2014年2月19日、2014年4月25日、2014年5月8日、2015年4月29日、2015年5月15日、2016年4月1日、2016年4月28日、2016年5月6日、2017年10月26日、2017年12月27日，被告人杨×、王×虚构吴忠市卡卡都工贸公司更换音响设备设施、娱乐场所经营等事实，指使被告人张××、王××制作、提供虚假的供货合同，以吴忠市卡卡都工贸公司的名义从吴忠市农村商业银行贷款，分别为400万元、400万元、400万元、500万元、800万元、400万元、1000万元、800万元、500万元、2000万元、2300万元、450万元、2000万元、2000万元、1800万元、400万元、1900万元、1700万元、1683万元、1650万元。尚有贷款3333万元未予归还"的骗取贷款的事实，认定"杨×为首的黑社会性质组织，长期盘踞吴忠地区，利用其经营的娱乐场所实施违法犯罪行为，壮大其经济实力，并不断扩大组织规模，成立一批空壳公司骗取银行贷款，实施高利转贷和高利放贷，并围绕高利放贷实施一系列违法犯罪活动，不断吞噬、侵占被害人的财产，在吴忠周边地区影响极为恶劣"。杨×、王×"多次以欺骗手段取得多家银行及其他金融机构贷款数亿元，且尚有2.069亿元未归还，情节特别严重"，"杨×的行为已构成组织领导黑社会性质组织罪、聚众扰乱社会秩序罪、开设赌场罪、组织卖淫罪、骗取贷款罪、高利转贷罪、寻衅滋事罪、诈骗罪、敲诈勒索罪、强迫交易罪、虚假诉讼罪、行贿罪、对有影响力的人行贿罪、隐匿会计凭证罪"，"王×的行为已构成参加黑社会性质组织罪、开设赌场罪、组织卖淫罪、骗取贷款罪、高利转贷罪"，责令"依法追缴骗取金融机构未还贷款"。

吴忠银行申请再审请求：（1）撤销（2020）宁03民初41号、42号民事裁定、（2021）宁民终32号、31号民事裁定。（2）指令宁夏回族自治区吴忠市中级人民法院对本案进行审理。事实与理由：一是一审、二审认定事实错误。①（2019）宁0323刑初222号、（2020）宁03刑终127号刑事案件审理的是杨×、王×的个人犯罪行为。本案审理的是卡卡都公司的法人行为和借贷行为及其他被申请人的担保行为。②（2019）宁0323刑初222号、（2020）宁03刑终127号刑事案件审理对象是杨×、王×的刑事责任。本案审理的是卡卡都公司的借款责任和其他被申请人的担保责任。③（2019）宁0323刑初222号、（2020）宁03刑终127号刑事案件中涉及的杨×、王×与吴忠银行相关联的个罪即骗取贷款罪、高利转贷罪系个人单方行为且两人的欺诈行为并非合同无效，况且吴忠银行未主张撤销合同。本案与杨×、王×的相关联骗取贷款罪、高利转贷犯罪行为事实关联但性质不同。并且更存在以其他被申请人为主体的借款行为和担保行为。④（2019）宁0323刑初222号、（2020）宁03刑终127号刑事案件虽然有"对被害人财产、依法追缴"的程序，但并未具体予以处理和处置及明确，也无法覆盖本案所有被申请人的责任。本案存在除杨×、王×之外的其他多个责任主体和多个主体不同的责任承担方式，同时即使刑事案件在最终处置中予以返还，完全可在本案执行程序中抵扣，不会造成双重受偿。二是一审、二审适用法律错误。①适用《最高人民法院关于在审理经济纠纷案件中涉及经济犯罪嫌疑若干问题的规定》第 11 条规定，认定为属经济犯罪嫌疑的刑事案件，明显错误。本案不属犯罪案件，完全属于经济纠纷且合同和法律关系真实有效。（2019）宁 0323 刑初 222 号、（2020）宁 03 刑终 127 号刑事案件审理的是杨 ×、王 × 的个人犯罪行为，与本案虽有牵涉和关联，但不存在同一法律关系和同一法律事实。②适用《民事诉讼法》（2017 年修正）第 124 条[①]错误。依据《民商审判会议纪要》第 128 条第 1 项和第 2 项的规定，同一当事人因不同事实分别发生民商事纠纷和涉嫌刑事犯罪，民商事案件与刑事案件应当分别审理。本案一、二审法院裁定驳回起诉错误。三是与最高人民法院在先裁判的处理结果不符。

科瑞公司、甄 ×、李 × 辩称：一、二审裁定认定事实清楚，适用法律正确。杨 ×、王 × 的个人犯罪行为与本案无关。吴忠银行的实体利益已经通过案涉刑事判决确认，并将在随后的执行程序中得到实现。案涉借款已被认定为是犯罪行为，本案涉及的是各担保人的担保行为，系犯罪行为的一个环节，本质上是一个行为，非民事的担保行为。科瑞公司、甄 ×、李 × 是被骗取担保。既不应当承担刑事责任，也不应承担民事责任。且如果承担了民事担保责任，追偿权利无法实现。综上，请求驳回吴忠银行的再审请求。

金瑞丰公司、马 ×1、马 ×2 辩称：一、二审裁定认定事实清楚。金瑞丰公司、马 ×1、马 ×2 系被强迫提供担保。

其他当事人未提交答辩意见。

争议焦点

金融借款事实已被生效的刑事判决认定为主债务人及部分保证人犯骗取贷款罪的犯罪事实，贷款人向借款人及保证人主张承担民事责任的，法院是否应予审理。

[①] 现对应《民事诉讼法》（2021 年修正）第 126 条。

裁判结果

一审法院裁定：驳回吴忠银行的起诉。

二审法院裁定：驳回上诉，维持原裁定。

再审审查法院裁定：提审本案。

再审法院判决：一、撤销宁夏回族自治区高级人民法院（2021）宁民终32号、31号民事裁定及宁夏回族自治区吴忠市中级人民法院（2020）宁03民初41号、42号民事裁定；二、驳回吴忠公司对卡卡都公司、杨×、王×的起诉；三、指令宁夏回族自治区吴忠市中级人民法院审理吴忠银行对金瑞丰公司、科瑞公司、马×1、马×2、甄×、李×的诉讼。

裁判理由及评析

本案系金融借款合同纠纷，案涉生效刑事判决已经认定杨×、王×虚构卡卡都公司更换音响设备设施、娱乐场所经营等事实，指使他人制作、提供虚假的供货合同，以卡卡都公司的名义与吴忠银行签订本案所涉《流动资金借款合同》，向吴忠银行贷款1683万元、1650万元构成骗取贷款罪，并责令"依法追缴骗取金融机构未还贷款"。刑事案件已经进入执行程序，杨×、王×及其设立的以犯罪为目的包括卡卡都公司在内的公司的全部资产被纳入执行财产范围，用以退赔包括吴忠银行在内的受害人。吴忠银行依《流动资金借款合同》和《保证合同》对卡卡都公司、杨×、王×的民事债权已经在前述刑事判决中审理确认，并进入了执行程序，依照《民事诉讼法司法解释》第247条规定，吴忠银行另行提起本案民事诉讼构成重复诉讼，因此一审、二审法院裁定驳回吴忠银行对卡卡都公司、杨×、王×的起诉并无不当，吴忠银行对于卡卡都公司、杨×、王×的债权依法可在刑事退赔程序中实现。同时，案涉借款的保证人金瑞丰公司、科瑞公司、马×1、马×2、甄×、李×并非该刑事案件的当事人，也无证据证明涉嫌犯罪，参照《民间借贷司法解释》（2020年第二次修正）第8条"借款人涉嫌犯罪或者生效判决认定其有罪，出借人起诉请求担保人承担民事责任的,人民法院应予受理",以及《民商审判会议纪要》第128条"同一当事人因不同事实分别发生民商事纠纷和涉嫌刑事犯罪,民商事案件与刑事案件应当分别审理,主要有下列情形:(1)主合同的债务人涉嫌刑事犯罪或者刑事裁判认定其构成犯罪,债权人请求担保人承担民事责任的;……审判实践中出现的问题是,在上述情形下,有的人民法院仍然以民商事案件涉嫌刑事犯罪为由不予受理,已经受理的,裁定驳回起诉。对此,应予纠正"的规定,吴忠银行依据《保证合同》起诉请求金瑞丰公司、科瑞公司、马×1、马×2、甄×、李×承担连带保证责任,与案涉金融借款的刑事案件可以分别审理,一审、二审法院认为本案事实构成刑事犯罪不属于经济纠纷从而裁定驳回起诉确有不当,应予纠正。综上,吴忠银行的再审请求部分成立。

合议庭成员:吴兆祥、龙飞、吴笛
撰写人:吴兆祥

60. 民事案件与刑事案件应否分别审理的主要标准为是否属于相同主体基于同一法律事实形成的同一法律关系

——永登县农村信用合作联社安宁分社与兰州港联生态环境发展有限公司金融借款合同纠纷案

案件基本信息

一、诉讼当事人

上诉人（一审原告）：永登县农村信用合作联社安宁分社（以下简称永登农信社安宁分社）

被上诉人（一审被告）：兰州港联生态环境发展有限公司（以下简称港联公司）

被上诉人（一审被告）：兰州北方石化金属有限公司（以下简称北方石化公司）

被上诉人（一审被告）：兰州欣远农业科技有限公司（以下简称欣远农业公司）

被上诉人（原审被告）：张××

二、案件索引与裁判日期

一审：甘肃省高级人民法院（2017）甘民初177号之一民事裁定（2020年12月21日）

二审：最高人民法院（2021）最高法民终874号民事裁定（2022年3月17日）

三、案由

金融借款合同纠纷

裁判要旨

同一当事人因不同法律事实分别产生民商事纠纷和涉嫌刑事犯罪，人民法院应分别审理。如果民事案件受案法院认为，刑事案件的审理结果可能对相关民事法律行为的性质和效力以及各方当事人的过错责任产生影响，必须以相关刑事案件的审理结果为依据的，可以先行裁定中止审理，待相关刑事案件审结后再行恢复审理，并就民事案件所涉的法律行为的性质、效力以及当事人过错责任等方面，结合刑事案件的审理情况作出判断。但不能以此认定民事案件所涉法律事实与刑事案件所涉法律事实属于同一法律事实，而径行裁定驳回起诉。

裁判依据

《最高人民法院关于在审理经济纠纷案件中涉及经济犯罪嫌疑若干问题的规定》(2020年12月29日修正)

第一条 同一自然人、法人或非法人组织因不同的法律事实，分别涉及经济纠纷和经济犯罪嫌疑的，经济纠纷案件和经济犯罪嫌疑案件应当分开审理。

第十二条 人民法院已立案审理的经济纠纷案件，公安机关或检察机关认为有经济犯罪嫌疑，并说明理由附有关材料函告受理该案的人民法院的，有关人民法院应当认真审查。经过审查，认为确有经济犯罪嫌疑的，应当将案件移送公安机关或检察机关，并书面通知当事人，退还案件受理费；如认为确属经济纠纷案件的，应当依法继续审理，并将结果函告有关公安机关或检察机关。

基本案情

港联公司与永登农信社安宁分社签订《流动资金借款合同》约定由永登农信社安宁分社向港联公司提供借款，并由港联公司法定代表人张××以及其实际控制的北方石化公司、欣远农业公司就上述借款提供担保。后因港联公司未能按约偿还借款，故永登农信社安宁分社提起本案诉讼主张债务人及担保人承担清偿责任。一审法院认为张××涉及的刑事案件部分的事实与港联公司民事案件所涉事实为同一事实，故裁定驳回港联公司的起诉，民事案件移送公安机关和检察机关。二审法院经审理认为民事案件与刑事案件属于同一法律事实缺乏依据，裁定撤销一审，指令一审法院审理民事案件。

争议焦点

本案原告提起诉讼所涉事实属于经济纠纷，还是有经济犯罪嫌疑。

裁判结果

一审法院裁定：驳回永登农信社安宁分社的起诉，本案移送公安机关和检察机关。永登农信社安宁分社预交的案件受理费550 772元，予以退还。

二审法院裁定：一审法院以本案涉嫌刑事犯罪为由，裁定驳回永登农信社安宁分社起诉缺乏事实和法律依据，应予纠正。永登农信社安宁分社的上诉理由成立。依照《民事诉讼法》第178条、《民事诉讼法司法解释》第232条规定，裁定如下：一、撤销甘肃省高级人民法院（2017）甘民初177号之一民事裁定；二、本案指令甘肃省高级人民法院审理。

裁判理由及评析

办理民刑交叉案件的基本思路是按照案涉事实的同一性程度，进行区分认定和处理。对于因同一事实、相同当事人同时涉及刑事、民事责任，一般应当遵循"先刑后民"的处理原则，在刑事程序中合并处理，民事权利救济可通过刑事附带民事诉讼或追赃、退赔等方式获得实现。当事人单独提起民事诉讼的，人民法院一般不予受理，应告知受害人或者利害关系人可在刑事诉讼程序中提起附带民事诉讼，同时将涉嫌刑事犯罪的相关材料、线索移送刑事侦查机关。但在刑事案件中未对民事责任予以处理的，应允许当事人另行提起民事诉讼。因不同事实、相同当事人分别涉及刑事、民事责任的，依据《最高人民法院关于在审理经济纠纷案件中涉及经济犯罪嫌疑若干问题的规定》第1条规定，同一自然人、法人或非法人组织因不同的法律事实，分别涉及经济纠纷和经济犯罪嫌疑的，经济纠纷案件和经济犯罪嫌疑案件应当分开审理。或者因同一事实、不同当事人分别涉及刑事、民事责任的，一般采取并行处理的原则，即民事案件与刑事案件应分别受理，分开审理。

关于"同一事实"的理解问题，应当从实施主体、法律关系、要件事实三个角度进行认定，《民商审判会议纪要》第128条规定以是否系同一主体实施的行为来判断刑事、民事案件应否分别审理。行为人以法人、非法人组织或者他人名义订立合同的行为涉嫌刑事犯罪或者刑事裁判认定其构成犯罪，合同相对人请求该法人、非法人组织或者他人承担民事责任的情形下，同一当事人因不同事实分别发生民商事纠纷和涉嫌刑事犯罪，民商事案件与刑事案件应当分别审理。因此，应根据是否系同一主体实施的行为，来分析判断是否基于同一事实产生的民事纠纷与涉嫌刑事犯罪；如果不是同一主体实施的行为，一般情况下不宜认定为"同一事实"。

司法实践中，有的法院不注重区分同一事实和不同事实，对于因不同的事实分别涉及经济纠纷和经济犯罪嫌疑的，往往以偏概全，导致对于与刑事犯罪有牵连关系的本来属于民事纠纷的案件，也未予以受理或者受理以后不恰当地裁定驳回起诉移送有关侦查机关，未能依法妥善保护好当事人的合法民事权益。实践中，还需要注意，民事纠纷案件与经济犯罪有牵连关系，这种牵连关系虽然不影响民事纠纷案件的立案受理，但民事纠纷案件的审理结果需要与经济犯罪案件的判断保持一致性。在民事纠纷案件审理过程中，有关案件当事人或者作为法人的法定代表人正处于刑事羁押状态，受案法院因为送达、开庭等方面的困难或者障碍，导致案件迟迟不能办结；或者因为就民事案件所涉的法律行为的性质、效力以及当事人过错责任等方面需要与刑事案件协调一致，民事纠纷案件需要先行中止审理。出于当前审限管理的需要，受案法院将已经受理的民事纠纷案件以"同一事实"为由裁定驳回起诉，将案件移送刑事侦查机关。我们认为这些做法都是不妥的，不利于维护当事人的合法民事权益，混淆了民刑交叉案件的判断标准。

本案中，从甘肃省兰州市中级人民法院正在审理的张××、王××刑事案件所涉罪名以及与本案有关的相关涉案情况来看，无证据证明张××所涉刑事犯罪情况与本案所涉民商事纠纷系基于同一法律事实产生。另外，从本案与刑事案件的当事人主体来看，本案为港联公司与永登农信社安宁分社之间基于金融借贷合同产生的债权债务纠纷，甘肃省兰州市中级人民法院正在审理的刑事案件犯罪嫌疑人为张××、王××，刑事案件与本案的主体并不相同。因此，如果民商事案件与刑事案件当事人并不同一，即使在法律事实上有一定的牵连关系，由于在不同的当事人之间分别存在民事法律关系和刑事法律关系，民事案件和刑事案件也应当分别受理和审理。如果民事案件受案法院认为，刑事案件的审理结果可能对相关民事法律行为的性质和效力以及各方当事人的过错责任产生影响，必须以相关刑事案件的审理结果为依据，此种情形之下，受案法院可以依据《民事诉讼法》第153条第5项之规定，参照《民商审判会议纪要》第130条规定精神，先行裁定中止审理，待相关刑事案件审结后再行恢复审理，并就民事案件所涉的法律行为的性质、效力以及当事人的过错责任等方面，结合刑事案件的审理情况作出判断。但不能以此认定民事案件的法律事实与刑事案件的法律事实属于同一法律事实，径行裁定驳回起诉。

合议庭成员：李延忱、赵敏、董俊武

撰写人：李延忱、尹伊

61. 判断金钱给付诉讼请求是否重复，应以请求的事项是否实质相同为审查要点

——金昌市佰亿置业有限公司与宁夏农垦前进农场有限公司、宁夏农垦集团有限公司合同纠纷案

○ 案件基本信息

一、诉讼当事人

再审申请人（一审原告、二审上诉人）：金昌市佰亿置业有限公司（以下简称金昌佰亿公司）

被申请人（一审被告、二审被上诉人）：宁夏农垦前进农场有限公司（以下简称农垦前进公司）

被申请人（一审被告、二审被上诉人）：宁夏农垦集团有限公司（以下简称农垦集团公司）

二、案件索引与裁判日期

一审：宁夏回族自治区石嘴山市中级人民法院（2018）宁01民初1407号民事判决（2019年10月14日）

二审：宁夏回族自治区高级人民法院（2020）宁民终85号民事裁定（2020年6月19日）

申请再审：最高人民法院（2021）最高法民申1250号民事裁定（2021年5月31日）

再审：最高人民法院（2021）最高法民再204号民事裁定（2021年9月28日）

三、案由

合同纠纷

● 裁判要旨

《民事诉讼法司法解释》第 247 条规定了后诉与前诉构成重复诉讼的三个方面的构成要件,因此,在同时具备该条规定的三个要件时方可构成重复诉讼。其中,在审查诉讼请求是否相同时不应囿于文字表面意思,应当进行实质性审查,判断诉讼请求是否实质性相同。在判断金钱给付诉讼请求是否相同时,关键要看请求的事项有无变化,而非请求的金额是否相同,如果后诉请求是基于不同法律关系提起,即使后诉请求的金额与前诉请求的金额相同,也与前诉的诉讼请求不同,不构成重复起诉。

● 裁判依据

《最高人民法院关于适用〈中华人民共和国民事诉讼法〉的解释》（2020 年 12 月 29 日修正）

第二百四十七条[①] 当事人就已经提起诉讼的事项在诉讼过程中或者裁判生效后再次起诉,同时符合下列条件的,构成重复起诉:

（一）后诉与前诉的当事人相同;

（二）后诉与前诉的诉讼标的相同;

（三）后诉与前诉的诉讼请求相同,或者后诉的诉讼请求实质上否定前诉裁判结果。

当事人重复起诉的,裁定不予受理;已经受理的,裁定驳回起诉,但法律、司法解释另有规定的除外。

● 基本案情

2010 年 7 月 10 日,农垦前进公司与苏州佰亿签订合同书,约定甲乙

---

① 该司法解释已于 2022 年修正,但该条文的序号及内容未修改。

双方共同出资设立大米加工合资公司，甲方以土地使用权和货币出资2400万元，出资比例占公司股份60%；乙方以货币出资1600万元，出资比例占公司股份40%。在实际履行过程中，主体由苏州佰亿变更为金昌佰亿公司。2010年8月，农垦开发公司设立，股东分别为农垦前进公司、金昌佰亿公司以及王××，出资金额分别为2400万元、1200万元和400万元。2017年2月10日，金昌佰亿公司、农垦前进公司、王××签订《股权转让协议书》，约定金昌佰亿公司将其持有的农垦开发公司30%股权转让给农垦前进公司，股权转让价款以股权转让基准日评估确定的结果作为股权价值确定和转让价计算的依据。上述协议签订后，双方进行了股权变更登记，因农垦前进公司未支付股权转让款，金昌佰亿公司向宁夏回族自治区石嘴山市中级人民法院提起诉讼。该院在无法鉴定的情况下，依据双方均认可的农垦开发公司截至2013年3月31日所有者权益为3 060 742.50元为依据计算出股权转让款，作出（2018）宁02民初86号民事判决书，判令农垦前进公司支付金昌佰亿公司股权转让款918 222.75元。该判决作出后，双方均未提起上诉。

金昌佰亿公司随后提起本案诉讼，请求：（1）判令农垦前进公司向金昌佰亿公司赔偿违约损失11 081 777.25元（1200万元–918 222.75元）及利息损失；（2）农垦集团公司对上述款项承担连带赔偿责任。

一审法院认为，金昌佰亿公司将其持有的农垦开发公司的股权转让给农垦前进公司，其不再具备农垦开发公司的股东身份，不能再诉请要求农垦开发公司的股东农垦前进公司承担赔偿责任。农垦开发公司在经营过程中因市场因素导致亏损，金昌佰亿公司不能将其投资损失归结于另一股东农垦前进公司。判决驳回金昌佰亿公司的诉讼请求。

金昌佰亿公司不服，提起上诉。二审法院认为，首先，金昌佰亿公司不再具备农垦开发公司的股东身份，不能再诉请要求农垦开发公司的股东农垦前进公司承担赔偿责任，不是适格的原告。其次，本案的当事人与上述（2018）宁02民初86号案的当事人相同；本案的诉讼标的与前诉的诉讼标的相同，均是针对金昌佰亿公司投入的1200万元；本案金昌佰亿公司的诉讼请求实质上否定（2018）宁02民初86号案裁判结果，故本案构成重复诉讼。裁定撤销一审判决，驳回金昌佰亿公司的起诉。

金昌佰亿公司不服二审裁定，向最高人民法院申请再审。最高人民法院提审本案，并开庭审理。

争议焦点

本案是否构成重复起诉。

裁判结果

一审法院判决：驳回金昌佰亿公司的诉讼请求。

二审法院裁定：一、撤销宁夏回族自治区银川市中级人民法院（2018）宁01民初1407号民事判决；二、驳回金昌佰亿公司的起诉。

再审法院裁定：一、撤销宁夏回族自治区高级人民法院（2020）宁民终85号民事裁定；二、指令宁夏回族自治区高级人民法院对案件进行审理。

裁判理由及评析

一、裁判理由

本案争议的焦点问题为二审裁定认定金昌佰亿公司的起诉系重复起诉是否适用法律错误。

《民事诉讼法司法解释》第247条第1款规定："当事人就已经提起诉讼的事项在诉讼过程中或者裁判生效后再次起诉，同时符合下列条件的，构成重复起诉：（一）后诉与前诉的当事人相同；（二）后诉与前诉的诉讼标的相同；（三）后诉与前诉的诉讼请求相同，或者后诉的诉讼请求实质上否定前诉裁判结果。"对比（2018）宁02民初86号案件和本案，前案的诉讼请求为："判令农垦前进公司履行《股权转让协议书》，向金昌佰亿公司支付股转金1200万元，农垦集团公司承担连带担保责任"，诉讼标的为股权转让关系及给付股权转让款。本案的诉讼请求为"判令农垦前进公司向金昌佰亿公司赔偿违约损失 11 081 777.25 元，利息损失 5 512 082.05 元，合计 16 593 859.30 元；农垦集团公司对上述款项承担连带赔偿责任"，诉讼标的为合作合同关系及赔偿违约损失。因此，虽然两起案件的当事人相同，但诉讼标的和诉讼请求不同，本案中的诉讼请求不存在实质上否定前诉裁判结果的情形，金昌佰亿公司反而是在认可前案裁判结果的基础上提起了本案诉讼。

二、评析

正确理解重复诉讼的识别标准，对于防止重复诉讼，保护当事人的正当诉权具有重要意义。

《民事诉讼法司法解释》第247条第1款规定："当事人就已经提起诉讼的事项在诉讼过程中或者裁判生效后再次起诉，同时符合下列条件的，构成重复起诉：（一）后诉与前诉的当事人相同；（二）后诉与前诉的诉讼标的相同；（三）后诉与前诉的诉讼请求相同，或者后诉的诉讼请求实质上否定前诉裁判结果。"该条规定了重复诉讼制度，并明确了其构成要件，为法官识别重复诉讼提供了统一的标准。根据该条规定，只有以上三个要件同时具备方可构成重复诉讼，当事人只要证明有一项与前诉不同的构成要件即可获得后诉的诉权。然而，法律条文的抽象性与司法实践的复杂多样性导致根据上述条文判断重复诉讼往往并非易事。

首先，关于"一事不再理"原则的主观方面：当事人相同。此为主体标准，是判断前后诉是否属于同一案件的形式要件，通常情形下比较容易判断主体是否同一。具有"同一性"的当事人包括：（1）诉讼担当人，是指就他人的诉讼标的的权利义务有当事人的诉讼实施权，从而为他人担当诉讼的人。基于第三人诉讼实施权行使的依据，可分为法定诉讼担当和任意诉讼担当两种情形。前者是指有法律特别明文规定的诉讼担当，后者是指在法律规定的范围内，通过约定的方式产生的诉讼担当。我国《企业破产法》规定的破产管理人、合同法中的代位权人即属于法定诉讼担当人，

《民事诉讼法》第56条、第57条规定的代表人诉讼中的诉讼代表人属于任意诉讼担当人。诉讼担当人的诉讼结果对被担当人具有约束力,在判断"一事不再理"的构成时,诉讼担当人与被担当人具有同一性。(2)当事人的继受人,是指通过继受而承受诉讼标的权利义务关系而承受当事人地位的人。包括因自然人当事人死亡或者法人、设有代表人或管理人的非法人团体当事人合并,而发生的继受情形;也包括因法律行为或者法律规定或法院拍卖等国家公法行为而受让诉讼标的的权利义务的人。(3)占有当事人或者其继受人,是指在诉讼标的为给付特定标的物时,如该特定物被诉讼外的他人或其继受人占有而非为自己占有的情形。另外,当事人相同,不受当事人在起诉与后诉中的诉讼地位的影响,即使前后诉原告和被告地位完全相反,仍然应当认定当事人为同一。

其次,关于"一事不再理"原则的客观方面:诉讼对象的同一性。所谓一事不再理中"一事"的问题,是一事不再理原则中最为核心和本质的内容。诉讼对象又称诉讼标的或诉讼物,是指法院在民事诉讼中审理和判断的对象。关于诉讼标的,存在多种理论上的学说,概括起来大致有实体法诉讼标的理论、新诉讼标的理论、新实体法说、诉讼标的相对论等观点。不同的诉讼标的理论决定着对诉讼内容不同的理解,也决定着"一事不再理"原则的作用范围。我们认为,依实体法诉讼标的理论来理解,比较符合我国民事诉讼的实际状况。将诉讼标的理解为当事人在实体法上权利义务或者法律关系,简便易行,法院审理范围亦十分明确。另外,判断诉请是否相同,应当坚持较为宽松的标准,实质性一致即可。由于诉请过于具体明确,司法实务中存在当事人为了避免被认定为重复诉讼,随意增加诉请项目、变更赔偿项目的名称、肆意增加或者减少赔偿金额、随意增加承担责任的主体等情形,导致后诉诉请与前诉诉请形式上不一致。我们在审查时不应囿于文字表面,应当进行实质性审查,判断诉请是否实质性相同。特别要注意的是,判断金钱类诉请是否相同,与请求的事项有关,与请求的金额无关,也就是说请求的事项没有变化而请求的金额发生变化的,则可以认定为诉讼请求相同。诉讼请求不同不必然不构成重复诉讼,还要判断"后诉的诉讼请求是否实质上否定前诉的裁判结果"。因为《民事诉讼法司法解释》第247条不仅是重复诉讼条款，也是关于既判力的规范。

本案的基本事实是金昌佰亿公司与农垦前进公司达成合意成立目标公司，后金昌佰亿公司把目标公司股权转给农垦前进公司。因此，就本案而言，双方之间基于合作合同关系的违约损失赔偿请求权和股权转让关系的股权转让款给付请求权构成本案前后两诉的诉讼标的。故两诉的诉讼请求或诉讼争点不具有同一性。两诉的请求内容、争议焦点有所不同，后诉是基于对前诉既判力认可的基础上提起的本案诉讼。综上，本案所涉前后两诉的当事人虽然相同，但诉讼请求和诉讼标的不同，前后两诉之间不能相互替代或涵盖，不能认定为重复诉讼。

合议庭成员：何波、陈宏宇、张梅
撰写人：张梅、张义敏

62. 依照《最高人民法院关于执行和解若干问题的规定》第 9 条规定提起的诉讼，与作出执行裁判的诉讼案件不构成重复起诉

——陕西新贸物流配送连锁有限责任公司与扶风县东顺摩托车经销有限公司、陕西新贸天宝置业有限公司土地使用权转让合同纠纷案

◉ 案件基本信息

一、诉讼当事人

再审申请人（一审原告、二审上诉人）：陕西新贸物流配送连锁有限责任公司（以下简称新贸物流公司）

被申请人（一审被告、二审被上诉人）：扶风县东顺摩托车经销有限公司（以下简称东顺公司）

一审第三人：陕西新贸天宝置业有限公司（以下简称天宝置业公司）

二、案件索引与裁判日期

一审：陕西省宝鸡市中级人民法院（2019）陕 03 民初 138 号民事裁定（2020 年 6 月 30 日）

二审：陕西省高级人民法院（2020）陕民终 788 号民事裁定（2020 年 12 月 11 日）

申请再审：最高人民法院（2021）最高法民申 2433 号民事裁定（2021 年 4 月 29 日）

再审：最高人民法院（2021）最高法民再 250 号民事判决（2021 年 12 月 3 日）

三、案由

土地使用权转让合同纠纷

○ 裁判要旨

当事人因土地出让合同纠纷发生诉讼，一方请求继续履行合同，人民法院确认双方达成继续履行合同的调解协议，并出具了调解书。在调解书执行程序中，双方又达成了执行和解协议，对转让土地的面积和价款进行了变更，并约定了新的履行期限。一方未履行执行和解协议，另一方没有请求恢复执行调解书，而是基于执行和解协议另行提起民事诉讼请求解除土地使用权转让合同并要求对方承担违约责任，虽然形式上已经符合《民事诉讼法司法解释》第 247 条规定的三个要件，但《最高人民法院关于执行和解若干问题的规定》第 9 条明确规定了另诉的权利，且原调解书因未恢复执行，执行效力已经终止，因此，与调解一案并不构成重复起诉，人民法院应予受理。

○ 裁判依据

《最高人民法院关于适用〈中华人民共和国民事诉讼法〉的解释》（2020 年 12 月 29 日修正）

第二百四十八条[①]　裁判发生法律效力后，发生新的事实，当事人再次提起诉讼的，人民法院应当依法受理。

《最高人民法院关于执行和解若干问题的规定》（2018 年 2 月 22 日）

第九条[②]　被执行人一方不履行执行和解协议的，申请执行人可以申请恢复执行原生效法律文书，也可以就履行执行和解协议向执行法院提起诉讼。

---

① 该司法解释已于 2022 年修正，但该条文的序号及内容未修改。
② 该司法解释已于 2020 年修正，但该条文的序号及内容未修改。

基本案情

2012年4月13日，新贸物流公司与东顺公司签订《土地使用权转让合同》，约定新贸物流公司将其38.03亩土地使用权（包含该土地上的所有附着物）有偿转让给东顺公司。同时，因该土地使用权证抵押给银行办理贷款，尚有8年才能届满，所以双方约定在此期间东顺公司每年交纳租金100万元。

2017年，因东顺公司拖欠土地租赁费，新贸物流公司诉至法院，后在法院主持下双方达成调解协议，法院出具调解书予以确认。调解书就2018年12月31日之前的租赁费数额、交付时间等进行约定，同时调解书第3条载明："2018年12月31日前，双方依据原合同约定，履行土地使用权转让事宜。"

之后，新贸物流公司向法院申请强制东顺公司履行《土地使用权转让合同》，双方在执行中达成执行和解协议：约定将土地面积调整为34亩，在协议签订之日起由东顺公司向法院专户缴款1000万元，新贸物流公司在10个工作日内将标的物在银行解除抵押。东顺公司未交纳上述款项，该和解协议的后续义务均未履行。新贸物流公司撤回了执行申请，提起本案诉讼。

新贸物流公司认为，租赁期限已经届满，东顺公司仍然占有使用案涉土地及房屋，未支付2018年12月31日之后的租赁费，亦未支付土地使用权转让费用，已经构成新的违约事实，故起诉请求解除《土地使用权转让合同》，东顺公司返还案涉土地及其附着物，支付违约金、赔偿损失（2019年1月1日至返还土地之日土地房屋的占用费等）。第三人天宝置业公司系东顺公司申请追加，第三人和新贸物流公司是同一人设立的一人公司，法定代表人为同一人，因政策需要新贸物流公司将案涉土地及房产过户至第三人，其同意仍由新贸物流公司履行《土地使用权转让合同》。

争议焦点

本案是否构成重复起诉，是否应当进行实体审理。

裁判结果

一审法院裁定：驳回新贸物流公司的起诉。

二审法院裁定：驳回上诉，维持原裁定。

再审法院判决：一、撤销陕西省高级人民法院（2020）陕民终788号民事裁定及陕西省宝鸡市中级人民法院（2019）陕03民初138号民事裁定；二、指令陕西省宝鸡市中级人民法院对本案进行审理。

裁判理由及评析

一、裁判理由

《民事诉讼法司法解释》第247条规定："当事人就已经提起诉讼的事项在诉讼过程中或者裁判生效后再次起诉，同时符合下列条件的，构成重复起诉：（一）后诉与前诉的当事人相同；（二）后诉与前诉的诉讼标的相同；（三）后诉与前诉的诉讼请求相同，或者后诉的诉讼请求实质上否定前诉裁判结果。当事人重复起诉的，裁定不予受理；已经受理的，裁定驳回起诉，但法律、司法解释另有规定的除外。"第248条规定："裁判发生法律效力后，发生新的事实，当事人再次提起诉讼的，人民法院应当依法受理。"据此，考量案件是否构成重复起诉，应当从诉讼主体、诉讼标的、诉讼请求等主客观要件以及依据的事实等方面进行综合评判。只要不同时具备上述第247条第1款规定的主客观要件，则不属于重复起诉；即使要件符合，但基于新的事实起诉的，人民法院亦应当依法受理。

（一）从构成要件判断本案是否构成重复起诉

一是关于诉讼主体。本案比前案增加了第三人天宝置业公司，该第三人系因东顺公司申请追加，新贸物流公司并未针对第三人提出诉讼请求，本案诉讼主体的增加并不能认定不构成重复起诉。

二是关于诉讼标的。前后两案新贸物流公司均是基于《土地使用权转让合同》提起诉讼。前案诉讼虽仅针对该合同中的租赁关系而提起，并未涉及土地使用权转让，但调解书涵盖了该两个方面的内容；本案是针对该合同土地使用权转让关系和租赁关系而提起的诉讼。从诉讼标的的角度亦不能认定不构成重复起诉。

三是前案起诉请求支付 2016 年 4 月 13 日至 2018 年 4 月 12 日的土地房产使用租赁费及违约金、利息。1090 号民事调解书所涉及的租赁费的截止时间为 2018 年 8 月 31 日。本案所诉请的土地占用费的支付期间为 2019 年 1 月 1 日至返还之日。本案关于土地占用费的诉讼请求并未为前案诉请及调解书的内容所涵盖。本案中的 240 万元其他损失等诉讼请求，前案中未涉及。对于本案中上述未为前案调解书所涵盖的诉讼请求，人民法院依法应予审理。但与此同时，本案有关解除案涉《土地使用权转让合同》及返还等诉讼请求实质否定了前案调解书第 3 条有关 "2018 年 12 月 31 日前，甲乙双方依据原合同约定，履行土地使用权转让事宜" 的内容。因此，需要进一步判断本案的起诉是否基于新的事实。

（二）本案的起诉是否基于新的事实，前案调解书的约束力是否及于本案

在调解书所确定的履行土地使用权转让事宜时间之前，双方均未履行。新贸物流公司申请法院执行调解书，在执行过程中达成执行和解协议，但因东顺公司未按《执行和解协议》履行交纳前期土地转让款，故双方均未再继续履行《执行和解协议》，之后新贸物流公司撤回了执行申请。本案再审中，双方对《土地使用权转让合同》未履行的原因各执一词：东顺公司对合同约定的土地面积有异议，主张土地面积应当按照土地使用权证上记载的 30.4 亩为准；新贸物流公司认为，东顺公司应向其支付部分土地转让款，其才办理土地使用权转让手续。双方对《土地使用权转让合同》的履行产生新的争议。

而调解书第 3 条有关 "双方依据《土地使用权转让合同》约定，履行土地使用权转让事宜" 的约定，其执行内容不明确而实际无法通过强制执行得以实现，陕西省扶风县人民法院此前就该调解书强制执行的实际情况已经印证了这一问题。现调解书确认的租赁期限已经超过，东顺公司仍占有案涉土地，其亦未按照执行和解协议的约定履行支付土地转让金的义务，双方亦不能执行调解书，已形成僵局。在此情况下，新贸物流公司提出解

除合同的诉讼请求是基于调解书之后新发生的上述事实，是对双方合同履行僵局的救济。故从实质化解纠纷、定分止争的考虑出发，本案应当根据《民事诉讼法司法解释》第248条之规定，依法受理本案并进行实体审理，至于该合同是否应当解除需待实体审理后作出判断。原判决驳回起诉适用法律错误，予以纠正。

二、评析

双方达成调解协议后，法院以调解书确认，调解书载明了履行合同的具体时间，在该时间之后双方均未履行合同。合同一方当事人提起本案诉讼请求解除合同，本案的焦点问题是，本案起诉是否构成重复起诉，本案是否应当进行实体审理。

在本案起诉之前，一方申请执行调解书内容，但因调解书约定的该内容并不明确具体，无法通过强制执行实现。虽双方在执行过程中达成执行和解协议，但均未按协议履行。现双方对于何方附有先履行义务有分歧，对合同约定的转让土地面积亦有分歧。至此，生效的调解书已不能解决双方现在的纠纷，如不允许提起诉讼解决，将造成双方均受合同的约束但双方实际均无法继续履行的僵局。合同一方提起本案诉讼请求解除合同，是对僵局的救济。调解书所约定的继续履行合同无法通过强制执行来解决、双方对合同的履行又产生新的纠纷，应认定为出现了《民事诉讼法司法解释》第248条规定的"裁判发生法律效力后发生新的事实"，应当进行实体审理。再者，根据《最高人民法院关于执行和解若干问题的规定》第9条"被执行人一方不履行执行和解协议的，申请执行人可以申请恢复执行原生效法律文书，也可以就履行执行和解协议向执行法院提起诉讼"的规定，也赋予了申请执行人的另诉权。综上，根据上述法律规定，本案不构成重复起诉，应当进入实体审理。

合议庭成员：陈宏宇、徐霖、张梅
撰写人：陈宏宇、赵静

63. 重审程序中当事人变更诉讼请求的，重审法院应当围绕当事人变更后的诉讼请求进行审理并作出新的裁判

——北京合锐赛尔电力科技股份有限公司与西北电力建设第一工程有限公司买卖合同纠纷案

○ 案件基本信息

一、诉讼当事人

上诉人（一审被告）：西北电力建设第一工程有限公司（以下简称西北电建一公司）

被上诉人（一审原告）：北京合锐赛尔电力科技股份有限公司（以下简称合锐赛尔公司）

二、案件索引与裁判日期

一审：陕西省高级人民法院（2020）陕民初14号民事判决（2021年10月15日）

二审：最高人民法院（2022）最高法民终124号（2022年4月28日）

三、案由

买卖合同纠纷

○ 裁判要旨

二审法院发回重审的案件，当事人在重审程序中可以增加诉讼请求。举重以明轻，当事人当然也可以在重审程序中变更诉讼请求。重审程序中，当事人变更诉讼请求的，重审法院应当围绕当事人变更后的诉讼请求进行审理并作出新的裁判，而不应当再受先前诉讼程序中当事人诉讼行为的拘

束，也不能以当事人先前的诉讼行为作为裁判的依据。一方当事人虽然在先前的诉讼程序中主张解除合同，但在重审程序中明确不再主张解除合同，另一方当事人也不再答辩同意解除合同，可以认定当事人之间就合同解除没有形成合意，人民法院不宜以当事人先前的诉讼行为认定合同解除。

裁判依据

《中华人民共和国民事诉讼法》(2021年12月24日修正)

第一百四十三条 原告增加诉讼请求，被告提出反诉，第三人提出与本案有关的诉讼请求，可以合并审理。

《最高人民法院关于适用〈中华人民共和国民事诉讼法〉的解释》(2022年4月1日修正)

第二百五十一条 二审裁定撤销一审判决发回重审的案件，当事人申请变更、增加诉讼请求或者提出反诉，第三人提出与本案有关的诉讼请求的，依照民事诉讼法第一百四十三条规定处理。

基本案情

西北电建一公司与合锐赛尔公司签订买卖合同，约定由合锐赛尔公司向西北电建一公司与案外人的光伏电站项目供应设备。合锐赛尔公司依约采买部分设备，一部分运送交付至项目地点，另一部分暂由合锐赛尔公司仓储尚未运至项目地点。后西北电建一公司与案外人解除合作项目合同，不再需要合锐赛尔公司采买的设备。双方因买卖合同履行及货款支付发生纠纷，合锐赛尔公司提起本案诉讼。

争议焦点

发回重审后，合锐赛尔公司在重审程序中变更了诉讼请求，不再主张解除该买卖合同，西北电建一公司答辩也不再同意解除该《物资采购合同》，本案争议焦点为当事人之间买卖合同关系应否解除的问题。

◎ 裁判结果

一审法院判决:一、西北电建一公司于本判决生效之日起10日内支付合锐赛尔公司货款2500.9295万元;二、西北电建一公司于本判决生效之日起10日内向合锐赛尔公司支付违约金(以2500.9295万元为基数,自2018年8月16日起以每日1‰的标准计算至实际给付之日止);三、西北电建一公司于本判决生效之日起10日内赔偿合锐赛尔公司损失132.74万元;四、驳回合锐赛尔公司的其余诉讼请求。如果未按本判决指定的期间履行给付金钱义务,应当依照《民事诉讼法》第260条的规定,加倍支付迟延履行期间的债务利息。一审案件受理费531 800元,由合锐赛尔公司承担247 680元,西北电建一公司承担284 120元;保全费5000元,由西北电建一公司承担。

二审法院判决:上诉人西北电建一公司的上诉理由部分成立,依照《合同法》第114条、第119条、第135条、第159条,《民事诉讼法》第177条第1款第2项规定,判决如下:一、维持陕西省高级人民法院(2020)陕民初14号民事判决第一项、第三项;二、撤销陕西省高级人民法院(2020)陕民初14号民事判决第四项;三、变更陕西省高级人民法院(2020)陕民初14号民事判决第二项"西北电力建设第一工程有限公司于本判决生效之日起十日内向北京合锐赛尔电力科技股份有限公司支付违约金(以2500.9295万元为基数,自2018年8月16日起以每日1‰的标准计算至实际给付之日止)"为"西北电力建设第一工程有限公司于本判决生效之日起十日内向北京合锐赛尔电力科技股份有限公司支付违约金〔以2500.9295万元为基数,自2018年8月16日至2019年8月19日,按照中国人民银行同期同类人民币贷款基准利率的二倍计算;自2019年8月20日起至实际给付之日止,按照全国银行间同业拆借中心公布的一年期贷款市场报价利率(LPR)的二倍计算〕";四、驳回合锐赛尔公司的其他诉讼请求。如果未按本判决指定的期间履行给付金钱义务,应当依照《民事诉讼法》第260条的规定,加倍支付迟延履行期间的债务利息。一审案件受理费 531 800 元，由合锐赛尔公司负担 265 900 元，西北电建一公司负担 265 900 元；一审保全费 5000 元，由西北电建一公司负担。二审案件受理费 278 564.67 元，由合锐赛尔公司负担 139 282.33 元，西北电建一公司负担 139 282.34 元。

裁判理由及评析

本案双方当事人签订的《物资采购合同》系当事人真实意思表示，且不存在认定合同无效的法定情形，该《物资采购合同》合法有效。2018 年 5 月 31 日，合锐赛尔公司向一审法院提起诉讼，请求解除该《物资采购合同》，西北电建一公司答辩同意解除合同。经法院二审发回重审后，合锐赛尔公司在重审程序中变更了诉讼请求，不再主张解除该买卖合同，西北电建一公司答辩也不再同意解除该《物资采购合同》。

根据《民事诉讼法》第 143 条、《民事诉讼法司法解释》第 251 条的规定，二审发回重审的案件，当事人在重审程序中可以增加诉讼请求。举重以明轻，当事人当然也可以在重审程序中变更诉讼请求。重审程序中当事人变更诉讼请求的，重审法院应当围绕当事人变更后的诉讼请求进行审理并作出新的裁判，而不应当再受先前诉讼程序中当事人诉讼行为的拘束，也不能以当事人先前的诉讼行为作为裁判的依据。本案中合锐赛尔公司虽然先前主张解除合同，但在重审程序中已不再主张解除合同，西北电建一公司也不再答辩同意解除合同。虽然合锐赛尔公司在以后的诉讼程序中认为合同目的已不能实现，但并无明确解除合同的意思表示；西北电建一公司上诉明确主张其无解除合同的意思表示，故当事人之间就本案所涉《物资采购合同》没有形成解除的合意，任何一方当事人也没有通过诉讼主张解除该合同。在当事人未明确主张解除合同的情形下，法院不宜直接对合同是否解除作出认定。一审法院在重审程序中认为在本案原一审中合锐赛尔公司诉请解除合同，西北电建一公司答辩同意解除合同，并以此为由认为本案符合原《合同法》第93条①的规定，案涉《物资采购合同》经当事人协商一致解除，属于适用法律错误。

与二审发回重审案件的审理范围相关的另一个问题是，再审案件的审理范围以及再审裁定撤销原审判决发回重审案件的审理范围问题。关于再审案件的审理范围问题，根据《民事诉讼法司法解释》第403条的规定，人民法院审理再审案件应当围绕再审请求进行。当事人的再审请求超出原诉讼请求的，不予审理；符合另案诉讼条件的，告知当事人可以另行起诉。被申请人及原审其他当事人在庭审辩论结束前提出的再审请求，符合《民事诉讼法》第212条规定的，人民法院应当一并审理。人民法院经再审，发现已经发生法律效力的判决、裁定损害国家利益、社会公共利益、他人合法权益的，应当一并审理。关于再审裁定撤销原审判决发回重审案件的审理范围问题，《民事诉讼法司法解释》第252条规定："再审裁定撤销原判决、裁定发回重审的案件，当事人申请变更、增加诉讼请求或者提出反诉，符合下列情形之一的，人民法院应当准许：(1)原审未合法传唤缺席判决，影响当事人行使诉讼权利的；(2)追加新的诉讼当事人的；(3)诉讼标的物灭失或者发生变化致使原诉讼请求无法实现的；(4)当事人申请变更、增加的诉讼请求或者提出的反诉，无法通过另诉解决的。"

合议庭成员：李延忱、龙飞、董俊武
撰写人：李延忱、尹伊

---

① 对应《民法典》第562条。

64."一房二卖"情形下不当得利的构成及返还范围的认定
——靖远第二发电有限公司与兰州银行股份有限公司不当得利纠纷案

● 案件基本信息

一、诉讼当事人

再审申请人(一审原告、二审上诉人):靖远第二发电有限公司(以下简称靖远二电公司)

被申请人(一审被告、二审上诉人):兰州银行股份有限公司(以下简称兰州银行)

二、案件索引与裁判日期

一审:甘肃省兰州市中级人民法院(2019)甘01民初670号民事判决(2020年4月27日)

二审:甘肃省高级人民法院(2020)甘民终492号民事判决(2020年9月21日)

申请再审:最高人民法院(2021)最高法民申1192号民事裁定(2021年5月24日)

再审:最高人民法院(2021)最高法民再249号(2021年12月17日)

三、案由

不当得利纠纷

● 裁判要旨

构成不当得利,以一方取得的利益"无法律根据"为要件。在"一房二卖"情况下,两个买受人签订的合同均为有效,一方办理了房屋产权登记，同时另一方占有了房屋且对另一买受人已经取得房屋产权并不知情，其占有为有权占有。占有房屋的一方后在申请房屋产权登记时知道房屋已经过户到了另一买受人名下，其申请办理的附条件的房屋产权登记也因登记权利人起诉被法院裁判予以撤销，其占有已经丧失了法律依据。

在认定不当得利的返还范围时，应当自法律根据消灭时开始计算，并根据受益人是善意还是恶意的不同主观状态而作区别。受益人不知道且不应当知道没有法律根据时，仅返还现存的利益；在明知没有法律根据后，返还的利益应当包括取得的全部利益及其损失。

● 裁判依据

《中华人民共和国民法总则》（2021年1月1日废止）

第一百二十二条　因他人没有法律根据，取得不当利益，受损失的人有权请求其返还不当利益。

对应新法

《中华人民共和国民法典》（2020年5月28日）

第一百二十二条　因他人没有法律根据，取得不当利益，受损失的人有权请求其返还不当利益。

● 基本案情

1995年6月7日，案外人兰州长青房地产开发公司（以下简称长青公司）就案涉诉争房屋与兰州银行签订购房合同。1996年4月30日，长青公司又就该房屋与靖远二电公司签订购房合同。

1998年1月23日，靖远二电公司依法取得该房屋权属登记，同日，案涉房屋由兰州银行占有使用至今。

2010年10月18日，兰州市住房保障和房地产管理局向兰州市政府请示称："该公司（兰州银行）提供的房屋申请资料没有一处完全符合登记条件，无法按照正常程序办理房屋登记。但该公司又无法提供房屋登记的完整资料,希望我局按照特殊问题为其办理房屋产权登记,并承诺上述房屋无质量问题和产权纠纷,由此发生的一切问题由该公司承担……经研究,我局提出以下意见:1.由该公司向登记机关出具承诺书……公告期满无异议后,颁发《房屋所有权证》……"2010年12月3日,兰州银行就案涉房产登记问题向兰州房地产交易中心出具承诺书。该承诺书记载:"为做好我行房产证办理工作,避免房产部门在解决我行房产办证中出现的各种问题,我行现郑重承诺如下:该房产无质量、安全、消防方面的问题,无产权纠纷……该处房产登记发证后,若出现法律纠纷或涉及单位、集体和个人的经济纠纷,由我行承担一切法律、经济责任……"兰州银行一方在再审庭审中述称:"(该银行)办证的时候了解到房子给别人办理了证件……"

2014年9月19日,靖远二电公司提起行政诉讼,要求撤销向兰州银行对案涉房屋的登记行为。一审、二审均判决撤销(二审判决于2018年9月作出),2018年11月2日该房产证被公告作废。

2019年2月21日,靖远二电公司和兰州银行双方签订《房屋租赁合同》,由兰州银行承租案涉房屋,期限自2018年9月1日起至2020年12月31日止。

靖远二电公司起诉请求:(1)判令兰州银行支付占用靖远二电公司房屋使用费 6 978 372元,利息 4 554 620.86 元(时间为1998年2月至2019年7月,按平均利率6.3%计算)及损失418 702.32元(按租金6%标准计算),共计11 951 700元;(2)请求兰州银行支付自2019年8月起至拖欠房屋使用费付清止期间内产生的利息(按银行同期贷款利率计算)。

一审判决兰州银行向靖远二电公司支付占用房屋使用费、租金 6 978 372 元(1998年2月至2018年8月)及利息。

双方均上诉,二审改判驳回靖远二电公司的诉讼请求。

靖远二电公司再审请求撤销原判决,依法支持其诉讼请求。

○ 争议焦点

兰州银行是否构成不当得利;如构成不当得利,所返还的利益范围如何认定,即靖远二电公司所主张的案涉房屋使用费、利息及损失是否应当得到支持。

● 裁判结果

一审法院判决:一、兰州银行于判决生效后十日内向靖远二电公司支付占用房屋使用费、租金 6 978 372 元及利息(自 2018 年 11 月 3 日起算,按照中国人民银行同期存款利率计算);二、驳回靖远二电公司其他诉讼请求。

二审法院判决:一、撤销甘肃省兰州市中级人民法院(2019)甘 01 民初 670 号民事判决;二、驳回靖远二电公司的诉讼请求。

再审法院判决:一、撤销甘肃省高级人民法院(2020)甘民终 492 号民事判决,撤销甘肃省兰州市中级人民法院(2019)甘 01 民初 670 号民事判决;二、兰州银行于判决生效后十日内向靖远二电公司支付 3 331 209.60 元;三、驳回靖远二电公司其他诉讼请求。

● 裁判理由及评析

一、关于不当得利的认定问题

不当得利,是指没有法律根据,取得不当利益,造成他人损失的情形。不当得利对民事主体之间的财产流转关系有调节作用,其目的在于恢复民事主体之间在特定情形下所发生的非正常的利益变动。原《民法通则》第 92 条[①]规定:"没有合法根据,取得不当利益,造成他人损失的,应当将取得的不当利益返还受损失的人。"原《民法总则》第 122 条规定:"因他人没有法律根据,取得不当利益,受损失的人有权请求其返还不当利益。"上述两部法律就不当得利的表述虽略有差异,但据以认定不当得利返还请求权的四个构成要件并无不同,即一方取得利益;另一方受到损失;取得利益

---

① 对应《民法典》第 122 条。

与受到损失之间存在因果关系；没有法律根据。本案中，自1998年1月23日起，兰州银行即占有使用案涉房屋。后该银行因其房屋所有权证被撤销，遂与靖远二电公司签订房屋租赁合同，靖远二电公司自此通过对案涉房屋间接占有实际享有了收益权。在该合同签订之前，靖远二电公司虽于取得产权登记后即将案涉房屋租赁给中国建设银行兰州市电力支行城关办事处，但事实上因房屋被兰州银行占有，该公司未能取得房屋的租赁收益；而兰州银行则通过对房屋的实际占有使用，减少了其应支出但并未支出的费用。由此可见，兰州银行因占有案涉房屋减少了费用支出而消极得利，靖远二电公司则因未能取得该房屋的租赁收益遭受了损失，该利益与损失之间存在因果关系。据此，本案认定兰州银行是否构成不当得利的关键在于，兰州银行对案涉房屋的占有是否具有法律根据。就此分析如下：

第一，从物权的角度。1998年1月，兰州银行即实际占有案涉房屋，但占有是对物的一种事实上的控制与支配，其本身不产生物权变动效力。2011年9月，兰州银行取得案涉房屋所有权登记，但由于存在重复登记问题，2018年9月作出的生效二审行政判决以事实不清为由已判令撤销该房屋登记。兰州银行的房屋权属登记被撤销后，溯及至登记之时自始不具有法律效力，故其不得依据已被撤销的房屋登记，主张基于物权而对案涉房屋的占有具有法律根据。

第二，从债权即合同的角度。买卖合同仅具有债之效力，基于债的相对性，合同当事人不得以之对抗合同以外的第三人。故在"一房二卖"的情况下，如出卖人已将房屋所有权转移登记至在后买受人，则在前买受人纵然已占有该房产，在后买受人亦得基于所有权向其提出权利主张。在前买受人虽可基于买卖合同向出卖人主张包括占有在内的合同项下权利，但不得依据该合同对抗已经办理了权属登记的在后买受人。对于办理了权属登记的在后买受人而言，其取得了物权，当然对房屋享有占有、收益等物权权能，合同并不能成为在先买受人对房屋占有的法律根据。本案中，长青公司就案涉房屋存在"一房二卖"的情况，先后与兰州银行和靖远二电公司签订了商品房买卖合同。此后，在1998年1月23日，即靖远二电公司依法取得该房屋权属登记的同一日，案涉房屋由兰州银行占有使用。兰州银行签订房屋买卖合同在先并实际占有案涉房屋，但基于合同的相对性，其虽可依该合同向合同相对人即长青公司主张包括占有在内的合同项下权利，但不得以之对抗合同之外的房屋登记所有权人即靖远二电公司。对于靖远二电公司而言，兰州银行所签订的合同并不能成为兰州银行取得占有以及因占有而减少的费用支出等利益的法律根据。事实上，在上述行政判决作出后，靖远二电公司根据其与兰州银行签订的房屋租赁合同已取得对案涉房屋的间接占有。该事实表明，双方实际已认可兰州银行对房屋的占有本身之利益属于不当得利，就兰州银行因对房屋的实际占有以致应支付而未支付的费用即消极得利，亦当作同一认定。

综上，兰州银行因占有案涉房屋而减少费用支出构成不当得利，原判决以兰州银行与长青公司签订的房屋买卖合同为兰州银行占有使用案涉房屋的法律根据为由，认定兰州银行不构成不当得利，适用法律错误，予以纠正。

二、关于应返还利益的认定问题

根据原《民法通则》、原《民法总则》的上述规定，靖远二电公司有权主张兰州银行返还其所取得的不当利益。本案中，靖远二电公司自1998年1月被登记为该房屋所有权人后，并未及时向其合同相对人长青公司以及房屋的实际占有人兰州银行提出相应的权利主张。兰州银行基于与长青公司签订的购房合同自1998年1月起占有案涉房屋，在无证据证明其明知该房屋已经登记为靖远二电公司所有的情况下，自不宜认定其当时就该占有存在恶意。但根据2010年10月18日兰州市住房保障和房地产管理局向兰州市政府的请示、2010年12月3日兰州银行向兰州房地产交易中心出具的承诺书、兰州银行在再审庭审中的陈述，可认定兰州银行在占有案涉房屋后明知其无法正常办理登记手续，至迟于2010年10月18日其亦知道案涉房产登记在其他主体名下。故至迟自2010年10月18日起，兰州银行对该房产的占有不再具有善意，其就此获取的消极得利依法应予返还。该消极得利实系兰州银行因占有案涉房屋而减少支出的费用，故可参照案涉房屋同时期同地段的租金认定兰州银行应返还的利益数额；时间自2010年10月18日计算至双方签订租赁合同约定的起租日前一日即2018年8月31日。

根据原审查明的事实，2006年1月至2012年12月，同地段租金为每月96元/㎡，2013年1月至12月为每月107.50元/㎡，2014年1月至2015年12月为每月130元/㎡，2016年1月至12月为每月143元/㎡，2017年1月至2018年8月为每月157.30元/㎡。参照上述租金标准，从2010年10月18日起计算租金至2018年8月31日，认定房屋占用费数额为3 331 209.60元［282×（26×96+96÷30×14+12×107.50+24×130+12×143+20×157.30）=3 331 209.60］。考虑到本案不当得利的发生亦与长青公司就案涉房屋"一房二卖"以及靖远二电公司在取得房屋登记后长期未积极行使权利等因素相关，对上述占用费的利息不再支持。

合议庭成员：宋冰、陈宏宇、张梅
撰写人：陈宏宇、赵静

65. 事先未形成合意的非给付型不当得利纠纷中，由获益方承担获得利益合法性的举证责任

——王××与董×不当得利纠纷案

○ **案件基本信息**

一、诉讼当事人

上诉人（一审被告）：王××

被上诉人（一审原告）：董×

二、案件索引与裁判日期

一审：陕西省西安市中级人民法院（2020）陕01民初100号民事判决（2020年8月25日）

二审：陕西省高级人民法院（2020）陕民终1020号民事判决（2020年12月14日）

三、案由

不当得利纠纷

○ **裁判要旨**

不当得利的构成要件有以下四个：一方获得利益；另一方受到损失；获利与受损之间具有因果关系；取得利益没有合法根据。以上四要件均需当事人举证证明。但对取得利益是否有合法依据由谁举证在司法实践中存在分歧。对于当事人事先未形成合意，即非因请求人原因形成的非给付型不当得利，在请求人完成对要件事实举证的情况下，因对取得利益没有合法根据这一消极事实，请求人通常无法直接予以证明，而取得利益具有法

律上的原因为积极事实，由获得利益的被请求人进行举证更为公平妥当。

● 裁判依据

《中华人民共和国物权法》（2021年1月1日废止）

第六十五条第一款　私人合法的储蓄、投资及其收益受法律保护。

第六十六条　私人的合法财产受法律保护，禁止任何单位和个人侵占、哄抢、破坏。

《中华人民共和国民法总则》（2021年1月1日废止）

第一百二十二条　因他人没有法律根据，取得不当利益，受损失的人有权请求其返还不当利益。

对应新法

《中华人民共和国民法典》（2020年5月28日）

第一百二十二条　因他人没有法律根据，取得不当利益，受损失的人有权请求其返还不当利益。

第二百六十七条　私人的合法财产受法律保护，禁止任何组织或者个人侵占、哄抢、破坏。

● 基本案情

董×之父董××与王××之女穆×系夫妻关系，穆×为董×继母。刘××在陕西×公司担任投资顾问。2017年3月9日，董×将其名下资金285 173 022.15元转账至刘××账户，委托其代为暂存拟用于投资。2017年3月13日，王××持刘××账户存单将上述款项本息285 186 937.13元转入其名下账户，并用于购买基金产品。董×认为其上述两笔存款未经其同意由王××私下转移，构成不当得利，依法应予返还，遂诉至西安市中级人民法院，形成本诉。

庭审中，刘××向法院出具书面情况说明并出庭作证，证明案涉款项属于董×个人财产，董×因出国将案涉两笔存款暂存至刘××名下用于投资，后存单被穆××从其处要走。刘××明确表示其未随同王××去银行办理案涉两笔存款账户的注销和资金转移事务，其对此并不知情。

董×为支持其诉讼请求，提交兴业银行《整存整取定期储蓄存单》、董×销户、刘××开户的兴业银行《零售业务凭证》及刘××出具的情况说明，证明董×将其名下存款285 186 937.13元转存至刘××名下，由刘××代董×暂存；提交2017年3月13日兴业银行《整存整取定期储蓄存单》以及《零售业务凭证》，证明王××未经董×同意，在刘××不知情、不在场的情况下，私下注销刘××在兴业银行的两个账户，并提取上述款项。

王××为支持其辩称理由，提交2017年3月13日兴业银行销户的《零售业务凭证》、（2020）西莲证民字第1232号公证书、微信聊天记录截图、协助冻结存款通知书、河北省永清县人民法院（2016）冀1023刑初110号刑事判决书以及穆×的视频声明等证据，证明董×账户的285 186 937.13元存款是董×之父董××与其女儿穆×共同财产，董×已经将该财产在2017年7月处分归穆×所有。刘××向王××转款时，董×、董××、刘××均知情，董×起诉不当得利无事实依据。

● 争议焦点

王××就案涉285 186 937.13元对董×是否构成不当得利，关键是举证责任分配问题。

● 裁判结果

一审法院判决：被告王××于本判决生效之日起十日内返还原告董×285 186 937.13元。

二审法院判决：驳回上诉，维持原判。

◎ 裁判理由及评析

一、董×应对支持其诉讼请求的法律关系基本事实承担举证责任

《民事诉讼法司法解释》第90条规定："当事人对自己提出的诉讼请求所依据的事实或者反驳对方诉讼请求所依据的事实，应当提供证据加以证明，但法律另有规定的除外。在作出判决前，当事人未能提供证据或者证据不足以证明其事实主张的，由负有举证证明责任的当事人承担不利的后果。"本案中，董×主张王××取得其名下案涉款项没有合法根据构成不当得利，董×应就其主张法律关系的基本事实提供证据予以证明。根据董×提供的证据，案涉两笔款项共计285 186 937.13元是在2014年、2017年分别以董×名义存于兴业银行西安沣镐路支行、兴业银行西安友谊路支行的财产。货币为种类物，根据占有即所有的一般原则，董×对上述款项具有合法权益。董×为了投资理财之目的将上述款项暂存到案外人刘××名下，且刘××一审中也出庭确认暂存在其名下的案涉款项属于董×。据此，董×已经完成了举证责任。王××在未征得董×本人同意的情况下，在其女穆×安排下，将上述存款本息转至其名下，并以其个人名义投资私募基金产品，获取收益，使董×利益受损。对此，王××应举证证明其转款行为具有合法根据，方能构成有效抗辩。否则，董×主张王××构成不当得利成立。换言之，董×已经证明案涉款项系存于其名下的财产，但被转至王××名下；与此相对应，王××将案涉款项转存至自己名下投资收益，如其不能证明具有合法根据，其因此取得的利益正是董×所遭受的损失，两者之间构成法律上的因果关系。在此情形下，董×有理由请求王××向其返还案涉款项。

二、董×就其主张法律关系基本事实已完成举证责任，王××未能举证证明其占有款项的合法依据，应由其承担举证不能的法律后果

原《民法总则》第122条规定："因他人没有法律根据，取得不当利益，受损失的人有权请求其返还不当利益。"依照上述规定，不当得利的构成要件有四项：一方获得利益；另一方受到损失；获利与受损之间具有因果关系；取得利益没有合法根据。据前所述，董×就其主张法律关系基本事实已完成举证责任。诉讼中，王××虽辩称该案涉存款系董×父亲董××的财产，其占有该存款系基于董×家人的赠与，但未提供证据予以证明；王××又称案涉款项属于董×父亲董××与其女儿穆×的共同财产，并主张董×已经将案涉财产全部给穆×，属于穆×所有。其前后说法不一，且亦未提供充足的证据证明。董×转存至刘××名下的两份存单所涉款项被转走，根据两份存单销户的银行业务凭证中的签字显示，均为王××所签，并没有刘××的签字。故王××转移案涉款项没有取得董×的同意，其占有没有合法依据，应承担举证不能的法律后果。

三、不当得利纠纷中，举证责任分配对案件最终结果影响重大

本案中，王××对于案涉款项的流转并未事先与董×形成合意，该利益的变动不是请求人董×的行为，而是被请求人王××行为导致，按照民法理论上的分类，本案属于非给付型不当得利。从举证责任角度分析，对得利没有合法根据的举证，是对消极事实的证明；请求人对于消极事实通常无法直接予以证明，让董×证明王××取得存款"没有法律上的原因"即为消极事实。而被请求人即受益人王××取得利益"具有法律上的原因"即为积极事实。此时，如果让请求人董×承担"无法律上的原因"，其难以完成，也会造成举证分配的不公平；相较而言，作为获益方的王××则更加容易提供其获取利益的合法依据的证据，由其承担举证责任更为公平。本案结合具体案情认定消极事实举证责任的承担主体，对于不当得利纠纷案件中举证责任如何分配有一定的参考意义。

合议庭成员：朱玉红、张润民、刘育伟

撰写人：朱玉红

66. 票据债务人行使返还票据请求权的，应当限定于与其有直接债权债务关系的当事人之间

——中国广电甘肃网络股份有限公司与上海澳润信息科技有限公司、甘肃澳广信息技术有限公司票据付款请求权纠纷案

◉ 案件基本信息

一、诉讼当事人

上诉人（一审被告、反诉原告）：中国广电甘肃网络股份有限公司（曾用名甘肃省广播电视网络股份有限公司，以下简称广电甘肃公司）

被上诉人（一审原告、反诉被告）：上海澳润信息科技有限公司（以下简称上海澳润公司）

一审第三人、反诉被告：甘肃澳广信息技术有限公司（以下简称甘肃澳广公司）

二、案件索引与裁判日期

一审：甘肃省高级人民法院（2019）甘民初202号民事判决（2021年8月3日）

二审：最高人民法院（2021）最高法民终1055号民事判决（2021年12月19日）

三、案由

票据付款请求权纠纷

◉ 裁判要旨

票据债务人返还票据请求权应当限定于与其有直接债权债务关系的当

事人之间,此为合同相对性、票据无因性的具体体现。

裁判依据

《最高人民法院关于审理票据纠纷案件若干问题的规定》(2000年11月14日)

第十四条 票据债务人以票据法第十条、第二十一条的规定为由,对业经背书转让票据的持票人进行抗辩的,人民法院不予支持。

对应新法

《最高人民法院关于审理票据纠纷案件若干问题的规定》(2020年12月29日修正)

第十三条 票据债务人以票据法第十条、第二十一条的规定为由,对业经背书转让票据的持票人进行抗辩的,人民法院不予支持。

基本案情

2016年,广电甘肃公司与甘肃澳广公司签订多份采购合同。前述合同已实际履行,所供货物用于政府投资的城域网改造、宽带乡村等公共利益项目建设所需的基础设备材料。2017年9月22日,广电甘肃公司向甘肃澳广公司出具7张商业承兑汇票支付货款。

2015年9月至2017年1月,甘肃澳广公司从上海澳润公司处采购相关设备,双方签署了一系列《设备采购合同》《软件采购合同》。为履行上述采购合同项下的付款义务,甘肃澳广公司将上述7张商业承兑汇票背书转让给上海澳润公司。上海澳润公司委托交通银行上海杨浦支行对上述7张商业承兑汇票进行托收。2018年3月23日,广电甘肃公司在接到付款提示后出具7份情况说明,告知因相关资金未到位,账户余额不足,无法兑付上述汇票。2018年3月26日,广电甘肃公司以相关资金未到位,账户余额不足为由填写了拒绝付款理由书,拒绝依上述汇票付款。在交易期间,广电甘肃公司的法定代表人因受贿等多项罪名被判处有期徒刑,其中包括上海澳润公司原法定代表人曾向其行贿。甘肃澳广公司发起人为产业园公司和上海澳润公司。

争议焦点

出票人广电甘肃公司能否要求上海澳润公司返还票据。

裁判结果

一审法院判决：一、广电甘肃公司于判决生效之日起十日内支付上海澳润公司票据款 60 607 406.70 元及利息（利息以票据金额为基数，分别以该票据到期之次日即 2018 年 3 月 23 日起至 2019 年 8 月 19 日按中国人民银行同期贷款利率 4.35% 计算；自 2019 年 8 月 20 日起至清偿之日止的利息按照全国银行间同业拆借中心公布的贷款市场报价利率计算）；二、驳回上海澳润公司的其他诉讼请求；三、驳回广电甘肃公司的反诉请求。

二审法院判决：驳回上诉，维持原判。

裁判理由及评析

一、裁判理由

生效裁判认为，广电甘肃公司依法不能向上海澳润公司行使票据抗辩权。

首先，《最高人民法院关于审理票据纠纷案件若干问题的规定》第 2 条规定："依照票据法第十条的规定，票据债务人（即出票人）以在票据未转让时的基础关系违法、双方不具有真实的交易关系和债权债务关系、持票人应付对价而未付对价为由，要求返还票据而提起诉讼的，人民法院应当依法受理。"本案中，广电甘肃公司的基础交易合同相对方为甘肃澳广公司，上海澳润公司并非广电甘肃公司的合同相对方，其二者之间并不存在直接合同关系，广电甘肃公司以其与甘肃澳广公司之间买卖合同关系抗辩上海澳润公司的票据权利，无事实和法律依据。

其次,《最高人民法院关于审理票据纠纷案件若干问题的规定》第14条规定:"票据债务人以票据法第十条、第二十一条的规定为由,对业经背书转让票据的持票人进行抗辩的,人民法院不予支持。"本条旨在把票据债务人的抗辩权严格限定在与其有直接债权债务关系的当事人之间,以维护票据的无因性。当事人以上述情形为由抗辩,票据尚未转让的,予以支持,票据业经背书转让的,不予支持。票据的无因性、文义性、流通性决定了票据关系一经产生,即与取得票据的基础关系相分离。如果广电甘肃公司认为基础关系违法,在诉讼时效期间内均应返还票据的理由成立,则背书转让的票据权利都将处于不确定状态,票据的无因性、流通性将不复存在。据此,广电甘肃公司的该项上诉主张,与法相悖,依法不能成立。

最后,《票据法》第12条规定:"以欺诈、偷盗或者胁迫等手段取得票据的,或者明知有前列情形,出于恶意取得票据的,不得享有票据权利。持票人因重大过失取得不符合本法规定的票据的,也不得享有票据权利。"根据已生效的(2019)甘02刑初1号刑事判决,广电甘肃公司法定代表人王××因受贿罪等被刑事处罚,侵犯的是国家机关工作人员职务的廉洁性而非票据财产权利。该刑事判决也未认定王××与张××恶意串通,用欺诈、偷盗或者胁迫等非法手段帮助甘肃澳广公司或上海澳润公司取得票据。广电甘肃公司作为甘肃澳广公司股东,其关于甘肃澳广公司成立、出资、土地等问题的异议,与本案票据纠纷并无直接关联,不能证明甘肃澳广公司恶意、非法取得票据。广电甘肃公司以王××涉嫌犯罪、甘肃澳广公司成立等问题违法为由,主张返还票据,依据不足,不予支持。

二、评析

票据行为的无因性,是基于保护交易安全考虑,在法律上将票据行为及其基础关系予以分离的制度。即票据权利并不依赖产生票据的基础关系存在,票据行为的效力应当独立存在。因此,审判实践中对于票据债务人(出票人)返还票据的请求权审查应当考量两个方面。

（一）票据债务人的抗辩权切断

《票据法》第 10 条规定："票据的签发、取得和转让，应当遵循诚实信用的原则，具有真实的交易关系和债权债务关系。票据的取得，必须给付对价，即应当给付票据双方当事人认可的相对应的代价。"在此基础上，《最高人民法院关于审理票据纠纷案件若干问题的规定》第 2 条进一步规定："依照票据法第十条的规定，票据债务人（即出票人）以在票据未转让时的基础关系违法、双方不具有真实的交易关系和债权债务关系、持票人应付对价而未付对价为由，要求返还票据而提起诉讼的，人民法院应当依法受理。"《票据法》第 13 条第 1 款规定："票据债务人不得以自己与出票人或者与持票人的前手之间的抗辩事由，对抗持票人。但是，持票人明知存在抗辩事由而取得票据的除外。"《最高人民法院关于审理票据纠纷案件若干问题的规定》第 13 条规定："票据债务人以票据法第十条、第二十一条的规定为由，对业经背书转让票据的持票人进行抗辩的，人民法院不予支持。"

对上述法条的理解主要包含以下几个方面，一是存在基础关系违法等原因且票据未转让时，由于票据行为必须具有真实的票据关系和债务关系，在票据未转让时，票据债务人可以根据基础关系违法等原因向人民法院提起诉讼要求持票人返还票据，承担责任。这是因为票据的无因性主要保护的是善意第三人，作为合同相对人的持票人不具备值得信赖的可期待利益，因此应当为基础行为的违法、双方不具备真实的交易关系和债权债务关系等事由承担责任。二是存在基础关系违法等原因且票据业已背书转让时，根据合同的相对性原则，票据债务人不得以自己与出票人或者持票人的前手之间的抗辩事由，对抗持票人，其一是考虑到现有票据的持票人非票据债务人及其与出票人或持票人的前手之间存在抗辩事由的一方当事人，且具备不知道或者不应当知道上述抗辩权的现实可能性；其二是考虑到票据本身具有较强的流动性，《票据法》更多地以促进商事交易、维护交易安全为主要立法目的，因此，不会过多苛责现有票据的持票人对票据本身的基础关系进行过多的审查。

在本案中，出票人广电甘肃公司可以根据合同相对性，要求买卖合同相对人甘肃澳广公司返还票据。广电甘肃公司和上海澳润公司就案涉7份合同并不存在直接合同关系，广电甘肃公司以其与甘肃澳广公司之间买卖合同因犯罪、未履行招投标程序等原因无效为由，突破合同相对性直接要求后手上海澳润公司返还票据，于法无据。

（二）票据无因性的例外情形

《票据法》第12条规定："以欺诈、偷盗或者胁迫等手段取得票据的，或者明知有前列情形，出于恶意取得票据的，不得享有票据权利。持票人因重大过失取得不符合本法规定的票据的，也不得享有票据权利。"《最高人民法院关于审理票据纠纷案件若干问题的规定》第14条以《票据法》第12条、第13条的规定为基本依据，明确列出了人民法院应予支持的抗辩事由。第14条规定："票据债务人依照票据法第十二条、第十三条的规定，对持票人提出下列抗辩的，人民法院应予支持：（一）与票据债务人有直接债权债务关系并且不履行约定义务的；（二）以欺诈、偷盗或者胁迫等非法手段取得票据，或者明知有前列情形，出于恶意取得票据的；（三）明知票据债务人与出票人或者与持票人的前手之间存在抗辩事由而取得票据的；（四）因重大过失取得票据的；（五）其他依法不得享有票据权利的。"

上述规定为票据无因性的例外情形，即在票据原因关系上，如果持票人是以欺诈、偷盗、胁迫等非法手段或方式取得票据，或因重大过失或明知其前手票据权利的瑕疵而仍接受票据转让的，该持票人不应当享有抗辩权利，但票据债务人对持票人提出此种抗辩时，应负举证责任。这是因为虽然《票据法》的制定和发展，更多地是出于促进票据流通、保护交易的考虑，规定了票据的无因性原则，但同时票据流通的安全性也要作为考量要素，以保护交易公平。因此在坚持无因性的原则下，兼顾该原则的例外情形，对不具备可期待利益的持票人权利不予保护。

合议庭成员：陈宏宇、张梅、赵敏

撰写人：赵敏

67. 业主委员会对于业主共有事项和物业共同管理事项可以自己名义提起诉讼

——国电家园小区业主委员会与伊宁市宏基房地产开发有限责任公司、通州建总集团有限公司房屋买卖合同纠纷案

○ 案件基本信息

一、诉讼当事人

再审申请人（一审原告、二审上诉人）：国电家园小区业主委员会（以下简称国电业委会）

被申请人（一审被告、二审被上诉人）：伊宁市宏基房地产开发有限责任公司（以下简称宏基公司）

被申请人（一审被告、二审被上诉人）：通州建总集团有限公司（以下简称通州建总公司）

二、案件索引与裁判日期

一审：新疆维吾尔自治区高级人民法院伊犁哈萨克自治州分院（2020）新40民初49号民事裁定（2020年12月10日）

二审：新疆维吾尔自治区高级人民法院（2021）新民终48号民事裁定（2021年3月9日）

申请再审：最高人民法院（2021）最高法民申3481号民事裁定（2021年9月28日）

再审：最高人民法院（2021）最高法民再344号民事裁定（2021年12月17日）

三、案由

房屋买卖合同纠纷

○ 裁判要旨

业主委员会根据业主大会的授权对外代表业主进行民事活动，可以成为民事诉讼活动的主体。业主委员会符合"其他组织"条件，是业主大会决议的执行机构，根据业主大会的授权对外代表业主进行民事活动，对于业主共有事项和物业共同管理事项，可以自己名义提起诉讼。业主委员会诉讼请求涉及的配套设施未建设及退还前期物业费等问题，属于业主共有事项和物业共同管理事项，人民法院应予受理。业主委员会诉讼请求涉及的开发商履行商品房买卖合同约定的不动产权确权登记义务及承担逾期办证违约金等问题，属于业主专有事项，即使其具有业主大会的授权，人民法院亦不予受理。

○ 裁判依据

《中华人民共和国民事诉讼法》（2017年6月27日修正）

第一百一十九条 起诉必须符合下列条件：

（一）原告是与本案有直接利害关系的公民、法人和其他组织；

（二）有明确的被告；

（三）有具体的诉讼请求和事实、理由；

（四）属于人民法院受理民事诉讼的范围和受诉人民法院管辖。

《物业管理条例》（2018年3月19日修订）

第十五条 业主委员会执行业主大会的决定事项，履行下列职责：

（一）召集业主大会会议，报告物业管理的实施情况；

（二）代表业主与业主大会选聘的物业服务企业签订物业服务合同；

（三）及时了解业主、物业使用人的意见和建议，监督和协助物业服务企业履行物业服务合同；

（四）监督管理规约的实施；

（五）业主大会赋予的其他职责。

对应新法

《中华人民共和国民事诉讼法》（2021年12月24日修正）

第一百二十二条 起诉必须符合下列条件：

（一）原告是与本案有直接利害关系的公民、法人和其他组织；

（二）有明确的被告；

（三）有具体的诉讼请求和事实、理由；

（四）属于人民法院受理民事诉讼的范围和受诉人民法院管辖。

○ 基本案情

国电家园小区由国家能源集团新疆吉林台水电开发有限公司（以下简称国能吉林台公司）和宏基公司合作开发，由通州建总公司施工建设。国电家园小区工程于2014年11月21日竣工并经五方验收合格，工程质保期已届满。

2020年9月，国电家园小区召开第一届业主大会，成立国电业委会，并向E镇人民政府备案。在该次业主大会上，业主大会授权国电业委会代表国电家园小区业主开展以下法律维权工作：（1）房屋不动产权证问题的维权；（2）公共配套设施不健全问题的维权；（3）开发商延期交房违约金未赔付问题的维权；（4）房屋质量存在缺陷问题的维权；（5）规范合格的物业服务问题的维权。

2019年7月13日，通州建总公司起诉宏基公司、国能吉林台公司，请求两公司共同支付工程款及利息，经人民法院生效判决确认，宏基公司和国能吉林台公司共同向通州建总公司支付工程款及利息。国能吉林台公司不服申请再审，最高人民法院驳回其再审申请。2021年1月2日，国能吉林台公司起诉宏基公司、通州建总公司，请求两公司共同承担案涉小区办公用房质量缺陷修复所需费用和应建未建工程施工费用并支付违约金，请求宏基公司履行案涉房产不动产确权登记义务并支付违约金，该案正在审理中。

2020年11月8日，国电业委会向新疆维吾尔自治区伊犁哈萨克自治州分院提起本案诉讼，请求：（1）宏基公司、通州建总公司承担业主房屋已完工程质量缺陷修复所需费用及应建设而未建设工程（包括小区内居民生活饮用水水源仍由宏基公司私自挖建的深水池供应，未与城市供水管网接通；小区排水系统未与城市排水外网连通，仅靠宏基公司、通州建总公司在小区内挖建的化粪池解决污水排放问题；小区至今未封闭、未安装安防监控系统；小区幼儿园至今未施工）的施工费用共计56 215 829.3元及逾期违约金；（2）宏基公司履行240户业主商品房不动产确权登记义务，向业主发放《不动产权证书》；（3）宏基公司承担逾期办理房地产权属证书的违约金162.92万元；（4）宏基公司终止未履行前期物业服务的违约状态，并退还非法收取的物业费541 967.4元（自2014年6月以来，宏基公司收取小区业主数年物业服务费，但未签订前期物业合同，也未提供前期物业服务）；（5）宏基公司、通州建总公司承担国电业委会委托律师费、公证费、司法鉴定费等实现债权的费用。

一审法院认为，本案不属于因业主共有和物业共同管理事项所引发的争议，国电业委会与本案商品房买卖合同没有直接的利害关系，即使国电家园小区的业主或业主大会给予其授权，也不会使国电业委会与本案商品房买卖合同发生直接利害关系从而获得独立主张合同权利的资格，遂裁定驳回国电业委会的起诉。

国电业委会不服一审裁定，提起上诉。二审法院认为，本案诉讼请求主要基于国能吉林台公司、宏基公司与通州建总公司之间的建设工程施工合同关系和宏基公司与小区业主之间的商品房买卖合同关系，并非基于国电业委会履行业主共有和物业共同管理相关事项而产生的法律关系。国电业委会不能取代全体业主以民事权利主体的身份参加民事诉讼活动，国电业委会作为原告主体不适格。国能吉林台公司以宏基公司、通州建总公司为被告，已向法院提起与本案诉讼请求种类相同的诉讼，证明与本案有直接利害关系的法人并非怠于行使诉讼权利。据此，二审法院裁定维持一审裁定。

国电业委会不服二审裁定，向最高人民法院申请再审。最高人民法院提审本案，并开庭审理。

◎ 争议焦点

国电业委会是否为本案适格原告。

◎ 裁判结果

一审法院裁定：驳回国电业委会的起诉。

二审法院裁定：驳回上诉，维持原裁定。

再审法院裁定：一、撤销新疆维吾尔自治区高级人民法院（2021）新民终48号民事裁定及新疆维吾尔自治区高级人民法院伊犁哈萨克自治州分院（2020）新40民初49号民事裁定；二、指令新疆维吾尔自治区高级人民法院伊犁哈萨克自治州分院对本案进行审理。

◎ 裁判理由及评析

一、裁判理由

《民法典》第271条规定："业主对建筑物内的住宅、经营性用房等专有部分享有所有权，对专有部分以外的共有部分享有共有和共同管理的权利。"《物业管理条例》第15条规定："业主委员会执行业主大会的决定事项，履行下列职责：（一）召集业主大会会议，报告物业管理的实施情况；（二）代表业主与业主大会选聘的物业服务企业签订物业服务合同；（三）及时了解业主、物业使用人的意见和建议，监督和协助物业服务企业履行物业服务合同；（四）监督管理规约的实施；（五）业主大会赋予的其他职责。"第19条第1款规定："业主大会、业主委员会应当依法履行职责，不得作出与物业管理无关的决定，不得从事与物业管理无关的活动。"《最高人民法院关于金湖新村业主委员会是否具备民事诉讼主体资格请示一案的复函》载明:"金湖新村业主委员会符合'其他组织'条件,对房地产开发单位未向业主委员会移交住宅区规划图等资料、未提供配套公用设施、公用设施专项费、公共部位维护费及物业管理用房、商业用房的,可以自己名义提起诉讼。"《最高人民法院关于春雨花园业主委员会是否具有民事诉讼主体资格的复函》载明:"根据《物业管理条例》规定,业主委员会是业主大会的执行机构,根据业主大会的授权对外代表业主进行民事活动,所产生的法律后果由全体业主承担。业主委员会与他人发生民事争议的,可以作为被告参加诉讼。"根据上述法律规定及答复意见,业主委员会根据业主大会的授权对外代表业主进行民事活动,可以成为民事诉讼活动的主体。业主委员会符合"其他组织"条件,是业主大会决议的执行机构,根据业主大会的授权对外代表业主进行民事活动,对于业主共有事项和物业共同管理事项,可以自己名义提起诉讼。

1.关于国电业委会的第一项诉讼请求,即请求宏基公司、通州建总公司承担业主房屋已完工程质量缺陷修复所需费用及应建设而未建设工程施工费用(小区业主生活用水管网与城市供水管网接通工程、小区业主用房排水系统与城市管网接通工程、业主小区内安防监控系统安装工程、依照经批准的小区规划在本小区内配建小区幼儿园等遗留工程)共计56 215 829.3元及逾期违约金。根据《民事诉讼法》(2017年修正)第119条第1款的规定,提起民事诉讼的原告必须是与本案有直接利害关系的公民、法人和其他组织。虽然国电业委会并非国电家园小区业主与宏基房地产公司《商品房买卖合同》的双方当事人,但是国电业委会一审诉讼请求涉及国电家园小区的工程质量缺陷、供水系统、排水系统、安防系统、小区幼儿园等配套设施未建设等问题,涉及国电家园小区业主共有部分及业主共有利益,并非仅限于《商品房买卖合同》范围内的合同之债,而是基于小区业主共有部分物权产生的法定之债。故国电业委会有权代表国电家园小区业主就该项诉讼请求提起诉讼。

2.关于国电业委会的第二项和第三项诉讼请求,即请求宏基公司履行

240户业主商品房不动产权确权登记义务、向业主发放《不动产权证书》及承担逾期办理房地产权属证书违约金162.92万元。因该两项诉讼请求是基于《商品房买卖合同》而主张的,合同之债具有相对性,业主是《商品房买卖合同》的权利义务主体,是与本案有直接利害关系的人。国电业委会与《商品房买卖合同》没有直接利害关系,业主的授权不会使国电业委会与《商品房买卖合同》发生直接利害关系从而获得独立的主张合同权利的资格。且业主委员会的诉讼权利能力只能限于业主大会有权决定的事项范围,包括业主共有和物业共同管理事项,该两项诉讼请求涉及的事项不属于业主共有和物业共同管理事项范围,业主大会所作的决议超出了业主大会自身的职责和权限,也同样超出了业主委员会的职责和权限。二审法院裁定驳回国电业委会针对该两项诉讼请求的起诉并无不当。

3. 关于国电业委会的第四项诉讼请求,即请求宏基公司终止未实施前期物业服务的违约状态,并退还非法收取的所谓物业费541 967.4元。根据《国电家园小区第一届业主大会决议》第3条第5项的规定,对于未按国家规定,履行规范合格的物业服务问题的维权,可以由国电业委会代表国电家园小区业主开展法律维权工作。本案中,国电业委会第四项诉讼请求源于宏基公司未签订前期物业服务合同及未提供前期物业服务,却收取了业主的物业费,该事项属于业主委员会应当依法履行职责的与物业管理有关的活动,且宏基公司的行为属于损害全体业主公共利益的情形,故国电业委会在有业主大会授权的情形下,可以就该项诉讼请求提起诉讼。

综上,对于国电业委会一审诉讼请求涉及国电家园小区的工程质量缺陷、供水系统、排水系统、安防系统等配套设施未建设及退还物业费等事项的,国电业委会为适格原告,一审、二审法院认定国电业委会不是本案适格原告,适用法律错误,应予纠正。

二、评析

房屋的所有权人为业主,业主是建筑区划内的主人。业主大会是业主的自治组织,是基于业主的建筑物区分所有权的行使产生的,由全体业主组成，是建筑区划内建筑物及其附属设施的管理机构。因此，只要是建筑区划内的业主，就有权参加业主大会，行使专有部分以外共有部分的共有以及共同管理的权利，并对小区内的业主行使专有部分的所有权作出限制性规定，以维护建筑区划内全体业主的合法权益。《物业管理条例》第8条规定："物业管理区域内全体业主组成业主大会。业主大会应当代表和维护物业管理区域内全体业主在物业管理活动中的合法权益。"此外，一个物业管理区域成立一个业主大会。《物业管理条例》第9条规定："一个物业管理区域成立一个业主大会。物业管理区域的划分应当考虑物业的共用设施设备、建筑物规模、社区建设等因素。具体办法由省、自治区、直辖市制定。"如果建筑区划内业主人数众多的，可以设立本建筑物或者建筑区划内所有建筑物的业主委员会，故《民法典》第277条第1款中规定，业主可以选举业主委员会。业主委员会是本建筑物或者建筑区划内所有建筑物的业主大会决议的执行机构，按照业主大会的决定履行管理的职责。《物业管理条例》第15条规定："业主委员会执行业主大会的决定事项，履行下列职责：（一）召集业主大会会议，报告物业管理的实施情况；（二）代表业主与业主大会选聘的物业服务企业签订物业服务合同；（三）及时了解业主、物业使用人的意见和建议，监督和协助物业服务企业履行物业服务合同；（四）监督管理规约的实施；（五）业主大会赋予的其他职责。"

因此，业主委员会是全体业主实现共有物业管理权的业主自治管理组织，代表全体业主执行业主大会作出的决议，维护全体业主的利益。因其没有自己独立的财产，无法承担法律责任，不具有法人资格，关于其主体资格及权利能力学界和实务上争议颇多。但是，业主委员会具有一定可支配的财产，对业主交付的专项维修资金、业主共有的设施、小区物业管理用房等公共财物，有一定的监督管理权和在授权范围内一定的支配权，故业主委员会可以纳入我国《民事诉讼法》规定的其他组织中，并具有民事诉讼能力。赋予业主委员会民事诉讼主体资格，与《物业管理条例》等法规规定业主委员会具有的独立职责相对应，为其履行职责提供了充分的司法救济，亦使业主的合法权益尤其是公共性利益能得到及时、有效的保障。

具体到本案中，国电业委会因国电家园小区的工程质量缺陷、供水系统、排水系统、安防系统等配套设施未建设及退还物业费等问题提起诉讼，是为全体业主的公共利益以原告的身份参与诉讼，因此，不能否认该业主委员会的诉讼主体资格。但是，业主委员会的诉讼主体资格具有"限缩性"，不能突破合同相对性原则。对基于《商品房买卖合同》而主张的相关权利，应由签订《商品房买卖合同》的主体即业主作为原告来主张，国电业委会不宜作为原告就该部分诉讼请求提起诉讼。

合议庭成员：陈宏宇、吴笛、张梅
撰写人：张梅、张义敏

68. 未被人民法院判决承担民事责任的无独立请求权第三人申请再审的，是否应予受理

——敦煌阳光招金矿业有限公司与敦煌市西部矿业发展有限责任公司（刘×杰担任法定代表人）、敦煌市西部矿业发展有限责任公司（林×武担任法定代表人）、敦煌市钒业发展有限责任公司侵权责任纠纷案

○ 案件基本信息

一、诉讼当事人

再审申请人（一审第三人、二审上诉人）：敦煌阳光招金矿业有限公司（以下简称阳光招金公司）

被申请人（一审原告、二审上诉人）：敦煌市西部矿业发展有限责任公司（以下简称刘×杰公司）

被申请人（一审被告、二审上诉人）：敦煌市西部矿业发展有限责任公司（以下简称林×武公司）

被申请人（一审被告、二审被上诉人）：敦煌市钒业发展有限责任公司（以下简称敦煌钒业公司）

二、案件索引与裁判日期

一审：甘肃省酒泉市中级人民法院（2018）甘09民初118号民事判决（2019年11月15日）

二审：甘肃省高级人民法院（2020）甘民终234号民事判决（2020年10月14日）

申请再审：最高人民法院（2021）最高法民申7661号民事裁定（2021年12月19日）

三、案由

侵权责任纠纷

裁判要旨

无独立诉讼请求权第三人依附于本诉当事人一方而参加诉讼，并不享有独立的诉讼地位。因其未被判决承担民事责任，也未证明其具有其他合法的诉讼利益，其提出的再审申请依法应予驳回。

裁判依据

《中华人民共和国民事诉讼法》（2021年12月24日修正）

第五十九条第二款 对当事人双方的诉讼标的，第三人虽然没有独立请求权，但案件处理结果同他有法律上的利害关系的，可以申请参加诉讼，或者由人民法院通知他参加诉讼。人民法院判决承担民事责任的第三人，有当事人的诉讼权利义务。

基本案情

刘×杰公司与阳光招金公司签订了资源整合协议，向阳光招金公司转让案涉资产。在合同履行过程中，敦煌钒业公司、林×武公司与刘×杰公司就案涉采矿权、矿产等的权属问题发生争议，引发诉讼。法院依法追加阳光招金公司作为第三人参加诉讼。

一审法院经审理作出判决，但并未判决阳光招金公司承担责任。阳关招金公司提起上诉，二审法院认为，阳光招金公司已另案提出诉讼且在本案中没有提出独立的诉讼请求，故不作为本案侵权纠纷所审查的范围，判决驳回上诉，维持原判。

争议焦点

未被人民法院判决承担民事责任的第三人是否有权申请再审。

● 裁判结果

一审法院判决：一、确认刘×杰公司与阳光招金公司的资产整合协议中不包含林×武公司、敦煌钒业公司主张的采矿许可证和相应区域的矿石料；二、驳回刘×杰公司的其他诉讼请求。

二审法院判决：驳回上诉，维持原判。

再审审查法院裁定：驳回阳光招金公司的再审申请。

● 裁判理由及评析

民事诉讼中的第三人，属于广义的当事人。有独立请求权的第三人在诉讼中的地位相当于原告，因为他是通过提起诉讼这种方式参加诉讼的。无独立请求权的第三人参加诉讼的根据不是对本诉当事人主张请求权，而是因为争议的处理结果与他有法律上的利害关系。因此，为了保护其合法权益，无独立请求权的第三人在诉讼中有权了解原告起诉、被告答辩的事实和理由，并向人民法院递交陈述意见书，陈述自己对该争议的意见。《民事诉讼法》第59条第2款规定，人民法院判决承担民事责任的第三人，有当事人的诉讼权利义务。因此，人民法院判决承担民事责任的无独立请求权的第三人，有当事人的诉讼权利义务。但在法律适用上，《民事诉讼法》第59条第2款并不能直接反推出"未被人民法院判决承担民事责任的第三人，无当事人的诉讼权利义务"的结论。因此，实践中对未被人民法院判决承担民事责任的第三人是否享有当事人的权利存在争议。

第一种观点认为，无独立请求权的第三人享有当事人的诉讼权利义务。原因在于，从我国《民事诉讼法》立法体系上来看，无独立请求权的第三人是与原告、被告一起规定在第五章（诉讼参加人）第一节（当事人）中，可以说，我国立法是将无独立请求权的第三人作为当事人的，其当然享有当事人的权利义务。第二种观点认为，无独立请求权的第三人不享有当事人的诉讼权利义务。原因在于，无独立请求权第三人既不能像原告一样有权变更、放弃诉讼请求、申请撤诉，也不能像被告一样有权提出管辖权异议和反诉。法律规定的无独立请求权第三人有当事人的某些权利义务也只是在诉讼结果与其有直接关联的情况下赋予其的权利，并不当然地赋予其等同于原告、被告的诉讼权利和义务。无独立请求权第三人在国外立法中被称为准当事人或从当事人。第三种观点认为，无独立请求权的第三人是不确定的当事人，如果他在判决中承担义务，则依法享有当事人的诉讼权利义务；如不承担义务，则不享有当事人的诉讼权利义务。

按照《民事诉讼法》的规定，因无独立请求权的第三人，只是案件处理结果同他有法律上的利害关系，其在诉讼中或者依附于原告，或者依附于被告，并不享有独立的原告或者被告的诉讼地位。无独立请求权的第三人也无权就争议标的提出独立诉讼请求，因此，无独立请求权的第三人是权利受限的当事人。无独立请求权第三人未被判决承担民事责任，则该判决未对无独立请求权第三人增加负担，未使其遭受不利，其对于判决结果不存在法律上的利益，当然不应赋予其当事人的诉讼权利义务。如果对于判决中所确认的事实，无独立请求权的第三人认为存在错误，会对其将来主张权利造成不利影响的，按照《民事诉讼法司法解释》第93条第2款的规定，其可以通过在另案中提供足以推翻生效判决确认的事实的证据的方式来获得救济。

在二审程序中，对判决所确认的权利义务，权利人和义务人均未提起上诉，如因未被判决承担责任的无独立请求权第三人提出上诉请求而启动二审程序，则突破了案件的审理范围。同理，当案件进入执行程序时，如果允许未被判决承担责任的无独立请求权第三人申请再审，则可能会对生效判决已确定的权利义务关系以及原、被告双方对自身权利的处分造成不当干涉，也超出当事人诉讼请求范围。因此，未被人民法院判决承担民事责任的无独立请求权第三人作为权利受到限制的当事人，对生效判决不具有诉的利益，无权就生效判决申请再审。

合议庭成员：陈宏宇、张梅、赵敏

撰写人：赵敏

69. 不动产登记的物权人与实际物权人不符时，物权权属的确定应从权利取得的基础事实来判断

——中国邮政集团公司西宁市分公司与中国电信股份有限公司西宁分公司等物权保护纠纷案

◉ 案件基本信息

一、诉讼当事人

再审申请人（一审被告、二审上诉人）：中国邮政集团公司西宁市分公司（以下简称邮政公司）

被申请人（一审原告、二审被上诉人）：中国电信股份有限公司西宁分公司（以下简称电信公司）

一审被告：中国邮政储蓄银行股份有限公司西宁市城中支行（以下简称邮储城中支行）

一审被告：西宁市城中区小张茶行（以下简称小张茶行）

二、案件索引与裁判日期

一审：青海省西宁市中级人民法院（2020）青01民初187号民事判决（2020年11月5日）

二审：青海省高级人民法院（2020）青民终313号民事判决（2021年3月22日）

申请再审：最高人民法院（2022）最高法民申138号民事裁定（2022年3月23日）

三、案由

物权保护纠纷

裁判要旨

不动产登记是不动产物权的公示方法，不动产物权证书是权利的外在表现形式，不动产登记所公示的权利状态与真实权利状态不一定完全相符。在涉及房屋权属争议的案件中，在不动产物权登记簿的记载与真实权利状态不符时，对不动产物权权属的确定，应当从权利取得的基础事实来判断。

裁判依据

《最高人民法院关于适用〈中华人民共和国物权法〉若干问题的解释（一）》（2021年1月1日废止）

第一条　因不动产物权的归属，以及作为不动产物权登记基础的买卖、赠与、抵押等产生争议，当事人提起民事诉讼的，应当依法受理。当事人已经在行政诉讼中申请一并解决上述民事争议，且人民法院一并审理的除外。

第二条　当事人有证据证明不动产登记簿的记载与真实权利状态不符、其为该不动产物权的真实权利人，请求确认其享有物权的，应予支持。

对应新法

《最高人民法院关于适用〈中华人民共和国民法典〉物权编的解释（一）》（2020年12月29日）

第一条　因不动产物权的归属，以及作为不动产物权登记基础的买卖、赠与、抵押等产生争议，当事人提起民事诉讼的，应当依法受理。当事人已经在行政诉讼中申请一并解决上述民事争议，且人民法院一并审理的除外。

第二条　当事人有证据证明不动产登记簿的记载与真实权利状态不符、其为该不动产物权的真实权利人，请求确认其享有物权的，应予支持。

基本案情

青海省邮政管理局分营领导小组就西宁市邮电局、电信局相互占用场地等情况召开相关会议，形成会议纪要，并下发《关于印发"省会西宁市邮政局、电信局相互占用场地、业务划分纪要"的通知》（以下简称《划分纪要的通知》）。西宁市邮政局和西宁市电信局根据《划分纪要的通知》签订《大什字支局转角楼划分决定》（以下简称《划分决定》），西宁市邮政局、西宁市电信局在该决定上签章。电信公司作为西宁市电信局的权利义务承受主体，以邮政公司和房屋实际占有人为被告，提起诉讼，请求确认相关区域房屋不动产权归其所有，确认位于相应区域的土地的使用权归电信公司，房屋实际占有人邮储城中支行、小张茶行协助返还其租赁的上述案涉房屋等。一审判决支持了电信公司的部分诉讼请求，被告邮政公司提起上诉，二审维持原判。邮政公司不服原判决申请再审。

邮政公司申请再审称：（1）原审对本案进行实体审理错误。第一，青海省邮政管理局下发的《划分纪要的通知》是行政决定。《划分决定》上加盖"省局邮电分营办公室"印章，故《划分决定》不是民事合同，其上盖有西宁市邮政局和西宁市电信局印章，并不能改变该决定是行政决定的性质。青海省邮电管理局下发的《划分纪要的通知》是在电信分营改制中对国有资产进行的行政性划转，根据《最高人民法院关于审理与企业改制相关的民事纠纷案件若干问题的规定》第3条的规定，人民法院不应受理本案。第二，案涉房屋及土地使用权均登记在邮政公司名下，邮政公司为物权人。电信公司若对此有异议，应当撤销行政登记或通过行政诉讼解决，而非提起本案民事诉讼。（2）原判决对相关事实认定错误导致判决错误。原《物权法》第17条[①]规定，不动产权属证书是权利人享有该不动产物权的证明。案涉房屋及土地使用权均登记在邮政公司名下，邮政公司为物权人。除以上申请再审理由外，邮政公司还提出了其他理由。

---

① 对应《民法典》第217条。

◉ 争议焦点

本案是否应作为民事案件被受理；原判决对案涉房屋所有权人的认定是否错误。

◉ 裁判结果

一审法院判决：一、邮政公司协助电信公司办理位于西宁市城中区西大街×号×栋一到四楼，以转角楼北楼南山墙为界的转角东楼 2070.75 ㎡ 的房屋产权转移至电信公司的登记手续，并腾退除邮储城中支行、小张茶行已租赁外的其他房屋；邮储城中支行、小张茶行分别在租赁期满后腾退其租用的西大街×号×栋×室面积为 484.44 ㎡、西大街×号面积为 43 ㎡ 的房屋；二、驳回电信公司的其他诉讼请求。

二审法院判决：驳回上诉，维持原判。

◉ 裁判理由及评析

一、裁判理由

（一）本案是否应当作为民事案件受理

根据原审查明事实，青海省邮政管理局分营领导小组就西宁市邮政局、电信局相互占用场地等情况召开相关会议，形成会议纪要，并下发《划分纪要的通知》。西宁市邮政局和西宁市电信局根据《划分纪要的通知》签订《划分决定》，西宁市邮政局、西宁市电信局在该决定上签章。该决定是对《划分纪要的通知》的具体实施，并非行政决定，"省局邮电分营办公室"在该决定上是否签章，不影响该决定的性质。邮政公司关于《划分决定》为行政决定不能作为民事案件受理的再审申请理由，不能成立。

本案中，邮政公司根据《最高人民法院关于审理与企业改制相关的民事纠纷案件若干问题的规定》第3条"政府主管部门在对企业国有资产进行行政性调整、划转过程中发生的纠纷，当事人向人民法院提起民事诉讼的,人民法院不予受理"的规定认为本案不应当作为民事案件受理。对此,再审审查裁定认为,本案是因房屋产权归属发生争议,具体来说是因履行《划分决定》发生的纠纷,并非就行政部门对场地的划转行为发生的纠纷,因此不应适用该规定。邮政公司以该规定为由认为本案不应由法院受理的再审申请理由,不能成立。

本案是基于不动产登记的权利人与真实权利人不一致而产生的纠纷,是针对物权归属而提起的诉讼,而非是针对登记行为本身。根据原《最高人民法院关于适用〈中华人民共和国物权法〉若干问题的解释(一)》第1条中"因不动产物权的归属,以及作为不动产物权登记基础的买卖、赠与、抵押等产生争议,当事人提起民事诉讼的,应当依法受理"的规定,原判决认定本案属于民事诉讼受案范围,并无不当。邮政公司关于案涉房屋及土地登记在其公司名下,不应通过民事诉讼解决的再审申请理由,不能成立。

(二)关于原判决对案涉房屋所有权人的认定是否错误

不动产登记是不动产物权的公示方法,不动产物权证书是权利的外在表现形式,不动产登记所公示的权利状态与真实权利状态不一定完全相符。在涉及房屋权属争议的案件中,对不动产物权权属的确定,应当从权利取得的基础事实来判断。根据原《最高人民法院关于适用〈中华人民共和国物权法〉若干问题的解释(一)》第2条"当事人有证据证明不动产登记簿的记载与真实权利状态不符、其为该不动产物权的真实权利人,请求确认其享有物权的,应予支持"的规定,当事人有证据证明不动产登记与真实权利状态不符时,有权提起诉讼,请求确认物权归属。原判决按照《划分纪要的通知》《划分决定》的记载,认定案涉房屋系电信公司所有,有事实证据及法律依据,并无不当。邮政公司以案涉房屋及土地使用权均登记在其名下即认为其是物权人的申请再审理由不能成立。

二、评析

在房屋登记的物权人与实际权利人不一致的情况下,实际权利人是通过提起行政诉讼撤销不动产登记证,还是可直接提起民事诉讼确认物权归属?在认定实际权利人与登记的权利人不符时,是否可以直接确认房屋归属?实践中存在不同的处理,本案就涉及这两个问题。

(一)涉不动产登记纠纷行政诉讼与民事诉讼之辨别

根据我国《民法典》的规定,房屋物权的变动模式是原因行为加登记,不动产物权登记作为物权变动的生效要件,产生物权变动的公示效果。房屋登记不包含行政机关代表国家对不动产实际物权归属确认的意思表示,涉不动产登记的行政纠纷针对的是行政机关的行为本身,不涉及不动产物权的实际归属,常见的该类行政诉讼有以下几种:登记机关未依法如实、及时登记;登记机关对应当登记的事项不登记;登记机关违反法定程序登记;等等。在涉不动产登记纠纷的行政诉讼中,人民法院审查的是行政机关登记行为的合法性。物权登记源于原因行为,对房屋归属的判断仍需要通过原因行为来认定,当登记的权利人与实际的权利人不符时,仍属于平等主体之间对物权权属的争议,应当作为民事案件受理。因有的案件中存在行政诉讼和民事纠纷交叉的情形,法院可以在行政诉讼中一并处理民事纠纷。因此,《最高人民法院关于适用〈中华人民共和国民法典〉物权编的解释(一)》第1条将"当事人已经在行政诉讼中申请一并解决上述民事争议,且人民法院一并审理"排除在不动产物权归属等争议作为民事案件受理的情形之外。

(二)民事案件审理中,在认定实际权利人后应直接确认房屋权属

房屋登记不是行政确权,房屋登记本身并非赋予物权,房屋所有权证产生不动产物权权利归属的推定效力,但房屋登记所公示的权利状态与真实权利状态不一定完全相符。当就房屋物权归属发生争议时,应当通过权利取得的基础事实及相关证据来判断房屋归属。民事判决作出后,实际权利人可以将生效判决作为"有证据证明登记确有错误"的证据向登记机关申请办理更正登记。

合议庭成员:吴兆祥、龙飞、张梅

撰写人:龙飞、赵静

行政案例裁判规则

1. 省级人民政府根据国务院土地征收批准文件作出的土地征收实施方案批准行为不属于行政复议的受理范围
——崔××诉甘肃省人民政府驳回行政复议申请决定案

◉ 案件基本信息

一、诉讼当事人

再审申请人（一审原告、二审上诉人）：崔××

被申请人（一审被告、二审被上诉人）：甘肃省人民政府（以下简称甘肃省政府）

二、案件索引与裁判日期

一审：甘肃省兰州市中级人民法院（2019）甘01行初64号行政判决（2019年12月23日）

二审：甘肃省高级人民法院（2020）甘行终77号行政判决（2020年6月28日）

申请再审：最高人民法院（2021）最高法行申1876号行政裁定（2021年3月17日）

三、案由

驳回行政复议申请决定

◉ 裁判要旨

省级人民政府根据国务院土地征收批准文件作出的土地征收实施方案批准行为，属于对国务院批复行为的具体落实，并非新的独立的审批行为，未对当事人设定新的权利义务，不属于行政复议的受理范围。

裁判依据

《中华人民共和国土地管理法》（2004年8月28日修正）

第四十五条　征收下列土地的，由国务院批准：

（一）基本农田；

（二）基本农田以外的耕地超过三十五公顷的；

（三）其他土地超过七十公顷的。

征收前款规定以外的土地的，由省、自治区、直辖市人民政府批准，并报国务院备案。

征收农用地的，应当依照本法第四十四条的规定先行办理农用地转用审批。其中，经国务院批准农用地转用的，同时办理征地审批手续，不再另行办理征地审批；经省、自治区、直辖市人民政府在征地批准权限内批准农用地转用的，同时办理征地审批手续，不再另行办理征地审批，超过征地批准权限的，应当依照本条第一款的规定另行办理征地审批。

对应新法

《中华人民共和国土地管理法》（2019年8月26日修正）

第四十六条　征收下列土地的，由国务院批准：

（一）永久基本农田；

（二）永久基本农田以外的耕地超过三十五公顷的；

（三）其他土地超过七十公顷的。

征收前款规定以外的土地的，由省、自治区、直辖市人民政府批准。

征收农用地的，应当依照本法第四十四条的规定先行办理农用地转用审批。其中，经国务院批准农用地转用的，同时办理征地审批手续，不再另行办理征地审批；经省、自治区、直辖市人民政府在征地批准权限内批准农用地转用的，同时办理征地审批手续，不再另行办理征地审批，超过征地批准权限的，应当依照本条第一款的规定另行办理征地审批。

◎ 基本案情

2010年10月22日，原国土资源部依据国务院批准的甘政发〔2010〕68号《关于兰州市2010年度城市建设用地的请示》，作出国土资函〔2010〕857号《关于兰州市2010年度农用地转用和土地征收方案的批复》。2010年11月18日，原甘肃省国土资源厅向兰州市人民政府（以下简称兰州市政府）下发甘国土资发〔2010〕166号《甘肃省国土资源厅转发国土资源部关于兰州市2010年城市建设农用地转用和土地征收方案批复的通知》。2010年12月21日，兰州市政府向甘肃省政府报请兰政建〔2010〕177号《关于报批七里河区2010年度第一批次城市建设农用地转用和土地征收实施方案的请示》，一并上报建设用地审查报告、农用地转用和土地征收实施方案表、征收土地方案、补充耕地方案。2011年12月22日，甘肃省政府就上述请示作出甘政国土发〔2011〕553号《关于兰州市2010年度第2批城市建设实施方案七里河区综合用地的批复》（以下简称《实施方案批复》），批复"同意将你市七里河区秀川街道崔家崖社区、大滩社区集体农用地51.9801公顷（其中：耕地39.6598公顷、园地1.0168公顷）转为建设用地，连同集体建设用地42.8763公顷和集体未利用地0.4058公顷一并征收为国有……"崔××获知《实施方案批复》后，于2019年6月19日向甘肃省政府提出行政复议申请，请求撤销《实施方案批复》。甘肃省政府于2019年8月13日作出甘政复字〔2019〕82号《驳回行政复议申请决定书》（以下简称《驳回行政复议申请决定》）。崔××不服提起本案诉讼，请求撤销甘肃省政府作出《驳回行政复议申请决定》的行政行为，并请求甘肃省政府依法受理其行政复议申请。

◎ 争议焦点

《实施方案批复》是否属于行政复议受理范围。

裁判结果

一审法院判决:驳回崔××的诉讼请求。

二审法院判决:驳回上诉,维持原判。

再审审查法院裁定:驳回崔××的再审申请。

裁判理由及评析

根据《土地管理法》以及《土地管理法实施条例》等法律法规的规定,国家为了公共利益需要,可以依法对土地实施征收。土地征收由国务院或省级人民政府批准,符合《土地管理法》第46条第1款规定的土地征收由国务院批准。省级人民政府所在地的市的土地利用总体规划由国务院批准。为实施土地利用总体规划,按土地利用年度计划分批次转用和征收土地的,自然资源部(原国土资源部)对各省级人民政府上报的请示进行审查,报国务院批准。省级人民政府在国务院批准土地征收后,根据国务院的批准文件再批准市级人民政府上报的土地征收实施方案。省级人民政府根据国务院土地征收批准文件作出的土地征收实施方案批准行为,属于对国务院批复行为的具体落实,并非新的独立的审批行为,未对当事人设定新的权利义务,不属于行政复议的受理范围。

具体到本案,甘肃省政府作出的《实施方案批复》,是该政府在国务院已经批准相关农用地转用和土地征收的前提下,对兰州市农用地转用和土地征收实施方案的批准行为,系甘肃省政府对国务院已批复事项的具体落实,并非新的独立的审批行为。甘肃省政府就崔××的行政复议申请作出《驳回行政复议申请决定》,并无不当。

合议庭成员:齐素、陈宏宇、徐超

撰写人:齐素、孙阳

2. 农村土地承包经营权争议不属于人民政府权属争议处理范围

——赵××诉祁连县人民政府及海北藏族自治州人民政府草原行政确认及行政复议案

○ 案件基本信息

一、诉讼当事人

再审申请人（一审被告、二审被上诉人）：祁连县人民政府（以下简称祁连县政府）

被申请人（一审原告、二审上诉人）：赵××

二审被上诉人（一审被告）：海北藏族自治州人民政府（以下简称海北州政府）

一审第三人：李××

二、案件索引与裁判日期

一审：青海省海北藏族自治州中级人民法院（2019）青22行初4号行政判决（2020年5月31日）

二审：青海省高级人民法院（2020）青行终79号行政判决（2020年10月12日）

申请再审：最高人民法院（2021）最高法行申5689号行政裁定（2021年6月29日）

三、案由

草原行政确认及行政复议

裁判要旨

关于农村土地承包经营权争议是否属于人民政府权属争议处理范围的问题，虽然《土地管理法》未对权属争议的具体情形作出规定，但是《确定土地所有权和使用权的若干规定》对于土地权属争议所涉类型进行列举，其中不包括土地承包经营权。同时，《土地权属争议调查处理办法》第14条明确排除了农村土地承包经营权争议案件。这样就从正反两方面确定了农村土地承包经营权纠纷不属于《土地管理法》第14条规定的土地所有权和使用权争议，也就不属于人民政府确权处理的范围。

农村土地承包经营权证的取得以农村土地承包合同为前提和基础，人民政府的颁证行为仅是国家对承包方土地承包经营权的确认，并非政府的授权行为。法律法规对于土地承包经营权纠纷设定了多元化的纠纷解决机制，当事人既可以通过协商、调解、仲裁等方式解决纠纷，也可以通过民事诉讼方式解决纠纷。

裁判依据

《中华人民共和国土地管理法》（2019年8月26日修正）

第十四条 土地所有权和使用权争议，由当事人协商解决；协商不成的，由人民政府处理。

单位之间的争议，由县级以上人民政府处理；个人之间、个人与单位之间的争议，由乡级人民政府或者县级以上人民政府处理。

当事人对有关人民政府的处理决定不服的，可以自接到处理决定通知之日起三十日内，向人民法院起诉。

在土地所有权和使用权争议解决前，任何一方不得改变土地利用现状。

基本案情

赵××和哈××均系祁连县野牛沟乡边麻村一社牧民。"一包四定"时，哈××家就案涉争议草原取得祁连县政府颁发的《草原使用证》。青海省海北藏族自治州中级人民法院（以下简称海北州中院）(2001)北民终字第06号民事判决认定，1990年10月，由于对牲畜饲养不善，哈××不能按时完成野牛沟乡人民政府（以下简称野牛沟乡政府）下达的税费和提留的任务，请求野牛沟乡边麻村村民委员会（以下简称边麻村村委会）和野牛沟乡政府将自己的牛羊转包给他人，边麻村村委会和野牛沟乡政府考虑到哈××家的草山和赵××家的草山相邻，由赵××承包比较方便，于是将哈××家77只羊、11头牛转包给赵××，同时将其草山一并交给赵××使用，双方口头约定承包期为三年。1993年10月，承包期满，哈××要求收回牛羊，赵××不同意。哈××要求作出转包决定的野牛沟乡政府返还牛羊。

1994年，野牛沟乡政府作出野政（94）044号《关于哈××与赵××的牲畜承包纠纷处理报告的批复》（以下简称《44号批复》）。1995年，野牛沟乡政府作出野政（95）079号《关于对哈××抢赵××承包羊行为的处理决定》（以下简称《79号处理决定》），将哈××家的草场、牲畜交由赵××经营。1996年，祁连县草原监理站依据《44号批复》和《79号处理决定》，对哈××的《草原使用证》《草原使用权登记底册》原始登记材料中的哈××划去改为赵××。其后，哈××不服《79号处理决定》诉至青海省祁连县人民法院（以下简称祁连县法院），该院作出（1998）祁行初字第17号行政裁定对该案不予受理。哈××不服提起上诉，海北州中院作出（1998）北行终字第03号行政裁定：由祁连县法院受理该案。1998年，野牛沟乡政府认为其作出的《44号批复》和《79号处理决定》不妥，分别发文予以撤销。

2000年，哈××向祁连县法院诉请野牛沟乡政府退还其承包的牛羊及孳息物等。祁连县法院作出（2000）祁民初字第55号民事判决：野牛沟乡政府返还哈××牲畜承包基数牛、羊和发展畜等，哈××应缴纳合法的税费。野牛沟乡政府不服提起上诉，海北州中院作出（2001）北民终字第06号民事判决：驳回上诉，维持原判。判决送达后，野牛沟乡政府返还了牛羊及孳息物折价款，但案涉草山仍由赵××使用。

2011年至2012年，祁连县全县统一将草原使用证换发为草原承包经营权证。边麻村村委会就争议草原与赵××签订了草原承包经营权合同，祁连县政府依合同给赵××核发了《草原承包经营权证》。

2013年3月26日，哈×（系哈××之子，哈××于2011年5月4日去世）向野牛沟乡政府提出《关于解决哈××草原的申请》，野牛沟乡政府受理后于2013年10月8日作出野政（2013）90号《关于哈××与赵××草场纠纷处理决定的通知》（以下简称《90号处理决定通知》）：赵××归还所占用哈××草场，现该草场主哈××去世，由其妻子李××继承草场承包经营权。赵××不服该通知向祁连县政府申请复议，祁连县政府作出维持《90号处理决定通知》的行政复议决定。2014年，祁连县政府根据野牛沟乡政府的请示作出祁政（2014）23号《关于撤销赵××草原承包经营权证和核发李××草场承包经营权证的通知》。其后，赵××向祁连县法院起诉，该院作出行政判决，撤销了《90号处理决定通知》。祁连县政府随后发文撤销了《关于撤销赵××草原承包经营权证和核发李××草场承包经营权证的通知》。

2016年，哈×向海北州政府信访，海北州政府信访局将该信访转至海北州中院办理，该院作出《关于哈×信访一案有关情况的说明》，认为哈××与赵××所争议的草原权属问题不属于人民法院管辖，应由有关人民政府处理。海北州政府信访局遂将该信访交祁连县政府处理。

2018年，祁连县政府作出祁政〔2018〕18号《关于野牛沟乡边麻村牧户哈××与赵××两家草原权属争议的处理决定》（以下简称《18号处理决定》）：（1）撤销祁连县政府2012年核发给赵××的《草原承包经营权证》。（2）将争议草场确权给哈××家承包经营，并核发草原承包经营权证，待该处理决定生效后由草原主管部门做好相应的草原权属变更登记。赵××不服提起行政复议，海北州政府受理后于2018年6月13日作出北政复决字〔2018〕1号《行政复议决定书》（以下简称《复议决定》）：驳回赵××的申请，维持祁连县政府作出的《18号处理决定》。赵××不服提起本案诉讼，请求撤销《18号处理决定》及《复议决定》，恢复其草原承包经营权证。

争议焦点

祁连县政府能否就案涉争议作出确权处理决定。

裁判结果

一审法院判决：驳回赵××的诉讼请求。

二审法院判决：一、撤销一审判决；二、撤销海北州政府作出的《复议决定》；三、撤销祁连县政府作出的《18号处理决定》。

再审审查法院裁定：驳回祁连县政府的再审申请。

裁判理由及评析

综观本案，在案涉纠纷存在的二十余年中，争议双方曾通过多种方式寻求纠纷处理，如权属处理程序、信访程序、行政复议、行政诉讼程序，但是纠纷并未得到有效解决。特别是在赵××取得草原承包经营权证后，案涉争议亦未通过正当程序予以处理。究其根源，是由于部分行政机关及人民法院对于特定土地纠纷应予何种程序处理认定不准确。由于土地纠纷涉及土地所有权、国有土地使用权、集体土地建设用地使用权、土地承包经营权、土地侵权、行政区域边界、土地违法等形式，在这些形式下可能还伴随土地存在交叉、重叠、四至不清等情形，有时还综合了一方有证或者双方有证等情况。纷繁复杂的土地纠纷种类，使得土地权属争议和土地确权成了实践中较难分清的概念之一，实践中土地纠纷的复杂性使得对土地确权所涉土地权属争议的认定难上加难。对于哪些类型的争议属于权属争议、可以纳入人民政府的确权范围，虽然法律法规作出了一定的规定，但这些规定较为琐碎，不够系统、完善，难以准确掌握。本案对农村土地承包经营权争议不应纳入人民政府土地确权范围的问题，进一步予以了明晰。

一、本案是当事人不服草原承包经营权而引发的争议，不属于人民政府权属争议的处理范围

根据《农村土地承包法》第2条的规定，农村土地是指农民集体所有和国家所有依法由农民集体使用的耕地、林地、草地，以及其他依法用于农业的土地。该法第3条、第23条规定，国家实行农村土地承包经营制度，农村土地承包一般采取农村集体经济组织内部的家庭承包方式。承包合同自成立之日起生效。承包方自承包合同生效时取得土地承包经营权。本案中，2012年，边麻村村委会与赵××就争议土地签订草原承包经营权合同，祁连县政府依据该合同为赵××颁发了《草原承包经营权证》。虽然在颁证之后相关政府多次就案涉土地权属作出处理决定，但赵××与哈××争议的实质仍是土地承包经营权纠纷。

关于农村土地承包经营权争议是否属于人民政府权属争议处理范围的问题，虽然《土地管理法》未对权属争议的具体情形作出规定，但是《确定土地所有权和使用权的若干规定》对于土地权属争议所涉类型进行列举，其中不包括土地承包经营权。同时，《土地权属争议调查处理办法》第14条明确排除了农村土地承包经营权争议案件。这样就从正反两方面确定了农村土地承包经营权纠纷不属于《土地管理法》第14条规定的土地所有权和使用权争议，也就不属于人民政府确权处理的范围。

根据《民法典》第333条的规定，土地承包经营权自土地承包经营权合同生效时设立。县级以上地方人民政府应当向土地承包经营权人发放土地承包经营权证、林权证、草原使用权证，并登记造册，确认土地承包经营权。即土地承包经营权的设立，只需发包方和承包方达成意思表示上的一致，法律不要求该项物权的设立以登记为要件。申言之，农村土地承包经营权证的取得以农村土地承包合同为前提和基础，人民政府的颁证行为仅是国家对承包方土地承包经营权的确认，并非政府的授权行为。

本案中，赵××取得的是《草原承包经营权证》。草原承包经营权属

于土地承包经营权的一种，在没有例外规定的情况下，案涉争议可适用土地管理相关法律法规的规定，祁连县政府主张国土资源部不是草原行政主管部门，本案草原承包经营权纠纷不应当适用《土地权属争议调查处理办法》等相关规定的理由不能成立。祁连县政府在赵××已经签订草原承包经营权合同、进而取得承包经营权证的前提下，作出将案涉争议草场确权给哈××家承包经营的处理决定，无明确法律依据，海北州政府径行作出维持原行政行为的《复议决定》，属于认定事实不清、适用法律错误、结果错误。二审法院撤销《18号处理决定》和《复议决定》并无不当。

二、本案争议的救济途径

《农村土地承包法》第55条规定，因土地承包经营发生纠纷的，双方当事人可以通过协商解决，也可以请求村民委员会、乡（镇）人民政府等调解解决。当事人不愿协商、调解或者协商、调解不成的，可以向农村土地承包仲裁机构申请仲裁，也可以直接向人民法院起诉。《最高人民法院关于审理涉及农村土地承包纠纷案件适用法律问题的解释》第1条第1款规定："下列涉及农村土地承包民事纠纷，人民法院应当依法受理：（一）承包合同纠纷；（二）承包经营权侵权纠纷；（三）土地经营权侵权纠纷；（四）承包经营权互换、转让纠纷；（五）土地经营权流转纠纷；（六）承包地征收补偿费用分配纠纷；（七）承包经营权继承纠纷；（八）土地经营权继承纠纷。"第2款规定："农村集体经济组织成员因未实际取得土地承包经营权提起民事诉讼的，人民法院应当告知其向有关行政主管部门申请解决。"法律法规对于土地承包经营权纠纷设定了多元化的纠纷解决机制。本案中，哈××对赵××取得案涉土地承包经营权不服，既可以通过协商、调解、仲裁等方式解决，也可以通过民事诉讼方式解决。

合议庭成员：齐素、吴笛、徐超

撰写人：齐素、孙阳

3. 行政机关对当事人所提信访申请是否予以答复以及如何答复不属于行政诉讼的受案范围

——朱××、柳××诉西安市人民政府不履行法定职责案

○ 案件基本信息

一、诉讼当事人

再审申请人（一审原告、二审上诉人）：朱××

再审申请人（一审原告、二审上诉人）：柳××

被申请人（一审被告、二审被上诉人）：西安市人民政府（以下简称西安市政府）

二、案件索引与裁判日期

一审：西安铁路运输中级法院（2019）陕71行初866号行政裁定（2019年12月27日）

二审：陕西省高级人民法院（2020）陕行终319号行政裁定（2020年6月23日）

申请再审：最高人民法院（2021）最高法行申7497号行政裁定（2021年8月27日）

三、案由

不履行法定职责

○ 裁判要旨

在当事人对信访事项不服，基于该信访事项提起的不履行法定职责诉讼中，无论其表述为对信访受理、登记、交办、答复等行为不服而要求履

职，还是表述为对行政机关未予答复的行为不服而要求履职，本质上仍为对信访事项不服，应当通过信访途径进行救济，而非通过行政诉讼、行政复议程序进行救济，此类案件不属于行政诉讼的受案范围。

信访申请和履职申请的性质不同，救济渠道亦不同，仅从当事人所提申请的外部表现形式来看，有时很难正确予以区分，因此不能简单以当事人申请的名称来确定申请的性质。行政机关和人民法院应当根据当事人真正的诉求，正确区分申请的性质，如属于信访事项，则依照信访程序处理。如属于履职申请，则需要审查是否符合履行职责的构成要件，行政机关应当依照特定行政管理领域的法律、法规、规章等进行调查、核实和处理，不能简单地将所有申请都认定为信访。

裁判依据

《最高人民法院关于适用〈中华人民共和国行政诉讼法〉的解释》（2018年2月6日）

第一条 公民、法人或者其他组织对行政机关及其工作人员的行政行为不服，依法提起诉讼的，属于人民法院行政诉讼的受案范围。

下列行为不属于人民法院行政诉讼的受案范围：

（一）公安、国家安全等机关依照刑事诉讼法的明确授权实施的行为；

（二）调解行为以及法律规定的仲裁行为；

（三）行政指导行为；

（四）驳回当事人对行政行为提起申诉的重复处理行为；

（五）行政机关作出的不产生外部法律效力的行为；

（六）行政机关为作出行政行为而实施的准备、论证、研究、层报、咨询等过程性行为；

（七）行政机关根据人民法院的生效裁判、协助执行通知书作出的执行行为，但行政机关扩大执行范围或者采取违法方式实施的除外；

（八）上级行政机关基于内部层级监督关系对下级行政机关作出的听取报告、执法检查、督促履责等行为；

（九）行政机关针对信访事项作出的登记、受理、交办、转送、复查、复核意见等行为；

（十）对公民、法人或者其他组织权利义务不产生实际影响的行为。

基本案情

2019年8月29日，朱××、柳××以西安市经济技术开发区管理委员会（以下简称经开区管委会）为被申请人，以西安市政府市长为收件人，通过邮政快递方式邮寄《申请书》，请求：（1）确认柳××与被申请人单位工作人员签订的关于柳××、朱×安置协议的相关约定书因未盖经开区管委会城改办公章、没有朱××的委托书而违法、无效。（2）作出决定书并书面告知申请人。西安市政府签收后于同年9月16日按照信访程序转送至相关机关办理。同年11月4日朱××、柳××提起本案诉讼，请求西安市政府按照《申请书》作出行政行为。

争议焦点

朱××、柳××的起诉请求是否属于行政诉讼受案范围。

裁判结果

一审法院裁定：驳回朱××、柳××的起诉。

二审法院裁定：驳回上诉，维持原裁定。

再审审查法院裁定：驳回朱××、柳××的再审申请。

裁判理由及评析

一、当事人基于信访事项提起的不履行法定职责诉讼，不属于行政诉讼的受案范围

根据《最高人民法院关于适用〈中华人民共和国行政诉讼法〉的解释》第1条第2款第9项的规定，行政机关对信访事项作出的登记、受理、交

办、转送、复查、复核意见等行为，不属于行政诉讼的受案范围。《最高人民法院关于不服县级以上人民政府信访行政管理部门、负责受理信访事项的行政管理机关以及镇（乡）人民政府作出的处理意见或者不再受理决定而提起的行政诉讼人民法院是否受理的批复》中明确：信访工作机构依据《信访条例》作出的登记、受理、交办、转送、承办、协调处理、监督检查、指导信访事项等行为，对信访人不具有强制力，对信访人的实体权利义务不产生实质影响。信访人对信访工作机构依据《信访条例》处理信访事项的行为或者不履行《信访条例》规定的职责不服提起行政诉讼的，人民法院不予受理。

申言之，在当事人对信访事项不服，基于该信访事项提起的不履行法定职责诉讼中，无论其表述为对信访受理、登记、交办、答复等行为不服而要求履职，还是表述为对行政机关未予答复的行为不服而要求履职，本质上仍是对信访事项不服，应当通过信访途径进行救济，而非通过行政诉讼、行政复议程序进行救济，此类案件不属于行政诉讼的受案范围。

就本案而言，朱××、柳××以经开区管委会为被申请人，以西安市政府市长为收件人，向西安市政府邮寄的申请是要求确认安置协议的相关约定书违法、无效。该申请无论从形式上来看，还是从诉求本身内容来看，都不符合履行法定职责的构成要件。该申请内容并非西安市政府的法定职责，西安市政府将该申请认定为信访申请，并无不当。朱××、柳××基于该信访申请提起的履行法定职责诉讼，不属于行政诉讼的受案范围，其可通过信访途径主张权利。朱××、柳××如对征收拆迁过程中的补偿安置不服，亦可依据征收补偿相关法律法规，就其具体诉请依法主张权利。

二、信访申请和履职申请的性质不同、救济渠道不同，应正确予以辨别

根据原《信访条例》第2条的规定，信访，是指公民、法人或者其他组织采用书信、电子邮件、传真、电话、走访等形式，向各级人民政府、县级以上人民政府工作部门反映情况，提出建议、意见或者投诉请求，依法由有关行政机关处理的活动。该条例第14条第2款以及第32条、第34条、第35条规定了当事人对信访处理不服时独立的权利救济程序，如复查、复核等。对依法应当通过诉讼、仲裁、行政复议等法定途径解决的投诉请求，当事人应当依照有关法律、行政法规规定的程序向有关机关提出。因此，信访作为一种反映情况、解决纠纷的方式，有其独特的处理事项范围及处理程序，信访程序不同于复议程序，亦不同于行政诉讼程序。也就是说，并不是所有的申请都是信访。当事人的申请可能是信访申请，也可能是履职申请。到底是什么性质的申请需要受理机关依法进行辨别。

根据《行政诉讼法》第12条的规定，当事人有权申请行政机关履行保护人身权、财产权等合法权益的法定职责，如行政机关拒绝履行或者不予答复的，该诉讼属于人民法院行政诉讼的受案范围。一般而言，履行法定职责案件应当具备以下几个条件：一是当事人向行政机关提出了申请，行政机关明确予以拒绝，或者虽然予以答复但答复不能达到履行法定职责的目的，抑或是未在法定期限内予以答复。二是当事人所申请的事项具有实体法上的请求权基础。申请行政机关履行职责应当有法律、行政法规、规章的规定，或者有行政机关的行政允诺、行政协议等，这些依据使当事人所要求履行的行为有据可查，且具体、特定。三是当事人所申请履行的职责属于该行政机关的权限范围。当事人一般应当向直接具有管辖职权、能够直接解决其具体请求的行政机关提出，当事人所申请履行的职责应当与该行政机关的职权范围相匹配。

信访申请和履职申请的性质不同，救济渠道亦不同，仅从当事人所提申请的外部表现形式来看，有时很难正确予以区分，因此不能简单以当事人申请的名称来确定申请的性质。行政机关和人民法院应当根据当事人真正的诉求，正确区分申请的性质，如属于《信访条例》规定的信访事项，则依照信访程序处理；如属于履职申请，则需要审查是否符合履行法定职责的构成要件，行政机关应当依照特定行政管理领域的法律、法规、规章等进行调查、核实和处理，不能简单地将所有申请都认定为信访。

同时，当事人向行政机关提出申请时也应当注意，尽可能写明申请履行法定职责的具体请求、行政机关的职责依据及具体事实理由，避免因申请内容不清、诉求不明、依据不足等导致行政机关、人民法院无法正确判断申请的性质，使当事人错失了选择更优途径救济权利的机会。

合议庭成员：齐素、吴笛、徐超

撰写人：齐素、孙阳

4. 收回国有农场农用地的土地补偿费应当支付给国有农场
——李×诉灵武市人民政府土地收回补偿案

● 案件基本信息

一、诉讼当事人

再审申请人（一审原告、二审上诉人）：李×

被申请人（一审被告、二审被上诉人）：灵武市人民政府（以下简称灵武市政府）

二、案件索引与裁判日期

一审：宁夏回族自治区银川市中级人民法院（2020）宁01行初402号行政裁定（2020年11月2日）

二审：宁夏回族自治区高级人民法院（2020）宁行终489号行政裁定（2021年1月21日）

申请再审：最高人民法院（2021）最高法行申7934号行政裁定（2021年9月28日）

三、案由

土地收回补偿

● 裁判要旨

国有农场农用地收回时，虽然参照农村集体土地征收的补偿标准、所列项目进行补偿，但是，国有农场的土地和其他资产属于国家所有，农场土地的出让、转让、划拨等都是国有资产的处置行为。处置收入亦应属国家所有。因此，国有农用地收回与农村集体土地征收所涉土地补偿费性质不同、权属不同，国有农用地收回时，不应按农村集体土地征收时的补偿安置方式分配土地补偿费。国家在收回国有农场农用地时，土地补偿费应当支付给土地的长期使用者即国有农场。

裁判依据

《中华人民共和国土地管理法》（2004年8月28日修正）

第八条　城市市区的土地属于国家所有。

农村和城市郊区的土地，除由法律规定属于国家所有的以外，属于农民集体所有；宅基地和自留地、自留山，属于农民集体所有。

《中华人民共和国土地管理法实施条例》（2014年7月29日修订）

第二条　下列土地属于全民所有即国家所有：

（一）城市市区的土地；

（二）农村和城市郊区中已经依法没收、征收、征购为国有的土地；

（三）国家依法征收的土地；

（四）依法不属于集体所有的林地、草地、荒地、滩涂及其他土地；

（五）农村集体经济组织全部成员转为城镇居民的，原属于其成员集体所有的土地；

（六）因国家组织移民、自然灾害等原因，农民成建制地集体迁移后不再使用的原属于迁移农民集体所有的土地。

《国营农场工作条例（试行草案）》（1979年8月1日）

第五条　国营农场的土地、森林、橡胶林、防护林、草原、矿山、水域，以及其他一切生产资料和财产，属全民所有，受法律保护，任何单位和个人都不得侵占和破坏。

对应新法

《中华人民共和国土地管理法》（2019年8月26日修正）

第九条　城市市区的土地属于国家所有。

农村和城市郊区的土地，除由法律规定属于国家所有的以外，属于农民集体所有；宅基地和自留地、自留山，属于农民集体所有。

基本案情

案涉土地为国有农场农用地。1998年11月20日，李×与灵武矿务局磁窑堡煤矿签订《果园承包合同书》，约定李×承包灵武矿务局磁窑堡煤矿的果园，承包期间为1999年1月1日至2013年12月31日。现李×以灵武市政府于2008年修下白路占用其承包果园13.2亩、2009年修高架桥征占其承包果园2.39亩、2012年修快速通道征占其承包果园20.08亩、2014年推毁围墙占取其承包果园5.56亩的补偿中不包含土地补偿费为由，起诉请求灵武市政府支付征占其41.2亩承包果园的土地补偿费共873 604.80元。

争议焦点

李×应否取得案涉国有农用地土地补偿费。

裁判结果

一审法院裁定：驳回李×的起诉。
二审法院裁定：驳回上诉，维持原裁定。
再审审查法院裁定：驳回李×的再审申请。

裁判理由及评析

国有农场，又称国营农场，是在我国特定的历史条件下建立起的全民所有制农业企业。根据一审时有效的原《土地管理法》（2004年修正）第8条、原《土地管理法实施条例》（2014年修订）第2条以及《国营农场工作条例（试行草案）》第5条的规定，国有农场的土地、森林、水域等，以及其他一切生产资料和财产，属全民所有即国家所有。国有农场和农村集体经济组织是两类完全不同的组织形式，一般情况下，国有农场的农业从业人员属于国有农场的农业职工或者与国有农场签订承包合同的个人或组织，其因国有农场农用地收回所享有的补偿安置在本质上不同于农村集体土地征收中对农民的补偿安置。关于国有农场农用地收回过程中涉及的土地补偿问题，《国土资源部办公厅、农业部办公厅关于收回国有农场农用地有关补偿问题的复函》中明确：国有农场土地归国家所有，但国有农场享有土地的长期使用权，土地补偿费应当给予国有农场。

申言之，集体土地征收时，因土地系农村集体经济组织所有，土地补偿费由该农村集体经济组织取得。国有农场农用地收回时，虽然参照农村集体土地征收的补偿标准、所列项目进行补偿，但是，国有农场的土地和其他资产属于国家所有，农场土地的出让、转让、划拨等都是国有资产的处置行为，处置收入亦应属国家所有。因此，国有农用地收回与农村集体土地征收所涉土地补偿费性质不同、权属不同，国有农用地收回时，不应按农村集体土地征收时的补偿安置方式分配土地补偿费。国家在收回国有农场农用地时，土地补偿费应当支付给土地的长期使用者即国有农场。

就本案而言，李×并非案涉国有农用地的长期使用权人，不是土地补偿费的法定补偿对象，无权取得其所诉承包果园的土地补偿费。参考以上复函，长期承包国有农场农用地并将其作为生产生活主要来源的农业职工，失地后自谋职业并与农场解除劳动关系的，安置补助费给予个人；但由国有农场重新安排就业岗位的，安置补助费给予国有农场。李×如符合该规定则可依法定途径另行主张权利。

合议庭成员：齐素、吴笛、徐超
撰写人：齐素、孙阳

5. 实质上含有收回决定和补偿方案内容的国有土地使用权收回公告具有可诉性
——贺兰县华康农牧场（有限公司）诉贺兰县人民政府有偿收回国有土地使用权案

○ 案件基本信息

一、诉讼当事人

再审申请人（一审起诉人、二审上诉人）：贺兰县华康农牧场（有限公司）（以下简称华康公司）

二、案件索引与裁判日期

一审：宁夏回族自治区银川市中级人民法院（2020）宁01行初154号行政裁定（2020年4月10日）

二审：宁夏回族自治区高级人民法院（2020）宁行终192号行政裁定（2020年8月20日）

申请再审：最高人民法院（2021）最高法行申2839号行政裁定（2021年6月29日）

三、案由

有偿收回国有土地使用权

○ 裁判要旨

收回国有土地使用权应依法推进。对于仅作出收回公告，未作出收回决定和补偿决定即事实上收回国有土地使用权的，应认为实质上含有收回决定、补偿方案内容的收回公告具有可诉性。

在行政机关未依法推进国有土地使用权收回程序，且相对人选择起诉的行为未真正反映其实质诉求的情况下，法院通过释明、协调，促使行政机关补作征收决定、补偿决定，同时根据相对人实质诉求引导其另诉补偿决定，既有利于实质化解矛盾，又有利于促进依法行政。

裁判依据

《中华人民共和国行政诉讼法》（2017 年 6 月 27 日修正）

第十二条 人民法院受理公民、法人或者其他组织提起的下列诉讼：

（一）对行政拘留、暂扣或者吊销许可证和执照、责令停产停业、没收违法所得、没收非法财物、罚款、警告等行政处罚不服的；

（二）对限制人身自由或者对财产的查封、扣押、冻结等行政强制措施和行政强制执行不服的；

（三）申请行政许可，行政机关拒绝或者在法定期限内不予答复，或者对行政机关作出的有关行政许可的其他决定不服的；

（四）对行政机关作出的关于确认土地、矿藏、水流、森林、山岭、草原、荒地、滩涂、海域等自然资源的所有权或者使用权的决定不服的；

（五）对征收、征用决定及其补偿决定不服的；

（六）申请行政机关履行保护人身权、财产权等合法权益的法定职责，行政机关拒绝履行或者不予答复的；

（七）认为行政机关侵犯其经营自主权或者农村土地承包经营权、农村土地经营权的；

（八）认为行政机关滥用行政权力排除或者限制竞争的；

（九）认为行政机关违法集资、摊派费用或者违法要求履行其他义务的；

（十）认为行政机关没有依法支付抚恤金、最低生活保障待遇或者社会保险待遇的；

（十一）认为行政机关不依法履行、未按照约定履行或者违法变更、解除政府特许经营协议、土地房屋征收补偿协议等协议的；

（十二）认为行政机关侵犯其他人身权、财产权等合法权益的。

除前款规定外，人民法院受理法律、法规规定可以提起诉讼的其他行政案件。

《最高人民法院关于适用〈中华人民共和国行政诉讼法〉的解释》（2018年2月6日）

第一百一十五条第二款 审查再审申请期间，再审申请人撤回再审申请的，是否准许，由人民法院裁定。

基本案情

华康公司一审诉称，案涉黄河滩地是该公司依法获得使用权并已大量投资开发、耕种多年的国有耕地，宁夏回族自治区贺兰县人民政府（以下简称贺兰县政府）于2019年先后作出《关于严禁在黄河行洪区建设从事养殖活动的通告》（以下简称《禁养通告》）、《贺兰县人民政府关于收回黄河河滩地的公告》（以下简称《收回公告》），案涉土地在上述《禁养通告》和《收回公告》范围内，导致该公司土地撂荒、使用权被收回。但《收回公告》规避法定征收程序，以流转代替征收，补偿安置标准不符合上位法规定，严重损害该公司合法权益。故华康公司请求撤销《收回公告》，对《贺兰县河滩地收回实施方案》及《银川市人民政府办公室〈关于印发黄河银川段两岸河滩地收回整治生态修复工作方案〉的通知》进行合法性审查。一审认为，华康公司所诉的《收回公告》等具有广泛性和普遍约束力，不具有可诉性。二审认为，《收回公告》只是贺兰县政府对收回土地的告知行为，并未对华康公司使用的土地采取实质上的收回措施，对华康公司的实体权利不产生实际影响。华康公司不服，申请再审。

争议焦点

案涉《收回公告》是否可诉。

裁判结果

一审法院裁定：不予立案。

二审法院裁定：驳回上诉，维持原裁定。

再审审查法院裁定：准许华康公司撤回再审申请。

裁判理由及评析

一、裁判理由

当事人有权在法律规定的范围内处分自己的诉讼权利。再审申请人华康公司向法院申请撤回再审申请，是其真实意思表示，且没有侵害国家、集体和他人的合法权益，不违反法律规定，法院予以准许。法院依照《最高人民法院关于适用〈中华人民共和国行政诉讼法〉的解释》第115条第2款的规定，裁定准许华康公司撤回再审申请。

二、评析

本案是裁定准许撤回再审申请的案件，但本案中的法律规则及矛盾实质化解思路值得总结。

（一）关于案涉公告的可诉性

本案被诉行政行为是收回国有土地使用权的公告行为。案涉《收回公告》载明了收地四至范围、补偿标准、补偿登记方式等内容，华康公司提供的土地使用权证表明其耕种土地在此范围内。在法庭询问中，贺兰县政府述称已要求华康公司停耕案涉土地且已作出收回决定，但此后未能提供该收回决定。而华康公司提供的二审法院处理的另案判决〔（2020）宁行终220号〕中，二审法院认为，该另案公告的收回范围、补偿标准具体明确，亦告知了征地程序、补偿登记期限和提起行政复议或行政诉讼的期限，故不属于具有普遍约束力的决定、命令，对相对人的权利义务产生实际影响，一审法院以该公告属于抽象行政行为、不具备可诉性为由不予立案，属于适用法律错误，应予纠正。综上，鉴于贺兰县政府在发布《收回公告》后未作出收回决定和补偿决定即事实上收回案涉土地的使用权，且《收回公告》实质上含有收回决定、补偿方案内容，故应认为《收回公告》具有可诉性。

（二）本案矛盾实质化解的思路

鉴于本案黄河河滩地收回涉及黄河流域生态保护和高质量发展工作，华康公司提供了类似情形下二审法院同一合议庭纠正一审不予立案裁定的另案文书，结合宏观背景和案件具体情况综合考量，法院组织了询问。经询问了解到，一方面，华康公司实际上认可收回土地使用权，只是不认可补偿标准，且起诉公告行为的原因是贺兰县政府没有单独作出收回决定；另一方面，当事人双方也互相了解到此前因不予立案等原因而互不掌握的情况，特别是政府一方借机了解到华康公司的土地使用权尚未到期而非此前掌握的承包合同已到期解除的情况。在此基础上，为充分保障相对人诉权、减少讼累、促进矛盾实质化解，经多次、多方协调敦促，贺兰县政府单独作出了收回土地使用权决定和补偿决定，华康公司也撤回了再审申请，另诉补偿决定。

合议庭成员：何波、陈宏宇、徐超

撰写人：徐超、李欣

6. 征收引发的赔偿案件中应准确识别造成所诉损失的行为及赔偿义务机关并遵循便宜当事人诉讼原则
——张××诉贵德县人民政府行政赔偿案

○ 案件基本信息

一、诉讼当事人

再审申请人：张×1［一审原告、二审上诉人张××（已去世）之子］

再审申请人：张×2［一审原告、二审上诉人张××（已去世）之子］

被申请人（一审被告、二审被上诉人）：贵德县人民政府

二、案件索引与裁判日期

一审：青海省海南藏族自治州中级人民法院（2020）青25行初1号行政裁定（2020年3月29日）

二审：青海省高级人民法院（2020）青行终57号行政裁定（2020年6月24日）

申请再审：最高人民法院（2021）最高法行申2375号行政裁定（2021年5月27日）

三、案由

行政赔偿

○ 裁判要旨

在征收引发的赔偿案件中，要充分考虑到征收具有多阶段性，准确识别造成所诉损失的行为及赔偿义务机关，同时遵循便宜当事人诉讼原则。在有关部门作出《交出土地通知书》的行为被生效裁判确认违法后，对于恢复已被非法侵占的土地的使用权及赔偿相应附着物的请求，虽该结果是

由有关行政机关作出征收决定、《交出土地通知书》和强制清除地上附着物等一系列行为造成的，如当事人已以被确认违法并被撤销的《交出土地通知书》作出主体为被告提出上述赔偿请求，则从矛盾实质化解和保障当事人诉权角度出发，应认可《交出土地通知书》作出主体是适格被告即赔偿义务机关，而不应再引导当事人另诉征收决定或强制清除行为后，重新提起赔偿之诉，徒增诉累且浪费司法资源。

裁判依据

《中华人民共和国行政诉讼法》（2017年6月27日修正）

第九十一条 当事人的申请符合下列情形之一的，人民法院应当再审：

（一）不予立案或者驳回起诉确有错误的；

（二）有新的证据，足以推翻原判决、裁定的；

（三）原判决、裁定认定事实的主要证据不足、未经质证或者系伪造的；

（四）原判决、裁定适用法律、法规确有错误的；

（五）违反法律规定的诉讼程序，可能影响公正审判的；

（六）原判决、裁定遗漏诉讼请求的；

（七）据以作出原判决、裁定的法律文书被撤销或者变更的；

（八）审判人员在审理该案件时有贪污受贿、徇私舞弊、枉法裁判行为的。

《最高人民法院关于适用〈中华人民共和国行政诉讼法〉的解释》（2018年2月6日）

第一百一十六条第二款 当事人主张的再审事由不成立，或者当事人申请再审超过法定申请再审期限、超出法定再审事由范围等不符合行政诉讼法和本解释规定的申请再审条件的，人民法院应当裁定驳回再审申请。

《最高人民法院关于办理行政申请再审案件若干问题的规定》（2021年3月25日）

第四条 已经发生法律效力的判决、裁定认定事实清楚，适用法律、法规正确，当事人主张的再审事由不成立的，最高人民法院可以迳行裁定驳回再审申请。

《最高人民法院关于审理行政赔偿案件若干问题的规定》（1997年4月29日）

第四条 公民、法人或者其他组织在提起行政诉讼的同时一并提出行政赔偿请求的，人民法院应一并受理。

赔偿请求人单独提起行政赔偿诉讼，须以赔偿义务机关先行处理为前提。赔偿请求人对赔偿义务机关确定的赔偿数额有异议或者赔偿义务机关逾期不予赔偿，赔偿请求人有权向人民法院提起行政赔偿诉讼。

第二十一条 赔偿请求人单独提起行政赔偿诉讼，应当符合下列条件：

（1）原告具有请求资格；

（2）有明确的被告；

（3）有具体的赔偿请求和受损害的事实根据；

（4）加害行为为具体行政行为的，该行为已被确认为违法；

（5）赔偿义务机关已先行处理或超过法定期限不予处理；

（6）属于人民法院行政赔偿诉讼的受案范围和受诉人民法院管辖；

（7）符合法律规定的起诉期限。

对应新法

《最高人民法院关于审理行政赔偿案件若干问题的规定》（2022年3月20日修正）

第十三条 行政行为未被确认为违法，公民、法人或者其他组织提起行政赔偿诉讼的，人民法院应当视为提起行政诉讼时一并提起行政赔偿诉讼。

行政行为已被确认为违法，并符合下列条件的，公民、法人或者其他组织可以单独提起行政赔偿诉讼：

（一）原告具有行政赔偿请求资格；

（二）有明确的被告；

（三）有具体的赔偿请求和受损害的事实根据；

（四）赔偿义务机关已先行处理或者超过法定期限不予处理；

（五）属于人民法院行政赔偿诉讼的受案范围和受诉人民法院管辖；

（六）在法律规定的起诉期限内提起诉讼。

基本案情

2018年12月7日，张××向贵德县人民法院提起行政诉讼后，贵德县人民法院作出（2019）青2523行初2号行政判决，认定贵德县自然资源局作出的《交出土地通知书》违法并予以撤销。2020年1月9日，张××以贵德县自然资源局为被告诉请赔偿，贵德县人民法院以该案征收主体是贵德县人民政府，张××起诉主体不适格为由，作出（2020）青2523行初1号行政裁定，对张××的起诉，不予立案。后张××以贵德县人民政府为被告，提起本案诉讼，请求：（1）贵德县人民政府返还位于贵德县河阴镇城关村已被非法侵占的2亩土地，恢复张××相应的土地使用权。（2）贵德县人民政府向张××赔偿上述宗地上已被非法损坏的附着物等经济损失936 980元。（3）贵德县人民政府向张××赔偿因维权产生的诉讼费、误工费等经济损失358 600元。一审认为，贵德县人民政府征收行为尚未被确认违法，张××直接将贵德县人民政府作为赔偿义务机关向人民法院提起行政诉讼，被告主体不适格，不符合受案条件。二审认为，张××所诉称损失系因有关行政机关的征收行为或强制清除行为造成的，张××可以向有管辖权的人民法院诉征收行为或强制清除行为违法并可以一并提出行政赔偿请求。

争议焦点

造成张××所诉损失的行为及赔偿义务机关为何。

裁判结果

一审法院裁定：驳回张××的起诉。

二审法院裁定：驳回上诉，维持原裁定。

再审审查法院裁定：驳回张×1、张×2的再审申请。

裁判理由及评析

一、裁判理由

张×1、张×2的再审申请不符合《行政诉讼法》第91条规定的情形。依照《最高人民法院关于适用〈中华人民共和国行政诉讼法〉的解释》第116条第2款、《最高人民法院关于办理行政申请再审案件若干问题的规定》第4条的规定，裁定驳回张×1、张×2的再审申请。

二、评析

根据原1997年《最高人民法院关于审理行政赔偿案件若干问题的规定》第21条①的规定，赔偿请求人单独提起行政赔偿诉讼，加害行为为具体行政行为的，该行为应为已被确认为违法的行为。张××诉请贵德县人民政府恢复其被非法侵占的2亩土地的土地使用权及赔偿上述地上附着物损失，但贵德县人民政府尚未有相关行政行为被确认违法，被生效判决确认违法的是贵德县自然资源局作出《交出土地通知书》的行为。因此，张××单独提起的行政赔偿诉讼不符合上述司法解释的规定，其所提再审理由不成立，一审、二审裁定驳回其起诉及上诉，结果并无不当。

引发张××所诉损失的源头是征收，但征收具有多阶段性，其中贵德县自然资源局作出《交出土地通知书》行为是征收中的一个环节，且已被生效裁判确认违法，此时应从矛盾实质化解和保障当事人诉权角度出发，准确识别造成张××的所诉损失的行为及赔偿义务机关。本案以贵德县自然资源局为被告诉请赔偿较为便宜。故本案已告知当事人上述情况并协调下级法院，如当事人继续以贵德县自然资源局为被告主张赔偿，有管辖权的法院认可其为适格被告。

合议庭成员：齐素、徐超、张梅

撰写人：徐超、李欣

---

① 对应2022年《最高人民法院关于审理行政赔偿案件若干问题的规定》第13条。

7. 参照执行国有土地上房屋征收补偿标准应符合一定条件
——刘××诉兰州市七里河区人民政府行政赔偿案

○ 案件基本信息

一、诉讼当事人

再审申请人（一审原告、二审上诉人）：刘××

被申请人（一审被告、二审被上诉人）：兰州市七里河区人民政府（以下简称七里河区政府）

二、案件索引与裁判日期

一审：甘肃省兰州市中级人民法院（2019）甘01行赔初2号行政赔偿判决（2019年12月30日）

二审：甘肃省高级人民法院（2020）甘行赔终18号行政赔偿判决（2020年11月13日）

申请再审：最高人民法院（2021）最高法行申3462号行政赔偿裁定（2021年8月31日）

三、案由

行政赔偿

○ 裁判要旨

如果土地征收工作与安置补偿工作在同一征收行为中完成，只是因为各种因素导致安置补偿过程较长，时间间隔较大，安置补偿工作未能及时完成，则通常情况下即便安置补偿时案涉土地已经被纳入城市规划区，也无法改变安置补偿所针对土地的集体土地性质。因此，只能综合考虑征收人在迟延补偿问题上是否存在过错、案涉土地的区块地价有无调整、区域公平和稳定性等因素，在已经公布的集体土地安置补偿方案所确定的补偿标准基础上，通过增加利息、调整基础地价等方式对被征收人的补偿进行适当调整，而不宜从根本上改变补偿标准，对案涉土地适用国有土地标准进行补偿。

裁判依据

《最高人民法院关于审理涉及农村集体土地行政案件若干问题的规定》(2011年8月7日)

第十二条第二款 征收农村集体土地时未就被征收土地上的房屋及其他不动产进行安置补偿，补偿安置时房屋所在地已纳入城市规划区，土地权利人请求参照执行国有土地上房屋征收补偿标准的，人民法院一般应予支持，但应当扣除已经取得的土地补偿费。

《中华人民共和国行政诉讼法》(2017年6月27日修正)

第九十一条 当事人的申请符合下列情形之一的，人民法院应当再审：

（一）不予立案或者驳回起诉确有错误的；

（二）有新的证据，足以推翻原判决、裁定的；

（三）原判决、裁定认定事实的主要证据不足、未经质证或者系伪造的；

（四）原判决、裁定适用法律、法规确有错误的；

（五）违反法律规定的诉讼程序，可能影响公正审判的；

（六）原判决、裁定遗漏诉讼请求的；

（七）据以作出原判决、裁定的法律文书被撤销或者变更的；

（八）审判人员在审理该案件时有贪污受贿、徇私舞弊、枉法裁判行为的。

《最高人民法院关于适用〈中华人民共和国行政诉讼法〉的解释》（2018 年 2 月 6 日）

第一百一十六条第二款　当事人主张的再审事由不成立，或者当事人申请再审超过法定申请再审期限、超出法定再审事由范围等不符合行政诉讼法和本解释规定的申请再审条件的，人民法院应当裁定驳回再审申请。

《最高人民法院关于办理行政申请再审案件若干问题的规定》（2021 年 3 月 25 日）

第四条　已经发生法律效力的判决、裁定认定事实清楚，适用法律、法规正确，当事人主张的再审事由不成立的，最高人民法院可以迳行裁定驳回再审申请。

基本案情

2017 年，案涉房屋被强制拆除，刘××就该强制拆除行为向兰州市人民政府申请行政复议，兰州市人民政府作出复议决定书，确认七里河区政府强制拆除房屋的行为违法。该决定书生效后，刘××向七里河区政府递交行政赔偿申请书，七里河区政府于次日收到该行政赔偿申请，在两个月内未作出是否赔偿的决定，刘××提起本案诉讼，请求判决七里河区政府对刘××给予房屋赔偿款（含装饰装修费用）9 319 600 元。赔偿屋内物品损失 21 000 元，截至原一审前因房屋被强拆产生的租赁房屋费 21 600 元，交通费、住宿费费用等相关损失 12 000 元。一审另查明，兰州市物价局、兰州市房地产管理局制定的兰价房地发〔2010〕80 号《关于发布 2010 年度兰州市房屋重置价格的通知》规定，砖混结构 1 级住宅的重置价格为 1178 元/平方米。七里河区政府实际按上述重置价的 2 倍即 2356 元/平方米统一进行安置补偿。七党办发〔2011〕90 号《中共兰州市七里河区委办公室兰州市七里河人民政府办公室关于印发马滩文化商贸产业园区征地拆迁工作实施方案》载明了征地拆迁的具体补偿标准。甘华澳估字〔2017〕第 1564 号《房地产估价报告》载明房屋评估情况。关于案涉房屋价值是否应按照国有土地上房屋价值标准计算，一审认为，本案涉及的强制拆迁行为发生在征收补偿过程中，案涉房屋所在土地尚未实际收归国有，且周边房屋均按集体土地上房屋进行拆迁安置，所以刘××主张参照执行国有土地上房屋征收补偿标准对案涉被拆迁房屋进行安置补偿，不符合《最高人民法院关于审理涉及农村集体土地行政案件若干问题的规定》第12条及原《最高人民法院行政审判庭关于农村集体土地征用后地上房屋拆迁补偿有关问题的答复》的适用情形，不予支持。二审认为，刘××主张对案涉被拆除房屋按照国有土地上商品房市场价予以赔偿于法无据，亦不予支持。刘××不服，申请再审。

争议焦点

案涉房屋价值是否应按照国有土地上房屋价值标准计算。

裁判结果

一审法院判决：一、七里河区政府于判决生效之日起30日内赔偿刘××房屋赔偿金1 189 780元、其他附着物补偿金5010元、搬家费3000元、屋内物品损失3000元，以及截至2019年12月30日的利息损失44 018元，以上合计赔偿1 244 808元。2019年12月30日之后至赔偿之日的利息损失，由七里河区政府以1 244 808元为本金，按照判决生效时中国人民银行公布的一年期人民币整存整取定期存款基准利率计算并予以赔偿。二、驳回刘××的其他诉讼请求。

二审法院判决：一、撤销甘肃省兰州市中级人民法院（2019）甘01行赔初2号行政赔偿判决；二、七里河区政府于收到判决之日起30日内赔偿刘××房屋赔偿金1 189 780元、其他附着物赔偿金5010元、搬家费3000元、屋内物品损失3000元，以上合计1 200 790元；三、驳回刘××的其他赔偿请求。

再审审查法院裁定：驳回刘××的再审申请。

裁判理由及评析

一、裁判理由

刘××的再审申请不符合《行政诉讼法》第91条规定的情形。依照《最高人民法院关于适用〈中华人民共和国行政诉讼法〉的解释》第116条第2款、《最高人民法院关于办理行政申请再审案件若干问题的规定》第4条的规定，裁定驳回刘××的再审申请。

二、评析

针对再审申请人有关按国有土地上房屋征收标准对其赔偿的再审请求，根据《最高人民法院关于审理涉及农村集体土地行政案件若干问题的规定》第12条第2款的有关规定，其适用须同时满足以下前提：一是有关部门在征收集体土地的同时，没有制定并发布安置补偿方案，即土地征收工作与安置补偿工作未在同一征收程序中完成，从而使得本该在一个程序中"齐步走"的工作，形成了"两步走"的情况；二是补偿安置时房屋所在地已纳入城市规划区，土地性质实际上已转变为国有。如果土地征收工作与安置补偿工作在同一征收行为中完成，也就是说，征收部门在作出征收决定的同时，一并制定了相应的安置补偿方案并公布执行，只是因为各种因素导致安置补偿过程较长，时间间隔较大，安置补偿工作未能及时完成，则通常情况下即便安置补偿时案涉土地已经被纳入城市规划区，也无法改变安置补偿所针对土地的集体土地性质。因此，只能综合考虑征收人在迟延补偿问题上是否存在过错、案涉土地的区块地价有无调整等因素，在已经公布的集体土地安置补偿方案所确定的补偿标准基础上，通过增加利息、调整基础地价等方式对被征收人的补偿进行适当调整，而不宜从根本上改变补偿标准，对案涉土地适用国有土地标准进行补偿。此外，还应当注意的是，《最高人民法院关于审理涉及农村集体土地行政案件若干问题的规定》第12条第2款在规定人民法院对土地权利人请求参照执行国有土地上房屋标准进行补偿的态度时，在"支持"前面使用的限定词是"一般"，而不是硬性地规定"应当"。这是因为，在实践当中，征收安置补偿工作面对的局面往往十分复杂。如果在极个别的安置补偿决定作出时，案涉地块绝大多数被征收人均已经接受并按照一定的标准签订、履行了安置补偿协议，此时，应当考虑的就不仅仅是房屋的价值问题，还应当考虑公平性和稳定性的问题。如果严格按照补偿决定作出时国有土地上房屋的价格，对极个别拒不签订安置补偿协议的被拆迁人进行补偿，会导致对已经签订安置补偿协议的被拆迁人明显不公，甚至引发新的矛盾，此时，就应当综合考虑本条规定的标准与其他相关因素的协调问题。

本案中，一是无充分证据证明案涉项目在作出征收决定时未一并制定发布相应安置补偿方案，即不能证明满足《最高人民法院关于审理涉及农村集体土地行政案件若干问题的规定》第12条第2款的适用前提。二是案涉征收项目在前期已对其他户按当地拆迁补偿安置政策补偿完毕，虽然案涉房屋补偿与征收决定作出时间相隔较长，综合考虑公平性、稳定性等因素，亦不宜从根本上改变补偿标准，对案涉土地适用国有土地上房屋补偿标准和市场价进行补偿。三是从案涉补偿方案的规定中无法得出对无合法建造手续的房屋与其他房屋以同等标准进行补偿的结论，但一审、二审在刘××并未提供合法的房屋建造手续且《房地产估价报告》载明该房屋面积为471平方米的情况下，酌定被拆除房屋地上层数为4层，1~3层每层200平方米，第四层10平方米，按上述面积计算赔偿金额，同时调增了集体土地征收补偿标准，以重置价两倍对刘××进行赔偿，已采取有利于被拆迁人原则，充分保护了刘××的权益，体现了对违法行政行为的惩戒。

合议庭成员：齐素、徐超、吴笛

撰写人：徐超、李欣

8. 2015年5月1日前订立的行政协议中对仲裁机构约定不明的仲裁条款无效

——永靖县兴翔生态养殖农民专业合作社诉永靖县人民政府行政协议及行政赔偿案

○ 案件基本信息

一、诉讼当事人

再审申请人（一审起诉人、二审上诉人）：永靖县兴翔生态养殖农民专业合作社（以下简称兴翔合作社）

二、案件索引与裁判日期

一审：甘肃省临夏回族自治州中级人民法院（2019）甘29行初9号行政裁定（2019年8月29日）

二审：甘肃省高级人民法院（2020）甘行终167号行政裁定（2020年12月30日）

申请再审：最高人民法院（2021）最高法行申5716号行政裁定（2021年12月7日）

三、案由

行政协议及行政赔偿

○ 裁判要旨

具有行政法上权利义务内容的招商引资协议，性质上属于行政协议（行政合同），其中约定的仲裁条款一般应被确认无效。即便该协议订立于2015年5月1日前，实务中对其性质及与此相关的仲裁问题认识不一，但若其仲裁条款仅约定为"向有管辖权的仲裁委员会申请仲裁",则也会因属于对仲裁机构约定不明而应被确认无效。

对于 2015 年 5 月 1 日前订立的行政协议,当时的法律、行政法规及司法解释没有明确规定的,应尊重相对人对诉讼程序的选择。

对于不予受理的行政案件的再审审查,亦应注重争议实质化解,及时与行政机关沟通,必要时亦应组织双方询问,促使行政机关自行实质化解矛盾纠纷。

裁判依据

《中华人民共和国仲裁法》(2017 年 9 月 1 日修正)

第十八条　仲裁协议对仲裁事项或者仲裁委员会没有约定或者约定不明确的,当事人可以补充协议;达不成补充协议的,仲裁协议无效。

《最高人民法院关于适用〈中华人民共和国仲裁法〉若干问题的解释》(2008 年 12 月 16 日修订)

第六条　仲裁协议约定由某地的仲裁机构仲裁且该地仅有一个仲裁机构的,该仲裁机构视为约定的仲裁机构。该地有两个以上仲裁机构的,当事人可以协议选择其中的一个仲裁机构申请仲裁;当事人不能就仲裁机构选择达成一致的,仲裁协议无效。

《最高人民法院关于审理行政协议案件若干问题的规定》(2019 年 11 月 27 日)

第二十八条　2015 年 5 月 1 日后订立的行政协议发生纠纷的,适用行政诉讼法及本规定。

2015 年 5 月 1 日前订立的行政协议发生纠纷的,适用当时的法律、行政法规及司法解释。

《最高人民法院关于适用〈中华人民共和国行政诉讼法〉的解释》(2018 年 2 月 6 日)

第一百一十五条第二款　审查再审申请期间,再审申请人撤回再审申请的,是否准许,由人民法院裁定。

基本案情

2013年，兴翔合作社与永靖县人民政府签订《刘家峡镇生态养殖厂建设项目合同书》（以下简称《养殖厂建设合同》），兴翔合作社依据合同投资建设。2018年，因所在区域属于禁养区，兴翔合作社收到永靖县农牧局禁养搬迁通知。兴翔合作社认为，由于永靖县人民政府与其签订的上述合同违反法律规定，造成兴翔合作社重大经济损失，故起诉请求确认《养殖厂建设合同》行政协议违法，并判令永靖县人民政府赔偿因此所造成的损失。《养殖厂建设合同》第6条载明："本合同订立、效力、解释、履行及争议的解决均受国家法律的保护和管辖。因执行本合同发生争议，由争议双方协商解决，协商不成，双方同意向有管辖权的仲裁委员会申请仲裁。"一审认为，兴翔合作社应依据合同约定申请仲裁，本案不属于行政案件受案范围。二审认为，2015年5月1日，《行政诉讼法》修正施行时将行政协议纳入行政诉讼受案范围。对形成于2015年5月1日之前的行政协议，如果协议双方约定争议解决适用仲裁或者采取民事诉讼途径的，应以双方约定的争议解决途径救济权利，作为协议一方提起行政诉讼，法院应当不予受理。兴翔合作社在其所诉合同已经约定争议解决途径的情况下，其应遵循合同约定途径救济权利，而不应通过行政诉讼解决纠纷。兴翔合作社不服，申请再审。

争议焦点

本案是否属于人民法院行政诉讼受案范围。

裁判结果

一审法院裁定：对永靖县兴翔生态养殖农民专业合作社的起诉，不予受理。

二审法院裁定：驳回上诉，维持原裁定。

再审审查法院裁定：准许兴翔合作社撤回再审申请。

● 裁判理由及评析

一、裁判理由

当事人有权在法律规定的范围内处分自己的诉讼权利。再审申请人兴翔合作社向法院申请撤回再审申请，是其真实意思表示，且没有侵害国家、集体和他人的合法权益，不违反法律规定，法院予以准许。依照《最高人民法院关于适用〈中华人民共和国行政诉讼法〉的解释》第115条第2款之规定，裁定准许兴翔合作社撤回再审申请。

二、评析

本案为裁定准许撤回再审申请的案件，但本案中的法律规则及矛盾实质化解思路值得总结。

（一）关于案涉纠纷应通过仲裁还是诉讼解决

《仲裁法》第2条规定："平等主体的公民、法人和其他组织之间发生的合同纠纷和其他财产权益纠纷，可以仲裁。"第3条规定："下列纠纷不能仲裁……（二）依法应当由行政机关处理的行政争议。"本案中，《养殖厂建设合同》中约定由永靖县人民政府负责协调解决兴翔合作社在土地使用中出现的土地争议和纠纷，协调办理项目土地、建设、环评、工商注册等手续，兴翔合作社可享受永靖县人民政府制定的招商引资优惠政策。由此可见，该合同名为建设项目合同，实为包含大量行政允诺的招商引资协议，是永靖县人民政府为实现公共服务目标，与兴翔合作社协商订立的具有行政法上权利义务内容的行政协议（行政合同）。根据上述规定，本案纠纷不应通过民事仲裁方式解决。

《最高人民法院关于审理行政协议案件若干问题的规定》第28条规定："2015年5月1日后订立的行政协议发生纠纷的，适用行政诉讼法及本规定。2015年5月1日前订立的行政协议发生纠纷的，适用当时的法律、行政法规及司法解释。"案涉《养殖厂建设合同》签订于2015年5月1日前，故应适用当时的法律规定。然而,即便当时的司法实践中有些具有行政法权利义务色彩的协议被作为民事合同或虽作为行政协议但亦通过民事诉讼解决纠纷,由此引发此类合同约定的仲裁条款是否无效的争议,但具体到本案,从另一角度分析,亦应认定约定的仲裁条款无效。因为案涉《养殖厂建设合同》的仲裁条款仅约定为"向有管辖权的仲裁委员会申请仲裁",从中无法推定出某个明确具体的仲裁委员会,应被认定无效。综上,在兴翔合作社已选择诉讼的情形下,本案纠纷无须先行仲裁。

(二)关于案涉纠纷更宜通过民事诉讼还是行政诉讼解决

案涉《养殖厂建设合同》签订于2015年5月1日前,应适用当时的法律、行政法规及司法解释规定。然而,对于此类性质上属于行政协议(行政合同)的招商引资协议,当时客观上并无明确的法律、法规依据,仅有最高人民法院相关司法批复作为依据。然而,案涉《养殖厂建设合同》与既有批复规定的合同并不类似,故究竟应通过民事诉讼还是行政诉讼解决,"当时的法律、行政法规及司法解释"缺乏明确规定。此时,应充分考虑当事人对救济路径的选择权。因此,在案涉《养殖厂建设合同》行政协议的色彩浓重,且当事人已选择行政诉讼的情况下,本案更宜通过行政诉讼解决。

(三)本案矛盾实质化解思路

综合前述分析,一审、二审裁定在本案是否属于人民法院受案范围(应仲裁还是诉讼)问题上适用法律错误,应予纠正。但为避免案件启动再审、指令受理后又因不符合其他起诉条件而被驳回起诉,没有实益,故再审法院拟在再审审查阶段通过询问查明是否符合其他起诉条件。询问准备过程中,再审法院将一审、二审未参加诉讼的永靖县人民政府亦列为询问对象,通知其参加询问程序,并与其进一步沟通案件相关情况。经沟通,永靖县人民政府主动联系兴翔合作社承诺解决案涉实体纠纷,兴翔合作社撤回再审申请,本案争议实质化解取得成效,减轻了当事人的诉累,取得了良好的社会效果。

合议庭成员:齐素、徐超、吴笛

撰写人:徐超、李欣

9. 强制拆除行为不宜以区、县政府曾开会统筹研究过征收拆迁问题、领导出现在拆迁现场等事实直接推定区、县政府为适格被告

——安××诉银川市西夏区人民政府强制拆除案

◎ 案件基本信息

一、诉讼当事人

再审申请人（一审原告、二审上诉人）：安××

被申请人（一审被告、二审被上诉人）：宁夏回族自治区银川市西夏区人民政府（以下简称西夏区政府）

二、案件索引与裁判日期

一审：宁夏回族自治区银川市中级人民法院（2020）宁01行初24号行政裁定（2020年6月28日）

二审：宁夏回族自治区高级人民法院（2020）宁行终362号行政裁定（2020年10月22日）

申请再审：最高人民法院（2021）最高法行申1831号行政裁定（2021年3月26日）

三、案由

强制拆除

◎ 裁判要旨

虽然区、县政府是征收主体，但在证据尚不足以证明区、县政府具体实施或委托实施了强拆行为，而镇政府明确承认是其具体实施了被诉行为

的情况下，即使存在区、县政府曾开会统筹研究过征收拆迁问题、领导出现在拆迁现场等事实，亦不宜直接推定区、县政府为适格被告，而应根据全案证据，区分内外部行为，结合责任承担能力等要件，认定镇政府为适格被告。

裁判依据

《中华人民共和国行政诉讼法》（2017年6月27日修正）

第二十六条 公民、法人或者其他组织直接向人民法院提起诉讼的，作出行政行为的行政机关是被告。

经复议的案件，复议机关决定维持原行政行为的，作出原行政行为的行政机关和复议机关是共同被告；复议机关改变原行政行为的，复议机关是被告。

复议机关在法定期限内未作出复议决定，公民、法人或者其他组织起诉原行政行为的，作出原行政行为的行政机关是被告；起诉复议机关不作为的，复议机关是被告。

两个以上行政机关作出同一行政行为的，共同作出行政行为的行政机关是共同被告。

行政机关委托的组织所作的行政行为，委托的行政机关是被告。

行政机关被撤销或者职权变更的，继续行使其职权的行政机关是被告。

第九十一条 当事人的申请符合下列情形之一的，人民法院应当再审：

（一）不予立案或者驳回起诉确有错误的；

（二）有新的证据，足以推翻原判决、裁定的；

（三）原判决、裁定认定事实的主要证据不足、未经质证或者系伪造的；

（四）原判决、裁定适用法律、法规确有错误的；

（五）违反法律规定的诉讼程序，可能影响公正审判的；

（六）原判决、裁定遗漏诉讼请求的；

（七）据以作出原判决、裁定的法律文书被撤销或者变更的；

（八）审判人员在审理该案件时有贪污受贿、徇私舞弊、枉法裁判行为的。

《最高人民法院关于适用〈中华人民共和国行政诉讼法〉的解释》（2018年2月6日）

第六十九条第一款第三项 有下列情形之一，已经立案的，应当裁定驳回起诉：

（一）不符合行政诉讼法第四十九条规定的；

（二）超过法定起诉期限且无行政诉讼法第四十八条规定情形的；

（三）错列被告且拒绝变更的；

（四）未按照法律规定由法定代理人、指定代理人、代表人为诉讼行为的；

（五）未按照法律、法规规定先向行政机关申请复议的；

（六）重复起诉的；

（七）撤回起诉后无正当理由再行起诉的；

（八）行政行为对其合法权益明显不产生实际影响的；

（九）诉讼标的已为生效裁判或者调解书所羁束的；

（十）其他不符合法定起诉条件的情形。

第一百一十六条第二款 当事人主张的再审事由不成立，或者当事人申请再审超过法定申请再审期限、超出法定再审事由范围等不符合行政诉讼法和本解释规定的申请再审条件的，人民法院应当裁定驳回再审申请。

○ 基本案情

安××诉称，2018年，西夏区政府对其位于银川市西夏区兴泾镇十里铺村涝池组的合法房屋进行了征收，双方就房屋征收补偿未达成一致。2018年9月15日，西夏区政府在没有合法手续，也没有依法通知的情况下，违法强拆了安××的合法房屋。安××认为，西夏区政府并不具备强制拆除的主体资格，并且强制拆除程序严重违法，侵犯其合法权益，故起诉请求确认西夏区政府强拆其房屋的行为违法。但西夏区政府称因案涉被拆除房屋位于银川市西夏区兴泾镇，故案涉强制拆除行为由兴泾镇人民政府（以下简称兴泾镇政府）具体牵头实施，兴泾镇政府对此亦予以认可。安××庭审中称实施拆除的单位较多，均为西夏区政府下属单位。一审、二审均认为，安××提交的证据不足以证明西夏区政府具体实施了案涉强制拆除行为，兴泾镇政府认可案涉强制拆除行为由其实施，故兴泾镇政府应为本案适格被告。安××不服，申请再审。

争议焦点

强制拆除行为的适格被告为西夏区政府还是兴泾镇政府。

裁判结果

一审法院裁定：驳回安××的起诉。

二审法院裁定：驳回上诉，维持原裁定。

再审审查法院裁定：驳回安××的再审申请。

裁判理由及评析

一、裁判理由

本案争议焦点是西夏区政府是否为适格被告。《行政诉讼法》第26条第1款、第5款规定，公民、法人或者其他组织直接向人民法院提起诉讼的，作出行政行为的行政机关是被告；行政机关委托的组织所作的行政行为，委托的行政机关是被告。《最高人民法院关于适用〈中华人民共和国行政诉讼法〉的解释》第69条第1款第3项规定，错列被告且拒绝变更的，已经立案的，应当裁定驳回起诉。本案中，安××在原审中提交的证据虽能证明西夏区政府是征收主体，也曾开会统筹研究过征收拆迁问题，但尚不足以证明西夏区政府还具体实施或委托实施了本案被诉行为；西夏区政府虽认可被诉行为作出时间、征收时区领导在现场等事实，但否认征收行为是其直接具体所为，其提出兴泾镇政府和西夏区综合执法局才是牵头单位，且兴泾镇政府还是征收决定书及补偿方案中明确的实施单位；而兴泾镇政府则明确承认其具体实施了被诉行为。在此情况下，一审法院不是直接推定西夏区政府为本案适格被告，而是根据全案证据，区分内外部行为，结合责任承担能力等要件，综合认定兴泾镇政府为本案适格被告，并在经释明但安××仍拒绝变更被告的情况下作出裁定驳回起诉，符合前述规定。二审法院裁定驳回上诉，维持一审裁定，亦无不当。兴泾镇政府出具的情况说明是进一步证明本案适格被告的证据，并非证明被诉行为合法性的证据，一审、二审法院采信该证据不构成本案再审的正当事由。

综上，安××的再审申请不符合《行政诉讼法》第91条规定的情形。依照《最高人民法院关于适用〈中华人民共和国行政诉讼法〉的解释》第116条第2款的规定，法院裁定驳回安××的再审申请。

二、评析

在集体土地征收补偿司法实务中，在有关机关没有作出强制拆除决定的情况下，如何正确确定强制拆除行为的适格被告是一个容易引发争议的问题。从案例来看，在没有行政主体主动承担责任等特殊情况下，可以推定作出征收决定等前序行政行为的行政机关为适格被告。但本案中，虽然征收主体西夏区政府曾开会统筹研究过征收拆迁问题，亦认可被诉行为作出时间、征收时区领导在现场等事实，但否认是其直接具体所为，其提出兴泾镇政府和西夏区综合执法局才是牵头单位，且兴泾镇政府还是征收决定书及补偿方案中明确的实施单位；而兴泾镇政府也明确承认其具体实施了被诉行为。在此情况下，一审法院不直接推定西夏区政府为本案适格被告，仍认定兴泾镇政府为本案适格被告，并在经释明但安××仍拒绝变更被告的情况下裁定驳回起诉，并无不当。

另需说明的是，上述裁判思路与后续出台、自2021年4月1日起施行的《最高人民法院关于正确确定县级以上地方人民政府行政诉讼被告资格若干问题的规定》中关于适格被告认定的精神一致，该司法解释第3条第1款规定："公民、法人或者其他组织对集体土地征收中强制拆除房屋等行为不服提起诉讼的，除有证据证明系县级以上地方人民政府具体实施外，人民法院应当根据行政诉讼法第二十六条第一款的规定，以作出强制拆除决定的行政机关为被告；没有强制拆除决定书的，以具体实施强制拆除等行为的行政机关为被告。"

合议庭成员：何波、陈宏宇、徐超
撰写人：徐超、李欣

10. 仅告知适格复议机关的行为不属于人民法院行政诉讼受案范围
——李×诉西安市人民政府行政复议告知行为违法案

○ 案件基本信息

一、诉讼当事人

再审申请人（一审原告、二审上诉人）：李×

被申请人（一审被告、二审被上诉人）：西安市人民政府

二、案件索引与裁判日期

一审：西安铁路运输中级法院（2019）陕71行初852号行政裁定（2019年12月6日）

二审：陕西省高级人民法院（2020）陕行终432号行政裁定（2020年9月23日）

申请再审：最高人民法院（2021）最高法行申2830号行政裁定（2021年3月30日）

三、案由

行政复议告知

○ 裁判要旨

行政机关告知申请人应向其他机关申请行政复议的告知书仅具有指示作用，在申请人已按照告知书指示向相应机关申请复议并已收到相应复议决定的情况下，前述行政复议告知书对申请人的权利义务并不产生实际影响，不属于人民法院行政诉讼的受案范围。

裁判依据

《最高人民法院关于适用〈中华人民共和国行政诉讼法〉的解释》（2018年2月6日）

第一条第二款 下列行为不属于人民法院行政诉讼的受案范围：

（一）公安、国家安全等机关依照刑事诉讼法的明确授权实施的行为；

（二）调解行为以及法律规定的仲裁行为；

（三）行政指导行为；

（四）驳回当事人对行政行为提起申诉的重复处理行为；

（五）行政机关作出的不产生外部法律效力的行为；

（六）行政机关为作出行政行为而实施的准备、论证、研究、层报、咨询等过程性行为；

（七）行政机关根据人民法院的生效裁判、协助执行通知书作出的执行行为，但行政机关扩大执行范围或者采取违法方式实施的除外；

（八）上级行政机关基于内部层级监督关系对下级行政机关作出的听取报告、执法检查、督促履责等行为；

（九）行政机关针对信访事项作出的登记、受理、交办、转送、复查、复核意见等行为；

（十）对公民、法人或者其他组织权利义务不产生实际影响的行为。

基本案情

2018年11月9日，李×向西安市人民政府提交行政复议申请书，要求确认西安市雁塔区丈八街道办事处作出的《西安高新区红庙村拆迁通告》违法。西安市人民政府于2018年11月15日先后作出两份市政复告字〔2018〕713号行政复议告知书，分别告知李×应向雁塔区人民政府、西安高新技术产业开发区管理委员会提出行政复议。后李×以相同事项先后向雁塔区人民政府、西安高新技术产业开发区管理委员会申请复议，并针对相应复议结果分别提起诉讼。2019年10月22日，李×以西安市人民政府于 2018 年 11 月 15 日作出的上述两份行政复议告知书违法为由提起本案诉讼，请求撤销上述两份行政复议告知书，由西安市人民政府向李 × 作出复议决定。

争议焦点

仅告知适格复议机关的行为是否属于人民法院行政诉讼受案范围。

裁判结果

一审法院裁定：驳回李 × 的起诉。
二审法院裁定：驳回上诉，维持原裁定。
再审审查法院裁定：驳回李 × 的再审申请。

裁判理由及评析

一、裁判理由

本案被诉行政行为是陕西省西安市人民政府作出的行政复议告知行为。《最高人民法院关于适用〈中华人民共和国行政诉讼法〉的解释》第 1 条第 2 款规定："下列行为不属于人民法院行政诉讼的受案范围：……（十）对公民、法人或者其他组织权利义务不产生实际影响的行为。"本案中，西安市人民政府同日作出两份文号相同、但告知内容不同即分别告知了两个具有法定职责的复议机关的行政复议告知书，确有不妥。但该告知行为仅具有指示作用，且李 × 已向托管雁塔区丈八街道办事处的西安高新技术产业开发区管理委员会申请了行政复议，故前述告知行为未对李 × 的权利义务产生实际影响。一审、二审法院裁定驳回起诉、上诉，符合前述司法解释规定，在适用法律上并无不当。李 × 虽以《行政诉讼法》第 91 条第 4 项规定为申请再审的理由，但并未提交足以推翻原裁定的新证据，法院不予支持。关于李 × 提及的强制拆除房屋给其造成损害的问题，可依法另行解决。

综上，李×的再审申请不符合《行政诉讼法》第91条规定的情形。依照《最高人民法院关于适用〈中华人民共和国行政诉讼法〉的解释》第116条第2款的规定，法院裁定驳回李×的再审申请。

二、评析

是否产生法律上的效果，是行政行为的重要特征之一。具有可诉性的行政行为必须是行政机关作出的产生法律效果的行为，也就是对行政相对人的权利义务关系产生调整效果。如果行政机关的行为并不产生法律上的效果，则不具备行政行为的特征，亦不属于行政诉讼的受案范围。不产生实际影响的行为属于观念通知。观念通知，主要是指行政机关针对行政相对人作出的不产生法律效果的行为。这类行为与行政行为之间的主要区别在于行政机关的行为是否对行政相对人的申请有所批准或者有所驳回。一般而言，行政机关作出的告诫、劝告、建议、通知、初步意见等观念通知行为，属于不产生法律效果的事实行为。较为典型的观念表示是行政机关就某一事件的真相以及处理经过的阐述，该类行为并没有影响到行政相对人的权利义务关系，所以并非可诉的法律行为。本案中，案涉行政复议告知书内容为告知行政相对人向其他机关申请复议，仅具有指示作用，属于典型的观念通知行为，且李×已按照告知书指示向相应机关申请复议并已收到相应复议决定，故复议告知行为并未对李×的权利义务产生实际影响，不属于行政诉讼的受案范围。

合议庭成员：何波、徐超、张梅

撰写人：徐超、李欣

11. 非为维护自身合法权益而向行政机关投诉者与投诉处理结果的利害关系

——兰州永安贸易商行诉甘肃省司法厅行政管理案

● 案件基本信息

一、诉讼当事人

再审申请人（一审原告、二审被上诉人）：兰州永安贸易商行（以下简称永安商行）

被申请人（一审被告、二审上诉人）：甘肃省司法厅

二、案件索引与裁判日期

一审：甘肃省兰州市中级人民法院（2020）甘01行初46号行政判决（2020年8月31日）

二审：甘肃省高级人民法院（2020）甘行终49号行政裁定（2020年6月2日）

申请再审：最高人民法院（2021）最高法行申5707号行政裁定（2021年11月10日）

三、案由

不履行行政处罚职责

● 裁判要旨

为维护自身合法权益向行政机关投诉，具有处理投诉职责的行政机关作出或者未作出处理的，投诉者与该行政行为具有利害关系。据此，原告起诉司法行政机关不履行对某一案件中委托诉讼代理律师的投诉进行处理

的法定职责时，如原告既非委托人，也不是该案件当事人，则其与该案诉讼标的无利害关系，不具备提起相应履责之诉的原告资格。

● 裁判依据

《最高人民法院关于适用〈中华人民共和国行政诉讼法〉的解释》（2018年2月6日）

第十二条 有下列情形之一的，属于行政诉讼法第二十五条第一款规定的"与行政行为有利害关系"：

（一）被诉的行政行为涉及其相邻权或者公平竞争权的；

（二）在行政复议等行政程序中被追加为第三人的；

（三）要求行政机关依法追究加害人法律责任的；

（四）撤销或者变更行政行为涉及其合法权益的；

（五）为维护自身合法权益向行政机关投诉，具有处理投诉职责的行政机关作出或者未作出处理的；

（六）其他与行政行为有利害关系的情形。

● 基本案情

2001年，因兰州市房地产开发公司起诉鲍××（永安商行的负责人）房屋拆迁纠纷一案，鲍××委托律师秦××作为诉讼代理人。2018年9月，甘肃省律师协会收到鲍××投诉上述律师的材料，按规定调查处理后已将不予立案的决定书送达鲍××。2019年12月19日，甘肃省司法厅收到永安商行邮寄的《行政履职督促申请书》，该申请书称：2018年9月6日，永安商行向甘肃省律师协会提交对秦××的投诉书及相关证据材料，甘肃省律师协会一年多未作出回复和处理，故请求甘肃省司法厅依法作出行政行为，保障其合法权益。永安商行认为，甘肃省司法厅收到上述《行政履职督促申请书》后未履行法定职责，故提起本案诉讼。

○ 争议焦点

非为维护自身合法权益而向行政机关投诉者与投诉处理结果是否具有利害关系。

○ 裁判结果

一审法院判决：责令甘肃省司法厅于该判决生效后在法定期限内对2019年12月19日收到的永安商行的《行政履职督促申请书》作出行政行为。

二审法院裁定：一、撤销一审判决；二、驳回永安商行的起诉。

再审审查法院裁定：驳回永安商行的再审申请。

○ 裁判理由及评析

一、裁判理由

《最高人民法院关于适用〈中华人民共和国行政诉讼法〉的解释》第12条规定，"有下列情形之一的，属于行政诉讼法第二十五条第一款规定的'与行政行为有利害关系'：……（五）为维护自身合法权益向行政机关投诉，具有处理投诉职责的行政机关作出或者未作出处理的；……"本案中，在案证据显示，委托秦××律师作为诉讼代理人的是鲍××而非永安商行。故永安商行以自己名义向甘肃省司法厅投诉秦××律师，嗣后又起诉该厅不履行法定职责，不符合前述司法解释规定。二审裁定说理不妥，但认为永安商行的起诉不符合法定条件、本案应驳回起诉的结论和裁定结果并无不当。

综上，永安商行的再审申请不符合《行政诉讼法》第91条规定的情形。依照《最高人民法院关于适用〈中华人民共和国行政诉讼法〉的解释》第116条第2款的规定，法院裁定驳回兰州永安贸易商行的再审申请。

二、评析

《行政诉讼法》第49条第1项规定，"提起诉讼应当符合下列条件：（一）原告是符合本法第二十五条规定的公民、法人或者其他组织"；第25条第1款规定，"行政行为的相对人以及其他与行政行为有利害关系的公民、法人或者其他组织，有权提起诉讼"；《最高人民法院关于适用〈中华人民共和国行政诉讼法〉的解释》第12条规定，"有下列情形之一的，属于行政诉讼法第二十五条第一款规定的'与行政行为有利害关系'：……（五）为维护自身合法权益向行政机关投诉，具有处理投诉职责的行政机关作出或者未作出处理的……"本案中，第一，根据现有证据材料和已查明认定的事实，投诉事件的起因是兰州市房地产开发公司诉鲍××拆迁安置纠纷一案，该案中鲍××本人委托秦××律师作为诉讼代理人参与诉讼，永安商行既非该案当事人和秦××律师的委托人，亦非拆迁所涉房产的所有权人。第二，在永安商行寄送案涉《行政履职督促申请书》前，作为永安商行负责人的鲍××本人已基于同一事实向甘肃省律师协会投诉秦××律师，请求对其违法行为作出处理，并且已于2019年12月26日收到甘肃省律师协会直属分会惩戒委员会作出的甘肃省律师协会直属分会甘律直惩字（2018）07号《撤销案件决定书》，此举应视为永安商行亦已知悉投诉处理结果。综合上述两点，永安商行基于同一事实再次要求甘肃省司法厅查处秦××律师在该案中的违法行为的投诉，不属于前述司法解释规定的为维护自身合法权益向行政机关投诉的情形，不具备提起本案履责之诉的原告资格。

合议庭成员：齐素、徐超、吴笛

撰写人：徐超、李欣